Desafios Atuais do Direito da Concorrência

Desafios Atuais do Direito da Concorrência

Coordenação:
Pedro Zanotta
Paulo Brancher

Colaboradores:
André Marques Gilberto, Barbara Rosenberg, Eduardo Caminati Anders, Fernando Passos, Gerardo Figueiredo Junior, Guilherme Favaro Corvo Ribas, Heloisa Helena Monteiro de Lima, Itamar de Carvalho Júnior, Jean Menezes de Aguiar, Juliana Oliveira Domingues, Leopoldo Ubiratan Carreiro Pagotto, Marcio de Carvalho Silveira Bueno, Maria Cecília Andrade, Mariana Duarte Garcia de Lacerda, Mariana Pereira Cunha, Paulo Brancher, Ricardo A. Gutierra, Ricardo Ferreira Pastore, Ricardo Inglez de Souza e Rodrigo Nascimento Dall'Acqua

Editora Singular

Dados Internacionais de Catalogação na Publicação (CIP)
(Câmara Brasileira do Livro, SP, Brasil)

D441 Desafios Atuais do Direito da Concorrência. / Organizadores: Pedro Zanotta e Paulo Brancher. Colaboradores: André Marques Gilberto, Barbara Rosenberg, Eduardo Caminati Anders, Fernando Passos, Gerardo Figueiredo Junior, Guilherme Favaro Corvo Ribas, Heloisa Helena Monteiro de Lima, Itamar de Carvalho Júnior, Jean Menezes de Aguiar, Juliana Oliveira Domingues, Leopoldo Ubiratan Carreiro Pagotto, Marcio de Carvalho Silveira Bueno, Maria Cecília Andrade, Mariana Duarte Garcia de Lacerda, Mariana Pereira Cunha, Paulo Brancher, Ricardo A. Gutierra, Ricardo Ferreira Pastore, Ricardo Inglez de Souza e Rodrigo Nascimento Dall'Acqua. São Paulo: Singular, 2008.

342 p.
ISBN: 978-85-86626-43-2

1. Direito da concorrência. 2. Concorrência, Brasil. 3. Concorrência, regulação, Brasil. 4. Truste, Brasil. 5. Política antitruste, Brasil. 6. Cartel, Brasil. 7. Concentração econômica, Brasil. I. Zanotta, Pedro (Org.). II. Brancher, Paulo (Org.).

CDU: 339.137.2:34(81) CDD 341.3787

Revisão: Paola Morsello
Diagramação: Microart Editoração Eletrônica
Capa: Aero Studio

Editora Singular
Rua José Nóbrega Barbosa, 100
02336-090 – São Paulo-SP
Tel/fax: 55 11 38621242
e-mail: singular@editorasingular.com.br
site: www.editorasingular.com.br

Apresentação

É com muita alegria que vejo concretizado este trabalho, fruto do esforço de alguns dos membros da Comissão de Estudos da Concorrência e Regulação Econômica, da Ordem dos Advogados do Brasil, Secção de São Paulo.

A nossa Comissão é composta por cerca de 50 advogados, todos militantes nas áreas de regulação e concorrência, que se reúne periodicamente para trocar idéias, experiências, realizar trabalhos e apresentar propostas concretas para o aperfeiçoamento do Sistema Brasileiro de Defesa da Concorrência.

O livro que Paulo Brancher e eu ajudamos a coordenar – não sem grande esforço – é um dos trabalhos coletivos elaborados por essa equipe de profissionais competentes e dedicados, sempre procurando abordar temas que vêm desafiando as nossas autoridades e a nossa prática diária.

O acordo de leniência, sem dúvida, é um desses temas. Como utilizá-lo adequadamente como ferramenta eficaz no combate aos cartéis? A advocacia da concorrência é outro, na medida em que todo o sistema está empenhado em divulgar e promover a cultura da concorrência no Brasil. Ainda sobre acordos, a aplicação de recente modificação legislativa, que permitiu aplicá-los a cartéis, vem também discutida, em especial quanto aos seus aspectos regulamentares.

Entrando no campo do direito penal, são abordados aspectos processuais do crime de cartel, em especial visando dar suporte para que tanto administradores como administrados tenham segurança jurídica quando discutem e negociam um acordo. Segue-se um interessante debate sobre os prós e contras da apresentação prévia dos atos de concentração, como previsto no Projeto de Lei que está na Câmara dos Deputados, antecipando as discussões que certamente virão.

O livro também traz alguns temas práticos, como a questão da exclusividade, a concorrência no setor de telecomunicações e os contratos de franquia. Aborda-se também a interface do direito da concorrência com outros temas do Direito, como a Defesa Comercial, a Propriedade Intelectual e o Mercado de Capitais.

É trazida ainda a debate a sempre presente questão da judicialização das decisões do CADE, analisando a possibilidade de revisão pelo Judiciário de decisões de um colegiado eminentemente técnico. Na mesma linha, como considerar os mercados de inovação quando da análise antitruste, e que outros negócios estariam sujeitos à aprovação do CADE, além das já conhecidas operações de fusão e aquisição.

Por fim, mas sem dúvida não menos importantes, temas como os limites ao processo de investigação, que tanto debatemos, e a aplicabilidade dos princípios gerais de direito no processo sancionador, são abordados com muita precisão. E, para completar, uma visão a respeito dos programas de *compliance*, que cada vez mais têm aplicação em nossa prática.

A defesa da concorrência no Brasil sofreu uma grande mudança, verdadeira revolução, a partir de 2003. Todo o sistema era tomado pela grande concentração de mercados no final dos anos 90 e começo deste século. A prioridade mudou, passando para o combate às condutas, com a utilização de ferramentas modernas e práticas adotadas em outras jurisdições.

Foi essa mudança que procuramos captar ao definir os temas deste trabalho, dando uma nova visão do direito da concorrência, pela letra de quem o pratica no dia-a-dia, com o objetivo de prestar ajuda institucional às nossas autoridades.

Alguns agradecimentos são necessários. Em primeiro lugar, aos autores, que roubaram as poucas horas livres (livres?) que têm para escrever seus artigos. Em segundo lugar, à OAB/SP, por meio de sua Diretoria (Presidente D'Urso, Márcia e Humberto), que sempre apoiou e deu espaço para os nossos trabalhos. Aos dedicados e incansáveis funcionários do Pool de Comissões da OAB/SP, sem o que não conseguiríamos cumprir os nossos objetivos. Ao Paulo Brancher, querido amigo que passei a conhecer melhor e a admirar muito mais. E, por fim, ao estimado Professor Fernando Passos, que começou o trabalho desta Comissão, lançando a semente que hoje é árvore frondosa que não mais deixará de dar frutos.

PEDRO ZANOTTA

Sumário

Acordo de Leniência e o Combate a Cartéis no Brasil

Ricardo Inglez de Souza

É advogado nas áreas de direito da concorrência, defesa comercial e contratos.

1. Introdução

A defesa da concorrência tem evoluído consideravelmente no Brasil. A legislação brasileira de defesa da concorrência tem-se modernizado, e a jurisprudência tem-se consolidado em relação a algumas questões relevantes, tais como, por exemplo, o critério de faturamento para notificação de concentrações no Brasil. O número de casos envolvendo condutas anticoncorrenciais e as multas aplicadas tem-se elevado nos últimos anos, assim como a complexidade do mérito das questões analisadas.

Para que se tenha uma idéia, nos últimos dois anos discutiram-se questões referentes à interação entre a defesa da concorrência e a propriedade intelectual, *sham litigation*, exclusividade e preços predatórios. Ainda que nem todos os casos tenham sido concluídos e que alguns não resultem em condenação, parece importante notar o corpo que vem ganhando a experiência brasileira.

Essa evolução do direito e da cultura da defesa da concorrência faz que as autoridades passem a elevar seu padrão de atuação e a buscar coibir as práticas que efetivamente estão gerando prejuízos para o bem-estar social, em detrimento de analisar processos de concentração empresarial notadamente sem efeitos no mercado brasileiro.

Ao focar o investimento dos recursos públicos na perseguição das condutas anticoncorrenciais, identifica-se o cartel como sendo a conduta mais nefasta[1] e a que tem merecido maior atenção por parte das autoridades.[2]

---

1 A Organização para a Cooperação e Desenvolvimento Econômico – OCDE qualificou o cartel como sendo "the most egregious violations" (vide www.oecd.org).

2 As autoridades brasileiras têm declarado abertamente que o principal foco de seus esforços está voltado para a perseguição de cartéis.

Nesse sentido, assim como os demais países que possuem legislação de defesa da concorrência, o Brasil enfrenta as mesmas grandes dificuldades para condenar as partes supostamente envolvidas em ilícito concorrencial. Isso porque é muito difícil encontrar provas dessa espécie de ilícito. As autoridades se sofisticaram, mas as práticas ilegais também. Hoje em dia será muito difícil obter a ata da reunião de um cartel registrada em cartório de títulos e documentos.

Além das dificuldades intrínsecas da perseguição de cartéis, há ainda que se considerar que os recursos do Estado destinados a tal atividade são parcos. Essa ausência de investimento também prejudica a capacidade das autoridades de se organizarem e buscarem as provas mínimas necessárias para uma condenação.

Essa realidade fragiliza a atuação das autoridades e expõe suas decisões à revisão pelo Poder Judiciário.3

Diante desse cenário, o acordo de leniência surge como uma das ferramentas mais importantes na repressão à formação de cartéis. Trata-se de inteligente mecanismo legal que cria incentivos para que um dos envolvidos delate a prática, coopere e apresente provas do ilícito e cesse a prática. Há outras ferramentas para o combate a cartéis, tais como a busca e apreensão de documentos, a cooperação entre autoridades de diversos países e a celebração de compromissos de cessação de prática, mas o acordo de leniência é, sem sombra de dúvida, a mais importante no combate a cartéis.

2. Condutas anticoncorrenciais no Brasil e o padrão de prova

A dinâmica empresarial é intensa e, por isso, não seria possível imaginar legislação concorrencial que fosse capaz de abarcar todas as hipóteses de infração à ordem econômica. Por essa razão, a Lei n. 8.884, de 11 de junho de 1994 (ou simplesmente "Lei de Defesa da Concorrência"), estabelece o conceito por meio de lista de objetivos ilegítimos que o ato possa ter[4] e em seguida elenca, de forma exemplificativa, algumas condutas concretas que podem ser

3 O índice de recolhimento das multas do CADE ainda é muito baixo. Em estudo feito pelo Inter-American Development Bank e pela OCDE, o índice de recolhimento das multas por condutas anticoncorrenciais foi de 0,45% em 2002, 7,46% em 2003 e 0% em 2004 (vide Lei e Política de Concorrência no Brasil: uma revisão pelos pares, 2005. Disponível em: http://www.cade.gov.br/internacional/Relatorio-Peer-Review-Portugues.pdf). A própria Procuradoria-Geral do CADE revela que grande parte das multas aplicadas pelo CADE ainda encontram-se suspensas devido a decisões judiciais.

4 Vide art. 20 da Lei n. 8.884/94.

consideradas infrações concorrenciais.[5] Os objetivos considerados ilegais pela Lei n. 8.884/94 são:

- limitar, falsear ou de qualquer forma prejudicar a livre concorrência ou a livre-iniciativa;
- dominar mercado relevante de bens ou serviços;
- aumentar arbitrariamente os lucros; e
- exercer de forma abusiva posição dominante.

Dessa forma aberta e abrangente, a Lei n. 8.884/94 estabelece quais condutas poderão ser consideradas infrações. O cartel é sem dúvida uma das principais hipóteses, merecendo os primeiros incisos da listagem contida no art. 21 da Lei de Defesa da Concorrência. Mas há diversas outras condutas, inclusive praticadas por um único agente com o intuito de prejudicar a livre concorrência e a livre-iniciativa, como a venda casada, a fixação de preço de revenda e o preço predatório, entre outras.

As condutas que configurem infração à ordem econômica sujeitam os envolvidos a pesadas multas e a uma série de outras obrigações nas esferas administrativa[6] e criminal, podendo resultar, inclusive, em reclusão de 2 a 5 anos.[7]

A doutrina e a jurisprudência têm evoluído, mas ainda são insuficientes no que diz respeito ao estudo e fixação do padrão de prova para determinar se houve infração à ordem econômica ou não. Ninguém será julgado sem o respeito ao devido processo legal, e a autoridade administrativa tem o dever de seguir, fielmente, os objetivos da lei e tê-los como limites de sua atuação. Não parece juridicamente aceitável que haja condenação de empresas e administradores em processos nos quais não se haja apresentado prova inequívoca e suficiente para tanto. Mesmo os estudos econômicos podem ser considerados necessários para a análise do caso, mas certamente não são suficientes para, individualmente, embasar uma eventual condenação. Meros indícios e suposições não podem servir de base para uma condenação.[8]

---

5 Vide art. 21 da Lei n. 8.884/94.

6 Vide arts. 23 e ss. da Lei n. 8.884/94.

7 Vide art. 4.º da Lei n. 8.137/90.

8 Nesse sentido, vale a pena mencionar Hovenkamp, que ensina que a mera prova circunstancial não pode ser levada em consideração para, sozinha, determinar a condenação de empresas em investigações de infrações à ordem econômica" (Herbert Hovenkamp. *Federal antitrust policy – the law of competition and its practice.* 2. ed. Saint Paul: West Group, 1999, p. 171 e ss.

Essa premissa universal somada à sofisticação de infratores e infrações concorrenciais, fez que autoridades do mundo todo passassem a buscar meios para efetivamente provar a ocorrência de práticas anticoncorrenciais.

3. Acordo de leniência

O acordo de leniência pode ser definido como sendo o *sistema que garante imunidade total ou parcial das penalidades que seriam, de outra forma, aplicáveis ao membro de um cartel que decide reportá-lo.*[9] O acordo de leniência não deixa de ser o reconhecimento público das limitações das autoridades em identificar as provas mínimas necessárias para processar ou condenar um cartel, ou pelo menos demonstra a imensa dificuldade nesse sentido.

Para o proponente, objetivo imediato do acordo de leniência é, obviamente, a imunidade. Por outro lado, tendo em vista a dificuldade de obtenção de provas para a condenação de cartéis, as autoridades de defesa da concorrência têm no acordo de leniência a principal ferramenta no combate a essa prática.

A principal razão do sucesso desse instituto é o fato de que preveja *reais* incentivos para a delação.[10]

A existência do acordo de leniência também incentiva a redução da formação de cartéis, uma vez que com sua implementação houve o aumento do risco de punição aos infratores.[11] Trata-se de outro efeito colateral positivo para a sociedade.

A abrangência da leniência dependerá da lei de cada país. Em países em que há a previsão de penalidades e sanções individuais é provável que a leniência abranja, também, as condutas e as responsabilidades das pessoas físicas.

A *International Competition Network* (ICN) aponta três pré-requisitos essenciais para que se possa implementar um programa de leniência eficiente,[12] a saber:

- *elevado risco de que o cartel seja descoberto*: os participantes do cartel devem perceber que há efetivo risco de o cartel ser descoberto pelas autoridades;

---

[9] ICN, 2004, p. 2.

[10] Bruno de Luca Drago. Acordos de leniência – breve estudo comparativo. *Revista do IBRAC*, São Paulo, v. 14, n. 6, 2007, p. 50.

[11] ICN, 2004, p. 2.

[12] ICN, 2004, p. 3.

- *sanções elevadas*: as penalidades aplicadas nos casos de cartel devem ser elevadas e devem representar verdadeiro desincentivo para a continuidade da prática. Se o ganho com o cartel for maior, dificilmente algum participante se sentirá motivado a participar de um programa de leniência.
- *transparência e segurança*: a regulamentação do programa de leniência deve ser transparente e transmitir segurança jurídica ao interessado. Do contrário, o risco da incerteza poderá fazer que eventuais interessados não busquem o programa por temer não obter as vantagens almejadas.

O primeiro registro da existência de acordos de leniência se deu nos Estados Unidos da América, em 1978.[13] A Comissão Européia passou a regular a matéria somente em 1996.[14] Desde a criação de seus respectivos programas de leniência, tanto as autoridades norte-americanas quanto a Comissão Européia têm editado novas regras para modernizar e ampliar sua aplicação.

3.1 *Acordo de leniência no Brasil*

O acordo de leniência está previsto na Lei de Defesa da Concorrência e foi introduzido pela Lei n. 10.149, de 21 de dezembro de 2000. Além disso, a Secretaria de Direito Econômico, em sua Portaria SDE n. 4, de 5 de janeiro de 2006, reservou capítulo específico ao acordo de leniência.[15]

Para que se possa celebrar um acordo de leniência no Brasil, é necessário que o proponente seja o primeiro a se qualificar. Além disso, o proponente deve cessar a prática no momento em que apresentar a proposta. Há projeto de lei que pretende incluir a possibilidade de benefícios para outras empresas que pretendam colaborar,[16] tal como ocorre em casos na Europa.

Outra condição é a de que a SDE não possua provas para que haja a condenação do cartel sem a colaboração do delator. Finalmente, o delator deve confessar sua participação na violação e cooperar com as autoridades até o final do processo.[17] Todos estes requisitos mencionados devem, obrigatoriamente, ser preenchidos cumulativamente.[18]

---

13 Vide: http://www.usdoj.gov/atr/ (último acesso em: 12 jul. 2008).

14 Alison Jones e Brenda Sufrin. *EC Competition Law*, 2. ed. Oxford: Oxford University Press, 2004, p. 788.

15 Vide capítulo VI da Portaria SDE n. 4/2006.

16 Vide Projeto de Lei n. 3.434/2008, de autoria do Deputado Carlos Bezerra.

17 Vide incs. I a IV do § 2.º do art. 35-B da Lei n. 8.884/94.

18 Vide § 2.º do art. 35-B da Lei n. 8.884/94.

A cooperação do proponente deve ser plena e dela deve resultar a identificação dos demais envolvidos[19] na conduta e obtenção de informações e documentos que comprovem a infração noticiada ou sob investigação.[20] Caso o proponente não coopere da forma como a autoridade entenda que deveria, é possível que o CADE entenda que a parte descumpriu o acordo e, portanto, revogue seus efeitos.

Os efeitos da leniência poderão ser estendidos aos dirigentes e administradores da empresa habilitada que tenham tido algum envolvimento na infração, desde que assinem, em conjunto com a empresa, o respectivo instrumento de acordo de leniência e que cooperem no curso do processo.[21]

A leniência tem um limitador. Não poderá ser celebrada com o agente que desempenhou papel de líder ou que tenha estado à frente da conduta tida como ilegal.[22] É importante notar que a SDE e o CADE têm demonstrado uma tendência a seguir a mesma orientação que a Comissão Européia no sentido de que, nos casos em que haja mais de um líder, não há líder. Essa parece ser a interpretação de conveniência, que serve apenas para gerar mais uma zona cinzenta na prática brasileira. Melhor seria a legislação não ter incluído esse limitador. A realidade brasileira não parece poder se dar ao luxo de escolher quem será o leniente. Ademais, se por um lado ter o líder como o leniente pode parecer errado por imunizar o idealizador da má conduta, por outro não há ninguém melhor que o líder para apontar as provas necessárias à condenação da prática. Além disso, criaria mais um fator de desconfiança para a formação de um cartel.

Para apresentar a proposta de acordo de leniência o interessado deve procurar diretamente o Secretário de Direito Econômico, oralmente ou por escrito.[23] A SDE poderá recusar a proposta oral, condicionando seu recebimento à forma escrita.[24]

A proposta oral será reduzida a termo na presença de um servidor da SDE, em via única.[25] Desse termo deverá constar, além das formalidades usuais, o compromisso para futuros aportes de informações e documentos. Normalmente, após a reunião inicial, há uma série de reuniões subseqüentes para que

---

19 Vide inc. I do art. 35-B da Lei n. 8.884/94.

20 Vide inc. II do art. 35-B da Lei n. 8.884/94.

21 Vide § 6.º do art. 35-B da Lei n. 8.884/94.

22 Vide § 1.º do art. 35-B da Lei n. 8.884/94.

23 Vide art. 62 da Portaria SDE n. 4/2006.

24 Vide § 6.º do art. 63 da Portaria SDE n. 4/2006.

25 Vide art. 63 da Portaria SDE n. 4/2006.

a autoridade possa se familiarizar com os fatos e indicar para o proponente o que considera relevante e o que espera obter como fruto do acordo firmado. A cada nova reunião em que forem aportadas novas informações ou documentos, será lavrado novo termo.[26]

Tendo em vista que a prova da veracidade da data constante do termo é do proponente, a SDE sugere que se obtenha certidão de ato notarial, tal como a autenticação de cópias ou o reconhecimento de firma.[27]

A proposta escrita deverá ser protocolada na SDE[28] e será tratada como sigilosa,[29] sem qualquer registro no sistema de gerenciamento de documentos do Ministério da Justiça.[30]

O proponente poderá desistir da celebração a qualquer momento antes da assinatura do acordo, assim como a SDE poderá rejeitar o acordo.[31] Em qualquer caso, a proposta em si não implicará confissão quanto à matéria de fato, nem reconhecimento de ilicitude de conduta, e toda a documentação será devolvida[32] sem que se faça qualquer divulgação da proposta.

Caso a proposta seja aceita, o proponente e a SDE deverão firmar o acordo. Além disso, a SDE deverá certificar que o beneficiário foi o primeiro a se qualificar e declarar que não dispunha de provas suficientes para condenar a prática.[33] Por outro lado, caberá ao proponente demonstrar que observou todos dispositivos do acordo e, nos casos de leniência que inclua mais de uma pessoa jurídica, comprovar que as empresas se encontravam sob controle comum.[34]

A proposta deverá ser convertida em acordo ou rejeitada no prazo máximo de 6 meses contados da data da apresentação da referida proposta. Caso necessário, é possível prorrogar tal decisão uma única vez por período idêntico. A renovação está condicionada a que não haja nenhuma outra proposta pendente para o mesmo caso.[35]

---

26 Vide § 2.º do art. 63 da Portaria SDE n. 4/2006.

27 Vide § 5.º do art. 63 da Portaria SDE n. 4/2006.

28 Vide art. 64 da Portaria SDE n. 4/2006.

29 Vide § 9.º do art. 35-B da Lei n. 8.884/94.

30 Vide § 1.º do art. 64 da Portaria SDE n. 4/2006.

31 Vide § 10 do art. 35-B da Lei n. 8.884/94, c/c os arts. 66 e 67 da Portaria SDE n. 4/2006.

32 Vide art. 69 da Portaria SDE n. 4/2006.

33 Vide incs. XIII e XIV do art. 72 da Portaria SDE n. 4/2006.

34 Vide incs. XV e XVI do art. 72 da Portaria SDE n. 4/2006.

35 Vide art. 67 da Portaria SDE n. 4/2006.

O CADE não interfere na celebração do acordo de leniência, mas cabe ao CADE, quando do julgamento do processo administrativo, verificar se o acordo foi respeitado.[36] Para tanto, a SDE deverá, simultaneamente à conclusão de seu parecer, remeter ao CADE relatório acerca do cumprimento do acordo pelo leniente.[37]

Como dito acima, um dos requisitos para a celebração do acordo de leniência no Brasil é que o proponente seja o *primeiro* a trazer a notícia da violação. Nesse sentido, a legislação brasileira é diferente da européia, que admite benefícios para empresas que chegam após a celebração da leniência. No Brasil, a única hipótese de benefício para o não-leniente é a "*leniência plus*". A *leniência plus* será concedida caso a empresa que se apresente tardiamente entregue outro cartel.[38] Nesse caso, o infrator irá se beneficiar de redução de um terço da pena que lhe seria aplicável no caso da primeira infração e com a leniência integral no caso da nova infração noticiada.[39] Obviamente, também se aplicam todos os requisitos e condições legais para a *leniência plus.*

No Brasil há apenas um caso julgado em que a investigação se originou com a celebração de um acordo de leniência. Trata-se do cartel de vigilantes, no qual as empresas concertavam a participação em licitações.[40] Nesse processo, a empresa Vigilância Antares Ltda. e o seu funcionário Rubem Isnar Baz Oreli foram considerados incursos em infrações previstas nos arts. 20 e 21 da Lei de Defesa da Concorrência, mas deixou de aplicar a pena por haver entendido que o acordo de leniência foi integralmente cumprido pelos lenientes. As demais empresas envolvidas foram multadas em até 20% do faturamento bruto anual das empresas consideradas líderes do cartel.

3.2 *Fragilidades do acordo de leniência no Brasil*

Antes de mais nada, o acordo de leniência deve vencer uma barreira cultural. O empresariado brasileiro, assim como a maioria dos empresários latino-americanos, tem um histórico de elevada proteção do Estado e cooperação entre concorrentes. Além disso, não é muito comum – e, muitas vezes há forte resistência por parte dos envolvidos – o fato de se delatar alguém. Essa realidade está mudando no Brasil, até porque muitos acordos de leniência firmados em outras jurisdições têm implicações diretas no Brasil, e deixar de firmar o acordo no Brasil pode significar expor ainda mais os executivos locais. Porém, como toda mudança de cultura, requer tempo.

---

36 Vide § 4.º do art. 35-B da Lei n. 8.884/94.

37 Vide art. 71 da Portaria SDE n. 4/2006.

38 Vide § 7.º do art. 35-B da Lei n. 8.884/94.

39 Vide § 8.º do art. 35-B da Lei n. 8.884/94.

40 Vide Processo Administrativo n. 08012.001826/2006-10.

Além da questão cultural, o programa de leniência enfrenta também questões legais.

O primeiro problema legal é o fato de que o programa de leniência não impede que terceiros prejudicados pela conduta objeto da leniência acionem judicialmente o leniente para cobrar o ressarcimento de eventuais danos sofridos. Este não é um problema local. Em praticamente todas as jurisdições em que existe a previsão do acordo de leniência não há isenção da responsabilidade civil do leniente perante terceiros. Assim, seja pela regra geral do Código Civil,[41] seja pela disposição expressa na Lei de Defesa da Concorrência,[42] os prejudicados poderão ingressar em juízo para buscar a reparação dos danos causados.

O segundo inconveniente do programa de leniência no Brasil é a fragilidade da proteção dada ao leniente na esfera criminal. A Lei de Defesa da Concorrência procura ser clara ao afirmar que a celebração do acordo de leniência determina a suspensão do curso do prazo prescricional e impede o oferecimento da denúncia.[43] Além disso, a lei estabelece que, cumprido o acordo de leniência pelo leniente, extinguir-se-ia, automaticamente, a punibilidade dos crimes previstos na Lei n. 8.137, de 27 de novembro de 1990. Há certa incerteza sobre a constitucionalidade desse dispositivo.[44] Nesse sentido, a SDE vem procurando, na prática, tentar contornar essa imperfeição legislativa. O Ministério Público tem assinado o acordo em conjunto com a SDE e o leniente e, até o presente momento, não se conhece qualquer notícia acerca de um leniente que tenha sido objeto de denúncia por parte do Ministério Público. O ideal seria haver alteração legislativa para gerar maior segurança jurídica e, conseqüentemente, maior incentivo para a celebração do acordo de leniência por parte dos interessados. Além disso, para a extinção da punibilidade poder-se-ia buscar a homologação do acordo por um juiz de Direito.

Outro problema para o acordo de leniência, trazido recentemente pela alteração sofrida pela Lei de Defesa da Concorrência,[45] refere-se à possibilidade de celebrar o compromisso de cessação em casos de cartel.[46] Essa possibilidade

---

41 Vide art. 186 do Código Civil.

42 Vide art. 29 da Lei n. 8.884/94.

43 Vide *caput* do art. 35-C da Lei n. 8.884/94.

44 A doutrina tem-se mostrado reticente quanto à legalidade de tal dispositivo (vide: Luciano Sotero Santiago. *Direito da concorrência: doutrina e jurisprudência*. Salvador: JusPodivm, 2008; e Renato Parreira Steiter et al. *Direito concorrencial: aspectos jurídicos e econômicos. comentários à Lei n. 8.884/94 e estudos doutrinários*. São Paulo: América Jurídica.

45 A Lei de Defesa da Concorrência sofreu alteração pela Lei n. 11.482/2007.

46 Vide art. 53 da Lei n. 8.884/94.

não é um problema em si. Pelo contrário, dependendo de como for regulada, trata-se de possibilidade saudável para o erário e para o combate às infrações à ordem econômica.

Porém, os agentes econômicos são, presumidamente, racionais. Em sendo racionais, buscarão a forma mais eficiente de eliminar uma contingência. A leniência exige assunção de culpa e plena colaboração. Em princípio, o compromisso de cessação de prática não obriga ao interessado assumir a prática da infração ou colaborar. A única obrigação expressamente prevista na Lei de Defesa da Concorrência para esses casos é o recolhimento de valor pecuniário ao Fundo de Defesa de Direitos Difusos, valor este que não poderá ser inferior ao mínimo previsto no art. 23 da Lei de Defesa da Concorrência.[47]

Diante do "dilema" de cessar a prática de cartel, o agente econômico irá se questionar o que é mais vantajoso: firmar um acordo de leniência ou aguardar até que o processo seja instaurado, se é que haverá denúncia e que esta será bem formulada, a permitir a abertura do processo e propor o compromisso de cessação de prática. De um lado, o acordo de leniência implica confissão da prática, o que dificulta enormemente a defesa contra eventuais ações judiciais de reparação de danos, mas evita a multa administrativa. O compromisso de cessação de prática requer o recolhimento de um valor pecuniário na esfera administrativa, mas deixa a empresa em posição mais confortável para a sua defesa judicial. Na esfera criminal, existe uma tendência de que o leniente seja mais bem tratado, mas o ideal para gerar os devidos incentivos seria a mudança legislativa.

Nesse sentido, tendo em vista que a Lei de Defesa da Concorrência dispõe que o CADE poderá exigir do interessado, além dos requisitos mínimos, as *obrigações que julgar cabíveis*,[48] tem ele buscado ser muito rigoroso nos termos de tais acordos. Nos dois acordos firmados até o presente momento não houve a obrigação de assunção de culpa, porém os interessados se comprometeram a recolher valor pecuniário equivalente a 10% do faturamento bruto anual das empresas.[49]

A SDE lançou política para análise de acordos em casos de cartéis na qual sugere que qualquer compromisso para a cessação dessa prática implique a assunção da culpa por parte do interessado.[50]

---

47 Vide § 2.º do art. 53 da Lei n. 8.884/94.

48 Vide inc. I do § 1.º do art. 53 da Lei n. 8.884/94.

49 Vide Processo Administrativo n. 08700.004221/2007-56 (Lafarge Brasil S.A.) e 08700.005281/2007-96 (Alcan Embalagens do Brasil Ltda. e outros).

50 Vide: http://www.mj.gov.br/sde/services/DocumentManagement/FileDownload.EZTSvc.asp?DocumentID={3E76DDDD-00E4-49F6-8300-65063510BA40}&Ser

4. Conclusões

A perseguição dos cartéis no Brasil tem-se intensificado ao longo da última década. Ainda há muito o que desenvolver em termos de cultura da concorrência, tanto no setor privado quanto no público. Porém, os avanços são inegáveis.

O padrão de prova ainda é errático na jurisprudência nacional. Há inúmeros casos em que o CADE deixa de condenar por ausência de provas, mas ainda há outros em que o CADE condena utilizando padrão de prova pífio e altamente questionável.

Nesse sentido, a integração das autoridades de defesa da concorrência com a Polícia Federal e o Ministério Público, ressalvados alguns casos em que a atuação conjunta pode ser considerada excessiva, tem-se mostrado muito importante e eficiente para tentar buscar a famigerada prova da prática da infração – *a arma fumegante*. A SDE tem estado envolvida em inúmeros processos de busca e apreensão de documentos e provas em casos de infração à ordem econômica.[51]

A cooperação com organizações e autoridades internacionais também contribui nesse sentido. O intercâmbio de informações entre as autoridades dos diversos países permite a identificação de novos casos e o fortalecimento das bases de casos já em andamento. Além disso, essa interação, notadamente no âmbito da ICN, permite a queima de etapas no processo de aprendizado e evolução institucional.

A SDE também implementou recentemente o *clique denúncia*. A partir de agora, qualquer pessoa interessada em fazer denúncias sobre infrações à ordem econômica poderá fazê-lo por meio do *site* da SDE. O interessado não precisa se identificar e deve fornecer o maior número de informações possíveis sobre a conduta denunciada.[52]

Todos esses sinais são importantes. No entanto, o acordo de leniência ainda é a ferramenta mais eficiente para a perseguição de cartéis. Por isso, sua regulação deve ser adequada e sua prática muito criteriosa. Se não houver in-

viceInstUID={2E2554E0-F695-4B62-A40E-4B56390F180A} (último acesso em: 21 jul. 2008).

51 A SDE realizou busca e apreensão em inúmeros casos julgados e em andamento. Há mais de uma dezena de casos em que houve busca e apreensão, dentre os quais pode-se citar o cartel das britas (2003), o cartel da areia (2005) e o cartel da laranja (2006).

52 Vide http://www.mj.gov.br/sde/data/Pages/MJ968198B3ITEMIDF63F0B96370E4FC5AE538B679273DD0DPTBRIE.htm (último acesso em: 21 jul. 2008).

centivos certos e determinados para a celebração de acordo de leniência ou se outros institutos socialmente menos benéficos (e.g. compromisso de cessação de conduta) resultarem em maior vantagem, o acordo de leniência voltará a ser letra morta da lei.

Institucionalmente, o Brasil tem avançado e a SDE tem-se aperfeiçoado nas negociações e implementação dos acordos de leniência. A jurisprudência do CADE, embora muito limitada, aponta na direção correta ao identificar a importância de confirmar a leniência para atender aos fins legais (uma vez cumprido o acordo) e também aos fins sociais (incentivar novas adesões em outros casos). Nesse sentido, o aumento das penas em casos envolvendo a prática de cartel pode ser outro fator que incentivará a assinatura de novos acordos dessa natureza.

Bibliografia

ABA Comissão de Direito da Concorrência. *Antitrust law developments.* 5. ed. ABA, 2002.

DRAGO, Bruno de Luca. Acordo de Leniência - breve estudo comparativo. *Revista do IBRAC*, São Paulo, v.14, n. 6, 2007.

HOVENKAMP, Herbert. *Federal antitrust policy - the law of competition and its practice.* 2. ed. Saint Paul: West Group, 1999.

ICN - International Competition Network. *Anti-Cartel enforcement manual.* ICN, 2006.

JONES, Alison; SUFRIN, Brenda. *EC competition law.* 2. ed. Oxford: Oxford University Press, 2004.

SANTIAGO, Luciano Sotero. *Direito da concorrência: doutrina e jurisprudência.* Salvador: JusPodivm, 2008.

STEITER, Renato Parreira et al. *Direito concorrencial: aspectos jurídicos e econômicos. Comentários à Lei n. 8.884/94 e estudos doutrinários.* São Paulo: América Jurídica, 2002.

ZINGALES, Nicolo. *European and American leniency programmes: two models towards convergence?* SSRN. Disponível em: http://ssrn.com/abstract=1101803. Acesso em: 12 jul. 2008.

Advocacia da Concorrência no Brasil

Ricardo Ferreira Pastore

Bacharel em Direito pela Faculdade Paulista de Direito da Pontifícia Universidade Católica de São Paulo (PUC-SP). Especialista em Direito Econômico pela Escola de Direito de São Paulo (EDESP), da Fundação Getulio Vargas de São Paulo (FGV-SP), Programa *GVLaw*. Advogado em São Paulo.

1. Introdução

O presente artigo tem por finalidade apresentar alguns apontamentos a respeito da advocacia da concorrência no Brasil.

Dessa forma, o artigo foi dividido em três partes principais que apresentam um panorama geral do tema, bem como os aspectos específicos que centralizam a discussão do trabalho.

A primeira parte busca introduzir o conceito de advocacia da concorrência, bem como apresentar a experiência comparada e internacional dos Estados Unidos da América, da União Européia e da *International Competition Network* no assunto.

A segunda parte sistematiza a advocacia da concorrência no Brasil, buscando apontar o arcabouço normativo que outorga essa função às autoridades brasileiras de defesa da concorrência, bem como o trabalho que vem sendo desenvolvido pelas autoridades nessa área. Ainda na segunda parte, são demonstrados os elementos atuais de advocacia da concorrência utilizados pelas referidas autoridades.

Na terceira e última parte do artigo, questiona-se o atual modelo de advocacia da concorrência brasileiro, buscando saber se há espaço para aperfeiçoá-lo. Ainda nessa parte, questiona-se a possibilidade de crescimento das atividades de advocacia da concorrência, bem como a existência de novos elementos de advocacia da concorrência a serem introduzidos no Brasil.

Finalmente, na conclusão do artigo, busca-se avaliar o atual programa de advocacia da concorrência brasileiro, traçando possíveis formas de aperfeiçoamento desse programa. Portanto, o objetivo deste artigo é: (i) introduzir o tema da advocacia da concorrência no debate acadêmico atual na área de defesa da concorrência; (ii) analisar criticamente o atual programa de advocacia da concorrência brasileiro; e (iii) apontar possíveis formas de aperfeiçoamento deste programa.

2. O fortalecimento da defesa da concorrência no Brasil

A preocupação com a defesa da concorrência no Brasil é antiga, tendo seu início nos anos 1940, com a Constituição de 1946, que trouxe, pela primeira vez em seu texto, um artigo dedicado à repressão aos abusos do poder econômico.[1] Não obstante, foi somente no início dos anos 1960, com a promulgação da Lei n. 4.137, de 10.09.1962, que o Brasil passou a ter uma legislação antitruste específica.

Referida lei continha regras genéricas sobre os abusos do poder econômico, com disposições bastante amplas sobre o controle de atos e contratos que pudessem prejudicar a livre concorrência no mercado brasileiro. Foi essa lei que, em seu art. 8.º, criou o Conselho Administrativo de Defesa Econômica – CADE, órgão incumbido de aplicar a lei de defesa da concorrência no Brasil.

A despeito de o interesse e esforço do Brasil em ter uma legislação de defesa da concorrência efetiva ter-se iniciado nas décadas de 1940 e 1960, foi no início dos anos 1990, com a reforma estrutural do Estado e a abertura da economia, que essa legislação tornou-se eficaz.

Em 08.01.1991, foi promulgada a Lei n. 8.158, que, em conjunto com a Lei n. 4.137/62, constituiu a estrutura legal para a defesa da concorrência e repressão aos abusos do poder econômico.[2] Não obstante, essa legislação tinha pouca aplicabilidade e estava muito mais atrelada às questões de economia popular e consumeristas do que propriamente à defesa da concorrência.

---

[1] Esta era a redação do artigo: "Art. 148. A lei reprimirá toda e qualquer forma de abuso do poder econômico, inclusive as uniões ou agrupamentos de empresas individuais ou sociais, seja qual for a sua natureza, que tenham por fim dominar os mercados nacionais, eliminar a concorrência e aumentar arbitrariamente os lucros".

[2] Esta lei criou a Secretaria Nacional de Direito Econômico (SNDE), que veio a dar suporte de pessoal e administrativo ao CADE (FORGIONI, 1998).

Foi apenas com a promulgação da Lei n. 8.884, em 11.06.1994, que o Brasil passou a contar efetivamente com uma lei de defesa da concorrência[3] que estruturou de forma mais objetiva o Sistema Brasileiro de Defesa da Concorrência (SBDC) e conferiu maior autonomia ao CADE.[4]

O quadro abaixo mostra, de forma bastante clara e objetiva, a evolução da aplicação das diversas leis de defesa da concorrência brasileiras, demonstrando que apenas após a Lei n. 8.884/94 é que o Brasil passou a contar com um sistema de defesa da concorrência efetivamente ativo.

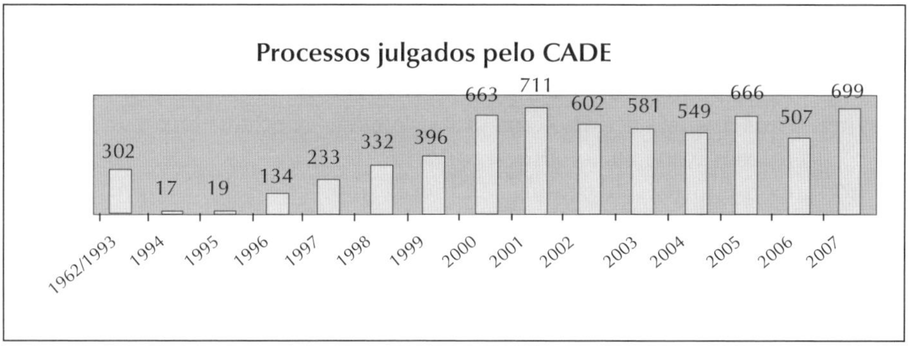

Fonte: CADE. *Relatório de Gestão – 2007*. Brasília: CADE, 2008. p. 65.

Com a consolidação do SBDC e, conseqüentemente, da aplicação da Lei n. 8.884/94, o Brasil entrou definitivamente no rol de países com uma lei de defesa da concorrência sólida e respeitável, passando a freqüentar os diversos fóruns mundiais de estudo e discussão da defesa da concorrência.

---

3 Esta também é a percepção da Secretaria de Acompanhamento Econômico – SEAE do Ministério da Fazenda, para quem "apenas ao longo do último decênio, a defesa da concorrência passou a assumir caráter prioritário no contexto das políticas públicas", pois, "até então, as características que marcaram a economia brasileira ao longo de décadas, notadamente o recurso a controle de preços, o elevado nível de proteção à indústria nacional e os altos índices de inflação, eram incompatíveis com uma política eficaz de defesa da concorrência" (SEAE. *Relatório de atividades: 2006*. Brasília: SEAE, 2007. p. 17).

4 A Lei n. 8.884/94 transformou o CADE em uma autarquia federal, vinculada ao Ministério da Justiça, garantindo maior autonomia às suas ações. É o que se depreende de seu art. 3.º, *in verbis*: "O Conselho Administrativo de Defesa Econômica (CADE), órgão judicante com jurisdição em todo o território nacional, criado pela Lei n. 4.137, de 10 de setembro de 1962, passa a se constituir em autarquia federal, vinculada ao Ministério da Justiça, com sede e foro no Distrito Federal, e atribuições previstas nesta lei".

3. Defesa da concorrência e advocacia da concorrência

A defesa da concorrência tem como função principal coibir os abusos do poder econômico e promover um ambiente competitivo nos mercados internos e externos por ela tutelados, buscando, assim, implementar uma política de concorrência que venha a proteger interesses individuais e coletivos da sociedade, por meio de inovação tecnológica, melhoria na qualidade dos produtos, redução de preços etc. Na busca dessa função, as autoridades de concorrência – em geral – exercem a defesa da concorrência sobre três eixos fundamentais.

O primeiro é de natureza *preventiva* e se faz pelo controle de atos e contratos que possam levar à concentração econômica ou ao exercício abusivo de posição dominante. É o denominado controle de estruturas de mercado ou controle de atos e contratos.

O segundo tem natureza *repressiva* e se traduz na investigação e imposição de sanções aos agentes econômicos praticantes de condutas anticompetitivas, tais como formação de cartel, preço predatório, venda casada, entre outras. É o denominado controle de práticas de mercado ou controle de condutas anticoncorrenciais.

E o terceiro, de natureza *promocional, informativa, educativa*[5] *e de formulação de políticas públicas*, se dá por meio da disseminação da cultura da concorrência junto aos consumidores, empresas, órgãos da Administração Pública direta e indireta (agências reguladoras, secretarias, departamentos etc.), Poderes Legislativo e Judiciário, Ministério Público, entre outros.

É esse terceiro eixo fundamental de atuação das autoridades de defesa da concorrência que se denomina *advocacia da concorrência* e que será o objeto de estudos do presente artigo.

3.1 Advocacia da concorrência – um conceito

Considerados os três eixos de atuação das autoridades de defesa da concorrência, verifica-se que, além das funções essenciais de aplicação direta da lei (preventiva e repressiva), também cabe a tais autoridades desempenhar a tarefa de promoção da concorrência (advocacia da concorrência).[6]

A caracterização ou definição do que vem a ser promoção da concorrência parte do pressuposto de exclusão, ou seja, entende-se que é potencialmente advocacia da concorrência qualquer ação da autoridade antitruste voltada à estimulação da livre competição que não importe na aplicação direta da lei (*enforcement*) por meio de suas funções de prevenção e repressão.[7]

---

5 Nesse sentido: OLIVEIRA e RODAS (2004).

6 Ao longo deste artigo as expressões *advocacia da concorrência* e *promoção da concorrência* serão utilizadas como sinônimos.

7 Nesse sentido: SEAE. *Relatório de atividades: 2006*. Brasília: SEAE, 2007. p. 24. RAGAZZO (2008), p. 560-561, também compartilha desse entendimento.

A *International Competition Network* – ICN, por meio de seu *Advocacy Working Group*, cunhou uma definição de advocacia da concorrência que é atualmente a mais aceita pelas autoridades de concorrência dos diversos países membros da ICN, bem como no meio acadêmico dedicado ao seu estudo. De acordo com essa definição: "Competition advocacy refers to those activities conducted by the competition authority related to the promotion of a competitive environment for economic activities by means of non-enforcement mechanisms, mainly through its relationships with other governmental entities and by increasing public awareness to the benefits of competition".[8]

Muito embora esta definição de advocacia da concorrência trazida pela ICN seja um tanto quanto genérica, ela é perfeitamente aceitável na medida em que o papel da ICN, como será melhor abordado no item 3.2.3, é o de formular diretivas gerais – *guidelines* – para as autoridades de concorrência dos países-membros, razão pela qual não seria viável definir de forma mais detalhada e precisa a atividade de advocacia da concorrência, já que cada autoridade está subordinada a um regime jurídico diferente, com liberdades e limitações diversas para o exercício de suas funções de advocacia da concorrência.

Não obstante, a definição da ICN mostra-se bastante completa para o seu propósito, devendo ser adaptada nos países-membros de acordo com as competências das autoridades de concorrência comunitária ou nacional.

Por esta razão, no presente artigo adotaremos a definição de advocacia da concorrência estabelecida pela ICN, com os acréscimos necessários à adaptação desse conceito à realidade brasileira.

3.2 Experiência comparada e internacional em advocacia da concorrência

A advocacia da concorrência é um tópico relativamente novo nos estudos relacionados à defesa da concorrência. Não obstante, existem países que já têm uma sólida tradição e experiência em advocacia da concorrência, uma vez que a experiência deles em *enforcement* (prevenção e repressão) já é de longa data.

Esses países, por terem essa experiência solidificada no *enforcement* de suas leis de concorrência, perceberam que as autoridades de concorrência tinham outros mecanismos de promoção da defesa da concorrência que poderiam ser tão eficazes quanto os mecanismos tradicionais de *enforcement*.

Dessa percepção é que surgiu o conceito de advocacia da concorrência, e estes países passaram a investir em programas específicos dentro de suas agências/autoridades visando explorar essa nova função.

---

[8] ICN. *Advocacy and competition policy. Report prepared by the Advocacy Working Group*. Italía, Napoli: ICN's Conference, 2002. p. i.

Essas autoridades perceberam que, muitas vezes, problemas de concorrência surgiam dentro do próprio governo quando da edição de normas, regulamentos, leis etc., que por si só criavam entraves à competição. Não só isso, as autoridades também perceberam o desconhecimento da lei por parte do empresariado e também por parte dos consumidores, o que também os estimulou a investir nesses programas.

Para evidenciar o que já foi feito em termos de advocacia da concorrência em países de maior tradição em aplicação de mecanismos de defesa da concorrência, apresentamos abaixo a experiência dos Estados Unidos da América, precursor na implementação de um programa de promoção da concorrência, da União Européia, por sua dimensão e constante aperfeiçoamento na área de defesa da concorrência, e da ICN, por ser uma entidade internacional que agrega praticamente todas as autoridades de defesa da concorrência relevantes e por ter realizado um amplo estudo sobre o assunto.

3.2.1 Estados Unidos da América

A advocacia da concorrência nos EUA é exercida pela *Federal Trade Commission* – FTC e pela divisão antitruste do *Department of Justice* – DOJ, duas entidades federais que também são responsáveis pelas funções de prevenção e repressão das leis federais americanas relacionadas à defesa da concorrência. Não obstante, focaremos apenas as atividades da FTC, que é o órgão que manteve um programa mais longo e efetivo de advocacia da concorrência até o momento.

Muito embora a defesa da concorrência esteja presente nos EUA desde o final do século XIX, não foi antes de meados dos anos 1970 que a advocacia da concorrência passou a se tornar um importante mecanismo de promoção e aplicação da lei de concorrência naquele país, principalmente pelo fato de o pensamento econômico da época estar sob a influência da Escola de Chicago, que pregava a não intervenção governamental nos mercados, principalmente a regulação que pudesse desencadear problemas concorrenciais.[9]

A advocacia da concorrência surgiu efetivamente na FTC em 1974 quando o presidente daquela entidade percebeu que muitos dos problemas concorrenciais enfrentados na época estavam sendo gerados dentro do próprio governo,[10] com a expedição de regulamentos e leis economicamente ineficientes ou mesmo criadoras de barreiras à competição.

Com base nessa constatação, a FTC instituiu um departamento interno exclusivamente dedicado às atividades de advocacia da concorrência (inicial-

[9] Nesse sentido: CELNICKER (1989), p. 382.

[10] Nesse sentido: COOPER, PAULTER e ZYWICKI (2005), p. 1094.

mente chamado de *intervention program* e atualmente *competition and consumer advocacy program*).

No início do programa de advocacia da concorrência da FTC, verificou-se uma participação relativamente tímida dessa autoridade na promoção da concorrência, principalmente na indicação de mudanças em regras regulatórias por parte de outras agências federais. Isso se deu pelo fato da novidade do programa e ainda da difícil aceitação por parte dos outros órgãos governamentais.

Não obstante, ainda sob a influência da Escola de Chicago, o Congresso americano editou diversas leis que introduziram mecanismos de consulta ao FTC por parte de agências reguladoras federais (principalmente as agências de transporte, petróleo e comércio internacional),[11] o que impulsionou seu trabalho na área.

Na chegada dos anos 1980, a realidade passou a ser outra, e o programa entrou em plena atividade, continuando assim desde então. Apenas a título ilustrativo, cabe aqui apresentar o gráfico evolutivo do trabalho da FTC relacionado à advocacia da concorrência entre 1980 e 2004:

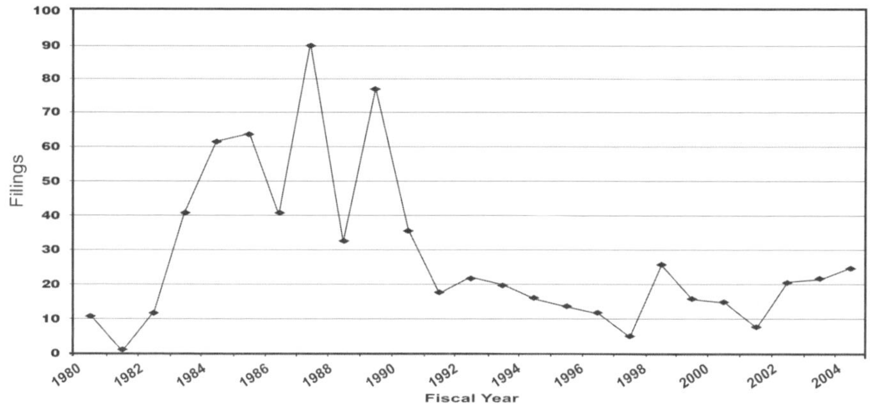

Figure 1
FTC Advocacy Filings 1980 - 2004

Fonte: COOPER, PAULTER, e ZYWICKI (2005), p. 1093.

Pelo gráfico pode-se perceber a intensificação do trabalho da FTC em meados dos anos 1980 e a evolução do programa até 2004. Percebe-se que em determinados períodos ocorreu um grande número de contribuições da FTC e que em outros períodos, principalmente após 1990, houve uma diminuição de atividades. Isso é basicamente explicado pelo fato de o programa ter sido

[11] CELNICKER (1989), p. 382-383.

limitado a manifestações da FTC em casos "relevantes", principalmente pela falta de verbas destinadas à divisão de advocacia da concorrência, fato que ocorre na maioria dos países que mantém esse tipo de programa, pois praticamente todo o orçamento das agências de defesa da concorrência fica comprometido com as atividades de *enforcement*.

Atualmente, o programa de advocacia da concorrência da FTC tem como principais vetores: (i) facilitar a entrada de novos *players* no mercado; (ii) eliminar incentivos perversos ao mercado; e (iii) facilitar o acesso a informações sobre defesa da concorrência aos consumidores.[12] Com base nesses três vetores, a FTC tem focado seu trabalho de advocacia da concorrência na emissão de opiniões/pareceres tanto a órgãos governamentais federais (agências reguladoras na sua maioria) como a órgãos governamentais estaduais e municipais, bem como a órgãos legislativos federais, estaduais e municipais, além de órgãos do Poder Judiciário, onde, quando possível, tenta atuar na qualidade de *amicus curiae*, emitindo opiniões em casos relacionados à aplicação das leis de concorrência.[13]

3.2.2 União Européia

Uma das missões do Diretório Geral de Concorrência da Comissão Européia é promoção da concorrência. Essa missão se traduz basicamente por meio das seguintes ações: (i) participação no processo de elaboração de normas regulatórias de competência de outros Diretórios Gerais; (ii) promoção de consultas públicas sobre áreas que demandam maior regulação concorrencial; (iii) elaboração de estudos sobre o nível de competição de determinados mercados; (iv) elaboração de guias de melhores práticas concorrenciais; entre outras.[14]

As ações exemplificadas acima são aplicadas pela Comissão tanto em âmbito comunitário como em âmbito nacional, quando a Comissão faz uma articulação com os órgãos de defesa da concorrência locais para que estes tomem iniciativas junto a seus governos. Além da promoção da concorrência junto aos órgãos executivos, a Comissão também trabalha em articulações junto ao Poder Judiciário comunitário.

Não existem trabalhos estatísticos aprofundados pela Comissão Européia a respeito de suas atividades de promoção da concorrência, mas é possível

---

[12] Nesse sentido consultar o relatório da FTC, *The FTC in 2007: a champion for consumers and competition*. FTC: Washington, abr. 2007. p. 18.

[13] Um descritivo completo das principais atividades de advocacia da concorrência desempenhadas pela FTC nos últimos anos pode ser encontrado em seus relatórios anuais.

[14] Vide http://ec.europa.eu/dgs/competition/mission/. Acesso em 13 jul. 2008.

exemplificá-los em diversas ações setoriais, principalmente nas áreas de transporte aéreo, transporte marítimo, energia e bancária, entre outras.

O nível de aceitação dos comentários da Comissão Européia na formulação de políticas setoriais é relativamente alto, pois, diferentemente do que ocorre nos países membros ou em outros países, o centro decisório comunitário está em constante comunicação e existe grande troca de experiências entre os diversos Diretórios Gerais na elaboração de normas.

Não obstante, verifica-se que o trabalho mais intenso da Comissão está na harmonização de regras comunitárias e locais, bem como na tentativa de promover adequações ao ambiente competitivo local e comunitário. Em 2007, por exemplo, a Comissão fez um forte trabalho na promoção da concorrência na regulação dos setores de energia, serviços financeiros, comunicação eletrônica, transportes (com ênfase no transporte aéreo e marítimo) e serviços postais, entre outros.[15]

3.2.3 *International Competition Network* – ICN

A ICN é uma organização supranacional, estabelecida no final de 2001,[16] com o objetivo de promover a cultura da concorrência por meio da publicação de recomendações (*guidelines*), bem como da aproximação das autoridades de defesa da concorrência, tanto de países desenvolvidos quanto de países em desenvolvimento, para garantir a constante troca de experiências entre essas entidades.[17]

Apenas entidades governamentais, ou seja, autoridades de defesa da concorrência, podem fazer parte da ICN como membros e atuar nos diversos grupos de trabalho criados por tal entidade.[18]

Um dos primeiros e mais efetivos grupos de trabalho já criados pela ICN foi o *Advocacy Working Group*, criado em 2001 com a finalidade de elaborar um

---

15 Vide Commission of The European Communities. *Report on competition policy 2007*. Brussels, 16 June 2008. p. 9-20.

16 Vide http://www.internationalcompetitionnetwork.org/index.php/en/about-icn/history. Acesso em: 13 jul. 2008.

17 PASTORE (2004), p. 6-7.

18 Membros da sociedade civil podem ser convidados a participar como *non-governmental advisors* das autoridades de defesa da concorrência nos diversos grupos de trabalho da ICN. Esses NGAs têm apenas uma função de assessoria e não são membros efetivos da ICN.

estudo completo dos sistemas de advocacia da concorrência adotados por seus países-membros e recomendar melhores práticas a esses países.

O primeiro projeto empreendido pelo grupo consistiu em um amplo questionário distribuído entre membros da ICN com vistas a verificar suas atividades de advocacia da concorrência. O questionário foi elaborado e conduzido por uma equipe especial da Comissão Federal de Concorrência do México.

Esse trabalho foi a base para que a ICN preparasse um relatório contendo os resultados do questionário e a definição de advocacia da concorrência atualmente aceita por seus países-membros e pela comunidade acadêmica, bem como uma série de recomendações a respeito da estruturação de um programa de advocacia da concorrência ideal por seus membros.

Seguindo esse trabalho seminal da ICN, o *Advocacy Working Group* publicou alguns trabalhos mais aplicados, voltados ao estudo da relação entre concorrência e regulação e a influência que a autoridade de concorrência consegue exercer na formulação de regras por entes regulatórios.

Esse grupo de trabalho foi descontinuado em 2003 e deu lugar a diversos outros grupos que ainda estudam a advocacia da concorrência aplicada. Isso ocorreu porque a ICN entendeu que um grupo de trabalho voltado apenas à advocacia da concorrência não tinha mais utilidade, pois o trabalho inicial e fundamental já havia sido concluído. Ainda assim, entende-se que a ICN continua desenvolvendo um papel fundamental para o aprimoramento da advocacia da concorrência em nível mundial, influenciando também as atividades locais das autoridades de concorrência dos países-membros.

4. A advocacia da concorrência no Brasil

Assim como ocorre na maioria das jurisdições que possuem uma lei de concorrência, no Brasil a defesa da concorrência também é exercida de três formas: (i) preventiva, denominada controle de estruturas de mercado, nos termos do art. 54 e parágrafos da Lei n. 8.884/94; (ii) repressiva, denominada controle de condutas anticoncorrenciais, nos termos dos arts. 20 e 21 da mesma lei; e (iii) promocional, informativa, educativa e de formulação de políticas públicas, por meio da advocacia da concorrência.

São três as autoridades encarregadas de zelar pela aplicação da Lei de Defesa da Concorrência no Brasil. O CADE, uma autarquia federal ligada ao Ministério da Justiça, a Secretaria de Acompanhamento Econômico do Ministério da Fazenda – SEAE e a Secretaria de Direito Econômico do Ministério da Justiça – SDE. Estes três órgãos da Administração Pública Federal compõem o denominado SBDC.

4.1 *O funcionamento da advocacia da concorrência no Brasil*

Como destacado acima, ao lado das funções preventiva e repressiva, as autoridades brasileiras de defesa da concorrência também têm a tarefa de promoção da concorrência.[19]

Essa tarefa está contida nos arts. 7.º, IX, X, XVI, XVII, XVIII, e 89 da Lei n. 8.884/94,[20] no que diz respeito ao CADE.[21] No art. 12, I a III e VII a XI,

---

19 A escolha de atribuição da competência para se fazer advocacia da concorrência às autoridades de defesa da concorrência parece ser a mais correta e está em plena harmonia com o que ocorre em jurisdições com tradição na defesa da concorrência. Para a SEAE: "o conhecimento adquirido ao longo dos anos de trabalho focado em ações de *enforcement*, como a análise de atos de concentração e a investigação de condutas anticompetitivas, tem-se mostrado útil no momento em que os órgãos de defesa da concorrência procuram ampliar o leque de sua atuação, passando a desempenhar também a tarefa de promoção da concorrência. Além disso, há um consenso de que os órgãos de defesa da concorrência estariam mais aptos a implementar medidas de promoção da concorrência, por serem menos sujeitos à captura" (SEAE. *Relatório de atividades: 2006*. Brasília: SEAE, 2007. p. 25). Esta também é a conclusão da ICN em seu relatório *Competition advocacy in regulated sectors: examples of success* (Seoul, Korea, 2004 Annual Conference), p. 2: "competition authorities are considered to be less prone to regulatory capture by interest groups than, for example, sector-specific regulators and through advocacy they can instill competitive values in sector specific regulation, reducing the possibility of regulatory capture".

20 "Art. 7.º Compete ao Plenário do Cade: (...) IX – requisitar informações de quaisquer pessoas, órgãos, autoridades e entidades públicas ou privadas, respeitando e mantendo o sigilo legal quando for o caso, bem como determinar as diligências que se fizerem necessárias ao exercício das suas funções; X – requisitar dos órgãos do Poder Executivo Federal e solicitar das autoridades dos Estados, Municípios, Distrito Federal e Territórios as medidas necessárias ao cumprimento desta lei; (...) XVI – firmar contratos e convênios com órgãos ou entidades nacionais e submeter, previamente, ao Ministro de Estado da Justiça os que devam ser celebrados com organismos estrangeiros ou internacionais; XVII – responder a consultas sobre matéria de sua competência; XVIII – instruir o público sobre as formas de infração da ordem econômica; (...).

Art. 89. Nos processos judiciais em que se discuta a aplicação desta lei, o Cade deverá ser intimado para, querendo, intervir no feito na qualidade de assistente."

21 O Regimento Interno do CADE (Resolução n. 45, de 28.03.2007) também traz algumas disposições complementares a respeito da tarefa de advocacia da concorrência do órgão (vide art. 9.º, art. 56 e ss, art. 59 e ss, art. 102 e ss, e art. 173, entre outros).

do Decreto n. 6.313, de 19.12.2007,[22] no que diz respeito à SEAE[23] e no art. 14,

[22] "Art. 12. À Secretaria de Acompanhamento Econômico compete: I – propor, coordenar e executar as ações do Ministério, relativas à gestão das políticas de regulação de mercados, de concorrência e de defesa da ordem econômica; II – assegurar a defesa da ordem econômica, em articulação com os demais órgãos do Governo encarregados de garantir a defesa da concorrência, e para tanto: a) emitir pareceres econômicos relativos a atos de concentração no contexto da Lei n. 8.884, de 11 de junho de 1994; b) proceder a análises econômicas de práticas ou condutas limitadoras da concorrência, instruindo procedimentos no contexto da Lei n. 8.884, de 1994; e c) realizar investigações de atos ou condutas limitadores da concorrência no contexto da Lei no 9.021, de 30 de março de 1995, e da Lei n. 10.149, de 21 de dezembro de 2000; III – acompanhar a implantação dos modelos de regulação e gestão desenvolvidos pelas agências reguladoras, pelos ministérios setoriais e pelos demais órgãos afins, manifestando-se, dentre outros aspectos, acerca: a) dos reajustes e das revisões de tarifas de serviços públicos e de preços públicos; b) dos processos licitatórios que envolvam a privatização de empresas pertencentes à União; e c) da evolução dos mercados, especialmente no caso de serviços públicos sujeitos aos processos de desestatização e de descentralização administrativa; (...) VII – promover o funcionamento adequado do mercado, e para tanto: a) acompanhar e analisar a evolução de variáveis de mercado relativas a setores e produtos ou a grupo de produtos; b) acompanhar e analisar a execução da política nacional de tarifas de importação e exportação, interagindo com órgãos envolvidos com a política de comércio exterior; c) adotar, quando cabível, medidas normativas sobre condições de concorrência para assegurar a livre concorrência na produção, comercialização e distribuição de bens e serviços; d) compatibilizar as práticas internas de defesa da concorrência e de defesa comercial com as práticas internacionais; e) avaliar e manifestar-se acerca dos atos normativos e instrumentos legais que afetem as condições de concorrência e eficiência na prestação de serviços, produção e distribuição de bens; e f) propor, avaliar e analisar a implementação das políticas de desenvolvimento setorial e regional; VIII – formular representação perante o órgão competente, quando identificada norma ilegal e/ou inconstitucional que tenha caráter anticompetitivo; IX – acompanhar o desenvolvimento de setores e programas estratégicos de desenvolvimento e para isso: a) acompanhar estrategicamente os setores e atividades produtivas da economia brasileira; e b) representar o Ministério da Fazenda em ações interministeriais, associações e nos seminários dos programas estratégicos de desenvolvimento econômico; X – desenvolver os instrumentos necessários à execução das atribuições mencionadas nos incisos I a VIII deste artigo; e XI – promover a articulação com órgãos públicos, setor privado e entidades não-governamentais também envolvidos nas atribuições mencionadas nos incisos I a VIII deste artigo".

[23] O Regimento Interno da SEAE (Portaria do Ministério da Fazenda n. 131, de 1.º.7.2008) também traz algumas disposições complementares a respeito da tarefa de advocacia da concorrência do órgão (vide art. 1.º, art. 5.º e ss, entre outros).

XII a XV, da Lei n. 8.884/94 e art. 17, I a IV, VI e X, do Decreto n. 6.061, de 15.03.2007,[24] no que diz respeito à SDE.

Como se denota do arcabouço normativo apresentado, a advocacia da concorrência no Brasil é simultaneamente exercida pelo CADE, SEAE e SDE, muitas vezes havendo sobreposição (repetição) de normas que regulamentam as atividades desempenhadas por esses órgãos na promoção da concorrência.

Não obstante, verifica-se que as autoridades têm tentado, de certa forma, equacionar esse problema legislativo articulando-se para estabelecer certas competências informais de modo a evitar essas sobreposições de função. Dessa forma, convencionou-se que a SEAE é que deve promover a concorrência de maneira mais efetiva, deixando as funções preventiva e repressiva para o CADE e a SDE.

Essa decisão tem uma lógica racional, primeiramente pelo fato de as atribuições da SEAE permitirem maior articulação dessa secretaria com os órgãos governamentais ligados à regulação setorial e à formulação de políticas públicas, bem como pelo fato de a SEAE pertencer à estrutura do Ministério da Fazenda, que tem bastante influência dentro do governo e participa de pra-

24 "Art. 14. Compete à SDE: (...) XII – receber e instruir os processos a serem julgados pelo Cade, inclusive consultas, e fiscalizar o cumprimento das decisões do Cade; XIII – orientar os órgãos da administração pública quanto à adoção de medidas necessárias ao cumprimento desta lei; XIV – desenvolver estudos e pesquisas objetivando orientar a política de prevenção de infrações da ordem econômica; XV – instruir o público sobre as diversas formas de infração da ordem econômica, e os modos de sua prevenção e repressão; (...)

Art. 17. À Secretaria de Direito Econômico cabe exercer as competências estabelecidas nas Leis n. 8.078, de 11 de setembro de 1990, 8.884, de 11 de junho de 1994, 9.008, de 21 de março de 1995, e 9.021, de 30 de março de 1995, e, especificamente: I – formular, promover, supervisionar e coordenar a política de proteção da ordem econômica, nas áreas de concorrência e defesa do consumidor; II – adotar as medidas de sua competência necessárias a assegurar a livre concorrência, a livre iniciativa e a livre distribuição de bens e serviços; III – orientar e coordenar ações com vistas à adoção de medidas de proteção e defesa da livre concorrência e dos consumidores; IV – prevenir, apurar e reprimir as infrações contra a ordem econômica; (...) VI – acompanhar, permanentemente, as atividades e práticas comerciais de pessoas físicas ou jurídicas que detiverem posição dominante no mercado relevante de bens e serviços, para prevenir infrações da ordem econômica; (...) X – firmar convênios com órgãos e entidades públicas e com instituições privadas para assegurar a execução de planos, programas e fiscalização do cumprimento das normas e medidas federais."

ticamente todos os fóruns governamentais de discussão e implementação de políticas públicas.

Como a função de promoção da concorrência se refere ao papel de, direta ou indiretamente, influir na formulação de políticas públicas, de modo a garantir que a concorrência seja, ao máximo, incentivada,[25] nada mais racional do que incumbir a SEAE dessa tarefa.

Desse modo, é a SEAE que tem atualmente tomado a frente na organização de um programa de advocacia da concorrência junto aos órgãos da administração pública federal e, em menor escala, junto ao Poder Legislativo federal. O CADE e a SDE participam na promoção da concorrência de forma mais pontual, principalmente por meio de palestras e publicações destinadas à população.

4.2 O que já foi feito em matéria de advocacia da concorrência no Brasil

Considerando-se que a atual Lei de Defesa da Concorrência está em vigor desde 1994, ainda não se pode dizer que o Brasil tenha um programa de advocacia da concorrência perfeitamente estruturado. Entretanto, entende-se já ter ocorrido grande progresso nesses quase quinze anos de aplicação da lei.

Construir uma cultura de concorrência é tarefa demorada, que demanda a articulação não só das autoridades de concorrência, como também de toda a sociedade, principalmente dos órgãos governamentais ligados à regulação econômica setorial (o que não exclui outros órgãos governamentais, como, por exemplo, os Poderes Legislativo e Judiciário e o Ministério Público).

Nesse tocante, a SEAE, em seu Relatório de Atividades de 2006, definiu quatro linhas gerais de ação de seu programa de promoção da concorrência, que também serão seguidas neste artigo. São elas: (i) a análise prévia ou a *posteriori* de regras regulatórias que possam ter impacto na concorrência; (ii) a revisão de medidas de comércio internacional que possam limitar a contestabilidade dos mercados domésticos (barreiras tarifárias e não tarifárias, direitos antidumping etc.); (iii) a análise concorrencial em processos licitatórios; e (iv) a disseminação de uma cultura da concorrência, tanto intragoverno, por meio da participação em conselhos governamentais, quanto na sociedade civil.[26]

Deve-se, no entanto, notar que as ações de advocacia da concorrência não estão restritas às quatro linhas gerais delimitadas acima, pois, como se sabe, a promoção da concorrência tem um amplo objetivo, considerando-se

---

25 SEAE. *Relatório de atividades: 1999*. Brasília: SEAE, 2000. p. 13.

26 SEAE. *Relatório de atividades: 2006*. Brasília: SEAE, 2007. p. 24.

que praticamente todo setor da economia está sujeito a algum tipo de regulação governamental. Dessa forma, é correto afirmar que o escopo das ações de promoção da concorrência é ilimitado, mas geralmente taiss ações manifestam-se em uma dessas quatro linhas gerais.

Atualmente, não existem dados estatísticos precisos sobre a atividade de advocacia da concorrência exercida pelos órgãos do SBDC, pois os relatórios de gestão e atividades publicados por tais órgãos ainda não sistematizaram esses dados de forma prática e objetiva. Encontram-se alguns dados nesses relatórios, mas não se pode dizer com precisão que representam a totalidade das atividades de advocacia da concorrência desempenhadas pelo SBDC.

Não obstante, levando-se em consideração as quatro linhas gerais de atuação delimitadas pela SEAE, é possível apontar algumas ações relevantes implementadas pelos órgãos do SBDC em advocacia da concorrência e observar o progresso dessas ações no tempo:[27]

1996.[28] *Ações voltadas à difusão da cultura da concorrência.* O CADE lança seu *website* na internet, retoma a publicação da *Revista de Direito Econômico* e cria um programa de intercâmbio para estudantes universitários. Paralelamente, inicia a articulação de suas ações com outros órgãos governamentais, assinando convênios de assistência técnica e projetos de pesquisa com o BNDES, IPEA e CNPq, e começa a se articular com órgãos de defesa comercial e de política de comércio exterior.[29]

1997. Ações voltadas à re-regulamentação ou desregulamentação setorial. A SEAE participa de forma intensa no processo de criação de condições estruturais e estabelecimento dos marcos regulatórios dos setores de combustíveis, incluindo o GLP, planos de saúde, medicamentos, transportes aéreos, atividade rural, entre outros. A SEAE atua também no processo de extinção da Superintendência Nacional de Abastecimento – SUNAB e desregulamentação do controle

---

27 Ressalte-se que o objetivo aqui não é esgotar todas as ações de advocacia da concorrência implementadas pelos órgãos do SBDC ao longo dos anos, mas sim apresentar as ações mais relevantes e demonstrar o progresso dessas ações no tempo, não importando qual dos três agentes do SBDC as tenha implementado (CADE, SEAE ou SDE), embora se tenha predileção por ações da SEAE, pelas razões já apontadas durante este trabalho.

28 Escolheu-se inicialmente o ano de 1996 pelo fato de ser o primeiro ano em que os órgãos do SBDC produziram relatórios anuais e dados estatísticos e informativos suficientes para se poder fazer algum tipo de levantamento das ações de advocacia da concorrência desses órgãos.

29 Maiores detalhes dessas ações do CADE estão descritas em seu Relatório Anual de 1996.

de preços.[30] O Relatório Anual do CADE traz diversas disposições sobre advocacia da concorrência e trata de forma ampla das formas de cooperação com as agências reguladoras recém-criadas. Elenca também três casos de advocacia da concorrência onde apresentou recomendações para melhoria/introdução de concorrência (serviço de classificação de produtos vegetais, serviços de táxi e política pró-concorrencial de medicamentos).[31]

1998-1999. Estímulo à participação da sociedade civil na política de defesa da concorrência e intensificação da articulação com as agências reguladoras. O CADE edita resolução que disciplina as consultas, visando a estimular a participação da sociedade civil no processo de aperfeiçoamento do sistema de defesa da concorrência, e apresenta recomendações para melhoria/introdução de concorrência em setores regulados (praticagem e aviação civil) e não regulados (serviços de táxi e vasilhames de cerveja). Publicação de portarias conjuntas do CADE com a ANATEL e com a ANP. O CADE atua como assistente em algumas ações civis públicas relacionadas a problemas de concorrência.[32] A SEAE desenvolve um *Guia para Análise Econômica de Atos de Concentração*, visando a tornar mais transparente o processo de análise de atos de concentração conduzido por ela. Participa na elaboração da Lei dos Medicamentos Genéricos visando ao aumento da competição no setor farmacêutico, na avaliação de impactos regulatórios e concorrenciais de projeto de lei visando à instituição de marco regulatório para o setor de saneamento básico e na elaboração do projeto de lei para a criação da Agência Nacional de Transportes – ANT.[33]

2000. Estreitamento do relacionamento com as agências reguladoras. A SEAE trabalhou intensamente com a ANEEL e a SDE, participando de diversos foros de discussão e aprimoramento, levando seus conhecimentos de concorrência ao setor de energia elétrica e absorvendo o conteúdo técnico do conhecimento da ANEEL para utilização nos seus processos de análise de atos de concentração. Elaboração de documento referente à análise de concentrações econômicas no setor elétrico. Manifestações referentes ao projeto de lei de criação da Agência Nacional de Transportes Aquaviários (ANTAQ) e ao projeto de lei de reformulação dos Correios. Estudos para futura implementação de agência reguladora no setor de transporte aéreo. Formulação de propostas regulatórias e concorrenciais para o setor farmacêutico. Criação do portal Concorrência & Mercados – C&M na internet.[34]

---

30 SEAE. *Relatório de atividades: 1997*. Brasília: SEAE, 1998. p. 41.

31 CADE. *Relatório Anual – 1997*. Brasília: CADE, mar.1998. p. 142-148.

32 CADE. *Relatório Anual – 1998/1999*. Brasília: CADE, ago. 1999.

33 SEAE. *Relatório de atividades: 1999*. Brasília: SEAE, 2000.

34 SEAE. *Relatório de atividades: 2000*. Brasília: SEAE, 2001.

2001. Participação da SEAE no processo regulatório – aumento da cooperação com as agências reguladoras. A SEAE promove complexo estudo no setor de petróleo e derivados buscando demonstrar os elementos necessários para a criação de um mercado de combustíveis dinâmico e competitivo. Participação ativa da SEAE na Câmara de Gestão da Crise de Energia, bem como na assessoria técnica do Conselho Nacional de Política Energética – CNPE, buscando apresentar soluções que trouxessem maior competição ao setor. Trabalho conjunto com o Ministério da Defesa e com o Departamento de Aviação Civil – DAC, que culminou em proposta de liberalização das tarifas aéreas domésticas visando a maior competição no setor de transporte aéreo de passageiros. Participação da SEAE nos projetos de lei de criação da ANTT e ANTAQ.[35] O CADE, por sua vez, promoveu uma série de seminários para divulgação de suas atividades, bem como da defesa da concorrência em geral.[36] A SDE teve participação destacada na elaboração do anteprojeto de lei de criação da Agência Nacional de Defesa da Concorrência.[37]

2002-2005. Consolidação da SEAE como órgão consultivo das agências reguladoras nos setores de transportes terrestres, aquaviários e aéreos, portos, telecomunicações, energia elétrica, combustíveis, saúde suplementar, fármacos, construção civil, rodoviário, postal, entre outros. Nesses anos, a SEAE promoveu intenso debate com as agências reguladoras dos diversos setores mencionados, bem como participou de discussões visando à criação de novas agências ou ao aprimoramento dos marcos regulatórios desses setores. Em 2004, foi proposta nova estrutura interna da SEAE que permitiu a melhoria na articulação dessa Secretaria com os demais órgãos governamentais, setorizando a atuação de suas coordenações gerais.[38] Em 2005, a SEAE participou ativamente no setor de energia (na definição de regras para créditos de carbono, formatação de leilões de energia, discussões dos projetos de lei do gás), no setor de comunicação e mídia (debates sobre a televisão digital), no comércio internacional (eliminação de barreiras técnicas para vergalhões e cimento, proposta de redução de tarifas de bens de informática, revisão de medidas antidumping) e no setor de transportes e logística (criação da Agência Nacional de Aviação Civil – ANAC e formatação da lei de parcerias público-privadas).[39]

---

35 SEAE. *Relatório de atividades: 2001*. Brasília: SEAE, 2002.

36 CADE. *Relatório Anual – 2001*. Brasília: CADE, 2002.

37 SDE. *Relatório de Gestão 2001*. Brasília: SDE, 2002.

38 SEAE. *Relatório de atividades: 2004*. Brasília: SEAE, 2005.

39 Uma lista com outras atividades relevantes desenvolvidas pela SEAE em 2005 pode ser encontrada em TOKESHI (2007), cap. 2, p. 35.

2006. SEAE, promotora da concorrência – A reforma do SBDC (PL n. 5.877/2005) e o PL das Agências Reguladoras (PL n. 3.337/2004). A SEAE manteve sua forte atuação junto às agências reguladoras e nos fóruns governamentais de que participa, destacando-se nos setores de transporte aéreo de passageiros (contribuição à ANAC sobre política de alocação de *slots*), cartões de pagamento (convênio com BACEN e SDE para amplo estudo do setor), concessões rodoviárias (formatação do processo de licitação do segundo lote de concessões rodoviárias federais), auto-escolas (recomendações ao DENATRAN)[40] e cimento (recomendações à ABNT), entre outros.[41] Além disso, desde 2005, a SEAE reestruturou sua organização interna para distribuir, de forma mais eficiente, as competências que virá a receber quando da aprovação dos projetos de lei de reforma do SBDC e das agências reguladoras. Referidos projetos de lei deverão consolidar o papel da SEAE de órgão promotor da concorrência, atribuindo diversas competências à SEAE para o melhor desenvolvimento dessa atividade, formalizando em lei muitas das ações que já vêm sendo implementadas informalmente pela Secretaria.[42]

2007. SEAE passa a desempenhar o papel principal na advocacia da concorrência no SBDC. Procuradoria Geral do CADE (ProCADE) vira articuladora do SBDC com o Poder Judiciário. CADE e SDE também se destacam na advocacia da concorrência. Em 2007, mantendo seu papel, a SEAE continuou a manifestar-se nos diversos setores regulados, com destaque para manifestações relacionadas ao setor de transportes, principalmente aqueles regulados pela ANTT e ANAC. A SEAE contribuiu também para os setores de telecomunicações, cinema e energia, entre outros.[43] Ainda em 2007, a SEAE apresentou metas para 2008 que consistem na apresentação de uma série de contribuições para o setor de telecomunicações, energia, medicamentos, bem como para o comércio internacional, principalmente normas do Mercosul e normas antidumping.[44] A ProCADE passou a atuar com maior freqüência e efetividade junto aos órgãos do Poder Judiciário e do Ministério Público para dar efetividade aos julgados do CADE e cumprimento às decisões proferidas pelo Conselho. O papel da ProCADE teve repercussão positiva, e os índices de cumprimento

40 Interessante descrição do processo de recomendações ao Denatran temos em RAGAZZO (2008), p. 576-582.

41 SEAE. *Relatório de atividades: 2006*. Brasília: SEAE, 2007.

42 Maiores detalhes dos projetos de lei de reforma do SBDC e das agências reguladoras serão trazidos no item 5 deste trabalho.

43 Uma lista completa das manifestações sobre regras regulatórias da SEAE pode ser encontrada em seu site na internet.

44 SEAE. *Relatório de Gestão: 2007*. Brasília, SEAE, 2008, p. 82, 84-87 e 95-96.

das decisões do CADE passaram a melhorar e aumentar. O CADE realizou eventos voltados à promoção da concorrência,[45] continuou a editar a *Revista de Direito da Concorrência* e intensificou a edição do *CADE Informa*, boletim criado em 2007 e atualmente distribuído para 1.000 assinantes.[46] O CADE também passou a disponibilizar dados estatísticos atualizados em sua página na internet.[47] Além dessas atividades, o CADE editou duas novas súmulas[48] sobre temas já consolidados no Conselho que vieram a dar mais transparência à comunidade empresária a respeito da necessidade ou não de notificação de determinadas operações ao SBDC. A SDE também teve grande atuação na advocacia da concorrência em 2007, por meio do Departamento de Proteção e Defesa Econômica - DPDE, tendo participado em 21 palestras, de algumas comissões e grupos de trabalho permanentes do governo (CMED, GIPI etc.), bem como interagido permanentemente com o Poder Legislativo em debates relacionados ao projeto de lei de reforma do SBDC.[49]

Baseando-se nas quatro linhas gerais de atuação em advocacia da concorrência definidas acima e verificando-se os trabalhos realizados pelo SBDC ao longo dos anos, pode-se afirmar que a atuação desses órgãos na advocacia da concorrência ficou basicamente focada na análise prévia ou *a posteriori* de regras regulatórias que pudessem ter impacto na concorrência e, em sua maioria, na disseminação da cultura da concorrência intragoverno por meio da participação em conselhos governamentais e na sociedade civil.

Verifica-se que as ações de promoção da concorrência na revisão de medidas de comércio internacional que pudessem limitar a contestabilidade dos mercados domésticos (barreiras tarifárias e não-tarifárias, direitos antidumping etc.) e na análise concorrencial em processos licitatórios foram tímidas. Porém, não se pode dizer que não tenham sido efetivas. Isso ocorre, também, pela dificuldade de coordenação dos diversos interesses das entidades governamentais e não-governamentais envolvidas nesses processos.

---

45 CADE. *Relatório de Gestão - 2007*. Brasília: CADE, 2008, p. 107-108 e 125-130.

46 Segundo informações da Presidente Elizabeth Farina em palestra proferida na OAB/SP em 23.06.2008, na qual relatou seus quatro anos de gestão à frente do CADE (2004-2008).

47 Vide: http://www.cade.gov.br/apresentacao/graficos/numeros1.asp. Acesso em: 14 jul. 2008.

48 Súmulas 2 e 3, respectivamente sobre a aquisição de participação minoritária por sócio que já detenha participação majoritária e sobre a notificação de sociedades de propósito específico constituídas em razão de processos licitatórios.

49 SDE. *Relatório de gestão 2007*. Brasília: SDE, 2008, p. 88-95. DPDE. Relatório de gestão 2007. Brasília: DPDE, 2008, p. 29-36.

4.3 *Principais mecanismos de atuação do SBDC na advocacia da concorrência*

Analisando-se as diversas ações desenvolvidas pelo SBDC ao longo dos últimos dez anos, é possível definir as principais formas de atuação de seus órgãos no desempenho de suas funções de promoção da concorrência.

Nesse período, o SBDC fez advocacia da concorrência adotando os seguintes mecanismos de atuação: (i) criação de portais na internet para a divulgação de suas atividades (legislação, pareceres, decisões etc.); (ii) edição de publicações sobre defesa da concorrência; (iii) preparo de guias de orientação e códigos de conduta setoriais (*guidelines*); (iv) criação de programa de incentivo à obediência da Lei da Concorrência (*compliance*); (v) preparo de estudos específicos sobre setores regulados, em conjunto com os agentes reguladores desses setores; (vi) celebração de acordos de cooperação e convênios com órgãos reguladores governamentais; (vii) celebração de convênios com universidades e órgãos da sociedade civil; (viii) criação de programas de intercâmbio para estudantes universitários; (ix) emissão de pareceres em consultas públicas formuladas por diversos órgãos de regulação (governamentais ou não); (x) respostas/julgamento de processos de consulta; (xi) participação em fóruns governamentais de discussão e implementação de políticas públicas; (xii) promoção e participação em cursos, *workshops*, palestras e seminários; e (xiii) constante aparecimento na mídia (concessão de entrevistas, publicação de artigos, *press releases* etc.).

Resgatando as linhas gerais de atuação em advocacia da concorrência definidas pela SEAE, verifica-se que a maioria dos mecanismos de atuação do SBDC estão focados na disseminação da cultura da concorrência intragoverno e na sociedade civil (itens i a viii, xii e xiii antes mencionados).

Para as demais linhas de atuação, relacionadas ao processo de influência direta na elaboração de regras setoriais, processo decisório das agências reguladoras, licitações e processo legislativo, entre outros, também foram utilizados alguns mecanismo (itens ix a xi antes mencionados).

Essa disparidade na quantidade de mecanismos utilizados em diferentes linhas de atuação na advocacia da concorrência explica-se basicamente pelos desafios institucionais enfrentados pelos órgãos do SBDC, tanto internos quanto de coordenação com os demais órgãos governamentais formuladores de políticas públicas.

Referidos desafios institucionais, em apertada síntese, resumem-se aos problemas crônicos de estrutura e orçamento do SBDC e aos problemas relacionados à interação do SBDC com os demais órgãos do governo.

Em relação a essa segunda categoria de desafios, TOKESHI (2007) aponta que o grande descompasso entre a evolução das agências e dos ministérios setoriais acaba por colocar os órgãos de defesa da concorrência em discussões sobre assuntos pontuais e decisões de natureza técnica, desvirtuando o papel de advocacia da concorrência por eles exercido, já que as discussões, que deveriam girar em torno das diretrizes gerais e da forma de alavancar a concorrência em determinado setor regulado, acabam não ocorrendo.

Um desdobramento desse descompasso que também se caracteriza como um desafio institucional é a diferença no grau de transparência do processo de elaboração de políticas públicas nos ministérios e agências reguladoras.

Enquanto as agências seguem, em sua maioria, processos formais com consultas e audiências públicas, os ministérios não seguem quaisquer regras mínimas de transparência. Isso dificulta muito o acesso por terceiros ao processo de formulação de normas regulatórias desses órgãos governamentais. Conseqüentemente, os órgãos de defesa da concorrência, muitas vezes, acabam não participando do processo por falta de conhecimento ou mesmo por intenção política dos ministérios (nas agências reguladoras ainda existe um mínimo de transparência).[50]

Dessa forma, a solução primeiramente encontrada pelos órgãos do SBDC para desempenharem suas funções de promoção da concorrência foi a de focar suas atividades na construção da cultura da concorrência. Daí o grande número de mecanismos desenvolvidos nessa linha de ação.

Agora, passados mais de dez anos de experiência e de tentativa de construção de uma cultura da concorrência, chegou o momento de o SBDC desenvolver com maior freqüência os demais mecanismos de advocacia da concorrência, voltando-se às outras linhas de atuação, que são as que efetivamente trarão resultados práticos (concretos e diretos) no fortalecimento da concorrência no Brasil.[51] Daí surge a questão colocada abaixo.

5. Há espaço para o crescimento da advocacia da concorrência no Brasil?

A resposta à questão formulada acima é simples. Existe sim espaço para o crescimento da advocacia da concorrência no Brasil.

---

50 Essa é o entendimento de TOKESHI (2007), cap. 2, p. 40-41, do qual também compartilhamos.

51 Cabe aqui ressaltar que as ações tomadas até agora tiveram efeitos extremamente positivos no âmbito da regulação econômica para a concorrência. Embora tenham sido poucas, devido aos problemas institucionais já apontados, é perceptível a sua importância no fortalecimento do programa de advocacia da concorrência brasileiro.

E dessa resposta surge uma nova pergunta: como resolver os problemas institucionais encontrados pelo SBDC no desempenho de suas atividades de advocacia da concorrência para fomentar seu crescimento?

Percebendo que o sistema atual de defesa da concorrência, disciplinado pela Lei n. 8.884/94, apresenta-se deficiente tanto no controle de estruturas como no controle de condutas e, conseqüentemente, na advocacia da concorrência, os Ministérios da Fazenda, da Justiça, do Planejamento, Orçamento e Gestão e a Casa Civil da Presidência da República, juntamente com o CADE, a SEAE e a SDE, formaram um grupo de trabalho voltado ao endereçamento dessa questão.

Como resultado, o grupo apresentou uma proposta de reforma completa do SBDC, por meio do Projeto de Lei n. 5.877/2005 encaminhado ao Congresso Nacional.[52]

Referido projeto de lei, pela primeira vez na história da concorrência no Brasil, disciplina de forma mais clara a função de advocacia da concorrência dentro do SBDC.

O modelo organizacional proposto pelo projeto de lei procurou corrigir o problema da sobreposição de atividades dos órgãos do SBDC, criando um sistema separado em dois órgãos: (i) o CADE, autarquia autônoma, com função de analisar as estruturas e condutas de mercado; e (ii) a SEAE, com a função de promover a concorrência.

A escolha da SEAE para o desenvolvimento das atividades de advocacia da concorrência, como já apontado, foi estratégica pelo fato de ser uma secretaria vinculada ao Ministério da Fazenda, tendo ampla entrada política no governo. A subordinação da SEAE ao Ministério da Fazenda continuará no projeto de lei, exatamente pelas razões apontadas, uma vez que essa estrutura permite a fácil inserção da SEAE no processo de debate interno do governo para o desenvolvimento de políticas públicas que possam ter impacto sobre as condições de concorrência nos mercados.[53]

Outro fator que fortalece essa escolha é a verificação de que nos últimos dez anos de aplicação da lei de concorrência foi a SEAE que fez uso efetivo de mecanismos de advocacia da concorrência, ficando o CADE e a SDE com um

---

[52] Esse projeto de lei está atualmente na Câmara dos Deputados, tendo sido aprovado na Comissão Especial designada para sua apreciação, e aguarda votação no Plenário. Após, o projeto de lei será encaminhado ao Senado Federal para discussão e votação.

[53] Nesse sentido, vide: MINISTÉRIO DA FAZENDA, MINISTÉRIO DA JUSTIÇA (2005), p. 9.

papel secundário, pois estavam mais preocupados com o desempenho de suas atividades de *enforcement*.

A importância desse projeto de lei para a advocacia da concorrência no Brasil está no fato de que as regras e procedimentos adotados pela SEAE passarão a ser previstos em lei, o que dará maior força e efetividade à sua implementação. Como se sabe, hoje, as competências da SEAE em advocacia da concorrência estão todas em decreto, sempre sujeito às condições políticas do momento, o que significa que tais competências podem surgir e se esvair a qualquer tempo.

Reforçando essa idéia de concentrar na SEAE as atividades de advocacia da concorrência, o Projeto de Lei das Agências Reguladoras (PL n. 3.337/2004) também definiu um padrão de interação entre os órgãos de defesa da concorrência e as agências reguladoras, atribuindo à SEAE a competência de opinar previamente sobre as minutas de atos normativos das agências reguladoras no que tange aos impactos concorrenciais.

Uma vez consolidadas essas reformas estruturais e em parte resolvidos os problemas institucionais encontrados pelo SBDC[54] no desempenho de suas funções, o Brasil poderá passar a se dedicar ao aprimoramento detalhado de seu programa de advocacia da concorrência.

Não obstante, existem algumas medidas que já podem ser adotadas para o aperfeiçoamento do atual programa de advocacia da concorrência, independentemente da concretização das reformas estruturais pretendidas, pois, como se sabe, o processo legislativo no Brasil é bastante demorado e o SBDC não pode esperar sua finalização para fortalecer seu programa de advocacia da concorrência.

5.1 Novos elementos de advocacia da concorrência a serem introduzidos

Dessa forma, nos cabe apontar alguns elementos de advocacia da concorrência que devem ser considerados pelo SBDC na reformulação de seu atual programa de promoção da concorrência.

Referidos elementos serão sugeridos com base na premissa de que será a SEAE o órgão de defesa da concorrência a implementá-los em seu programa de promoção da concorrência, pois é o que tem ocorrido nos últimos anos, mesmo que informalmente. Não obstante, serão apontados alguns elementos a serem

---

54 O Projeto de Lei n. 5.877/2005 prevê uma melhoria estrutural do SBDC, criando um corpo técnico permanente para os órgãos do SBDC, além de outras medidas que deverão desafogar o Sistema.

preferencialmente implementados pelo CADE, que também deve manter um programa de advocacia da concorrência, mesmo que em menor escala.

O primeiro deles diz respeito à necessidade de articulação da SEAE com os órgãos administrativos estaduais, municipais e do Distrito Federal responsáveis pela formulação de políticas públicas.[55] A participação da SEAE na política local é extremamente importante, uma vez que problemas concorrenciais podem surgir em qualquer instância governamental e federativa. Devido à extensão do território nacional, seria admissível que a SEAE fizesse um trabalho de monitoramento dos principais mercados, mas que divulgasse sua disponibilidade para auxiliar autoridades locais no desenvolvimento de políticas públicas compatíveis com níveis aceitáveis de concorrência.

O segundo está relacionado à previsão de articulação da SEAE com os órgãos legislativos dos Municípios, Estados e do Distrito Federal, permitindo-lhe propor a revisão de projetos de lei, decretos e outros atos legislativos que afetem ou possam afetar a concorrência nos diversos setores econômicos.[56] Tal intervenção da SEAE deverá ser feita nos moldes atualmente praticados junto ao Congresso Nacional.

O terceiro se refere ao relacionamento do SBDC com o Ministério Público e o Poder Judiciário,[57] devido ao alto índice de judicialização das decisões do CADE experimentado nos últimos anos.[58]

Nesse contexto, torna-se extremamente importante o trabalho do CADE, por intermédio de sua Procuradoria Geral, de tornar familiares e compreensíveis ao Poder Judiciário as questões complexas envolvidas nas decisões do SBDC,

---

55 Sabe-se da dificuldade dessa aproximação em razão da distância dos órgãos federais para com os órgãos estaduais e municipais, mas, nas poucas tentativas da SEAE nessa área, verificou-se que a intervenção foi extremamente positiva. Exemplos dessa interação são as recomendações ao DENATRAN e DETRANs e ao mercado de táxis no Distrito Federal (políticas de descontos), em conjunto com a SDE.

56 Essa sugestão já está prevista no art. 19 do projeto de lei de reforma do SBDC. Não obstante, entende-se que tal medida já pode ser implementada pela SEAE.

57 Algumas incursões pontuais na relação do SBDC com o Poder Judiciário e o Ministério Público já foram feitas pela Procuradoria Geral do CADE e pelo próprio CADE. No entanto, ações como estas devem ser permanentes, e devem envolver não só o CADE mas também a SEAE e a SDE. O CADE deve atuar como *amicus curiae* nos processos judiciais e a SEAE e SDE podem prestar serviços de consultoria tanto ao Poder Judiciário quanto ao Ministério Público, atuando até como perito judicial ou assistente técnico.

58 Nesse sentido, vide: CADE. *Relatório de gestão - 2006*. Brasília: CADE, 2007. p. 53 e ss.

assim como introduzir aos magistrados, em geral, a cultura da concorrência.[59] Tal iniciativa tem como objetivo final dar maior efetividade às decisões do CADE, pois estas estão sujeitas à revisão judicial, e um Poder Judiciário, conhecedor da legislação de concorrência, terá melhores condições de fazer o controle dessas decisões.

Em relação à articulação do SBDC com o Ministério Público, esta se faz necessária pelo fato de o Ministério Público ter legitimidade para a propositura de ações civis públicas em defesa da ordem econômica. Dessa forma, o SBDC deve atuar, em conjunto com o Ministério Público, fornecendo os subsídios necessários para o melhor aproveitamento das ações civis públicas relacionadas à defesa da concorrência.[60]

Quanto melhor a interação do SBDC com o Ministério Público, maiores as chances de êxito dessas ações, que poderão também contribuir no aprimoramento do Poder Judiciário em questões concorrenciais, já que tais ações correrão diretamente nessa esfera de poder.

O quarto e último elemento está relacionado às respostas/julgamentos de consultas formuladas ao SBDC.

No início da vigência da Lei n. 8.884/94, referido procedimento teve uma utilização razoável pela sociedade civil, e o CADE chegou a fazer diversas recomendações a órgãos formuladores de políticas públicas ou mesmo reguladores, tanto governamentais como não governamentais, por meio desse instrumento.

No entanto, nos últimos anos, esse procedimento foi totalmente esquecido tanto pela sociedade civil quanto pelo CADE, que deixou de divulgá-lo.

Não obstante, entende-se que a consulta formal ao órgão de concorrência é um elemento de vital importância para a advocacia da concorrência. Dessa

59 Alguns seminários e palestras foram promovidos pelo CADE e tiveram a presença de magistrados. Tais eventos foram de grande importância e devem ocorrer periodicamente. A Procuradoria Geral do CADE passou a atuar com maior freqüência junto ao Poder Judiciário, apresentando *briefings* dos casos, despachando pessoalmente casos importantes com juízes e desembargadores e fazendo sustentações orais quando pertinente. Tais medidas reverteram na melhoria dos índices de sucesso do CADE na manutenção de suas decisões pelo Poder Judiciário, bem como no sucesso do CADE nos processos de execução de sanções impostas em suas decisões. Estas ações junto ao Poder Judiciário devem ser constantes e permanentes.

60 Um grande feito do CADE foi conseguir introduzir a matéria de direito econômico no concurso para ingresso nas carreiras do Ministério Público, bem como de garantir participação nos cursos de formação e seminários promovidos pela Escola Superior do Ministério Público da União.

forma, sugere-se a retomada desse elemento, ajustando-se qualquer problema pontual no seu procedimento, pois com ele o CADE tem grande possibilidade de externar formalmente sua opinião sobre determinados mercados e práticas a serem desenvolvidas com vistas ao fomento da competição.

Conclusão

Refletindo acerca das questões levantadas neste texto, chega-se à conclusão de que o Brasil já possui um sistema de defesa da concorrência fortalecido e com experiência suficiente para demandar um forte programa de advocacia da concorrência.

Dessa forma, buscou-se primeiramente apresentar a advocacia da concorrência como forma de aplicação da lei de defesa da concorrência, além das tradicionalmente conhecidas (controle de estruturas e condutas).

Em seguida, mostrou-se na experiência internacional comparada que a advocacia da concorrência figura como um dos vetores principais de atuação das autoridades de concorrência, pois permite a articulação dessas autoridades com diversos órgãos governamentais em busca da efetivação do ideal de concorrência nos diversos setores da economia.

Posteriormente, procurou-se demonstrar como ocorre a advocacia da concorrência, no Brasil, apontando os diversos dispositivos legais que conferem essa função às autoridades do SBDC. Procurou-se também fazer uma análise de como tais autoridades têm desenvolvido a advocacia da concorrência, no Brasil, mostrando os principais elementos utilizados pelas autoridades e as principais ações por elas desenvolvidas.

Por fim, foram apontadas as falhas existentes no atual programa brasileiro de advocacia da concorrência, sugerindo possíveis soluções para tais falhas, bem como novos elementos a serem introduzidos nesse programa, de forma a aperfeiçoá-lo e alçá-lo aos padrões internacionalmente reconhecidos e aceitos.

Espera-se, assim, ter trazido ao debate um tema ainda pouco explorado e estudado no Brasil, mas que certamente se tornará um dos vetores principais de estudos na área de defesa da concorrência.

Bibliografia

BRASIL. Decreto n. 6.061, de 15 de março de 2007. Disponível em: <http://www.planalto.gov.br/ccivil_03/_Ato2007-2010/2007/Decreto/D6061.htm>. Acesso em: 30 jul. 2007.

BRASIL. Decreto n. 6.313, de 19 de dezembro de 2007. Disponível em: <http://www.planalto.gov.br/ccivil_03/_Ato2007-2010/2007/Decreto/D6313.htm>. Acesso em: 13 jul. 2008.

BRASIL. Lei n. 4.137 de 10 de setembro de 1962. Disponível em: <http://www.cade.gov.br/legislacao/4137lei.asp>. Acesso em: 13 jul. 2008.

BRASIL. Lei n. 8.884, de 11 de junho de 1994. Disponível em: <http://www.planalto.gov.br/ccivil_03/Leis/L8884.htm>. Acesso em: 13 jul. 2008.

BRASIL. CADE. Resolução n. 45 de 28.03.2007 e Regimento Interno. Disponível em: <http://www.cade.gov.br/legislacao/resolucoes/Resolucao45.pdf>. Acesso em: 23 jul. 2008.

BRASIL. MINISTÉRIO DA FAZENDA. Portaria n. 131 de 1.º.7.2008 e Regimento Interno da SEAE. Disponível em: <http://www.seae.fazenda.gov.br/destaque/https___comprotdoc-fazenda-gov-br_comprotweb_servletvisualizador_urlarquivo-documento_24733_imagens_imagem_digitalizada_28479.pdf>. Acesso em: 23 jul. 2008.

CELNICKER, Arnold C. The Federal Trade Commission's Competition and Consumer Advocacy Program. *Saint Louis University Law Journal*, v. 33, p. 379-405, 1989.

COMMISSION OF THE EUROPEAN COMMUNITIES. *Mission of the Directorate General for Competition*. Disponível em: <http://ec.europa.eu/dgs/competition/mission/>. Acesso em: 13 jul. 2008.

______. *Relatório anual – 1997*. Brasília: CADE, mar.1998.

______. *Relatório anual – 1998/1999*. Brasília: CADE, ago. 1999.

______. *Relatório anual – 2001*. Brasília: CADE, 2002.

______. *Relatório de gestão – 2006*. Brasília: CADE, 2007.

______. *Relatório de gestão – 2007*. Brasília: CADE, 2008.

______. *Report on competition policy 2007*. Brussels, 16 jun. 2008.

CONSELHO ADMINISTRATIVO DE DEFESA ECONÔMICA – CADE. *Relatório Anual – 1996*. Brasília: CADE, fev. 1997.

COOPER, James C.; PAULTER, Paul A.; ZYWICKI, Todd J. Theory and practice of competition advocacy at the FTC. *Antitrust Law Journal*, ABA, v. 72, n. 3, p. 1091-1112, 2005.

DEPARTAMENTO DE PROTEÇÃO E DEFESA ECONÔMICA – DPDE. *Relatório de gestão 2007*. Brasília: DPDE, 2008.

FEDERAL TRADE COMMISSION – FTC. *The FTC in 2007: a champion for consumers and competition*. Washington: FTC, abr. 2007.

FORGIONI, Paula A. *Os fundamentos do antitruste*. São Paulo: Ed. RT, 1998.

INTERNATIONAL COMPETITION NETWORK – ICN. *Advocacy and competition policy. Report prepared by the Advocacy Working Group*. Italia, Napoli: ICN's Conference, 2002.

______. *Competition advocacy in regulated sectors: examples of success*. Seoul, Korea: ICN's 2004 Annual Conference, Abr. 2004.

______. *History of the ICN*. Disponível em: <http://www.internationalcompetitionnetwork.org/index.php/en/about-icn/history>. Acesso em: 29 jul. 2007.

MINISTÉRIO DA FAZENDA, MINISTÉRIO DA JUSTIÇA, Conselho Administrativo de Defesa Econômica - CADE. *O novo projeto de lei de reforma do sistema brasileiro de defesa da concorrência*. Brasília, 2005.

OLIVEIRA, Gesner; RODAS, João Grandino. *Direito e economia da concorrência*. 1. ed. Rio de Janeiro: Renovar, 2004.

PASTORE, Ricardo Ferreira. *O controle judicial das decisões do Conselho Administrativo de Defesa Econômica - CADE*. Tese de Bacharelado em Direito. São Paulo: Faculdade de Direito da PUC/SP, 2004.

RAGAZZO, Carlos Emmanuel Joppert. *Advocacia da concorrência e a remoção de regulações anticompetitivas: o caso Denatran*. In: MATTOS, César (Coord.). *A revolução do antitruste no Brasil 2: a teoria econômica aplicada a casos concretos*. São Paulo: Singular, 2008. p. 559-584.

SECRETARIA DE ACOMPANHAMENTO ECONÔMICO - SEAE. *Relatório de atividades: 1997*. Brasília: SEAE, 1998.

______. *Relatório de atividades: 1998*. Brasília: SEAE, 1999.

______. *Relatório de atividades: 1999*. Brasília: SEAE, 2000.

______. *Relatório de atividades: 2000*. Brasília: SEAE, 2001.

______. *Relatório de atividades: 2001*. Brasília: SEAE, 2002.

______. *Relatório de atividades: 2002*. Brasília: SEAE, 2003.

______. *Relatório de atividades: 2003*. Brasília: SEAE, 2004.

______. *Relatório de atividades: 2004*. Brasília: SEAE, 2005.

______. *Relatório de atividades: 2005*. Brasília: SEAE, 2006.

______. *Relatório de atividades: 2006*. Brasília: SEAE, 2007.

______. *Relatório de gestão: 2007*. Brasília: SEAE, fev. 2008.

SECRETARIA DE DIREITO ECONÔMICO - SDE. *Relatório de Gestão 2001*. Brasília: SDE, 2002.

______. *Relatório de gestão 2007*. Brasília: SDE, mar. 2008.

TOKESHI, Hélcio. *Direto da frente de batalha: a promoção da concorrência em mercados regulados*. In: SALGADO, Lucia Helena; MOTTA, Ronaldo Seroa da (Ed.). *Regulação e concorrência no Brasil: governança, incentivos e eficiência*. Rio de Janeiro: IPEA, 2007. cap. 2, p. 31-42.

Aspectos Processuais do Crime de Formação de Cartel

Rodrigo Nascimento Dall'Acqua

Advogado especialista em Direito Penal Econômico pela Universidade de Coimbra.

Penalmente tipificado desde a década de 1930[1] e atualmente punido pela Lei n. 8.137/90, o crime de formação de cartel teve seu combate intensificado a partir de 2003, com as novas diretrizes adotadas pela Secretaria de Direito Econômico. Desde então, casos de grande impacto na economia nacional passaram a ser levados com freqüência à justiça criminal, acompanhados de controvérsias processuais que ainda pendem de plena definição jurisprudencial.

Incidindo tanto em matéria penal como processual, a transação penal e a suspensão condicional do processo são temas recorrentes no processamento do crime de formação de cartel, mas estão com a aplicabilidade ameaçada por recente projeto de lei. A mesma proposta de alteração legislativa busca definir a competência da justiça federal para julgar tais crimes, o que irá ajudar a evitar conflitos de jurisdição que estão na iminência de eclosão. Outro ponto a ser destacado são os requisitos de uma denúncia válida, que nem sempre é formulada diante da complexidade natural do delito de cartel, em franco prejuízo do exercício da ampla defesa. O presente estudo busca pontuar esses temas e posicioná-los diante da jurisprudência e do atual cenário do sistema penal brasileiro.

Transação penal

Previsto na Constituição Federal de 1988, o Juizado Especial Criminal é o foro responsável para processamento e julgamento das "infrações penais de menor potencial ofensivo, mediante os procedimentos oral e sumaríssimo, permitidos, nas hipóteses previstas em lei".[2] Somente em 1995, com o advento

[1] Decreto-lei n. 431/38.

[2] Constituição Federal, art. 98, I.

da Lei n. 9.099, foi instituído o conceito de infração penal de menor potencial ofensivo, então considerado como sendo todo delito cuja pena máxima não excedesse a 1 (um) ano de prisão.[3]

A transação penal foi a grande mudança trazida pelos Juizados Especiais Criminais, considerada como "uma verdadeira revolução no sistema processual-penal brasileiro" e sem "paralelo no direito comparado".[4] Ao se deparar com uma infração penal de menor potencial ofensivo, o Ministério Público tem o dever de oferecer a transação penal, consistente na aplicação imediata de medida restritiva de direitos ou multas. Fundamentadamente, sempre diante de evidências palpáveis, tal acordo pode deixar de ser celebrado quando os antecedentes, a conduta social e a personalidade do agente, bem como os motivos e as circunstâncias do crime revelarem sua inadequação ao caso concreto. Caso aceite esse acordo, que deverá ser homologado pelo Magistrado, o suposto autor do fato terá extinta sua punibilidade criminal, sem que a transação implique aceitação de culpa penal ou responsabilidade civil, e sem, portanto, gerar antecedentes criminais. O problema criminal é solucionado em uma única audiência, sem processo e sem condenação.

Não se cogitava, quando da sua criação, da possibilidade de aplicar a transação penal ao crime de formação de cartel, que é punido com penas de 2 (dois) a 5 (cinco) anos de reclusão, ou multa.[5]

Porém, sobreveio a Lei n. 10.259, de 12 de julho de 2001, criando os Juizados Especiais Criminais Federais e ampliando sobremaneira a aplicação da transação penal. Referida lei, no parágrafo único de seu art. 2.º, aumentou o conceito de infração de menor potencial ofensivo para os crimes cuja pena máxima não fosse superior a 2 (dois) anos, ou multa. Compreendeu-se prontamente que essa alteração se aplicava também aos crimes de competência da justiça estadual, que passou a aplicar a transação penal seguindo esses novos critérios.

Criou-se, com o novo conceito de infração penal de menor potencial ofensivo, a possibilidade jurídica para que o crime de formação de cartel fosse submetido aos Juizados Especiais Criminais e solucionado com a transação penal. Isso porque o novo conceito abrange não apenas infrações com baixa

---

[3] Lei n. 9.099/95, art. 61: "Consideram-se infrações penais de menor potencial ofensivo, para os efeitos desta Lei, as contravenções penais e os crimes a que a lei comine pena máxima não superior a um ano, excetuados os casos em que a lei preveja procedimento especial".

[4] GRINOVER, Ada Pellegrini; GOMES FILHO, Antonio Magalhães; FERNANDES, Antonio Scarance; GOMES, Luiz Flávio. *Juizados Especiais Criminais – Comentários à Lei n. 9.099, de 26.09.1995*. 3. ed. São Paulo: Ed. RT, 1999.

[5] Lei n. 8.137/90, art. 4.º.

pena privativa de liberdade, mas também aquelas para as quais, como no caso do crime de formação de cartel, seja possível a aplicação subsidiária de pena de multa. Apoiando a aplicação da transação penal, Julio Fabbrini Mirabete observou que as contravenções penais, punidas exclusivamente com multas, não são de competência da Justiça Federal, e, portanto, o final do parágrafo único do art. 2.º da Lei n. 10.259/2001 ("ou multa), se reporta diretamente aos crimes que são punidos alternativamente com sanção pecuniária.[6] Grande parte da doutrina penal entende que a melhor interpretação da lei que criou os Juizados Especiais Criminais Federais é a de que o crime de formação de cartel, bem como os demais apenados com pena alternativa de multa, deve ser solucionado mediante a transação penal.[7]

No campo processual, a aplicação da transação penal ao crime de formação de cartel influi decisivamente no foro competente para o processamento da causa, que passa a ser o próprio Juizado Especial Criminal e não o juízo criminal comum. Caso não haja aceitação da transação penal, todo o trâmite processual passa a seguir o rito sumaríssimo próprio dos Juizados, inclusive a via recursal. Poucos julgados admitem que o crime com pena alternativa de multa seja considerado de menor potencial ofensivo. Um exemplo da aceitação desta tese vem do Tribunal de Justiça de Santa Catarina, que em diversos precedentes proclama a competência dos Juizados Especiais Criminais.[8]

Todavia, a possibilidade de transação penal para o crime de formação de cartel não é bem aceita pelos tribunais superiores. O Superior Tribunal de Justiça tem reiteradamente decidido no sentido de não admitir a transação penal para os crimes cuja pena seja superior a 2 (dois) anos,[9] ainda que haja sanção

---

6 *Juizados Especiais Criminais*. 5. ed. São Paulo: Atlas, 2002, p. 55.

7 Fernando da Costa Tourinho Neto entende que "o que se discute é se o crime punido com pena privativa de liberdade acima de dois anos ou com multa – uma ou outra pena – é da competência do Juizado Especial. Ora, se para o crime estão previstos dois tipos de pena – privativa de liberdade ou multa – e se o legislador dispôs que o crime punido com multa é de menor potencial ofensivo, evidentemente entendeu que, apesar de poder ser punido com pena acima de dois anos, esse mesmo crime pode ser punido tão-só com pena de multa, é ele de menor potencial ofensivo." (*Juizados Especiais Federais Cíveis e Criminais*. São Paulo: Ed. RT, 2002, p. 479).

8 "Compreendem-se no conceito de crime de menor potencial ofensivo as infrações a que a lei comine pena privativa de liberdade de forma alternativa à de multa, ainda que aquela exceda a dois anos" (Ap. Crim. n. 2002.026655-3, de Anita Garibaldi, Rel. Des. Sérgio Paladino, j. 1.º.04.2003). No mesmo sentido, da mesma Corte: Conflito de Jurisdição n. 2005.014193-0 e Apelação Criminal n. 2004.014193-0.

9 "Segundo a nova roupagem dos crimes de menor potencial ofensivo instituída pelo parágrafo único do art. 2.º da Lei n. 10.259/01, o direito à transação penal se

alternativa de multa pecuniária, e no mesmo sentido tem-se manifestado o Supremo Tribunal Federal.[10]

A despeito do entendimento da jurisprudência dominante, temos que a solução desse conflito deve levar em conta sempre a linha de interpretação que mais direitos garante ao cidadão, por envolver benefícios de natureza penal. Este ponto de vista também é favorecido pelo critério de razoabilidade, bastando vislumbrar que uma condenação por crime de cartel pode perfeitamente significar a imposição de sanção exclusiva de multa, revelando, nessa hipótese, que desde logo a transação penal era a medida mais adequada.

Além de expressamente permitida pela legislação, a transação penal revela-se como um instrumento capaz de conciliar os interesses estatais no campo penal e administrativo, notadamente em função da recente possibilidade de celebração de Termo de Compromisso de Cessação (TCC) para conflitos administrativos envolvendo cartéis. Assim como o TCC, a transação penal garante a rápida solução do conflito, da forma menos custosa para o Estado e partes envolvidas, e, dependendo das circunstâncias próprias de cada caso, servindo como adequada medida de repressão penal ao infrator econômico.

Suspensão condicional do processo

A aplicação da suspensão condicional do processo ao crime de formação de cartel em muito se relaciona com os critérios jurídicos pertinentes à transação penal. Prevista no art. 89 da Lei n. 9.099/95,[11] o chamado "*sursis* processual" é

---

dá quando diante de conduta cuja pena privativa máxima prevista não exceda dois anos, sendo indiferente a indicação de multa alternativa nos casos acima do patamar reclusivo" (STJ, RHC 15.235, Min. José Arnaldo da Fonseca, j. 1.º. 04.2004).

10 "Incabível, na espécie, a aplicação do instituto da transação penal (art. 76 da Lei 9.099/95), porquanto o crime previsto no art. 4.º da Lei 8.137/90 não se enquadra na definição de infração de menor potencial ofensivo, pois a pena máxima para esse delito é de cinco anos, sendo irrelevante a cominação de multa alternativamente à pena de reclusão" (STF, HC 84.719/RS, Min. Joaquim Barbosa, j. 05.10.2004).

11 "Art. 89. Nos crimes em que a pena mínima cominada for igual ou inferior a um ano, abrangidas ou não por esta Lei, o Ministério Público, ao oferecer a denúncia, poderá propor a suspensão do processo, por dois a quatro anos, desde que o acusado não esteja sendo processado ou não tenha sido condenado por outro crime, presentes os demais requisitos que autorizariam a suspensão condicional da pena (art. 77 do Código Penal). § 1.º Aceita a proposta pelo acusado e seu defensor, na presença do Juiz, este, recebendo a denúncia, poderá suspender o processo, submetendo o acusado a período de prova, sob as seguintes condições: I – reparação do dano, salvo impossibilidade de fazê-lo; II – proibição de freqüentar determinados lugares;

uma medida despenalizadora que não se identifica perfeitamente com a *probation* do processo penal inglês, que suspende os efeitos da sentença condenatória, e tampouco com o *plea bargaining* norte-americano, onde o Ministério Público dispõe da acusação com largos poderes e autonomia.

Após o magistrado fazer o juízo de admissibilidade da denúncia, instaurar o processo e designar data para o interrogatório do acusado, deve o Ministério Público formular a proposta de suspensão condicional do processo. O principal requisito de viabilidade é que a pena mínima do delito seja igual ou inferior a 1 (um) ano de prisão, devendo ainda ser o acusado primário e não estar sendo processado por outro delito. Com o término do período de suspensão, verificado o cumprimento das condições estabelecidas, o acusado tem julgada extinta sua punibilidade, alcançando os mesmos efeitos de uma absolvição, sem ter que passar pelos percalços de um longo processo criminal. Esse acordo oferece benefícios e perdas tanto para o cidadão como para o Estado.[12]

Aqui, tal qual para os fins da transação penal, sobressai a relevância da pena alternativa de multa cominada ao delito de formação de cartel, apenado com penas de 2 (dois) a 5 (cinco) anos de reclusão, ou multa. Considerando que a pena mínima para o cartel não é a pena de 2 (dois) anos, mas sim a

---

III – proibição de ausentar-se da comarca onde reside, sem autorização do Juiz; IV – comparecimento pessoal e obrigatório a juízo, mensalmente, para informar e justificar suas atividades. § 2.º O Juiz poderá especificar outras condições a que fica subordinada a suspensão, desde que adequadas ao fato e à situação pessoal do acusado. § 3.º A suspensão será revogada se, no curso do prazo, o beneficiário vier a ser processado por outro crime ou não efetuar, sem motivo justificado, a reparação do dano. § 4.º A suspensão poderá ser revogada se o acusado vier a ser processado, no curso do prazo, por contravenção, ou descumprir qualquer outra condição imposta. § 5.º Expirado o prazo sem revogação, o Juiz declarará extinta a punibilidade. § 6.º Não correrá a prescrição durante o prazo de suspensão do processo. § 7.º Se o acusado não aceitar a proposta prevista neste artigo, o processo prosseguirá em seus ulteriores termos."

12 Luiz Flávio Gomes expõe a relação estabelecida entre os interesses das partes quando da celebração da suspensão condicional do processo: "Tanto o Ministério Público como o acusado cedem. O primeiro dispõe sobre o prosseguimento da persecução penal, o segundo sobre uma parcela dos seus direitos e garantias. O primeiro, em tese, poderia levar a ação penal adiante visando atender a expectativa repressiva clássica do Estado. Ao segundo interessaria, no final dessa atividade persecutória, uma eventual absolvição. A incerteza sobre o resultado do processo, no entanto, pode estimular ambas as partes a uma composição, suspendendo-se seu prosseguimento. Cada qual cede um pouco: nisso reside a transação processual, que caracteriza a suspensão condicional do processo" (*Suspensão condicional do processo*. 2. ed. São Paulo, Ed. RT, 1997, p. 128).

sanção de multa, que é obviamente inferior à pena de 1 (um) ano de prisão, torna-se juridicamente possível a suspensão condicional do processo nessa espécie de delito.

Novamente, a matéria não é unanimemente aceita pela jurisprudência, existindo posição no sentido de que a suspensão condicional do processo é incabível diante da pena corporal mínima de 2 (dois) anos de reclusão.[13] Recente precedente do Supremo Tribunal Federal promete pacificar o tema, considerando a pena de multa como sendo a sanção mínima e garantindo a aplicação do "*sursis* processual".[14]

O entendimento do Supremo Tribunal Federal consagra a prática adotada em primeira instância nos principais processos relativos ao crime de formação de cartel, em que comumente é suspensa a ação penal por força da Lei n. 9.099/95. No Estado de São Paulo, avolumou-se desde o ano de 2003 a propositura de ações penais envolvendo cartéis de grande relevância econômica, e tanto o Ministério Público quanto o Poder Judiciário têm aceitado a suspensão condicional do processo.

Um bom exemplo é encontrado na ação penal relativa ao suposto cartel das britas, considerado pelos órgãos de defesa da concorrência como um marco no combate aos cartéis. Após o recebimento da denúncia, o processo penal foi suspenso e, como condição, os denunciados se submeteram a um período de prova por 2 (dois) anos, mediante a doação de quantias variáveis a instituições de caridade (dependendo da condição econômica de cada acusado e sem relação com o aventado dano) e o comparecimento bimestral em cartório judicial durante o período da suspensão. Ao término do período de prova, verificou-se o cumprimento de todas as obrigações, inclusive a inexistência de propositura

---

13 "O art. 89 da Lei 9.099/95 não foi alterado pela Lei 10.259/01, restando este aplicável, somente, às infrações penais com pena mínima cominada igual ou inferior a 01 ano. De outro lado, o delito em questão não pode ser considerado como de menor potencial ofensivo, porquanto a pena máxima cominada é de 05 anos de detenção (*ex vi* art. 2.º, parágrafo único, da Lei 10.259/01)" (STJ, HC 24.158/RJ, Min. José Arnaldo da Fonseca, j. 11.11.2003).

14 "Crime contra relações de consumo. Pena. Previsão alternativa de multa. Suspensão condicional do processo. Admissibilidade. Recusa de proposta pelo Ministério Público. Constrangimento ilegal caracterizado. HC concedido para que o MP examine os demais requisitos da medida. Interpretação do art. 89 da Lei n. 9.099/95. Quando para o crime seja prevista, alternativamente, pena de multa, que é menos gravosa do que qualquer pena privativa de liberdade ou restritiva de direito, tem-se por satisfeito um dos requisitos legais para a suspensão condicional do processo" (STF, HC 83.926/RJ, Min. Cezar Peluso, j. 07.08.2007).

de outras ações penais contra os denunciados, culminando com o julgamento da extinção da punibilidade dos mesmos. Em caso mais recente, e igualmente emblemático, o Ministério Público do Estado de São Paulo ofereceu a suspensão do processo aos denunciados pelo suposto "cartel da laranja".

Assim, a suspensão condicional do processo é cabível em razão de a sanção de multa ser considerada como a pena mínima do crime de formação de cartel, abaixo, portanto, do patamar de 1 (um) ano previsto no art. 89 da Lei n. 9.099/95. Todavia, ocorre que os benefícios de tal instituto não são aplicados quando o acusado é denunciado por mais de um crime e a soma das penas mínimas desses delitos excederem ao limite de 1 (um) ano de prisão.[15] Se, além do crime de formação de cartel, a denúncia contiver acusação de outro crime, e da somatória das penas mínimas de ambos se exceder o limite permitido para o "*sursis* processual", não será permitida a sua aplicação.

Para que seja garantido o direito do acusado de usufruir da suspensão condicional do processo, impõe-se severo controle contra eventual excesso de acusação contido na denúncia. A denúncia, peça inicial do processo penal, deve expor os fatos e tipificá-los sem conter excessos, quando mais se uma errônea capitulação jurídica acarreta elevação das penas de modo a inviabilizar a concessão de benefícios processuais penais. Tem-se visto como exemplo comum de excesso de acusação o oferecimento de denúncia que, diante da narrativa da formação de um cartel, tipifique o mesmo fato como crime contra a ordem concorrencial e formação de quadrilha.[16] Evidentemente, tanto o crime de formação de cartel como o delito de formação de quadrilha pressupõe a associação de várias pessoas diante de um propósito ilícito,[17] porém é preciso evitar a dupla tipificação pelo mesmo fato, sob pena da ocorrência de inadmissível *bis in idem*.

---

15 Súmula n. 243 do STJ: "O benefício da suspensão do processo não é aplicável em relação às infrações penais cometidas em concurso material, concurso formal ou continuidade delitiva, quando a pena mínima cominada, seja pelo somatório, seja pela incidência da majorante, ultrapassar o limite de um (01) ano".

16 A Justiça Estadual de São Paulo, na ação penal do suposto "cartel de gás", aceitou denúncia que, pelos mesmos fatos, imputava os delitos de formação de cartel e quadrilha.

17 João Augusto Prado da Silveira Gameiro, em sua dissertação de Mestrado, afirmou que diante da "necessária atuação no mesmo sentido de mais de um agente com a finalidade de se praticar um delito – o que constitui elemento constitutivo do crime – é que se constata a impossibilidade de imputação aos acusados de crime de formação de cartel em concurso material com formação de quadrilha" (*O tratamento penal do cartel de empresas no ordenamento jurídico brasileiro*. Dissertação de Mestrado em Direito Penal. São Paulo: Faculdade de Direito da USP, 2007. p. 183).

O excesso de acusação pode se dar também com a inobservância do princípio da consunção,[18] no caso de oferecimento de denúncia pelo crime de formação de cartel em conjunto com outro delito utilizado para a concretização do ilícito penal econômico. Exemplificando, se houver a constatação de uma falsidade documental que tenha se prestado para a execução do crime concorrencial, esta deve ser entendida como crime-meio a serviço do crime-fim, restando absorvida por este último e não podendo ser tratada como delito autônomo.

Por impedir a aplicação da suspensão condicional do processo, o magistrado deve desde logo rejeitar a denúncia, ainda que parcialmente, para evitar a configuração do excesso de acusação. O reconhecimento da ilegalidade pode ainda se dar por meio de *habeas corpus*, na própria sentença ou ainda na fase recursal, quando então, com o afastamento do indevido crime adicional, deverá ser oferecido o "*sursis* processual" com relação ao crime de cartel.

A possibilidade de aplicação da suspensão condicional do processo ao crime de formação de cartel está ameaçada pelo Projeto de Lei n. 3.937/2004, que propõe alterações no Sistema Brasileiro de Defesa da Concorrência. Ao sugerir mudança no art. 4.º da Lei n. 8.137/90, que define o crime de formação de cartel, o montante da pena cominada ao delito é mantido, mas suprimiu-se a possibilidade de aplicação alternativa da pena de multa ("Pena – reclusão de 2 (dois) a 5 (cinco) anos *e* multa"[19]). Com a retirada do vocábulo "ou", que garante a pena alternativa de multa, será criado um intransponível empecilho jurídico para a aplicação tanto da transação penal como da suspensão condicional do

---

18 "Pelo princípio da consunção, ou absorção, a norma definidora de um crime constitui meio necessário ou fase normal de preparação ou execução de outro crime. Em termos bem esquemáticos, há consunção quando o fato previsto em determinada norma é compreendido em outra, mais abrangente, aplicando-se somente esta. Na relação consuntiva, os fatos não se apresentam em relação de gênero e espécie, mas de *minus* e *plus*, de continente e conteúdo, de todo e parte, de inteiro e fração" (BITTENCOURT, Cezar Roberto. *Manual de direito penal*. São Paulo: Ed. RT, 1997, p. 160)

19 "Art. 116. O art. 4.º da Lei 8.137, de 27 de dezembro de 1990, passa a vigorar com a seguinte redação: 'Art. 4.º Constitui crime contra a ordem econômica: I – abusar do poder econômico, dominando o mercado ou eliminando total ou parcialmente, a concorrência mediante qualquer forma de ajuste ou acordo de empresas; II – formar acordo, convênio, ajuste ou aliança entre ofertantes, visando: a) à fixação artificial de preços ou quantidades vendidas ou produzidas; b) ao controle regionalizado do mercado por empresa ou grupo de empresas; c) ao controle, em detrimento da concorrência, de rede de distribuição ou de fornecedores. Pena – reclusão, de 2 (dois) a 5 (cinco) anos ou multa'".

processo ao delito de cartel, já que sua pena mínima será exclusivamente a reclusão por 2 (dois) anos.

Essa mudança impedirá que a suspensão condicional do processo siga sendo aplicada como uma resposta eficaz e rápida ao crime de cartel,[20] impedindo também o debate acerca do cabimento da transação penal. Como única alternativa, restará um longo processo penal, que em casos de crimes concorrenciais possui invariavelmente elevado número de réus e grande complexidade técnica, ingredientes que o farão se arrastar por anos a fio perante as mais diversas instâncias judiciais.

E, para aqueles que anseiam a privação de liberdade em resposta ao crime de formação de cartel,[21] é preciso ter em mente que, caso ao término da ação penal e de seus recursos sobrevenha condenação, dificilmente a pena de prisão será executada. Acertadamente, o Código Penal brasileiro, desde o advento da Lei n. 9.714/98, investe nas penas restritivas de direitos, aplicadas quando a sentença impuser pena privativa de liberdade não superior a 4 (quatro) anos e o crime não for cometido com violência ou grave ameaça à pessoa. As penas restritivas de direitos e sua aplicabilidade estão previstas no art. 43 do Código Penal, consistindo em prestação de serviços à comunidade, interdição temporária de direitos, perda de bens ou valores, limitação de fim de semana ou multa. Por não prever a violência ou grave ameaça à pessoa, o condenado pelo crime de formação de cartel somente não terá direito à pena alternativa se for reincidente em crime doloso ou se sua pena ultrapassar o total de 4 (quatro) anos de prisão. Em se tratando de um sentenciado primário e de bons antecedentes, dificilmente a pena mínima de 2 (dois) anos prevista para o crime de cartel poderá ser ele-

---

20 Já na década de setenta, Manoel Pedro Pimentel, um dos primeiros doutrinadores brasileiros a estudar o Direito Penal Econômico, questionava a eficácia pura e simples da pena restritiva de liberdade. Em sua clássica obra, propôs que, "além de uma adequada severidade das penas, é preciso que haja certeza da sua aplicação", e, ainda, que "é mais importante essa certeza da efetiva aplicação da lei penal do que a própria cominação das sanções graves" (*Direito penal econômico*. São Paulo: Ed. RT, 1973, p. 94).

21 Da corrente que enaltece a pena de prisão como melhor resposta aos crimes econômicos, citamos Miguel Bajo Fernandez, que, sem negar a eficácia de outras sanções, afirma que "es la pena privativa de liberdad la más adecuada para el castigo de los delitos económicos como respuesta a las exigencias de proporcionalidad (con la gravedad del hecho y la culpabilidad del autor), y a la necesidad de una prevención general" (Derecho penal económico: desarrollo económico, protección penal y cuestiones políticos-criminales, *Estudios del Ministerio Fiscal*, Madrid, 1995, n. I, 1994, p. 840).

vada a ponto de extrapolar o patamar de 4 (quatro) anos, sendo muito pouco provável que não haja, ao final, a substituição por penas alternativas.

Ou seja, ao final de vários anos de trâmite de um custoso processo criminal, o acusado provavelmente será condenado ao pagamento de multa ou prestação de serviços sociais, medidas que já poderiam ter sido imediatamente aplicadas com a transação penal ou a suspensão condicional do processo. Evidentemente, a aprovação do projeto de lei, especificamente no que modifica a pena e encerra a possibilidade de aplicação de transação penal e suspensão condicional do processo, implicará nítida perda de eficiência estatal na resposta ao crime de formação de cartel.

É preciso esclarecer, contudo, que eventual mudança nesse sentido não terá efeitos retroativos, valendo apenas para acusações relacionadas a fatos ocorridos após a promulgação de eventual nova legislação. Qualquer alteração gravosa na pena de um crime, como no caso da extinção da pena alternativa de multa, apenas terá aplicabilidade para os fatos praticados após a edição da nova norma, por força da garantia constitucional da reserva legal. No campo do processo penal, as novas normas são imediatamente aplicadas, mas tanto a transação penal como a suspensão condicional do processo, por levarem à extinção da punibilidade do agente, são consideradas normas de caráter material, suscetíveis aos mesmos princípios de aplicação das leis penais.

A competência para processar e julgar

Umas das mais relevantes questões processuais relativas ao crime de formação de cartel refere-se à competência, existindo grande incerteza se tal delito deve ser processado pela Justiça Estadual ou Federal. Em seu art. 109, a Constituição Federal prevê que será da competência da Justiça Federal o julgamento de crimes praticados em detrimento de bens, serviços ou interesses da União ou de suas entidades autárquicas ou empresas públicas. No mesmo artigo também se afirma serem de competência federal os crimes contra a organização do trabalho e, nos casos determinados por lei, contra o sistema financeiro e a ordem econômico-financeira.

O texto constitucional gerou o entendimento de que o crime de formação de cartel seria sempre de competência da Justiça Federal, primeiro sob o argumento do interesse da União, representado pela atuação do Conselho Administrativo de Defesa Econômica (CADE) em matéria concorrencial, e segundo pela referência feita aos crimes contra a ordem econômica, ainda que com expressa menção à necessidade de previsão legal.

Esses argumentos nunca foram totalmente convincentes, pois nunca houve, e até o momento não há, previsão legal regulamentando o texto da Constituição Federal para determinar que o crime de formação de cartel, e eventuais outros crimes contra a ordem econômica, fossem de competência federal. E, expressamente, o art. 109 da Carta Magna ressalva que a federalização dos crimes econômicos se dará apenas nos caso previstos em lei. Os crimes financeiros, mencionados no mesmo artigo da Constituição, dispõem de lei própria (Lei n. 7.492/86) estabelecendo a competência da Justiça Federal e eliminando discussões sobre o assunto. E o simples fato de existir órgão federal, no caso o CADE, regulando a matéria concorrencial não faz que o crime de cartel automaticamente seja considerado como de interesse da União.[22] Afastou-se, em nossa jurisprudência, o entendimento de que a infração penal de cartel deveria ser sempre julgada pela Justiça Federal.

Ocorre que a partir de 2003, quando a Secretaria de Direito Econômico (SDE) intensificou o combate aos cartéis, processos envolvendo grandes empresas e mercados igualmente significativos passaram a chegar com mais freqüência às Varas criminais. A Justiça Estadual passou a processar casos de cartéis formados por empresas sediadas em diferentes Estados brasileiros, ou, ainda que sediadas num mesmo território ou cidade, que atingiam consumidores espalhados por todo o País. E, ainda no ano de 2002, foi promulgada a Lei Federal n. 10.446/2002, que dispôs sobre os crimes de repercussão interestadual que exigem repressão uniforme. Citando, em seu inc. II, o crime de formação de cartel, a referida lei estipulou que tal infração será de competência da Justiça Federal sempre que envolver mais de um Estado.[23]

Essa nova situação fez que a jurisprudência atual, representada pelos recentes julgados do STJ, passasse a analisar melhor cada caso concreto para detectar a existência de interesse da União que pudesse levar a competência

[22] Sobre o tema decidiu o STJ, ao analisar procedimento penal envolvendo crime contra a ordem econômica (dumping) supostamente praticado pelos responsáveis de uma rede de postos de combustíveis no âmbito do município de Apucarana (PR): "Possíveis crimes praticados contra a ordem econômica, no caso o estipulado pela Lei n. 8137/90 deve ser processado pelo juízo estadual, considerando o disposto no art. 109, I, da CF e não havendo qualquer determinação no sentido de se deslocar a competência para o juízo federal" (CC 40.165/PR, Min. José Arnaldo da Fonseca, j. 10.12.2003).

[23] Sobre o tema, citamos posição de José Ricardo Meirelles: "A Lei n. 10.446/02, além de expressamente conceder novas atribuições investigatórias à Polícia Federal, delineou situações outras de competência federal, cabendo à Justiça Federal o processo e julgamento dos delitos relacionados, quando presentes as situações nela previstas, além do natural controle externo das atividades da Polícia Federal pelo Ministério Público Federal" (A Lei n. 10.446/02 – competência federal?, *Boletim IBCCRIM*, São Paulo, v. 10, n. 119, out. 2002).

para o foro federal. A interestadualidade, verificada com empresas sediadas em diferentes Estados, ou o alcance supra-regional, constatado quando os efeitos da prática não se limitam a um único território, passaram a ser os critérios para representar o interesse da União e fixar a competência federal.[24]

Muitas vezes, no início de uma investigação policial não se sabe a localização de todas as empresas integrantes do cartel ou a exata definição de seu mercado relevante, em prejuízo da boa definição pela competência. Mas, ainda diante dessa relativa complexidade, o entendimento pela análise das circunstâncias de cada caso para definição da competência é aquele que mais corresponde ao art. 109 da Constituição Federal.

Atualmente, em que pese a orientação firmada pelo STJ, inúmeros processos ou inquéritos relativos a cartéis de alcance nacional estão tramitando na justiça estadual. A incompetência do juízo pode ser suscitada de ofício, por meio de conflito de competência, ou pelas próprias partes mediante *habeas corpus*, e seu reconhecimento acarretará a declaração de nulidade de todos os atos decisórios, incluindo a decisão de recebimento da denúncia, a sentença e eventual decreto de busca e apreensão.[25]

O Projeto de Lei n. 3.937/2004, que propõe alterações no Sistema Brasileiro de Defesa da Concorrência, planeja encerrar essa celeuma definindo a competência da justiça federal para todos os crimes contra a ordem econômica.[26] Essa medida é positiva e, embora não seja a mais adequada para tratar de

---

24 Para representar esse entendimento destacamos trecho de julgado do STJ: "*In casu*, ante a figura do crime sobrevindo da prática de cartel, onde a atuação do agente teve reflexo em vários estados-membros, restringindo o livre exercício da atividade profissional de transportadores pelo Brasil afora, resta patente o interesse supra-regional pelo qual se firmam a necessidade de interferência da União e a competência da Justiça Federal. Tal se dá porque, apesar de a conduta ilícita ser oriunda de um núcleo determinado, a sua propensão ofensiva à ordem econômica se faz sentir em localidades diversas e em territórios distintos" (HC 32292/RS, 5.ª Turma, Rel. Min. José Arnaldo da Fonseca, *DJU* 03.05.2004).

25 "Declarada em apelação a incompetência da Justiça Federal, por ser caso da esfera da Justiça Estadual, não se circunscreve a nulidade à sentença: cuidando-se da chamada competência de atribuições, de matriz constitucional, sua falta acarreta a nulidade *ex radice* do processo, seja por carência absoluta de jurisdição do órgão judiciário que presidiu aos atos instrutórios, seja pela decorrente ilegitimidade *ad causam* do Ministério Público estadual" (STF, HC 68.269, Rel. Min. Sepúlveda Pertence, *DJ* 09.08.1997).

26 Erroneamente, é feita referência ao art. 4.º como sendo o *caput* da Lei n. 8.137/90, quando, na verdade, trata-se do primeiro artigo do capítulo sobre crimes contra a ordem econômica: "Art. 122. Fica acrescido à Lei n. 8. 137, de 27 de dezembro

pequenos cartéis municipais, evita que lides de grande impacto no mercado nacional sofram perdas com discussões sobre competência.

Requisitos da denúncia

Os princípios da ampla defesa e do contraditório só têm lugar no processo penal quando a denúncia descreve adequadamente o suposto fato criminoso e a participação do acusado. O denunciado não terá condições de se defender diante de uma peça acusatória inicial omissa e deficiente, pois não saberá exatamente do que está sendo acusado. Além das exigências constitucionais, o art. 41 do Código de Processo Penal regulamenta os requisitos de uma denúncia válida.

A denúncia pelo crime de formação de cartel está afeta às mesmas exigências, a começar pela individualização da conduta de cada acusado, devendo ser descrita a participação de todos os integrantes no cartel. Em empresas de administração complexa, a peça acusatória tem que estabelecer uma relação entre o cargo ocupado pelo denunciado e os fatos, sendo inadmissível a presunção de responsabilidade objetiva em razão do cargo desempenhado. Não obstante a adequação formal, com suficiente individualização de condutas, a denúncia necessita de substrato fático para embasar a responsabilidade penal dos sócios da empresa, apresentando indícios de autoria devidamente comprovados nos autos, não se admitindo ilações ou conjecturas, sob pena de faltar justa causa à ação penal.[27]

Outro aspecto fundamental da denúncia é a descrição de todas as circunstâncias essenciais do delito: por exemplo, em uma acusação por roubo, deve ser narrado como se deu a violência ou a grave ameaça, caso contrário inexistirão condições de defesa. Quanto ao "ajuste" supostamente existente entre os integrantes do cartel, circunstância elementar do tipo penal, não basta que seja mencionado na peça acusatória, mas precisa ser exposto em todas as suas manifestações de tempo, modo e lugar. Da mesma forma, tratando-se de crime doloso, a vontade direcionada para impedir a concorrência deve constar explicitamente da acusação.

---

de 1990, o seguinte artigo: 'Art. 16-A. Compete à Justiça Federal processar e julgar os crimes contra a ordem econômica previstos no *caput* e nos arts. 5.º e 6.º desta Lei'".

27 O STJ já decidiu, em denúncia sobre formação de cartel, que deve restar comprovado, ainda que com elementos a serem aprofundados no decorrer da ação penal, a mínima relação de causa e efeito entre as imputações e a condição de dirigente da empresa, sob pena de se reconhecer a responsabilidade penal objetiva (RHC 19.734/RO, Min. Gilson Dipp, j. 26.09.2006).

Repercutindo decisivamente no exercício do direito de defesa, as omissões e defeitos da denúncia devem ser repudiados diretamente pelo magistrado de primeiro grau, que deve rejeitá-la de plano. Instaurada ação penal mediante denúncia inepta, cabível o *habeas corpus* para sustar a ilegalidade, inclusive para impedir a realização de interrogatório sem que o acusado tenha plena ciência dos fatos dos quais está sendo acusado.

Conclusão

Ao pretender, acertadamente, incrementar o combate ao crime de formação de cartel, é necessário que os órgãos estatais também envidem os mesmos esforços para que os princípios e regras do processo penal sejam rigidamente cumpridos. As normas processuais penais espelham as garantias fundamentais de nossa Constituição Federal, como os princípios do juiz natural e da ampla defesa, ameaçados constantemente pela incerteza acerca da justiça competente e pelo oferecimento de denúncias que não descrevem o fato delituoso nem a suposta participação do acusado. Uma exata definição do foro competente e o zelo pela adequada aptidão técnica da denúncia são pressupostos básicos para que essas garantias constitucionais sejam respeitadas no decorrer da ação penal.

A clareza na definição e o fiel cumprimento das regras processuais otimizam a eficiência da repressão penal, que não pode prescindir do auxílio dos institutos despenalizadores da transação penal e da suspensão condicional do processo. O atual projeto de lei que ameaça encerrar a aplicabilidade desses instrumentos para os casos de cartel atenta contra o que já vem sendo usualmente aplicado para solucionar, com eficácia, complexos processos de crime de formação de cartel. Essa mudança não será benéfica para o sistema penal brasileiro, que tem evoluído bastante no tratamento dos crimes concorrenciais, impondo-se cautela na propositura de alterações para que se preserve a regularidade normativa essencial para a estabilização e amadurecimento do cenário vigente.

Bibliografia

BITTENCOURT, Cezar Roberto. *Manual de direito penal*. São Paulo: Ed. RT.

FERNANDEZ, Miguel Bajo. Derecho penal económico: desarrollo económico, protección penal y cuestiones político-criminales. *Estudios del Ministerio Fiscal*, Madrid, n. I, 1994. 1995.

GAMEIRO, João Augusto Prado da Silveira. *O tratamento penal do cartel de empresas no ordenamento jurídico brasileiro*. Dissertação de Mestrado em Direito Penal. São Paulo: Faculdade de Direito da USP, 2007.

GRINOVER, Ada Pellegrini; GOMES FILHO, Antonio Magalhães; FERNANDES, Antonio Scarance; GOMES, Luiz Flávio. *Juizados Especiais Criminais. Comentários à Lei 9.099, de 26.09.1995*. 3. ed. São Paulo: Ed. RT, 1999.

GOMES, Luiz Flávio. *Suspensão condicional do processo*. 2. ed. São Paulo: Ed. RT, 1997.

MEIRELLES, José Ricardo. A Lei n. 10.446/02: competência federal. *Boletim IBCCrim*, São Paulo, v. 10, n. 119, p. 7-9, out. 2002.

MIRABETE, Julio Fabbrini. *Juizados Especiais Criminais*. 5. ed. São Paulo: Atlas, 2002.

PIMENTEL, Manoel Pedro. *Direito penal econômico*. São Paulo: Ed. RT. 1973.

SALOMÃO FILHO, Calixto. *Direito concorrencial - as condutas*. São Paulo: Malheiros, 2003.

SANTOS, Cláudia Maria Cruz. O crime de colarinho branco (da origem do conceito e sua relevância criminológica à questão da desigualdade na administração da justiça penal). *Boletim da Faculdade de Direito - Universidade de Coimbra*, Coimbra Ed., 2001.

TOURINHO NETO, Fernando da Costa. *Juizados Especiais Federais Cíveis e Criminais*. São Paulo: Ed. RT, 2002.

Atos de Concentração – Análise Prévia

Maria Cecília Andrade

Advogada. Mestre em Ciências Jurídico-Empresariais pela Faculdade de Direito da Universidade de Coimbra, Portugal. Pós-Graduada em Direito da Economia e da Empresa pela Faculdade de Administração de Empresas da Fundação Getulio Vargas.

1. Introdução

Concentrações de empresas não são fenômenos recentes, mas cada vez mais têm sido objeto de atenção dos governos e de debates em âmbito internacional. A preocupação com esse tema justifica-se, pois as concentrações podem gerar efeitos diversos em relação aos mercados afetados – que podem ser locais, regionais ou mundiais – e, em alguns casos, em prejuízo do sistema da liberdade econômica e da livre concorrência.

A questão que se coloca é saber que operações podem gerar as preocupações acima mencionadas, e como mensurar os seus efeitos sobre o bem-estar econômico e a estrutura concorrencial dos mercados. A resposta somente poderá ser apresentada à sociedade após uma análise específica, que no Brasil consiste em examinar quaisquer atos, sob qualquer forma manifestados, podem limitar ou de qualquer forma prejudicar a livre concorrência, ou resultar na dominação de mercados relevantes de bens ou serviços,[1-2] em prejuízo do bem-estar do consumidor.

Esta é a função do regulador: agir de forma antecipada, realizando análise prospectiva da operação e garantindo a manutenção da concorrência efetiva, tendo sempre como objeto o interesse da coletividade.[3]

---

1 Vide *caput* do art. 54 da Lei n. 8.884/94.

2 Esclareça-se que o objetivo deste artigo é discutir eventuais vantagens da análise prévia de atos de concentração. Por essa razão, não trataremos de critérios de notificação e discussões associadas à interpretação do art. 54 da Lei n. 8.884/94.

3 Vide parágrafo único do art. 54 da Lei n. 8.884/94.

No Brasil, o art. 1.º da Lei n. 8.884/94 estabelece que o regime de defesa da concorrência é preventivo e repressivo das infrações contra a ordem econômica. O art. 54 do mesmo diploma legal, por sua vez, estabelece que os atos de concentração podem ser notificados previamente ou *a posteriori*. Na prática, os operadores econômicos preferem notificar suas operações aos órgãos que integram o Sistema Brasileiro de Defesa da Concorrência (SBDC) após a realização e, mesmo assim, tal notificação não implica a suspensão dos efeitos das operações.[4] Isto significa que, quando os atos de concentração são apresentados ao Conselho Administrativo de Defesa Econômica (CADE) para análise, em sua maioria já estão a produzir efeitos jurídicos sobre o mercado relevante e também em relação a terceiros.

Por fim, dentro da lógica de um controle *a posteriori*, a legislação brasileira prevê a possibilidade de desconstituição do ato de concentração no § 9.º do art. 54.[5] É patente, portanto, a contradição entre o regime de autorização escolhido pelo art. 54 e a finalidade preventiva da lei, prevista no seu art. 1.º.

2. Análise prévia

2.1 Breves comentários sobre a experiência internacional

A análise prévia de atos de concentração consiste na suspensão dos seus efeitos até que a autoridade de defesa da concorrência conclua o exame concorrencial. Em outras palavras, a operação fica congelada até que haja uma decisão final pela sua aprovação com ou sem restrições, ou uma decisão de proibição. É a chamada análise prospectiva do mercado, que busca trazer previsibilidade e segurança jurídica para o Administrado; e eficiência para a sociedade, ao preservar a utilidade da decisão final da autoridade de defesa da concorrência.

Na União Européia, por exemplo, a adoção do sistema de notificação prévia com suspensão dos efeitos da operação é fruto de amadurecimento dos

---

4 Antes da utilização de medidas cautelares e da implantação do Acordo para Preservação da Reversibilidade da Operação (APRO), esta possibilidade ocorria apenas por opção das empresas.

5 O art. 54, § 9.º, da Lei n. 8.884/94 estabelece que se os atos previstos no *caput* do art. 54 não forem realizados sob condição suspensiva ou deles já tiverem decorrido efeitos perante terceiros, inclusive de natureza fiscal, o Plenário do CADE, se concluir pela sua não aprovação, determinará as providências cabíveis no sentido de que sejam desconstituídos, total ou parcialmente, seja por meio de distrato, cisão de sociedade, venda de ativos, cessação parcial de atividades ou qualquer outro ato ou providência que elimine os efeitos nocivos à ordem econômica, independentemente da responsabilidade civil por perdas e danos eventualmente causada a terceiros.

seus Estados-Membros, após duas décadas de debate.[6] Em 21.12.1989 foi publicada pela primeira vez uma legislação específica para tratar do controle de concentração de empresas na União Européia, estando atualmente em vigor o Regulamento (CE) n. 139/2004.[7]

O aspecto mais importante a destacar nessa legislação - além da instituição de um regime único para as operações de dimensão comunitária - é a obrigatoriedade da notificação prévia com suspensão dos efeitos de uma operação de concentração até a decisão da autoridade,[8] sendo possível notificar inclusive um projeto, mesmo na hipótese de que as partes ainda não tenham assinado um documento vinculativo, mas exista a intenção de implementar tal projeto.[9]

Ressalte-se, entretanto, que esse sistema não é perfeito. Já foi revisto algumas vezes nos últimos anos em razão do alargamento da União Européia, para esclarecer conceitos, introduzir técnicas mais modernas de análise, ou ainda revisar procedimentos de notificação para os casos mais simples.[10] O que é im-

---

6 Como se verifica no *Quatrième Rapport sur la Politique de Concurrence,* 1974, p. 21, a 1.ª Proposta de Regulamento foi apresentada perante o Parlamento Europeu em 20.07.1973, mas não logrou sucesso nas discussões, tendo o Conselho apresentado como principal objeção ou motivo de preocupação a necessidade de coerência entre a política industrial em nível nacional e eventuais decisões que pudessem ser tomadas no plano comunitário em matéria de concentração.

7 Desde a sua entrada em vigor, o Regulamento (CE) n. 4.064 foi revisto duas vezes, sem que houvesse qualquer alteração significativa em relação ao dispositivo que estabelece a suspensão dos efeitos da operação. Atualmente encontra-se em vigor o Regulamento (CE) n. 139/2004 do Conselho, de 20.01.2004, publicado no Jornal Oficial n. L 024 de 29.01.2004 p. 0001-0022.

8 Existem apenas duas exceções a esse regime: (i) nos casos de oferta pública de compra ou de permuta que tenha sido notificada à Comissão, desde que o adquirente não exerça os direitos de voto inerentes às participações em causa, ou os exerça apenas tendo em vista proteger o pleno valor do seu investimento com base numa dispensa concedida pela Comissão (art. 7, n. 2, do Regulamento (CE) n. 139/2004), e (ii) a pedido fundamentado da parte interessada (art. 7.º, n. 3, do Regulamento (CE) n. 139/2004).

9 Cf. European Commission. *The EU gets new competition powers for the 21st century,* 2004. p. 2: "is now possible on the basis of good-faith intent to merge, where previously a binding agreement was required. This gives greater flexibility to businesses as regards when to seek regulatory clearance. However, the 'bar on closing' prior to an authorisation remains in place".

10 Cf. *Relatório sobre política de concorrência,* 2004, p. 74-85: "O regulamento das concentrações reformulado (122) foi adoptado formalmente em 20 de Janeiro e tornou-se aplicável em 1 de Maio. Na seqüência da adopção deste novo regulamento

portante destacar é que a Direção Geral de Concorrência da Comissão Européia conta com recursos humanos e financeiros adequados para análise dos casos a ela notificados dentro dos prazos previstos na legislação pertinente.

Resta ainda aplicável na União Européia a legislação nacional dos seus Estados-Membros para as operações de menor porte, sendo que nessa esfera cada país encontra-se livre para estabelecer as regras que julgar convenientes, como por exemplo a França, que não instituiu a obrigatoriedade da notificação prévia, mas um controle *a posteriori* por iniciativa da autoridade. A Espanha, por sua vez, como informa ARAÚJO,[11] acaba de implementar legislação que determina a suspensão dos efeitos do ato de concentração até decisão da autoridade.

2.2 *Organismos internacionais: recomendações*

A análise prévia tem sido discutida em organismos internacionais dos quais o SBDC participa ativamente, a exemplo da Organização para Cooperação e Desenvolvimento Econômico (OCDE) e da International Competition Network (ICN).

Em 2002, a ICN divulgou o documento de trabalho *Guiding Principles for Merger Notification and Review*, onde recomenda às autoridades de defesa da concorrência eficiência e respeito aos prazos. A ICN entende que o processo de análise de atos de concentração deve ser regulado de forma que proporcione às autoridades as informações necessárias para uma análise efetiva dos efeitos de uma operação, e não imponha custos desnecessários às empresas. Conclui recomendando que qualquer decisão deve ser adotada dentro de um prazo razoável e determinado.[12]

Em 2005, o SBDC submeteu-se pela segunda vez ao chamado *Peer Review* da OCDE, que consiste em permitir o exame da estrutura institucional, da

das concentrações, em 1 de Maio adoptaram-se certas alterações conexas e outras ao regulamento de execução. Introduziram-se igualmente alterações correspondentes na comunicação relativa a um procedimento simplificado, bem como na comunicação relativa às restrições acessórias. No intuito de fornecer orientações sobre a aplicação e a interpretação das novas regras do regulamento das concentrações no que diz respeito à remessa dos processos, a Comissão adoptou também uma nova comunicação relativa à atribuição destes processos. Por último, adoptaram-se novas directrizes em matéria de concentrações destinadas a fornecer orientações sobre a apreciação das concentrações horizontais".

11 Vide Patrícia Agra Araújo. A Nova Lei de Defesa da Concorrência Espanhola. *CADE Informa*, n. 11, nov. 2007.

12 Cf. ICN. *Guiding principles for merger notification and review*. Disponível em: http://www.internationalcompetitionnetwork.org/media/library/conference_1st_naples_2002/icnnpworkinggroupguiding.pdf.

legislação aplicável e das práticas adotadas em âmbito nacional por seus pares. O relatório divulgado apresentou as seguintes recomendações em relação ao tema objeto deste artigo:[13-14]

(i) estabelecer um regime de notificação prévia de atos de concentração, pois há o reconhecimento, tanto do SBDC como da sociedade, de que o sistema atualmente em vigor é impraticável e ineficiente;

(ii) análise rápida e decisão simplificada para operações que não despertem preocupações do ponto de vista concorrencial.

Em relação ao segundo ponto, a OCDE, apesar de criticar a legislação em vigor no Brasil, lembra que é consenso em âmbito internacional que os países que adotam um sistema de notificação prévia com suspensão dos efeitos da operação possuam igualmente uma válvula de escape para operações de menor complexidade.[15]

Entretanto, a OCDE reconhece que não basta introduzir tais mudanças, sem alteração na estrutura institucional do CADE, que enfrenta os mesmos problemas há mais de uma década:

> "No Agency should be expected to operate for a decade using borrowed and temporary staff, especially where effective and efficient performance of the agency's mission depends so greatly on accumulated institutional knowledge.
>
> (...)
>
> The problems that CADE faces will not, however, be resolved simply by the creation of career staff positions. The number of, and the compensation associated with, those positions is also critically important. The present employee staff at CADE, even including the 28 temporary assistants, is not sufficient to permit expeditious completion on the agency's work, thus contributing to the delay that afflicts CADE's proceedings. The situation

---

13 Para um resumo das principais recomendações da OCDE, vide SEAE. Nota 7. *Relatório sugere mudanças para a área de concorrência*. Disponível em: http://www.seae.fazenda.gov.br/servicos_main/sbdc/2005/relatorio-sugere-mudancas-para-a-area-de-concorrencia/?searchterm=ocde.

14 OCDE. *Brazil. Peer Review of Competition Law and Policy*, p. 107.

15 Segundo a OCDE. *Brazil. Peer review of competition law and policy*, 2005, p. 107:"the international consensus respecting such 'suspensive notification' systems is that they should include a mechanism permitting expedited termination of the waiting period for transactions that do not raise material competitive issues".

at SDE is, if anything, worse, with a staff of 35 professionals attempting to handle 800 pending matters".[16]

3. Principais problemas procedimentais identificados na análise de atos de concentração no Brasil

O já mencionado art. 54 da Lei n. 8.884/94 estabelece que devem ser notificados quaisquer atos ou contratos que possam de algum forma limitar a concorrência ou resultar na dominação de mercados. O seu § 3.º estabelece que se inclui dentro desse dispositivo qualquer tipo de concentração econômica para exercer o controle de empresas, ou agrupamento societário, que implique participação de mercado equivalente a 20%, ou desde que quaisquer das participantes tenham registrado faturamento bruto no Brasil no último exercício equivalente a R$ 400 milhões.[17]

As partes têm prazo de 15 (quinze) dias úteis,[18] após a assinatura do primeiro documento vinculativo, para notificar a operação. Inicia-se então o procedimento de análise, que passa por dois órgãos da União Federal (Secretaria de Acompanhamento Econômico – SEAE e Secretaria de Direito Econômico – SDE),[19] além de ser examinado pela Procuradoria do CADE e pelo Ministério Público Federal, antes de ser julgado pelo Plenário do CADE.

Esse processo, que deveria durar no máximo 120 dias,[20] termina por se estender por períodos muito maiores, uma vez que a cada pedido de informações

---

16 Tradução Livre: "Não se pode esperar que um órgão funcione por uma década com funcionários emprestados e temporários, particularmente quando o desempenho eficiente e eficaz da missão da agencia depende bastante do conhecimento institucional acumulado. (...) Contudo, os problemas que o CADE enfrenta não serão solucionados com a simples criação de um plano de carreira. O número de funcionários e a remuneração correspondente também são aspectos críticos. O atual quadro de pessoal do CADE, mesmo contando com os 28 assistentes temporários, não é suficiente para permitir uma rápida conclusão do trabalho do órgão, assim contribuindo para os atrasos que afligem os processos do CADE. A situação na SDE é ainda pior, com um quadro de 35 profissionais tentando lidar com 800 matérias pendentes".

17 Súmula n. 1 do CADE: Na aplicação do critério estabelecido no art. 54, § 3.º, da Lei n. 8.884/94, é relevante o faturamento bruto anual registrado exclusivamente no território brasileiro pelas empresas ou grupo de empresas participantes do ato de concentração.

18 Art. 54, § 4.º, da Lei n. 8.884/94.

19 Art. 54, § 6.º, da Lei n. 8.884/94

20 Desde que cumpridos estritamente os prazos previstos no art. 54 da Lei n. 8.884/94.

ou diligências há suspensão da contagem de prazo,[21] o que justifica, de certa forma, as razões práticas que levam as empresas a notificar as suas operações *a posteriori* e não aguardar a decisão final do CADE para a sua implementação.

Como exemplo, cite-se o A.C. n. 08012.009419/2004-31 (Holcim/Engemix), no qual após quatro anos de sua notificação ao SBDC, com emissão de pareceres favoráveis da SEAE e SDE, foi determinada pelo CADE a desconstituição parcial da operação, com devolução de ativos para a parte vendedora. Sem adentrar na análise de mérito da decisão adotada, reconhece-se que de fato a Lei n. 8.884/94 prevê a possibilidade de desconstituição de uma operação - dentro da lógica do controle *a posteriori* (art. 54, § 9.º). O que se questiona nesse caso é a razoabilidade de uma decisão dessa magnitude após quatro anos da notificação da operação, quando a lei estabelece - dentro do trâmite normal - 120 (cento e vinte) dias para julgamento de um ato de concentração.

Os problemas acima apontados são antigos,[22] já conhecidos do SBDC e da sociedade,[23] mas vêm sendo enfrentados aos poucos. Iniciativas extremamente positivas da SEAE e da SDE, como por exemplo a aplicação do rito sumário[24] e a análise conjunta pelos dois órgãos de determinados tipos de operação,[25] além do instrumento de cooperação recentemente firmado entre a Procuradoria do CADE e a SDE,[26] devem ser reconhecidos e têm acelerado o processo de análise desses órgãos.

---

21 Nos termos do § 8.º do art. 54 da Lei n. 8.884/94, os prazos estabelecidos nos §§ 6.º e 7.º ficarão suspensos, enquanto não forem apresentados esclarecimentos e documentos imprescindíveis à análise do processo, solicitados pelo CADE, pela SDE ou pela SEAE.

22 Vide Maria Cecilia Andrade Santos. Propostas rumo à eficácia da aplicação da lei de defesa da concorrência em relação às operações de concentração no Brasil, *Boletim Latino-Americano de Competência*, p. 50-69, fev. 2000, p. 50-69.

23 Segundo a CNI (*Nota técnica n. 2: defesa da concorrência, uma análise dos problemas e sugestões para o seu aperfeiçoamento.* Brasília, dez. 2004), "como a notificação não é prévia, há uma redução da eficiência das decisões do sistema".

24 O art. 6.º da Portaria Conjunta SEAE/SDE n. 1, de 18.02.2003, lista os casos elegíveis para aplicação do procedimento sumário.

25 Nos termos do art. 9.º da Portaria Conjunta SEAE/SDE n. 33, de 4.01.2006, a instrução conjunta será aplicada pela SEAE e pela SDE nos casos cujas operações resultem em alto grau de concentração nos mercados envolvidos ou que tenham natureza complexa, a critério das Secretarias.

26 Vide Termo de Acordo de Cooperação Técnico-operacional PROCADE/SDE de 15.07.2007, que busca afastar a duplicidade de atribuições entre os dois órgãos nos atos de concentração de menor complexidade.

Mencione-se, por fim, a Medida Cautelar e o Acordo para Preservação da Reversibilidade da Operação (APRO), instituídos pela Resolução CADE n. 20/2002, e atualmente disciplinados no art. 132 e ss. do Regimento Interno do CADE (Resolução CADE n. 46). O primeiro remédio consiste na determinação às partes requerentes, sempre que cabível, por ato de ofício do Conselheiro Relator, a pedido da SEAE, da SDE, da Procuradoria do CADE, das agências reguladoras ou de terceiro interessado,[27] verificados o *fumus boni iuris* e o *periculum in mora* em face da tutela de defesa da concorrência, de que mantenham o *status* concorrencial anterior à assinatura do documento vinculativo, e se abstenham até o julgamento do ato de concentração de praticar quaisquer novos atos decorrentes do contrato já realizado que possam impedir a eficácia de uma decisão final do CADE.

O segundo remédio consiste na celebração de acordo entre o CADE e as partes requerentes, estabelecendo medidas para preservar inalteradas as condições de mercado, prevenindo alteração irreversível ou de difícil reparação, até o julgamento do mérito do ato de concentração.

A introdução da medida cautelar e do APRO no ordenamento jurídico foi a forma encontrada pelo SBDC para contornar a ausência de previsão específica na Lei n. 8.884/94 que determinasse a suspensão dos efeitos de uma operação em casos de maior complexidade que levantassem preocupações do ponto de vista concorrencial. A medida cautelar foi utilizada pela primeira vez no A.C. n. 08012.005846/99-12 (Fundação Antonio e Helena Zerrener/Acap),[28] quando o CADE determinou a suspensão dos seus efeitos. A justificativa apresentada naquela época foi que a análise levaria no mínimo 120 (cento e vinte) dias e durante aquele período poderiam ocorrer significativas alterações no mercado e na concorrência do setor de bebidas. Assim, se sucedesse algum fato que pudesse prejudicar a concorrência do mercado de forma irreversível, qualquer decisão do CADE, no final do processo, poderia não proteger plenamente os objetivos da Lei.[29]

Já o APRO foi criado em 2002 com objetivo de evitar o elemento surpresa de uma medida cautelar e permitir a negociação entre as empresas e o

---

27 Para o conceito de terceiro interessado, vide art. 36 do Regimento Interno do CADE.

28 Constituição da AMBEV.

29 Em razão da agressividade da medida – em ato de jurisdição voluntária –, o CADE voltou a utilizar a medida cautelar em poucas oportunidades. A última vez foi em 24.07.2007, em relação à venda dos ativos do Grupo Ipiranga para a Petrobras, Grupo Ultra e Braskem, a pedido da SEAE e da SDE (Medida Cautelar n. 08700.001707/2007-80) em 17.04.2008. Após negociações com as partes requerentes, a medida cautelar foi convertida em APRO em 25.04.2007.

CADE, estabelecendo as condições para a suspensão dos efeitos da operação até a decisão final.

Ocorre que, como em qualquer arranjo para contornar dificuldades, o APRO não soluciona de forma adequada a ausência de previsão legal para suspensão dos efeitos de um ato de concentração notificado. Isso porque de nada adianta impor o congelamento de uma operação sem a garantia de uma análise rápida e eficiente da autoridade de defesa da concorrência. De fato, a emenda veio incompleta, pois incompatível com a atual estrutura do SBDC. A análise concorrencial, mesmo com os esforços da SEAE e da SDE ao atuarem conjuntamente na maior parte das operações complexas, ainda é lenta, resultando o APRO numa incerteza para os operadores econômicos.[30]

Como exemplo dessa situação, vale lembrar os APROS celebrados nos atos de concentração referentes à aquisição dos ativos Ipiranga[31-32] em abril de 2007. Apenas em julho de 2008, quase 15 meses após a notificação das operações, é que finalmente três dos atos de concentração foram aprovados pelo CADE. Sem adentrar no mérito das operações, por mais complexas que pudessem ser, trata-se de período demasiado longo para impedir a implementação de uma operação e a captura de sinergias, imputando custos desnecessários e injustificáveis para as partes e para o próprio SBDC.

Conforme assinala a CNI, "como a avaliação antitruste de um Ato de Concentração pode levar anos, o APRO, ao solucionar um problema, causa outro. Isso porque as condições de mercado onde as empresas atuam pode até

---

30 Vale mencionar que, em média, as operações com APRO têm levado entre dez meses (A.C. n. 08012.001885/2007-11 – Saint-Gobain/Owens Corning) e dois anos (A.C. n. 53500.029160/2004 – Globo/DIRECTV/The News Corporation) para serem examinadas pelo CADE.

31 Foram notificados quatro atos de concentração referentes aos negócios de petroquímica (A.C. n. 08012.002813/2007-91), negócios no segmento do refino de petróleo (A.C. n. 08012.002818/2007-14) e distribuição de combustíveis (A.C. n.s08012.2820/2007-93 e 08012.002816/2007-25). Os APROs foram celebrados nos A.C. n. 08012.002813/2007-91 e 08012.2820/2007-93.

32 Vale transcrever editorial do jornal *O Estado de S. Paulo* publicado em 22.04.2007: "embora essas determinações possam ser revogadas quando o órgão antitruste julgar a operação no mérito, elas tiveram repercussão negativa nos meios econômicos. A cotação das ações das companhias envolvidas no negócio caiu. A luz amarela acendeu entre as instituições financeiras que se comprometeram a abrir linhas de crédito para as empresas compradoras. Por fim, enquanto a Petrobrás ficou proibida de exercer os direitos decorrentes da compra de ações da Ipiranga no Norte, Nordeste e Centro-Oeste, o Grupo Ultra ficou livre para exercer os mesmos direitos no Sul e Sudeste. O CADE teria tratado os dois grupos de modo desigual".

se alterar significativamente ou sofrer choques temporários pela dinâmica da própria concorrência. Nestes casos, as empresas que estiverem vinculadas ao acordo poderão se ver impedidas de reagir, gerando desvantagens em comparação aos seus competidores. E à medida que a análise persiste em tramitação no Sistema, aumenta também o tempo em que as empresas se encontram engessadas e impedidas de agir".[33]

4. Projeto de Lei

Desde 2000 foram discutidos pelo SBDC e pela sociedade[34] os vários Projetos de Lei apresentados com intuito de revisar a Lei de Defesa da Concorrência em vigor. Entre as diversas propostas feitas, a possibilidade de estabelecer um sistema de notificação prévia de atos de concentração esteve sempre presente.

Atualmente, encontra-se em discussão o Projeto de Lei n. 3.937/2004,[35] que estabelece no art. 88, § 3.º, a obrigação de notificação prévia dos atos de concentração econômica, com suspensão dos efeitos da operação, nos seguintes termos:

> "§ 3.º Os atos que se subsumirem ao disposto no *caput* não podem ser consumados antes de apreciados, nos termos deste artigo e do procedimento previsto no Capítulo II do Título VI desta Lei, sob pena de nulidade, sendo ainda imposta multa pecuniária, de valor não inferior a R$ 60.000,00 (sessenta mil Reais) nem superior a R$ 60.000.000,00 a ser aplicada nos termos da regulamentação, sem prejuízo da abertura de processo administrativo, nos termos do artigo 69 desta Lei.
>
> § 4.º Até a decisão final sobre a operação deverão ser preservadas as condições de concorrência entre as empresas envolvidas, sob pena de aplicação das sanções previstas no § 3.º deste artigo."

O Projeto de Lei propõe, igualmente, o sistema de primeira e segunda fases de análise, seguindo a recomendação da OCDE anteriormente mencionada.

Isso significa que os casos de maior simplicidade poderão ser examinados em até 20 (vinte) dias úteis pela Superintendência-Geral, que tem competência para proferir decisão de aprovação sem restrições.[36] Os casos

---

33 Cf. CNI, cit., p. 8.

34 Vide discussões travadas sobre o tema em seminários na *Revista do Instituto Brasileiro de Estudos de Concorrência, Consumo e Comércio Internacional*, n. 5/2005 e n. 4/2007.

35 A ele está apensado o Projeto de Lei n. 5.877/2005.

36 Art. 57, I, do Projeto de Lei.

que demandem instrução complementar, mas que não sejam declarados "complexos", poderão ser decididos em até 60 (sessenta) dias no âmbito da Superintendência-Geral. Os casos considerados "mais complexos", que possam determinar a adoção de decisão com restrições ou reprovação da operação, serão impugnados pela Superintendência-Geral perante o Tribunal, que após deferido o prazo para o exercício do direito de defesa (30 dias úteis) das requerentes, proferirá decisão.

Espera-se que desde a sua notificação os casos considerados "mais complexos" venham a tramitar no sistema por pelo menos 150 dias úteis até o seu julgamento final.[37]

A crítica que aqui se faz é que o Projeto de Lei não estabelece o critério para determinar o que seja mais ou menos "complexo", configurando-se como uma discricionariedade da Superintendência-Geral, o que poderá gerar insegurança jurídica e econômica aos Administrados na avaliação das operações que tiverem que ser notificadas ao sistema. Espera-se que esse tema, caso não seja discutido no âmbito do Projeto de Lei, seja regulado mediante resolução interna do CADE, submetida previamente à consulta pública.

Aliás, a preocupação com os prazos é a tônica do Projeto de Lei, pois são extremamente rígidos para as autoridades, e não se suspendem ou interrompem por qualquer motivo, como ocorre na legislação atualmente em vigor:[38] As únicas exceções previstas no Projeto de Lei ocorrerão (i) se as partes estiverem negociando um acordo com o CADE para possibilitar a sua aprovação;[39] e (ii) na ausência de quórum mínimo do Tribunal.[40]

Por fim, o Projeto de Lei reconhece que a instituição do sistema de análise prévia dos atos de concentração não pode ocorrer de forma abrupta e sem que o CADE esteja pronto. O art. 114 proposto estabelece um prazo de transição de um ano após a entrada em vigor da lei para imediata implementação das operações notificadas, valendo registrar que o seu § 3.º admite que esse prazo

---

37 O art. 59, § 1.º, do Projeto de Lei apresenta válvula de escape para as operações consideradas "mais complexas", e que demandem instrução complementar: a possibilidade de obter uma autorização liminar e precária para implementação do ato de concentração, desde que observadas condições que visem à preservação da reversibilidade da operação, quando assim recomendarem as condições do caso concreto.

38 A única exceção para esse dispositivo ocorrerá ser as partes estiverem negociando um acordo com o CADE, nos termos do § 5.º do art. 6.º, e no § 6.º do art. 92 do Projeto de Lei.

39 Art. 92, § 6.º, do Projeto de Lei.

40 Art. 6.º, § 5.º, do Projeto de Lei.

poderá ser prorrogado, em função da dotação efetiva de recursos financeiros e humanos do CADE.

5. Conclusão

Verifica-se, portanto, que as principais demandas do SBDC e da sociedade estão sendo atendidas nesse Projeto de Lei: instituição de um sistema de análise prévia, com prazos estritos a serem observados pelas autoridades de defesa da concorrência e pelas partes. Quanto à adoção de um procedimento simplificado de análise para casos simples, espera-se que venha a ser tratado em sede de regulamento, proporcionando maior eficiência ao sistema.

Assim, restarão submissas a um prazo de 150 (cento e cinqüenta) dias úteis apenas as operações mais complexas, que possam demandar decisões com restrições e análise mais aprofundada. Como não existe mais prazo para notificação, a preocupação quanto ao trâmite da análise muda de lado na mesa: caberá aos operadores econômicos notificar as suas operações com a máxima antecedência, reunindo as informações necessárias para que possam se beneficiar do novo sistema.[41] Essas mudanças atendem ao apelo da sociedade e do próprio SBDC, como assinala editorial publicado no jornal *O Estado de S. Paulo*, de 22 abr. 2007:

> "Com o exame prévio, os processos podem tramitar mais rapidamente. As decisões ganharão mais qualidade técnica, especialmente nos negócios de alta complexidade. A análise prévia também evita o desgaste do risco de desconstituição de operações empresariais que, em face da morosidade do julgamento dos atos de concentração, tenham se convertido em situações de fato. Acima de tudo, a medida evita casos como da compra da Garoto pela Nestlé, na qual a decisão de bloquear a operação ocorreu

[41] Como sugere a ICN no documento *Implementation handbook examples of legislative text, rules, and practices that conform to selected ICN guiding principles and recommended practices for merger notification and review procedures*, abr. 2006: "In suspensive jurisdictions, the parties' ability to lawfully consumate notified transactions is dependent upon the expiration of the applicable waiting periods. Accordingly, initial waiting periods should be subject to definitive and readily-ascertainable deadlines to permit transactions that do not present material competitive concerns to proceed with minimal delay and disruption. While certain transactions will require more extended reviews, waiting periods associated with such reviews should expire within determinable time frames, whether measured from the date of initial filing, the commencement of 'Phase II' or similar proceedings, or from the merging parties' submission of information the competition agency requires to complete the extended review".

mais de dois anos após o encaminhamento do caso ao CADE, tendo se convertido em objeto de rumorosa disputa judicial".[42]

A grande questão que se coloca é se as novas autoridades de defesa da concorrência contarão com *staff* dotado de autonomia, bem como com recursos suficientes para atender a todas as exigências da nova lei em tempo real. De nada adianta uma reforma pró-ativa do ponto de vista teórico se não existirem condições para a sua aplicação eficaz.

Enfim, apesar de todo o otimismo, a sociedade deve acompanhar com cautela as discussões desse Projeto de Lei, pois as mudanças propostas só podem ser implementadas se realmente vierem acompanhadas de uma reestruturação institucional que permita ao CADE perseguir o seu objetivo de forma independente, eficiente e transparente. Caso contrário, estará sendo criado um sistema inadequado para a realidade brasileira. Como lembra Grandino RODAS, de nada adianta trazer soluções estrangeiras sem que haja uma reflexão quanto à sua real aplicabilidade.[43]

Bibliografia

ARAÚJO, Patrícia Agra. A nova Lei de Defesa da Concorrência espanhola. *CADE Informa*, n. 11, nov. 2007.

COMISSÃO EUROPÉIA. *Quatrième Rapport sur la Politique de Concurrence*, 1974.

______. *Relatório sobre Política de Concorrência*, 2004.

COMPETITION POLICY NEWSLETTER. Special Edition. *The EU gets new competition powers for the 21st century, 2004.* Disponível em: http://ec.europa.eu/comm/competition/publications/cpn/special_edition.pdf.

CONFEDERAÇÃO NACIONAL DAS INDÚSTRIAS (CNI). *Nota Técnica n. 2: defesa da concorrência – uma análise dos problemas e sugestões de aperfeiçoamento.* Brasília, dez. 2004.

DEPARTMENT OF JUSTICE. *The International Competition Network Guiding Principles for Merger Review.* Fiesole, Italia, 20 set. 2002.

GRECO, Anthony J. Premerger notification in Canada: how well is it working? Commentaries on *Law & Economics*, v. 2, p. 65-88, 2006, at SSRN. Disponível em: http://ssrn.com/abstract=898185.

---

42 Cf. Editorial cit.

43 João Grandino Rodas. Desafios do CADE. Legislação concorrencial faz parte do ordenamento jurídico, *Consultor Jurídico*, 21 abr. 2008: "Antes de se deixar guiar por precedentes estrangeiros bombásticos, é preciso verificar sua real aplicabilidade, bem como lembrar que a atração de investimentos estrangeiros não se opera da mesma forma em países em desenvolvimento e em países do Primeiro Mundo.

KERCKHOVE et al. *EU merger control: application and recent developments*, 2001.

INTERNATIONAL COMPETITION NETWORK (ICN). *Guiding principles for merger notification and review*. Disponível em: http://www.internationalcompetitionnetwork.org/media/library/conference_1st_naples_2002/icnnpworkinggroupguiding.pdf.

______. *Implementation handbook examples of legislative text, rules, and practices that conform to selected ICN guiding principles and recommended practices for merger notification and review procedures*, abr. 2006.

ORGANIZATION FOR ECONOMIC COOPERATION AND DEVELOPMENT (OCDE). *Brazil. Peer Review of Competition Law and Policy*, 2005.

RODAS, João Grandino. Desafios do CADE. Legislação concorrencial faz parte do ordenamento jurídico. *Consultor Jurídico*, 21 abr. 2008.

SANTOS, Maria Cecilia Andrade. Propostas rumo à eficácia da aplicação da Lei de Defesa da Concorrência em relação às operações de concentração no Brasil. *Boletim Latino-Americano de Competência*, p. 50-69, fev. 2000.

SECRETARIA DE ACOMPANHAMENTO ECONÔMICO (SEAE). *Nota 7: Relatório sugere mudanças para a área de concorrência*. Disponível em: http://www.seae.fazenda.gov.br/servicos_main/sbdc/2005/relatorio-sugere-mudancas-para-a-area-de-concorrencia/?searchterm=ocde.

UNCTAD. Work on the model law on Competition: revised commentary on the relationship between competition authority and regulatory bodies, including sectoral regulators; and revised commentary on notification, investigation and prohibition of mergers affecting concentrated markets. TD/B/COM.2/CLP/31, 2 Jul. 2002.

Atos de Concentração – Análise Prévia – Parecer Contrário

*Fernando Passos**

Advogado. Mestre em Direito. Professor e Coordenador do Curso de Direito do Centro Universitário de Araraquara – UNIARA.

O Sistema Brasileiro de Defesa à Concorrência – SBDC – é objeto de atual discussão por meio dos Projetos de Lei n. 3.937/2004[1] e n. 5.877/2005, os quais buscam reestruturá-lo, alterando vários artigos da Lei n. 8.884/94, marco legal na defesa da concorrência no Brasil.

Entre as várias alterações propostas no presente trabalho, busca-se analisar a mudança quanto ao momento de análise dos atos que possam acarretar concentração de mercado. É substancial a alteração que se pretende e seus reflexos devem ser pormenorizadamente estudados.

Hoje, nos moldes do art. 54 da Lei n. 8.884/94, a análise de um ato de concentração pelo CADE pode tanto ser efetivada *a priori* quanto *a posteriori*. Pelas alterações previstas, pretende-se sejam esses atos analisados *todos previamente* pelo CADE, findando com a faculdade conferida às empresas envolvidas de efetivarem o ato para que depois, no prazo máximo de 15 (quinze) dias úteis, submetam-no à análise do CADE, que, com seu parecer final, aprovará o ato sem restrições, com restrições, ou não o aprovará.

Porém, embora a intenção dessa proposta seja evitar a ocorrência de impactos econômicos irreversíveis que possam prejudicar irremediavelmente o sistema concorrencial brasileiro, entendemos que a alteração do modelo então vigente tão-somente prejudicará a atividade empresarial, que

* O trabalho contou com a colaboração da advogada Caroline Cambiaghi Avellaneda, integrante da Passos, Souza e Silva Advogados Associados.

8 Apensado ao Projeto de Lei n. 5.877/2005.

certamente ver-se-á engessada em dar andamento a seus projetos em face da eventual demora na análise do ato, revestido por qualquer das formas previstas em lei. Condicionar a ação econômica à espera da ordem do Estado é no mínimo temerário. O risco é do agente e não do Estado, conforme se procurará demonstrar.

A Lei n. 8.884/94 prevê em seu art. 54 que:

"Os atos, sob qualquer forma manifestados, que possam limitar ou de qualquer forma prejudicar a livre concorrência, ou resultar na dominação de mercados relevantes de bens ou serviços, deverão ser submetidos à apreciação do CADE.

(...)

§ 4.º Os atos de que trata o *caput* deverão ser apresentados para exame, *previamente ou no prazo máximo de 15 (quinze) dias úteis de sua realização* (...)" (grifos nossos).

O artigo em tela retrata a possibilidade de as empresas envolvidas na operação terem seus atos submetidos à apreciação do CADE *posteriormente* à sua efetivação; porém, também possibilita seja o controle feito *previamente, o que ao meu conhecimento nunca ocorreu.*

Com a pretensão de alterar o momento dessa análise, o Projeto de Lei n. 5.877/2005 prevê em seu bojo que:

> "Art. 89. Serão submetidos ao CADE pelas partes envolvidas na operação os atos de concentração em que, cumulativamente:
>
> (...)
>
> *§ 2.º O controle dos atos de concentração de que trata o* caput *será prévio.*
>
> *§ 3.º Os atos que se subsumirem ao disposto no* caput *não podem ser consumados antes de apreciados, nos termos deste artigo e do procedimento previsto no Capítulo II do Título VI desta Lei, sob pena de nulidade, sendo ainda imposta multa pecuniária*, de valor não inferior a R$ 60.000,00 (sessenta mil) nem superior a R$ 6.000.000,00 (seis milhões de reais), a ser aplicada nos termos da regulamentação, sem prejuízo da abertura de processo administrativo, nos termos do art. 66.
>
> § 4.º Até a decisão final sobre a operação deverão ser preservadas as condições de concorrência entre as empresas envolvidas, sob pena de aplicação das sanções previstas no § 3.º.
>
> (...)".

O conteúdo desses dispositivos demonstra que, a partir dessas alterações, as empresas estarão proibidas de efetivar o ato revestido sob qualquer forma, anteriormente à apreciação do CADE, sob pena de serem considerados absolutamente *nulos*, sem prejuízo da cominação da multa.

No que tange ao *prazo* para a análise dos atos pelo CADE, o Projeto de Lei n. 5.877 prevê:

> "Art. 48. O pedido de aprovação dos atos de concentração econômica a que se refere o art. 89 deverá ser endereçado ao CADE em quatro vias e instruído com as informações e documentos indispensáveis à instauração do processo administrativo, definidos em resolução do CADE, além do comprovante de recolhimento da taxa respectiva.
>
> § 1.º No prazo de cinco dias após o protocolo da petição, verificando-se que a petição não preenche os requisitos de procedibilidade exigidos no *caput* ou que apresenta defeitos e irregularidades capazes de dificultar o julgamento de mérito, a Superintendência-Geral determinará que os requerentes a emendem, em quatro vias, no prazo de cinco dias, sob pena de arquivamento.
>
> § 2.º Estando devidamente instruída a petição, *no prazo de cinco dias após o protocolo da petição ou de sua emenda, a Superintendência-Geral fará publicar edital*, declinando o nome dos requerentes, a natureza da operação e os setores econômicos envolvidos, salvo quando os requerentes solicitarem tratamento sigiloso do ato de concentração submetido à aprovação.
>
> § 3.º Na hipótese prevista no § 2.º, a Superintendência-Geral *encaminhará à Secretaria de Acompanhamento Econômico, à Procuradoria Federal junto ao CADE e ao representante do Ministério Público cópia da petição e documentos* recebidos para que estes verifiquem a conveniência e a oportunidade de se manifestarem, sem prejuízo do direito de terem acesso irrestrito às informações e ao andamento dos processos.
>
> Art. 49. *Em até vinte dias, contados da data de publicação do edital previsto no § 2.º do art. 48, a Superintendência-Geral*:
>
> I – *conhecerá diretamente do pedido, proferindo decisão terminativa, quando o processo dispensar novas diligências ou nos casos de menor potencial ofensivo à concorrência, assim definidos em resolução do CADE*; ou
>
> II – determinará a realização de instrução probatória, especificando as provas e diligências a serem produzidas.

Art. 50. Em até cinco dias, contados da data da conclusão da instrução processual determinada na forma do inciso II do art. 49, a Superintendência-Geral deverá manifestar-se sobre seu satisfatório cumprimento, recebendo-as como adequadas ao exame de mérito ou determinando sejam refeitas, por incompletas.

Art. 51. *Em até quarenta dias da data de intimação da decisão que recebeu as provas como adequadas ao exame de mérito, a Superintendência-Geral:*

I – *proferirá decisão aprovando o ato sem restrições ou, caso entenda deva ser rejeitado ou aprovado com restrições oferecerá impugnação perante o Tribunal*; e

II – encaminhará os autos do processo ao Tribunal.

Parágrafo único. Na impugnação do ato perante o Tribunal, deverão ser demonstrados, de forma circunstanciada, o potencial lesivo do ato à concorrência e as razões pelas quais não deve ser aprovado integralmente" (grifos nossos).

Os artigos mencionados cuidam dos prazos para que seja analisado o ato. "Segundo o texto da Nova Lei, um ato de concentração simples deve ser julgado em até 40 (quarenta) dias. Caso o processo sofra restrições durante sua análise o prazo de conclusão pode chegar a até 140 (cento e quarenta) dias."[2]

Embora o Projeto de Lei em discussão preveja os prazos acima expostos, cabe lembrar que hoje já é adotado nos julgamentos dos atos de concentração o procedimento sumário ou ordinário para os casos de menor ou maior complexidade, respectivamente,[3] e nem por isso faz que seja a análise dos atos feita

---

2 Wander da Silva Saraiva Rabelo, O controle de atos e contratos pelo Conselho Administrativo de Defesa Econômica – CADE e a nova lei de defesa da concorrência. *Boletim Jurídico*, Uberaba/MG, a. 3, n. 135. Disponível em: http://boletimjuridico.com.br/doutrina/texto.asp?id=715. Acesso em: 8 jul. 2008, às 17h45.

3 A Portaria Conjunta n. 01, de 18.02.2003, que estabeleceu o procedimento sumário na análise dos atos de concentração, estabelece que: "Art. 2.º O Procedimento Sumário será aplicado pela Secretaria de Acompanhamento Econômico do Ministério da Fazenda – SEAE e pela Secretaria de Direito Econômico do Ministério da Justiça – SDE nos casos que, em virtude da simplicidade das operações, não sejam potencialmente lesivos à concorrência, a critério das Secretarias.

Art. 3.º O Procedimento Sumário é uma discricionariedade das Secretarias, podendo a SEAE e a SDE, a qualquer tempo e em qualquer situação, utilizarem ou retomarem o procedimento regular de análise, caso considerem conveniente".

em tempo hábil, afastando, dessa forma, qualquer argumento no sentido de que tais prazos tornarão o procedimento mais célere.

Ainda cabe destacar que, favorável a essa afirmação, está o fato de que hoje, conforme os dados estatísticos divulgados pelo CADE,[4] dos anos de 2005 a 2008 (dados atualizados até 30.06.2008), em 75,47% dos julgamentos dos atos de concentração o procedimento adotado foi o sumário e, tão-somente em 24,53% deles, observou-se o ordinário, fato este que demonstra frágeis possíveis argumentos no sentido de que essa alteração trará celeridade significativa, pelo a seguir exposto. Ademais, como praxe da realidade brasileira - na busca de uma decisão justa - prazos serão sempre sacrificados. Nunca faltarão argumentos para justificar o não cumprimento dos mesmos.

Solução inócua seria a de cogitar estabelecer sanções para o não cumprimento dos prazos em questão - que se pretende estejam definidos na nova lei -, tendo em vista a complexidade das questões envolvidas na análise de cada ato de concentração. Engessar o prazo de sua análise é o mesmo que *a priori* prejudicar a justa observância de todos os aspectos envolvidos na questão, desde os argumentos iniciais, até eventuais prejudicados, pareceres privados e públicos e tempo de maturação para a formação da consciência julgadora.

Destarte, caso efetivada a referida mudança, o empresário estará proibido de praticar qualquer ato anterior à manifestação final do CADE. Assim, expomos *posição contrária* a essa alteração, tendo por principal fundamento os ditames constitucionais que regem a atividade econômica e a completa inconveniência desse engessamento da atividade econômica, que há de ser livre e responsável, por isso o controle *a posteriori* funcionou tanto no Brasil: a responsabilidade dos atos praticados caberá totalmente ao agente privado, que de antemão deve precaver-se dos riscos à sua pretensão.

Desde já refutamos qualquer argumento no sentido de que o lapso temporal para a análise desses atos não foi drasticamente alterado, tendo em vista que essa mudança certamente engessará os atos empresariais tendentes ao crescimento econômico brasileiro.

Tal afirmação, distante de mera retórica ou tão-somente em prol do setor empresarial, põe-se adiante da observância do texto constitucional, o qual dispõe em seu art. 170, inserido no capítulo que expressa os princípios gerais da ordem econômica, que:

> "Art. 170. A ordem econômica, fundada na valorização do trabalho humano e na *livre iniciativa*, tem por fim assegurar a todos existência

4 Vide: http://www.cade.gov.br/apresentacao/graficos/NumerosAC.asp. Acesso em: 07 de julho de 2008 às 18:05 horas.

digna, conforme os ditames da justiça social, observados os seguintes princípios:

(...)

IV - livre concorrência;

(...)

Parágrafo único. *É assegurado a todos o livre exercício de qualquer atividade econômica, independente de autorização de órgãos públicos*, salvo nos casos previstos em lei" (grifos nossos).

Desse modo, põe-se em discussão o seguinte ponto: embora tenha o CADE a qualidade de órgão regulador do Sistema Brasileiro de Defesa da Concorrência, qual o limite à imposição de restrições ao exercício da atividade econômica, tutelado pela Carta Magna?

Destaque-se que, de um lado, faz-se presente o direito de o agente econômico, pautado no princípio constitucional da livre-iniciativa, exercer a sua atividade econômica, e, de outro, o dever do Estado de limitar esse exercício para que seja tutelado outro princípio constitucional, o da livre concorrência, em defesa do mercado de consumo.

Isso significa que, pelo sistema atual, se de um lado tem o cidadão, no exercício de suas atividades empresariais, o direito de livremente desenvolvê-la, tem o Estado, de outro, o dever de regular essas atividades, o que é feito por meio de todo o Sistema de Defesa da Concorrência, regulado de forma peculiar, para que sejam garantidos esses dois direitos, de cunho principiológico, elevado a patamar constitucional.

Conseqüentemente, em respeito ao equilíbrio desses dois direitos, disciplina a matéria de tal forma a permitir que o empresário exerça livremente as suas atividades, tendo, porém, a consciência de que, em face do Poder Regulador do Estado, tais atividades poderão ser restringidas em prol da livre concorrência, que tem que se fazer também por imposição constitucional. O risco é da atividade privada, que não está impedida de fazê-lo, mas deve cercar-se da segurança e lisura em seus atos, responsabilizando-se perante a sociedade em geral pela não observância dos princípios gerais da atividade econômica. Este talvez o maior benefício do controle *a posteriori* adotado no Brasil: a livre-iniciativa está escancarada, podendo o Órgão Regulador tomar as medidas em caso de excesso ou descumprimento à ordem constitucional e às próprias pretensões da pátria na consolidação de uma ordem econômica justa e solidária.

Acerca dos *Princípios da Livre-iniciativa* e da *Livre Concorrência,* expõe Celso Ribeiro Bastos que:

> "(...) a livre iniciativa é uma expressão fundamental da concepção liberal do homem, que coloca como centro a individualidade de cada um (...) a livre iniciativa é necessária para a sua própria expressão e dignidade como homem, porque lhe cabe imprimir um destino a sua vida, uma escolha, a expressão da sua capacidade, e isso tudo só é conseguido através da liberdade que se reserva a cada um para poder exercer a atividade econômica (...). A livre concorrência é um dos alicerces da estrutura liberal de economia e tem muito que ver com a livre iniciativa. É dizer, só pode existir a livre concorrência onde há a livre iniciativa. O inverso, no entanto, não é verdadeiro - pode existir livre iniciativa sem livre concorrência. Assim, a livre concorrência se agrega à livre iniciativa, e que consiste na situação em que se encontram os diversos agentes produtores de estarem dispostos à concorrência de seus rivais".[5]

Esclarecedoras são as lições acima expostas, pois demonstram, na linha de raciocínio ora adotada, que tais direitos se complementam. Muito mais que direitos, a livre-iniciativa e a livre concorrência, como outrora afirmado, foram elevadas ao patamar de princípios constitucionais, de tal forma a terem de ser observadas por todas as leis que regulamentam a forma de seu exercício.

Assim, como poderia ser ignorado tal vetor com a alteração do texto legal regulador do sistema concorrencial, de tal forma a proibir seja realizado qualquer ato sem que antes seja o mesmo analisado pelo Estado, por intermédio de seu órgão regulador? Efetivar tal alteração significa desprezar a carga principiológica da livre-iniciativa, tendo em vista que esta simplesmente não poderá ser exercida, sob pena de *eventual* e *futura* violação à livre concorrência. Ademais, estatísticas demonstram que mais de 92% dos atos submetidos à análise do sistema são aprovados sem nenhuma restrição; aliás, como em todo o mundo moderno. Por que os submeter às delongas do Poder Público? Quais os custos de apenas um dia no retardo de uma concentração já decidida em sua conveniência e seu propósito?

Se ao Estado é conferido o dever de regular tais condutas, o que é indubitavelmente indiscutível, é vedado ao mesmo, no exercício desse dever, engessar explicitamente o direito à livre-iniciativa, que certamente ficará prejudicada até seja o ato tendente ao seu exercício previamente analisado pelo órgão estatal.

Assim, em consonância com a idéia exposta anteriormente, esses princípios constitucionais se completam de tal forma que é preciso manter a harmonia entre eles.

---

5 *Curso de direito constitucional.* 2. ed. São Paulo: Celso Bastos Ed., 2002, p. 729-733.

Nesse diapasão, para que esse equilíbrio almejado possa efetivamente ser garantido, de forma a proteger o mercado e os consumidores contra possíveis abusos advindos daqueles que detêm o poder econômico, é que foi editada a Lei n. 8.884/94. Essa lei, além de redefinir o papel do órgão regulador, garantiu-lhe autonomia e distância da influência política do Executivo.

Nas lições de Jairo Saddi et al., "O Conselho Administrativo de Defesa Econômica (CADE) é por definição uma agência judicante; criado pela Lei n. 4.137, de 1.962, existe, portanto, há quase 40 anos. Foi transformado pela Lei n. 8.884, de 1.994, em autarquia vinculada ao Ministério da Justiça, com sede e foro no Distrito Federal, com três características básicas enquanto órgão do Poder Executivo incumbido da defesa da concorrência: sua abrangência quanto às infrações à ordem econômica ou quanto aos atos de concentração é imensa (art. 54); seu presidente e conselheiros têm mandato (art. 4.º), não podendo ser demitidos *ad nutum* (sem qualquer justificativa relevante); e suas decisões têm força executiva (art. 60)".[6]

Dessa forma, todo o exposto tem por condão dar suporte fático à premissa maior que ora se estabelece, ao afirmar que a tutela conferida pela Constituição Federal diante do sistema concorrencial brasileiro, em garantia e observância à livre-iniciativa e à proteção do mercado consumidor, aliada à legislação antitruste, é suficiente para fazer que vários instrumentos administrativos e jurídicos embasem e dêem suporte às operações de mercados, de forma a garantir a harmonia desse sistema, sendo demasiadamente prejudicial ao seu natural andamento impingir uma análise prévia de eventual ato de concentração, de forma a impedir, por lapso temporal indeterminado, tais operações inerentes ao mercado.

Cabe destacar que, com o tecer de tais colocações, não se busca dar guarida àqueles atos que ferem a livre concorrência e acabam por prejudicar o mercado. Não! Tão-somente visa-se demonstrar que instrumentos jurídicos suficientes já foram criados pelo legislador brasileiro de forma a balizar essas condutas, de tal forma que é indiscutivelmente prejudicial ao empresariado ser compelido a obstar as suas atividades econômicas em face de uma exigência pautada em atos burocráticos e longínquos, que certamente obstruirão setores econômicos que impulsionam a economia do País. Veja-se a experiência alcançada pelos APROs (acordos preventivos de reversibilidade da operação), que foram firmados diversas vezes entre o CADE e empresas envolvidas em atos de concentração, tendo demonstrado significativos resultados na consolidação do sistema *a posteriori* por nós adotado.

---

[6] *Fusões e aquisições: aspectos jurídicos e econômicos*. São Paulo: IOB, 2002, p. 357.

Além do aspecto constitucional, sobre o qual se pretendeu demonstrar que o sistema *a posteriori* é decorrência natural da perfeita harmonização entre os princípios constitucionais da ordem econômica, cabe também ressaltar alguns de tantos aspectos negativos relacionados à alteração temporal na análise dos atos que, supostamente, possam causar concentração de mercado.

Inicialmente, esclareça-se que nem todo ato de incorporação ou fusão implicará, necessariamente, concentração de mercado. O próprio § 3.º do atual art. 54 (que também está inserido como objeto de alteração no Projeto de Lei em comento) dispõe que:

> "Incluem-se nos atos de que trata o *caput* aqueles que visem a qualquer forma de concentração econômica, seja através de fusão ou incorporação de empresas, constituição de sociedade para exercer o controle de empresas ou qualquer forma de agrupamento societário, *que implique participação de empresa ou grupo de empresas resultantes em 20% (vinte por cento) de um mercado relevante, ou que qualquer dos participantes tenha registrado faturamento bruto anual no último balanço equivalente a R$ 400.000.000,00 (quatrocentos milhões de reais)*" (grifo nosso).

Vê-se, dessa forma, que somente se do ato empresarial resultar uma das situações acima previstas é que deverá ser submetido à apreciação pelo CADE.[7]

A primeira barreira que deverá ser ultrapassada para que seja alterado o momento de análise do ato é a delonga na análise em si devido à escassa estrutura de pessoal. Essa realidade fática foi exposta no Documento n. 26 da SEAE após constatação dos resultados obtidos com os estudos de uma Comissão Especial

[7] Cabe ressalvar que o Projeto de Lei n. 5.877 prevê a exclusão do critério de análise de 20%, permanecendo tão-somente como critério averiguador do ato de concentração o faturamento das partes envolvidas, nos termos de seu art. 89, cuja redação é a seguinte: "Art. 89. Serão submetidos ao CADE pelas partes envolvidas na operação os atos de concentração em que, cumulativamente: I – pelo menos um dos grupos envolvidos na operação tenha registrado, no último balanço, faturamento bruto anual ou volume de negócios total no País, no ano anterior à operação, equivalente ou superior a R$ 150.000.000,00 (cento e cinqüenta milhões de reais); e II – pelo menos outro grupo envolvido na operação tenha registrado, no último balanço, faturamento bruto anual ou volume de negócios total no País, no ano anterior à operação, equivalente ou superior a R$ 30.000,00 (trinta milhões de reais). § 1.º Os valores de cento e cinqüenta milhões de reais e trinta milhões de reais mencionados nos incisos I e II do *caput* poderão ser aumentados, simultânea ou independentemente, em até duzentos por cento, por portaria interministerial dos Ministros de Estado da Fazenda e da Justiça".

que propôs o Anteprojeto da alteração legislativa da Lei da Concorrência, nos seguintes termos:

> "A estrutura atual do SBDC compreende a Secretaria de Acompanhamento Econômico (SEAE) do Ministério da Fazenda, a Secretaria de Direito Econômico (SDE) do Ministério da Justiça e o Conselho Administrativo de Defesa Econômica (CADE), autarquia vinculada ao Ministério da Justiça. A SEAE e a SDE são os órgãos encarregados da instrução dos processos, enquanto o CADE é a instância judicante administrativa. As decisões do CADE não comportam revisão no âmbito do Poder Executivo, podendo ser revistas apenas pelo Poder Judiciário. A existência de três órgãos distintos e a decorrente fragmentação da instrução processual, esta sem paralelo internacional, prolonga excessivamente o prazo de tramitação dos casos e aumenta o custo para o administrado. Note-se, ainda, que esta divisão aumenta significativamente o custo de coordenação entre os três órgãos e propicia inclusive que, em alguns momentos, haja trabalhos replicados. Já os recursos materiais e humanos disponíveis aos órgãos integrantes do SBDC são absolutamente insuficientes para fazer frente às suas atribuições, principalmente no que concerne à instrução dos processos. Ademais, a inexistência de planos de carreira e remuneração adequada aos funcionários torna inviável a formação e a manutenção de quadros de profissionais bem preparados".[8]

O teor desse documento, por si só, já demonstra que, além da delonga na análise dos atos, do aumento de seus custos e dos possíveis trabalhos replicados entre os três órgãos, a *falta de recursos humanos* indiscutivelmente obstrui o andamento dos trabalhos nas análises. Cabe mencionar que, embora a Exposição de Motivos do Projeto de Lei em testilha preveja a criação de 200 (duzentos) cargos[9] para suprir essa deficiência, questiona-se: seria esse número suficiente?

---

[8] Disponível em: http://www.camara.gov.br/sileg/integras/233311.pdf. Acesso em: 10 jul. 2008, às 15h05.

[9] Os recursos materiais e humanos disponíveis aos órgãos integrantes do SBDC são absolutamente insuficientes para fazer frente às suas atribuições, principalmente no que concerne à instrução dos processos. Tal atividade é eminentemente complexa e dispendiosa, notadamente nos casos de investigações atinentes à prática de cartel, infração que costuma ser de difícil detecção. Além disso, a inexistência de uma carreira própria nos órgãos hoje integrantes do SBDC, com uma remuneração adequada, torna inviável a formação e a manutenção de quadros de profissionais bem preparados, tendo em vista a altíssima rotatividade de servidores, razão pela qual o Projeto prevê a criação de 200 cargos de Especialistas em Políticas Públicas e Gestão Governamental(Item 20 da Exposição de Motivos do Projeto de Lei 5.877/2005).

Buscando verificar a plausibilidade desse argumento, trazemos à baila um estudo estatístico, divulgado pela revista *Exame*, que demonstra que o número de pessoas envolvidas na análise desses atos, comparado a outros países, é significativamente menor:

> "Esse número reduzido importa em dizer que, em termos comparativos, enquanto na Rússia, o órgão antitruste trabalha com cerca de 1.810 técnicos e os Estados Unidos, com 1.060, o Brasil tem em seu quadro de pessoal, incumbido dessas análises, tão somente em torno de 135 pessoas".[10]

Nesse sentido: "O maior obstáculo para o bom funcionamento desse novo sistema a ser implementado é a desconfiança na agilidade institucional do CADE. A análise prévia dos atos de concentração pressupõe uma estrutura compatível, o que, sabemos, não é a realidade atual dos órgãos de defesa da concorrência, onde a atuação dos três órgãos é lenta e redundante, como já se viu. Ademais, é fato que em países desenvolvidos, o número de funcionários dedicados exclusivamente ao trabalho na defesa da concorrência chega a ser dez vezes maior do que no Brasil".[11]

Desse modo, quedam-se afastados os argumentos no sentido de que a maioria dos países efetua um controle prévio, sendo o "sistema brasileiro (...) absolutamente minoritário".[12] Isso porque o que efetivamente há de ser realizado é a comparação entre a estrutura que esses países possuem, e não o número de países que são adeptos da análise *prévia* dos atos.

Elizabeth Farina expõe: "(...) Obviamente que essa mudança demanda um contingente de profissionais maior do que o existente hoje no Conselho, pois será preciso ter mais celeridade no trabalho. Daí ser necessária uma estrutura maior e com maior estabilidade (...)".[13]

Recente notícia publicada no Jornal *O Estado de S. Paulo*, em 1.º de agosto de 2008, retrata essa realidade. Sendo necessário o quórum mínimo de cinco Conselheiros, dos sete que compõe a Turma de Julgamento, para apreciar os casos que lhe são submetidos, o CADE desde o início da última semana de julho de 2008 viu-se forçado a paralisar a tramitação e o julgamento de processos

---

[10] Disponível em: http://portalexame.abril.com.br/revista/exame/edicoes/0856/economia/m0078651.html. Acesso em: 8 jul. 2008, às 18h05.

[11] Disponível em: http://www.cleversonteixeira.adv.br/publicacoes_integra.php?id=4. Acesso em: 12 jul. 2008, às 14h13.

[12] Disponível em: http://www.bovespa.com.br/Investidor/Juridico/070727NotA.asp. Acesso em: 11 jul. 2008, às 13h58.

[13] Idem.

de fusões e aquisições por falta de quórum. Tal fato deu-se devido à renúncia do economista Enéas de Souza à vaga de Conselheiro, "por motivos pessoais e profissionais", depois de sabatinado pela Comissão de Assuntos Econômicos do Senado Federal e nomeado pelo Presidente da República.

Essa notícia comprova ainda mais ser indubitavelmente inviável alterar a sistema atual, tendo em vista que é realidade fática o prejuízo que o setor empresarial suportará em ter que aguardar a apreciação do CADE para que possa exercer as suas atividades, pois a estrutura desse órgão não oferece garantias nem segurança à confiança de uma apreciação célere nos julgamento dos casos que lhe são submetidos. E não é a primeira vez que o CADE suspende suas sessões por tempo indeterminado por problemas com o quórum. Sendo um Conselho de pequena composição e alto quórum mínimo para deliberações e além disso estando as nomeações dos conselheiros e presidente sujeitas a criteriosa análise técnica e política, tem sido normal a ocorrência de términos de mandatos sem que novos conselheiros tenham sido nomeados.

Ora, no sistema atual de análise dos atos de concentração *a posteriori*, nenhum prejuízo acarretam tais suspensões ao mercado, pois caso venham a ocorrer, como a ora apontada, que não é isolada, repita-se, as fusões e aquisições já estarão em pleno desenvolvimento, ficando sob o risco do próprio agente econômico não efetivar atos que impeçam a posterior reversibilidade, quer determinada pelo CADE quer negociada entre as autoridades e os agentes econômicos envolvidos.

Embora o CADE, como já frisado anteriormente, seja auxiliado em suas funções pela SEAE e pela SDE, a demora na análise dos atos que são submetidos a seu exame é patente, sendo que "a agilidade das decisões é crucial para o bom funcionamento do mercado. Delongas burocráticas oneram ou mesmo inviabilizam as inversões produtivas".[14]

Desse modo, em face também da ausência estrutural dos órgãos que compõem o SBDC, a demora na análise desses atos certamente inviabilizará a consolidação de negócios que, naquele momento, seriam importantes para o setor empresarial, para a economia e para a sociedade, sendo indiscutíveis os prejuízos que poderão advir diante da longa espera até que seja proferido o posicionamento do CADE, para que as empresas possam ou não efetivar a transação.

Destaque-se que cruciais mudanças estão sendo buscadas nesse Projeto de Lei. No que tange à mudança em explanação, em face do histórico dos atos até hoje submetidos à apreciação pelo CADE, o grande receio é o de que a demora

---

[14] Ibidem, p. 7.

em proferir um parecer final faça que o setor empresarial fique absolutamente impedido de se articular.

Várias manifestações acerca da demora nessa análise vêm surgindo na doutrina: "(...) tal medida pode implicar um atraso substancial para a conclusão de operações dessa natureza, uma vez que estas estarão suspensas até pronunciamento final do CADE (...). Tal situação, ao invés de facilitar poderá dificultar a análise dos processos pelos órgãos do Sistema Brasileiro de Defesa da Concorrência, criando um acúmulo de processos a serem julgados".[15]

No Projeto de Lei em exame, o argumento posto para que seja alterado o momento da análise dos atos é o eventual interesse das empresas em protelar a decisão do CADE. Nesse sentido, dispõe o item 18 da Exposição de Motivos do Projeto:

> "18. O controle de concentrações não é prévio, o que significa que as partes podem consumar a operação antes da decisão do Sistema. *Isso as incentiva a tentar postergar a análise o máximo possível*, ao mesmo tempo em que reduz substancialmente as opções para a solução de problemas concorrenciais eventualmente aventados. Vale observar que a grande maioria de condicionantes impostos para a aprovação de operações foi de caráter comportamental, em oposição aos condicionantes de caráter estrutural, muito mais efetivos para corrigir questões concorrenciais advindas de operações de concentração, de acordo com os ditames da moderna teoria antitruste".

Com o devido respeito aos autores da referida exposição, entendemos que as empresas, contrariamente ao exposto, são as maiores interessadas na agilidade do CADE em proferir seu parecer final quanto ao ato submetido a sua análise, até mesmo em virtude de, em existindo fundado receio de alto grau de concentração alcançado pela operação em análise, os agentes serem levados a assinar o acordo denominado APRO, onde serão previstos os atos que devem e que não devem ser praticados para permitir a reversibilidade da operação caso a mesma não seja aprovada ou o seja com restrições.

Pilastra fundamentadora na afirmação do próprio interesse das empresas é o exemplo da compra da Garoto pela Nestlé, cujo parecer final o CADE demorou 411 (quatrocentos e onze) dias para proferir, vetando o

[15] Wander da Silva Saraiva Rabelo. O controle de atos e contratos pelo conselho administrativo de defesa econômica - CADE e a nova lei de defesa da concorrência. *Boletim Jurídico*, Uberaba/MG, a. 3, n. 135. Disponível em: http://boletimjuridico.com.br/doutrina/texto.asp?id=715. Acesso em: 8 jul. 2008, às 17:45 hs.

negócio. Inconformada, a Nestlé recorreu ao Judiciário, que autorizou a compra, sendo que:

> "Em seu julgamento, a 4.ª Vara do TRF de Brasília[16] acatou uma das linhas de defesa adotadas pelos advogados da empresa suíça, que argumentavam que o Cade havia perdido o prazo máximo estabelecido em lei para analisar a compra e, por conta disso, a decisão do órgão não teria validade. Na sentença, o juiz lembra que a Lei 8.884/94 determina que o Cade deve se pronunciar sobre qualquer transação que interfira na livre concorrência num prazo de até 60 dias após a notificação do negócio ter chegado ao órgão. No caso da compra da Garoto, no entanto, o Cade só divulgou seu parecer 411 dias após a notificação, que foi submetida à apreciação do Conselho em março de 2002, dias após a Nestlé ter concluído a compra (...)".[17]

De forma justa, deve ser dito que o tempo médio dispensado pelo CADE para a análise desses atos diminuiu consideravelmente se comparado com os anos anteriores. Porém, tal argumento, por si só, não é suficiente a embasar a pretendida alteração, tendo em vista que o tempo *médio* de análise desses atos dentro do Sistema Brasileiro de Defesa da Concorrência é hoje, segundo dados de 2008, de 104 dias para instrução e de 47 dias para o julgamento pelo CADE.

Porém, deve ser esclarecido que esse tempo médio, em dias, estampado nos dados estatísticos do CADE, é computado não em dias corridos, mas em conformidade com as regras de trâmite processual, nas quais são previstas causas de suspensão do lapso temporal, como, por exemplo, a disposta no § 8.º do art. 54[18] da Lei 8.884/94.[19] Ademais, estabelecer prazos rígidos e determinados é decretar o prejuízo da análise em casos de altíssima complexidade. De que adiantará o Poder Judiciário eventualmente reconhecer nulidade no caso Nestlé/Garoto pelo fato de o CADE não haver cumprido o

---

16 Processo n. 2005.34.00.015042-8, em trâmite no Tribunal Regional Federal da 1.ª Região.

17 Disponível em: http://www.swissinfo.org/por/capa/Nestle_Justica_brasileira_aprova_compra_da_Garoto.html?siteSect=105&sid=7762912&cKey=1177681169000&ty=st. Acesso em: 9 jul. 2008, às 17h30.

18 Art. 54. *Omissis* (...) § 8.º Os prazos estabelecidos nos §§ 6.º e 7.º ficarão suspensos enquanto não forem apresentados esclarecimentos e documentos imprescindíveis à análise do processo, solicitados pelo CADE, SDE ou SEAE.

19 Disponível em: http://www.cade.gov.br/apresentacao/graficos/NumerosAC.asp. Acesso em: 13 jul. 2008, às 13h25.

prazo de 60 dias, se no próprio Judiciário a questão se alongará por muitos e muitos anos?

Oportuno mencionar que, ainda nos termos da Exposição de Motivos do Projeto de Lei em tela, importante dado fático foi exposto, demonstrando que:

> "19. *O órgão judicante analisa todos os casos de concentração* que dão entrada no Sistema - quando, internacionalmente, *sabe-se que, em média, noventa e cinco por cento deles não apresentam qualquer prejuízo à concorrência.* A conseqüência é que esse órgão fica sem condições para conferir a devida atenção aos casos de maior potencial ofensivo aos consumidores, que demandam, por isso mesmo, soluções rápidas" (grifos nossos).

Dessa forma, os próprios dados estatísticos do CADE fazem frágeis os argumentos que pugnam pela necessidade da alteração pretendida, pois, segundo os dados estatísticos do CADE, nos anos de 2004 a 2008 *apenas 0,05% de suas decisões* culminaram em *reprovação do ato*, conforme pode ser comprovado pelo gráfico a seguir exposto, extraído do *site*[20] do Conselho. Por que submeter todos esses agentes econômicos à "fila" de processos? Haverá um estoque de ações das sociedades empresárias indefinidas desnecessariamente? Quais os prejuízos que serão acarretados em virtude desse "estoque" no mercado de ações? Por que fazê-lo se mais de 90% dos atos serão aprovados? Por que fazê-lo se temos o APRO a prevenir eventuais prejuízos em razão da previsível reversibilidade dessas operações?

Destarte, vê-se ainda que tão-somente 7,28% dos atos são aprovados com restrições, e *92,68%* são aprovados *sem restrições*, sendo este fator argumento forte o suficiente a afastar a necessária alteração do momento da análise. Diante disso, demonstra-se que não há lógica em manter as empresas obstadas de efetivarem as suas transações e desenvolverem as suas atividades, aguardando uma análise que, maciçamente, culmina em aprovação absoluta. Os quadros abaixam bem o demonstram:

[20] Disponível em: http://www.cade.gov.br/apresentacao/graficos/NumerosAC.asp. Acesso em: 13 jul. 2008, às 13h25.

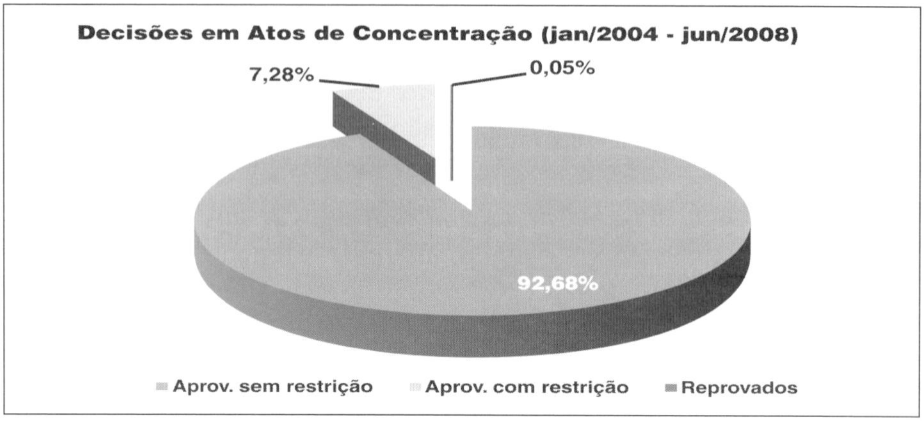

Ademais, convém destacar neste momento que, ainda segundo dados estatísticos disponibilizados pelo CADE, *80%* dos processos julgados pelo conselho referem-se a atos de concentração. Esse dado faz chegar à seguinte conclusão: se a maioria dos processos em análise pelo CADE refere-se a atos de concentração, sendo a falta de estrutura pessoal uma realidade fática, e sendo o elemento *temporal* aspecto que gera grande preocupação à atividade empresarial, como conciliar todos esses fatores negativos com a mudança pretendida?

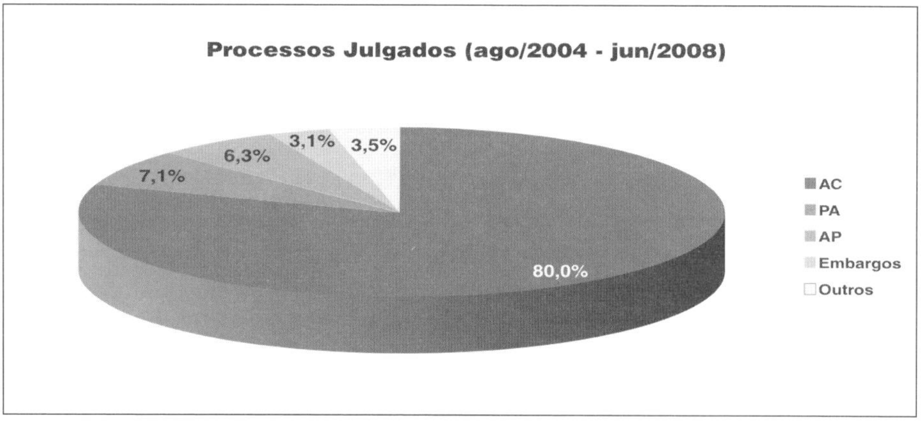

Quanto aos impactos econômicos suportados pelas empresas e pela sociedade, tão suscitados por aqueles que são favoráveis a essa mudança, adequado é frisar que hoje, ao efetivarem um ato de fusão ou incorporação, submetendo-o à análise posterior pelo CADE, as empresas envolvidas detêm o pleno conhecimento de que, futuramente, restrições poderão ser impostas a esse ato, cuja *eficácia* estará condicionada à aprovação pelo CADE, nos termos do § 7.º[21] do art. 54 da Lei 8.884/94.

Ademais, o texto atual da Lei Antitruste prevê, em seu art. 54, § 9.º, sanções que poderão ser impostas ao empresário que, com o seu ato, trouxer algum prejuízo econômico, prevendo que:

> "§ 9.º Se os atos especificados nesse artigo não forem realizados sob condição suspensiva ou deles já tiverem decorridos efeitos perante terceiros, inclusive de natureza fiscal, o plenário do CADE, se concluir pela sua não aprovação, determinará as providências cabíveis no sentido de que sejam desconstituídos, total ou parcialmente, seja através do distrato, cisão da sociedade, venda de ativos, cessão parcial de atividades ou qualquer outro ato ou providência que elimine os efeitos nocivos à ordem econômica, independente da responsabilidade civil por perdas e danos eventualmente causados a terceiros".

Destarte, vê-se pelo dispositivo em testilha que, como dito, possui o CADE instrumentos legais hábeis ao restabelecimento da situação anterior para que sejam eliminados possíveis efeitos nocivos que o ato de concentração tenha causado à economia do País, ressalvada a possibilidade de impingir responsabilidade civil àquele que o praticou.

Ainda que se entenda o Brasil ter adotado um sistema de análise "mais difícil", como comumente refere parte da doutrina, ainda assim não se pode deixar de considerar que entender ser mais difícil para o órgão regulador fazer uma análise *a posteriori* não significa que tal análise prejudicará sua realização e menos ainda a atividade econômica brasileira. Diversamente, o controle feito *a priori*, como incansavelmente rebatido, poderá ensejar a delonga na conclusão de atos, ainda que se busquem salvaguardas que visem diminuir seus negativos efeitos.

Gesner Oliveira e João Grandino Rodas, criticando o atual sistema, afirmam que:

> "(...) com a atual legislação, os requerentes podem – e o fazem, na maioria dos casos – realizar o ato e somente após sua conclusão submetê-lo à aprovação pelo CADE. Tal fato é tanto mais nocivo quanto mais moroso o exame pela autoridade ao permitir que:

21 "§ 7.º A eficácia dos atos de que trata este artigo condiciona-se à sua aprovação, caso em que retroagirá à data de sua realização; não tendo sido apreciados pelo CADE no prazo estabelecido pelo parágrafo anterior, serão automaticamente considerados aprovados."

– os eventuais efeitos negativos à concorrência de determinada operação sejam concretizados enquanto a transação se encontra sob análise;

– o custo de uma eventual desconstituição se eleve em virtude da necessidade de desfazer um conjunto crescente de operações derivadas da transação original;

– aumente a insegurança jurídica para o agente privado dada a eficácia limitada no plano jurídico do ato sob exame".[22]

Ocorre que, com o devido respeito e considerando louvável tal posição, não concordamos com ela, tendo em vista que essas hipóteses consideradas como pontos negativos na constituição do ato podem ser refutadas, conforme se verá.

O tratamento dos eventuais efeitos negativos surgidos no curso do lapso temporal no qual o CADE analisa o ato, como outrora exposto, foi disciplinado pelo § 9.º do art. 54 da Lei n. 8.884/94, o qual prevê as formas que poderão ser adotadas para a desconstituição do ato então visto como prejudicial, além de prever que tais condutas não eximirão aquele que o praticou de indenizar civilmente quem com o mesmo se prejudicou, além, obviamente, dos efeitos positivos da adoção do APRO, conforme já explanado.

Quanto aos possíveis custos que poderão advir com a necessidade de desconstituir o ato, a questão que ora se coloca é: aquele que praticou o ato, consciente de seus efeitos, sob a égide de uma conhecida condição "suspensiva", ao fazê-lo, pressupõe já ter contabilizado todas as possíveis expensas que poderão advir em face de sua reprovação.

A questão crucial é: não há que se argumentar pela adoção do controle *a priori,* tendo em vista que os efeitos econômicos e financeiros do ato ultrapassariam cifras de bilhões, pois o atual texto legal permite que as empresas envolvidas possam, à sua livre escolha, submetê-lo à apreciação pelo CADE *a priori* ou *a posteriori*, não havendo que se falar em desconhecimento de tais custos. Fosse vantajoso para o mercado, teríamos no CADE boa parte das operações em análise *a priori*, conforme já previsto na legislação. E nunca sequer alguém por ela fez a opção, conforme consulta efetuada diretamente ao CADE e a operadores do sistema, que desconhecem qualquer análise iniciada pelo sistema *a priori.*

No que tange à segurança jurídica, o texto legal é claro quanto ao ato permanecer sob "condição suspensiva". Isso significa que, indubitavelmente, sua eficácia estará limitada à aprovação do CADE, fato que cremos que não acarreta insegurança, tendo em vista que se de um lado permite-se ao empresário efetivar

[22] *Direito e economia da concorrência.* Rio de Janeiro: Renovar, 2004, p. 116.

o ato em tutela aos próprios princípios da ordem econômica, por outro, devido e expresso conhecimento é conferido a ele acerca de o ato praticado poder ser aprovado futuramente sem restrições, com restrições ou, até mesmo, não ser aprovado.

Dessa forma, fica claro que a legislação brasileira antitruste cuidou de prevenir efetivos prejuízos que possam advir do ato, trazendo em seu bojo importantes instrumentos. O art. 58 da Lei n. 8.884/94 prevê que:

> "O Plenário do CADE definirá compromisso de desempenho para os interessados que submetam atos a exame na forma do art. 54, de modo a assegurar o cumprimento das condições estabelecidas no § 1.º do referido artigo (...)".

O *Termo de Compromisso de Desempenho*, previsto no artigo supra, como já dissertei na obra *Direito concorrencial*,[23] parecia ser mais uma dessas boas intenções do legislador, mas desprovida de aplicabilidade. Porém, ledo engano de quem assim o interpretou, tendo em vista que não somente a prática do CADE esteve a demonstrar a utilidade do referido instrumento de ação antitruste, como a observância do cumprimento dos acordos (termos de compromisso) firmados demonstrou, à exaustão, a eficácia e legitimidade destes perante os agentes econômicos.

Dessa forma, em determinados casos, nos quais o CADE visualize que o ato, revestido de qualquer forma, possa causar algum prejuízo à economia, o ato somente será aprovado em face da celebração desse termo. Isso porque, ao apreciar o referido ato, poderá o CADE, como dito, aprová-lo, não aprová-lo ou aprová-lo com restrições, sendo que nessa última hipótese será necessário o termo de compromisso de desempenho.

Isso demonstra que a Lei Antitruste previu instrumento visando impor às empresas participantes do ato limites para que não prejudiquem a economia e o princípio constitucional da livre concorrência.

Outra crítica dirigida ao modelo então vigente é a de que, pelo fato de a análise do ato ser morosa, são geradas incertezas e altos custos de implementação das decisões que impliquem restrições ou suspensão da operação.

Ocorre que, analisando tal argumento, conclui-se: riscos serão gerados no mercado competitivo ao alterar-se a forma de análise, e prejuízos ainda maiores advirão ao setor econômico, que, sendo dinâmico, não pode quedar-se dependente de atos burocráticos.

---

[23] Op. cit., p. 14.

Dessa forma, ainda que previstas as duas maneiras de análise do ato pelo texto legal, seja prévia ou posterior, a Lei Antitruste prevê mecanismos para que possam ser evitados ou reparados eventuais prejuízos decorrentes da análise posterior.

Portanto, em face de todos os argumentos ora expostos, espera-se que a alteração prevista para a legislação antitruste brasileira, no que concerne ao momento da análise dos atos submetidos ao CADE, possa ser repensada de forma a manter-se o controle *a posteriori*, nos termos do art. 54 da referida Lei.

Certamente as atividades empresariais não podem, pelo lapso temporal incerto, quedarem-se inertes, no aguardo de uma posição do CADE, para que, a partir daí, possam dar continuidade a seus projetos.

Destaque-se ainda que, conforme nossa observância e demonstração, instrumentos legais há para que eventuais condutas nocivas à economia e à livre concorrência possam ser reprimidas e, em face das mesmas, seja exigida a devida responsabilização de quem lhes deu azo.

Bibliografia

BARBIERI FILHO, Carlos. *Disciplina jurídica da concorrência.* São Paulo: Resenha Tributária, 1984.

BASTOS, Celso Ribeiro. *Curso de direito constitucional.* 2. ed. São Paulo: Celso Bastos Ed., 2002.

_____. Legislação antitruste. Predatoriedade. Princípios constitucionais da ordem econômica. *Caderno de Direito Constitucional e Ciência Política,* São Paulo: Revista dos Tribunais, n. 11, p. 265-278.

BASTOS, Celso Ribeiro; MARTINS, Ives Gandra da Silva. *Comentários à Constituição do Brasil.* São Paulo: Saraiva, 1992. 7 v.

BATALHA, Wilson de Souza Campos Batalha; NETTO, Sílvia Marina L. Batalha de Rodrigues. *O poder econômico perante o direito.* São Paulo: LTr, 1996.

COELHO, Fábio Ulhoa. *Direito antitruste brasileiro.* São Paulo: Saraiva, 1995.

FRANCESCHINI, José Inácio Gonzaga. *Introdução ao direito da concorrência.* São Paulo: Malheiros, 1996.

_____. *Lei da concorrência conforme interpretada pelo CADE.* São Paulo: Singular, 1998.

OLIVEIRA, Gesner; RODAS, João Grandino. *Concorrência: panorama no Brasil e no mundo.* São Paulo: Saraiva, 2001.

PASSOS, Fernando. *Direito concorrencial: aspectos jurídicos e econômicos – comentários à Lei n. 8.884/94 e estudos doutrinários.* Coordenadores: Marcos da Costa; Paulo Lucena de Menezes; Rogério Gandra da Silva Martins. Rio de Janeiro: América Jurídica, 2002, p. 14.

PETTER, Lafayete Josué. *Princípios constitucionais da ordem econômica: o significado e a alcance do art. 170 da Constituição Federal.* São Paulo: Ed. RT, 2005.

RABELO, Wander da Silva Saraiva. O controle de atos e contratos pelo Conselho Administrativo de Defesa Econômica - CADE e a nova lei de defesa da concorrência. *Boletim Jurídico*, Uberaba/MG, a. 3, n. 135. Disponível em: http://boletimjuridico.com.br/doutrina/texto.asp?id=715. Acesso em: 8 jul. 2008, às 17h45.

RAMOS, A. de C.; CUNHA, Ricardo T. da. A defesa da concorrência em caráter global: utopia ou necessidade? In: CASELLA, Paulo B. *Guerra comercial ou integração mundial pelo comércio? A OMC e o Brasil.* São Paulo: LTr, 1998.

ROCHA, Cármen Lúcia Antunes. *Princípios constitucionais da Administração Pública.* Belo Horizonte: Del Rey, 1994.

SADDI, Jairo. *Fusões e aquisições: aspectos jurídicos e econômicos.* São Paulo: IOB, 2002.

Sites consultados

http://portalexame.abril.com.br/revista/exame/edicoes/0856/economia/m0078651.html. Acesso em: 8 jul. 2008, às 18h05.

http://www.bovespa.com.br/Investidor/Juridico/070727NotA.asp. Acesso em: 11 jul. 2008, às 13h58.

http://www.cade.gov.br/apresentacao/graficos/NumerosAC.asp. Acesso em: 13 jul. 2008, às 13h25.

http://www.cade.gov.br/jurisprudencia/apro.asp. Acesso em: 13 jul. 2008, às 14h30.

http://www.camara.gov.br/sileg/integras/233311.pdf. Acesso em: 10 jul. 2008, às 15h05.

http://www.cleversonteixeira.adv.br/publicacoes_integra.php?id=4. Acesso em: 12 jul. 2008, às 14h13.

http://www.swissinfo.org/por/capa/Nestle_Justica_brasileira_aprova_compra_da_Garoto.html?siteSect=105&sid=7762912&cKey=1177681169000&ty=st. Acesso em: 9 jul. 2008, às 17h30.

As Exclusividades no Direito da Concorrência

Leopoldo Ubiratan Carreiro Pagotto

Mestre em Direito Econômico pela Faculdade de Direito da Universidade de São Paulo (2005). MSc em Regulação pela London School of Economics (2005). Advogado em São Paulo.

"Quem quer entrar em um determinado *shopping* aceita cláusulas que o prejudiquem."
Paulo Veríssimo, Shopping Eldorado.

"Cada lojista sabe do seu negócio."
Sharon Beting, Shopping Cidade Jardim.

"Ninguém assina um contrato sem estar de acordo com ele."
"Se o projeto da marca é entrar no segmento de luxo, vai ter que fazer escolhas."
Amalia Spinardi, Jo de Mer, Oscar Freire e Iguatemi.

"A cláusula de raio é uma prática lícita, mas que deve ser discutida caso a caso."
"Lojista só faz contrato com advogado ao lado."
Luiz Veiga, Abrasce.

Introdução

A diversidade das declarações acima, divulgadas por órgãos da mídia por ocasião do julgamento do famoso caso *Shopping Iguatemi v. Shopping Eldorado*, decidido pelo CADE em 2007 após mais de 10 anos de instrução, dá a exata dimensão do caráter controvertido que envolve o tema tratado no presente artigo. Se o mercado fosse caracterizado exclusivamente por fabricantes de produtos, as questões concorrenciais seriam relativamente mais simples – afinal, as práticas anticompetitivas envolvidas já são bastante conhecidas e se restringiriam a umas poucas opções. Entretanto, quando o mercado a jusante é incluído, os seus agentes econômicos possuem interesses diversos dos produtores e podem obter lucros maiores por meio da restrição da concorrência, especialmente de outros distribuidores da mesma marca, ainda que a despeito do pretendido pelos fabricantes.[1]

Talvez por conta disso, um dos temas mais polêmicos da defesa da concorrência seja o das exclusividades. À primeira vista, as exclusividades limitariam a livre concorrência, pois restringiram o fluxo de comércio entre os agentes econômicos. Entretanto, superadas as impressões iniciais, o assunto se cerca de maior complexidade. Amaldiçoadas por uns, benditas por outros, as verdades categóricas pouco adicionam à compreensão adequada da legitimidade das exclusividades em face da defesa da concorrência.

A este aspecto multifacetado da defesa da concorrência, adiciona-se também a dificuldade inerente ao tema exclusividade. Em língua portuguesa, "exclusividade" é palavra plurívoca, especialmente no âmbito jurídico - por isso, o entendimento correto do seu sentido depende do contexto em que se encontra. O casuísmo, típico da defesa da concorrência, torna o tema ainda mais difícil. A isso se some um acalorado debate sobre o que tipo de orientação seria adequada para uma política antitruste que maximize o bem-estar social, debate este fortemente permeado de posições políticas.

Para tratar desses aspectos, este artigo se divide em seis partes:

- Definição de exclusividade.
- As exclusividades como estratégia para imposição de restrições verticais.
- Aspectos positivos e negativos das exclusividades.
- As experiências européia e americana sobre as exclusividades.
- As regras brasileiras sobre exclusividades.
- As decisões administrativas do CADE sobre exclusividades.

1. Definição de exclusividade

Introduzida em 1913 na língua portuguesa, o vocábulo "exclusividade" é apresentado com duas acepções no *Dicionário Houaiss da Língua Portuguesa*. Na primeira, quer dizer "direito exclusivo para vender um produto dentro de uma determinada área e/ou determinado período de tempo". Embora muito próxima do que os operadores do direito associam ao termo, tal acepção não encerra todas as possibilidades conferidas pelo uso ao termo. Por isso, o auxílio à segunda concepção de exclusividade é esclarecedor: "qualidade ou caráter de exclusivo". Ora, ao investigar o que se entende por "exclusivo", depara-se com

---

[1] Herbert Hovenkamp, *The antitrust enterprise: principle and execution*, p. 182-183.

uma expansão do sentido atribuído à "exclusividade" – assim, exclusivo adiciona à exclusividade pelo menos outros cinco sentidos: "que exclui, que elimina; que tem poder para excluir", "que é privado ou restrito", "que, por privilégio, pertence a alguém", "que não é compatível com coisa alguma" e "direito de estar livre de concorrentes numa empresa ou numa indústria".[2]

É certo que a exclusividade surge principalmente se houver um agente econômico fornecendo um produto ou um serviço para outro que utiliza repetida ou continuamente esse produto ou serviço no seu próprio processo produtivo. Porém, também surge a exclusividade na hipótese em que um agente econômico a jusante da cadeia produtiva demanda de um fornecedor. Para essas duas situações, a adição da cláusula de exclusividade tem repercussões distintas.

Como em ambos os casos há relação vertical entre os dois agentes econômicos, a celebração de contratos com cláusula de exclusividade é denominada restrição vertical (*vertical restraint*). Uma restrição vertical normalmente se caracteriza por restrições à liberdade do distribuidor ou varejista pelo fabricante do produto; seus principais exemplos são a venda casada, a imposição de preços de revenda, os territórios de atuação, a alocação de consumidores e a negociação exclusiva – nesses cenários, o fabricante pode até mesmo possuir outros distribuidores em outros territórios. Menos comuns são os casos em que o fabricante se compromete a vender apenas para uma empresa, situação em que a restrição à sua liberdade de atuação é bastante severa.

Os territórios de atuação constituem uma técnica pela qual um fabricante limita a área territorial em que o distribuidor pode atuar. Normalmente, essa restrição é acompanhada da concessão de exclusividade, ou seja, nenhum outro distribuidor pode ofertar o produto no território concedido. A exclusividade também é comum no uso de territórios de atuação em contratos de licença de uso de propriedade intelectual, hipótese em que se assegura ao licenciado o direito de vender seus produtos num dado território – nesse contexto, a exclusividade é denominada "proteção territorial".[3]

A alocação de consumidores opera-se por meio de esquemas que "encaminham" pedidos formulados para determinados distribuidores. Assim, um pedido feito diretamente ao fabricante ou a um outro distribuidor é "dirigido" para um distribuidor específico, quer seja com base em quotas, quer seja com

---

2 Antonio Houaiss, *Dicionário Houaiss da língua portuguesa*, p. 1282.

3 Calixto Salomão Filho, *Direito concorrencial: as condutas*, p. 246-247. Salomão Filho considera a exclusividade territorial intramarca uma colusão, por se tratar de divisão de mercados imposta pelo produtor.

base no território de atuação. A alocação de consumidores faz cessar toda a competição intramarcas.[4]

A negociação exclusiva se diferencia dos territórios exclusivos e da alocação de consumidores, porque limita a capacidade de ofertar do fabricante. Assim, esta se caracteriza pelo fato de o fabricante produzir somente para um distribuidor, não lhe sendo permitido ofertar a qualquer outro demandante. Com isso, diversamente do que acontece nos contratos de distribuição, há uma limitação a montante. Não raro isso ocorre em cadeias produtivas altamente integradas, nas quais o fornecimento para terceiros seria difícil.

Os três mecanismos acima se materializam por meio de "cláusula de exclusividade", que, do ponto de vista da teoria econômica, se afasta do modelo contratual típico da concorrência perfeita, caracterizado, entre outros aspectos, pela instantaneidade das obrigações recíprocas.[5] A cláusula de exclusividade faz mais sentido no bojo de relações econômicas continuadas ou não instantâneas e o uso de mecanismos de exclusividade se caracteriza como uma prática que visa à integração econômica entre os agentes envolvidos.

2. As exclusividades como estratégia para imposição de restrições verticais

Uma restrição vertical se diferencia da integração vertical pelo grau de comprometimento entre os agentes econômicos envolvidos. Enquanto na primeira o vínculo jurídico entre os dois agentes produtivos é menor, na segunda esse comprometimento é máximo, a ponto de ambos os agentes se tornarem uma única unidade econômica. Coase afirma que o escopo e o tamanho de uma empresa são determinados pela rentabilidade de fazer as coisas sozinha ou comprá-las no mercado. Conseqüentemente, quase que de modo intuitivo, pode-se inferir que se a distribuição é barata, a empresa tenderá a fazê-la, ao passo que, se a distribuição é custosa, a empresa tenderá a terceirizá-la. Então por que as empresas optam por uma forma de organização e não outra? Qual a racionalidade por trás dessas escolhas?

---

[4] Lawrence A. Sullivan, Warren P. Grimes, *The law of antitrust: an integrated handbook*, p. 370.

[5] Jeffrey Church, Roger Ware, *Industrial organization: an strategic approach*, p. 688: "(...) in that contract, when a buyer purchases a good or service, complete legal service transfers to the buyer. The buyer may resell the good at any price, to any purchaser of its choice in any location".

Baseado em MacNeil, Williamson[6] identifica quatro diferentes tipos de arranjos entre as empresas que se relacionam verticalmente (governança pelo mercado, governança trilateral, governança bilateral e governança unificada) e conclui que a escolha resultaria das características das transações. As principais determinantes seriam a especificidade dos ativos, a freqüência das transações econômicas e o grau de incerteza.

A especificidade dos ativos decorre de sua vinculação a um determinado processo produtivo, de modo que sua reutilização em outro ocorrerá com perdas. Quanto maior a especificidade dos ativos, maiores proporcionalmente serão os riscos envolvidos em seu investimento. Conforme o mercado, quanto maior a especificidade dos ativos, pode haver incentivos para adoção de um relacionamento mais estreito entre as empresas relacionadas verticalmente. As exclusividades tenderiam a surgir entre os extremos de máxima e mínima especificidade dos ativos.

Tabela 1. Exemplos de transações

		Características do investimento/Especificidade		
		Não específico	**Misto**	**Idiossincrático**
Freqüência das transações	**Ocasional**	Compra de equipamento padronizado	Compra de equipamento customizado	Construção de uma fábrica
	Recorrente	Compra de material padronizado	Compra de material customizado	Transferência no local da fábrica de produto intermediário por meio de estágios sucessivos

Fonte: Oliver E. Williamson, *The economic institutions of capitalism*, p. 73.

Do mesmo modo, a freqüência das transações econômicas pode influenciar a estrutura do mercado. Quanto mais freqüentes as transações, mais previsíveis se tornam as reações dos agentes envolvidos, inclusive no que tange a retaliações contra os faltosos. Nesse caso, os benefícios para os faltosos tendem a ser menores do que as perdas, o que desincentiva comportamentos oportunistas.

6 Oliver E. Williamson, The *economic institutions of capitalism*, p. 72-80. A descrição que se segue é baseada nas conclusões deste autor.

Assim, quanto maior a freqüência das transações, maior será a tendência para o aparecimento de mercados *spot*. Quando a freqüência não for tão alta, haverá tendência ao surgimento de exclusividades.

Para Williamson, a governança eficiente poderia ser resumida na tabela 2.

Tabela 2. Governança eficiente

<table>
<tr><td colspan="2"></td><td colspan="4">Característica do investimento/Especificidade</td></tr>
<tr><td colspan="2"></td><td colspan="2">Não específico</td><td>Misto</td><td>Idiossincrático</td></tr>
<tr><td rowspan="2">Freqüência das transações</td><td>Ocasional</td><td rowspan="2">Governança pelo mercado</td><td rowspan="2">Contratos clássicos</td><td colspan="2">Governança trilateral</td></tr>
<tr><td>Recorrente</td><td>Governança bilateral
(Contratos relacionais)</td><td>Governança unificada
(Contratos relacionais)</td></tr>
</table>

Fonte: Oliver E. Williamson, *The economic institutions of capitalism*, p. 79.

O grau de incerteza também influencia a estrutura de mercado. Pode haver o temor da empresa a jusante no mercado de que sua fornecedora possa descontinuar as vendas e, por isso, um vínculo contratual mais estreito seria necessário. Se há vantagens envolvidas nesse processo, também não se pode ignorar a existência de riscos, tal como o de substituição de tecnologia.[7] Simplificadamente, pode-se argumentar que quanto maior a incerteza, maior será a tendência para uma governança mais estrita entre as partes.

3. As experiências européia e americana sobre as exclusividades

Embora haja uma concordância básica quanto aos princípios basilares de defesa da concorrência entre os Estados Unidos e a Europa, muito se escreve e se discute sobre as diferenças existentes entre os dois sistemas de tutela antitruste.[8]

[7] Jeffrey Church e Roger Ware. op. cit., p. 685.

[8] Há vários trabalhos que buscam dissociar o direito concorrencial europeu do americano, como: D. Gerber, *Law and competition policy in twentieth century Europe: protecting Prometheus*, p. 6-8. Este autor localiza a origem da tradição européia nos ideais do *fin-de-siècle* austríaco e no ordo-liberalismo alemão.

Talvez nenhum dos temas seja tão ricamente explorado para demonstrar as diferenças quanto as exclusividades, insertas no tema restrições verticais.

As decisões européias não seriam exclusivamente baseadas na racionalidade econômica neoclássica, diversamente do que ocorreria nos Estados Unidos.[9] De acordo com Forgioni, "na Europa não há a busca por uma 'regra fixa', sendo possível a identificação de princípio gerais que regem os acordos verticais. Propicia-se, então, aos agentes econômicos um certo grau de segurança jurídica, ao mesmo tempo em que é concretizada uma política da concorrência de índole instrumental, apta a servir o propósito de integração dos Estados-membros. As justificativas da teoria econômica para os acordos verticais (que fazem que, nos Estados Unidos, ainda não haja qualquer consenso sobre a questão) não são acatadas na Europa, a não ser que vistas sob esse prisma da instrumentalidade".[10]

A principal causa dessa diferença resulta da existência de um princípio particular no direito concorrencial europeu: o de ser instrumento de integração do mercado único.[11] Como os Estados Unidos já constituem um mercado comum, essa preocupação e princípio inexistem.

O caso paradigma europeu é o célebre *Consten & Grundig*, de 1966. A Grundig, fabricante alemão de produtos eletrônicos, celebrou contrato com a Consten, empresa francesa de distribuição, para a venda e distribuição de seus produtos em regime de exclusividade na França e norte da África. Uma terceira empresa, a UNEF, importou alguns produtos da Grundig e os comercializou a preços menores no território exclusivo da Consten, o que levou esta a propor uma ação de concorrência desleal por uso da marca. Levado à Comissão Euro-

---

9 Paula A. Forgioni, *Os fundamentos do* antitruste, p. 351-353.

10 Idem, ibidem, p. 353. Embora tais diferenças ainda persistam atualmente, deve-se enfatizar que, desde meados dos anos 1990, a Comissão Européia tem gradualmente adotado uma postura mais economicista sobre o tema das restrições verticais e, desse modo, mais próxima da utilizada nos Estados Unidos. D. G. Goyder, *EC competition Law*, p. 164-168. De igual maneira, o ímpeto da Escola de Chicago arrefeceu nos Estados Unidos a partir de 1992. Portanto, as diferenças atuais entre os dois regimes de tutela concorrencial, ainda que visíveis, são consideravelmente inferiores às existentes no passado.

11 Alison Jones e Brenda Sufrin, *EC competition law: text, cases, and material*, p. 32: "Competition policy (...) was embedded in the Treaty right from the start as a set of wider policy goals oriented towards the objective of European economic integration. It was necessary in order to underpin the internal market aspect of the common market because there was no point in dismantling state measures which divided the Community territorially and compartmentalized the market if private undertakings could erect and maintain barriers to trade between".

péia, o desfecho foi favorável à UNEF, e o contrato entre a Consten e a Grundig foi considerado contrário às regras de defesa da concorrência. Em linhas gerais, essa decisão foi mantida pela Corte Européia de Justiça.[12]

Esse precedente orientou e, em grande medida, ainda orienta as ações da Comissão Européia no que diz respeito a relações verticais. Da perspectiva da Comissão Européia, acordos verticais envolviam territórios entre distribuidores, isolamento de territórios nacionais, ereção de barreiras ao comércio e manutenção de diferença de preços entre Estados-membros.[13] Com base nessa decisão, a Comissão Européia construiu uma tradição de combinar argumentos concorrenciais e políticos, buscando conciliar ambos objetivos. O resultado teria sido uma série de decisões ineficientes do ponto de vista econômico, as quais relegaram o sistema de distribuição europeu a formas menos eficientes.[14]

Já nos Estados Unidos, até os anos 1960, uma série de dispositivos legais era rigorosamente aplicada para coibir as exclusividades: a tentativa de monopolização do § 2.º do Sherman Act, as restrições irrazoáveis ao comércio do § 1.º do Sherman Act, o banimento de preços diferenciados imposto pelo Robinson-Patman Act e o controle de concentrações verticais dos §§ 1.º e 7.º do Sherman Act.[15] Assim, havia praticamente uma proibição *per se* às exclusividades, e a aplicação da regra da razão também abria poucas exceções – havia uma série de outros objetivos envolvidos na ação antitruste, tais como a proteção ao pequeno e médio empresários.

O advento da Escola de Chicago reverteu essa linha de interpretação, de modo que hoje há praticamente uma presunção de legitimidade sobre os acordos verticais com um perceptível declínio na interferência antitruste sobre as exclusividades em contratos de distribuição e fornecimento. Tanto isso é verdade que Hovenkamp questiona se a tolerância teria ido longe demais a ponto de aceitar "algumas práticas que têm significativo potencial para prejudicar o consumidor".[16] Nesse sentido, Salomão filho lembra que o desenvolvimento da idéia de comportamento estratégico fornece um ponto de oposição à crença sobre os benefícios das exclusividades.[17]

---

12 Maher M. Dabbah, *EC and UK competition law: commentary, cases and materials,* p. 166-170.

13 Alison Jones e Brenda Sufrin, op. cit.,, p. 498.

14 D. Deacon, Vertical restraints under EU competition law: new directions. *Fordham Corporate Law Institute*, v. 307, p. 8.

15 Herbert Hovenkamp, op. cit., p. 182.

16 Herbert Hovenkamp, op. cit., p. 182.

17 Calixto Salomão Filho, *Direito concorrencial: as condutas*, p. 247.

4. Aspectos positivos e negativos das exclusividades

A despeito da nítida restrição à livre concorrência que decorre da celebração de exclusividades, grande parte do acirrado debate sobre a sua legitimidade do ponto de vista antitruste repousa no fato de que haveria benefícios que poderiam superar tal restrição. O próprio Anexo I da Resolução CADE n. 20/1999 reconhece tal dicotomia e enumera alguns dos efeitos positivos e negativos decorrentes de exclusividades.[18]

---

[18] Resolução CADE n. 20/99, Anexo I: "2. Restrições territoriais e de base de clientes: o produtor estabelece imitações quanto à área de atuação dos distribuidores/revendedores, restringindo a concorrência e a entrada em diferentes regiões. Tal prática facilita: (i) comportamentos colusivos e tendentes à formação de cartéis entre os produtores/distribuidores, na medida em que sejam utilizados como instrumento de monopolização dos mercados locais pelos distribuidores ou que aumentem os custos das empresas rivais, estimulando-as a reduzir quantidades e aumentar seus preços, e dessa forma, a participar da colusão; e (ii) a elevação unilateral do poder de mercado de um produtor. Tais restrições elevam os custos de entrada em mercados geográficos contratualmente delimitados, na medida em que a extensão do mercado não coberto pelo contrato não seja economicamente atrativa a novos distribuidores/revendedores; ou, ainda, restringem o acesso de competidores efetivos aos consumidores potenciais, na medida em que dificultam que distribuidores ou revendedores rivais vendam para os consumidores localizados na área sujeita à exclusividade. Pode ocorrer também a exploração monopolista dos usuários de serviços pós-venda, caso estes envolvam custos elevados de mudança e a ocorrência de situações em que o comprador se torna cativo ('*lock in*'), por não possuir alternativas viáveis de consumo desses serviços. Analogamente, os possíveis benefícios em termos de economia de custos de transação devem ser considerados na avaliação. 3. Acordos de exclusividade: os compradores de determinado bem ou serviço se comprometem a adquiri-lo com exclusividade de determinado vendedor (ou vice-versa), ficando assim proibidos de comercializar os bens dos rivais. Os efeitos potenciais anticompetitivos estão associados: (i) à implementação de condutas colusivas, tendentes usualmente à cartelização, no mercado "de origem", quando são utilizados como instrumento de divisão do mercado entre produtos substitutos; ou (ii) ao aumento unilateral do poder de mercado da empresa que impõe a exclusividade, por meio do 'bloqueio' e/ou aumento de barreiras à entrada no segmento de distribuição (ou de fornecimento de insumos), o que pode resultar diretamente de cláusulas contratuais, ou indiretamente por aumento de custos dos rivais. Os possíveis benefícios da prática envolvem novamente a economia de custos de transação, ao buscar a contenção de condutas oportunistas em defesa de investimentos não recuperáveis, como em marcas e tecnologia, e na proteção de ativos específicos. Devem ser cuidadosamente ponderados, como sempre, na avaliação final".

Em nítido contraste com a repulsa automática às restrições horizontais à livre concorrência, as exclusividades precisariam de uma análise mais aprofundada por meio do exame dos benefícios e malefícios esperados. Para facilitar a visualização dos efeitos das restrições como as exclusividades, estas serão consideradas em dois grupos distintos, tradicionalmente utilizados na doutrina e jurisprudência antitruste: (a) as restrições nos produtos de uma mesma marca (*intrabrand restraints*) e (b) as restrições nos produtos de marcas distintas (*interbrand restraints*).

As restrições dentro de uma mesma marca limitam a capacidade de competir dos agentes econômicos localizados a jusante do mercado. Embora haja restrições relativas ao estabelecimento dos preços, a preocupação com as exclusividades faz que o artigo enfatize mais limitações à área de atuação, a alocação de clientes entre consumidores e o direito de o ofertante ser o único distribuidor de uma dada marca.[19]

Há certo consenso de que restrições verticais ocasionam aumento do preço dos produtos. Assim, quais fatores deveriam ser considerados para a avaliação dos eventuais efeitos positivos e negativos de tais restrições?

Dois fatores são apontados como favoráveis às restrições. Primeiro, ao estabelecer uma restrição como a exclusividade, haveria incentivos promocionais para o desenvolvimento do produto que, sem a ameaça do comportamento oportunista,[20] ao final do processo competitivo, gerariam mais riqueza do que na ausência das restrições em razão da maior eficiência.[21] Segundo, na esteira do raciocínio de Williamson, as restrições verticais seriam uma forma de governança corporativa que tenderia a maximizar as eficiências.[22]

Por outro lado, outros dois fatores são apresentados como desfavoráveis à aceitação de restrições verticais. Estas facilitariam comportamentos colusivos, quer a montante, quer a jusante, quer em ambos os níveis da cadeia produtiva. Como Church e Ware explicam para o mercado a jusante, "se fabricantes rivais podem coordenar o estabelecimento de preços no atacado, então não precisariam de tabelas de preços como instrumento facilitador. Porém, se os preços no atacado não são facilmente observáveis, o monitoramento será difícil.

---

19 Lawrence A. Sullivan e Warren P. Grimes, op. cit., p. 288.

20 Calixto Salomão Filho, op. cit., p. 260. Salomão Filho considera que deve haver demonstração de que o *free-rider* pode efetivamente distorcer a livre concorrência, "abocanhando fatias de mercado não em função de maior eficiência produtiva, mas por causa do aproveitamento do investimento de outrem".

21 Robert H. Bork, *The antitrust paradox: a policy in war with itself (with a new introduction and epilogue)*, p. 309.

22 Oliver E. Williamson, op. cit., p. 78.

Além disso, preços no varejo podem estar sujeitos a flutuações nos custos de varejo e a flutuações aleatórias da demanda"[23] – como a exclusividade de um distribuidor sobre um território constitui um modo de limitar a concorrência e facilitar o monitoramento, as conclusões podem ser as mesmas aplicadas ao tabelamento. Ademais, haveria benefícios que a livre concorrência entre os distribuidores poderia gerar, benefícios estes que seriam superiores aos produzidos por situações de exclusividade, porque resultariam numa alocação mais eficiente dos recursos.[24]

Não se pode esquecer também a existência de restrições que afetam a concorrência entre marcas. Em princípio, uma restrição intramarca pode produzir efeitos para além da própria marca, levando ao fechamento do mercado. Certa estratégia de uma firma dominante pode, por meio da imposição sistemática de restrições intramarca acopladas a restrições intermarcas, conduzir ao fechamento de canais de venda para novos competidores. A preocupação básica e tradicional é que uma firma dominante num determinado mercado possa utilizar sua posição dominante para alavancar o domínio num outro mercado. Mesmo assim, "o fechamento se torna anticompetitivo somente quando impõe custos maiores e ou nega o acesso necessário para tornar o mercado mais competitivo".[25]

5. As regras brasileiras sobre exclusividades

Do ponto de vista do direito privado, a doutrina nacional há muito reconhece a legitimidade de cláusulas que estipulem exclusividade em relações comerciais. Requião celebrava o atípico contrato de concessão de venda com exclusividade como decorrente da criatividade dos comerciantes que, livremente, criaram-no a partir do âmbito de ação reservado à liberdade contratual.[26]

Apesar deste reconhecimento de legitimidade pela doutrina privada, o inc. VIII do art. 2.º da Lei n. 1.521/51 criminalizava a conduta "celebrar ajuste para impor determinado preço de revenda ou exigir do comprador que não compre de outro vendedor". Paradoxalmente, a Lei n. 4.137/62 era omissa nessa proibição explícita: a alínea "a" do inc. V do art. 2.º somente vetava "a exigência de exclusividade para propaganda publicitária". Desse modo, a ilicitude da ex-

23 Jeffrey Church e Roger Ware, op. cit., p. 694.

24 Lawrence A. Sullivan e Warren P. Grimes, op. cit., p. 294.

25 Hebert Hovenkamp, op. cit., p. 199.

26 Rubens Requião, O contrato de concessão de venda com exclusividade (concessão comercial). *Revista de Direito Mercantil, Industrial, Econômico e Financeiro*, 1972, n. 7, p. 24.

clusividade somente ocorreria "quando dolosamente utilizada como meio 'para eliminação da concorrência' ou para 'agregação de empresas em detrimento da livre determinação de compradores e de vendedores'".[27] Sob certa perspectiva, tal concepção é semelhante à encontrada na doutrina sobre abuso de direito.

O atual Código Civil brasileiro não apresenta muitas regras detalhadas sobre o regime jurídico das exclusividades. Ao dispor do contrato de agência e distribuição, o art. 711 estabeleceu que, se o contrato for omisso, deveria se considerar como existente uma cláusula de exclusividade para ambos os contratantes.[28] Por outro lado, nos contratos de corretagem, a cláusula de exclusividade precisa estar expressa.[29]

Apesar deste histórico e das determinações do atual Código Civil, a maioria das referências úteis para a compreensão da exclusividade se encontra nas regras de defesa da concorrência e na Lei Ferrari.

5.1 As atuais regras brasileiras de defesa da concorrência

De modo semelhante à Lei n. 4.137, a Lei n. 8.884/94 somente se refere explicitamente à conduta que "exigir ou conceder exclusividade para divulgar publicidade nos meios de comunicação de massa".[30] Implicitamente, outros dispositivos poderiam ser aplicados às hipóteses de exclusividades, tal como ocorre com o inc. IV ("limitar ou impedir o acesso de novas empresas ao mercado") – afinal, uma das formas para implementar uma estratégia dessa natureza é exatamente a utilização abusiva de contratos com cláusulas de exclusividade.

Entretanto, o art. 21 da Lei n. 8.884/94 não elenca de modo exaustivo as condutas infrativas à ordem econômica. Logo, a omissão legislativa a uma

---

27 Fábio Nusdeo. Exclusividade. In: *Enciclopédia Saraiva de Direito*, 1977, v. 34, p. 470.

28 Código Civil, art. 711: "Salvo ajuste, o proponente não pode constituir, ao mesmo tempo, mais de um agente, na mesma zona, com idêntica incumbência; nem pode o agente assumir o encargo de nela tratar de negócios do mesmo gênero, à conta de outros proponentes".

29 Código Civil, art. 726: "Iniciado e concluído o negócio diretamente entre as partes, nenhuma remuneração será devida ao corretor; mas se, por escrito, for ajustada a corretagem com exclusividade, terá o corretor direito à remuneração integral, ainda que realizado o negócio sem a sua mediação, salvo se comprovada sua inércia ou ociosidade".

30 A proibição existente na Lei n. 1.521/51 é repetida praticamente *ipsis litteris* na Lei Lei n. 8.137/91, art. 5.º: "Constitui crime da mesma natureza: I – exigir exclusividade de propaganda, transmissão ou difusão de publicidade, em detrimento de concorrência; (...) Pena – detenção, de 2 (dois) a 5 (cinco) anos, ou multa".

referência explícita não significa que tenha havido uma autorização implícita à exclusividade. Pelo contrário, as restrições à exclusividade devem ser interpretadas em consonância com o art. 20 da Lei n. 8.884/94, ou seja, somente serão ilegítimas se tiverem por objeto o potencial de produzir os efeitos descritos no art. 20.[31]

Com o objetivo de orientar os agentes do mercado, o Anexo I da Resolução CADE n. 20/99 define as práticas restritivas verticais e as detalha por meio das restrições territoriais e de base de clientes e acordos de exclusividade.[32] Em ambos os casos, potenciais efeitos negativos de tais práticas são arrolados. Entretanto, além de não estar vinculada a essa norma administrativa, a prática revela que as decisões do CADE dificilmente se referem a esse Anexo.

Apesar da forte ênfase na ilegitimidade da conduta de imposição de exclusividade, a legislação vigente também contempla, implicitamente, a possibilidade de se requerer ao CADE a autorização de tais cláusulas. Em realidade, o *caput* do art. 54 tem sido interpretado de tal forma que as restrições verticais consistentes em exclusividades estejam abarcadas pela locução "os atos, sob quaisquer forma manifestados, que possam limitar ou de qualquer forma prejudicar a livre concorrência, ou resultar na dominação de mercados relevantes de bens e serviços".

5.2 A Lei Ferrari

Paralelamente às regras de defesa da concorrência, a Lei n. 6.729/79, conhecida como "Lei Ferrari", também contém regras cogentes que possuem repercussão concorrencial aplicáveis à concessão comercial entre produtores e distribuidores de veículos automotores de via terrestre.

O art. 5.º da referida lei estabelece como "inerentes" à concessão a existência de (a) uma "área demarcada para o exercício das atividades do concessionário, que não poderá operar além dos seus limites", mas que poderá comportar "mais de um concessionário da mesma rede"; e (b) "distâncias mínimas entre estabelecimentos de concessionários da mesma rede, fixadas segundo critérios de potencial de mercado". Além disso, vendas pelo concessionário fora da área

---

31 Lei n. 8.884/94, art. 20. "Constituem infração da ordem econômica, independentemente de culpa, os atos sob qualquer forma manifestados, que tenham por objeto ou possam produzir os seguintes efeitos, ainda que não sejam alcançados: I – limitar, falsear ou de qualquer forma prejudicar a livre concorrência ou a livre iniciativa; II – dominar mercado relevante de bens ou serviços; III – aumentar arbitrariamente os lucros; IV – exercer de forma abusiva posição dominante".

32 Vide nota 19.

somente poderão ocorrer por deliberação do concedente e sua rede de distribuição. Por outro lado, vendas diretas do fabricante são consideradas excepcionais e permitidas somente nas hipóteses elencadas no art. 15.[33]

Tais regras estabelecem isenção antitruste para o contrato de concessão comercial de veículos automotores.[34] O CADE reconhece essa situação em alguns de seus julgados, tal como acontece na Averiguação Preliminar n. 08012.005600/2000-36 envolvendo a Montana Distribuidores de Veículos Ltda. (Representante) e a Chrysler do Brasil Ltda. (Representada) – o CADE refutou a alegação de suposto abuso de poder econômico por parte da Chrysler, endossando a nota técnica da SDE que recomendava o arquivamento do feito "em face da natureza contratual do mesmo, incapaz de ser alcançada pela Lei 8.884/94". Aliás, não foi sem razão que a primeira proposta para regulamentar a concessão comercial nesse setor tenha sido vetada pelo Poder Executivo. Somente após a reapresentação conjunta de um projeto por fabricantes e concessionários houve a aprovação pelo Congresso Nacional sem o veto da Presidência.

Mesmo assim, não são raros os conflitos entre fabricantes e concessionários. Uma série de casos, iniciados por concessionárias de fabricantes de veículos automotores, têm sido arquivados pelo plenário do CADE. No 1.º semestre de 2008, o CADE arquivou quatro investigações iniciadas pela SDE a pedido da Federação Nacional de Distribuidores de Veículos Automotores (Fenabrave) em desfavor das montadoras Volkswagen, General Motors, Ford e Fiat. Entre outras práticas, a Fenabrave acusava as montadoras de praticar (a) preços abusivos de veículos e peças de reposição para as concessionárias; (b) exclusividade na aquisição de tais veículos e peças das montadoras; e (c) discriminação entre concorrentes.

O conflito entre as fabricantes e as concessionárias foi objeto de análise da Averiguação Preliminar n. 08012.000487/00-40, a qual teve a Fenabrave como Representante e as montadoras supracitadas como Representadas. Em sua representação a Fenabrave enfatizou como efeitos principais das condutas

---

33 Lei n. 6.729, art. 15: "O concedente poderá efetuar vendas diretas de veículos automotores: I – independentemente da atuação ou pedido de concessionário: a) à Administração Pública, direta ou indireta, ou ao Corpo Diplomático; b) a outros compradores especiais, nos limites que forem previamente ajustados com sua rede de distribuição; II – através da rede de distribuição: a) às pessoas indicadas no inciso I, alínea *a*, incumbindo o encaminhamento do pedido a concessionário que tenha esta atribuição; b) a frotistas de veículos automotores, expressamente caracterizados, cabendo unicamente aos concessionários objetivar vendas desta natureza; c) a outros compradores especiais, facultada a qualquer concessionário a apresentação do pedido".

34 Paula A. Forgioni, op. cit., p. 233.

denunciadas a "fragilização" e "domínio" das redes de concessionárias pelas montadoras, "com a obtenção de vantagens ilícitas, e conseqüente diminuição da "capacidade da rede de atender o consumidor". Em 2001, o Conselheiro Thompson Andrade ressaltou que as montadoras devem utilizar as redes de concessionárias exclusivas para que seu produto chegue ao consumidor final. Por isso, é necessário cautela para o argumento de que as relações entre montadoras e concessionárias, vinculadas por contrato de exclusividade, devem ser entendidas como meramente hierárquicas (como se ocorressem no interior de uma mesma empresa), argumento este utilizado com freqüência pelas montadoras.

Arquivada a averiguação preliminar em parte, o CADE determinou ainda que a SDE investigasse algumas outras condutas, a saber: a suposta prática de preços abusivos no mercado de peças de reposição de veículos. A SDE manifestou-se pela instauração de processos administrativos específicos para cada uma das quatro montadoras, que passaram a ser individualmente representadas.[35] Ao término das investigações, a SDE conclui de igual modo para todos os casos: (a) montadoras detêm o poder de mercado em segmento do mercado de peças por deterem informações sobre os projetos dos automóveis que são segredos industriais ou objeto de proteção legal; (b) a exclusividade do canal de vendas da rede autorizada, aliada à proteção legal dos projetos das peças, permite às montadoras exercerem poder de mercado unilateral nesses segmentos de peças; e (c) o índice de fidelidade é apenas parte das causas do alto preço das peças originais. Em que pesem tais constatações, não vislumbrou a SDE qualquer abusividade nos preços. Além disso, a SDE formulou algumas sugestões de reforma da legislação, tal como a anulação de qualquer cláusula contratual que impeça ao fornecedor da peça original a aposição de sua marca nas embalagens das unidades destinadas à venda por meio das intermediadas pelas montadoras.

Após a análise dos quatro processos, os conselheiros do CADE decidiram que não havia indícios de práticas ilícitas pelas montadoras. Por outro lado, o relator dos processos, Luís Fernando Rigato Vasconcellos, aceitou sugestão da SDE para que o CADE recomendasse à Presidência a "constituição de um grupo de trabalho encarregado de uma revisão profunda e abrangente da legislação específica, envolvendo todos os interessados".

6. As decisões administrativas do CADE sobre exclusividades

Para melhor compreender a evolução da sistemática das decisões sobre exclusividades, haverá uma divisão em dois períodos: (i) até 2005 e (ii) 1.º semestre de 2006.

---

[35] Processos administrativos n. 08012.006518/2001-19 (Ford), 08012.006517/2001-74 (GM), 08012.006519/2001-63 (Fiat) e 08012.006516/2001-20 (Volks).

Este corte se justifica por três razões. Primeiro, apesar da relativamente grande quantidade de decisões exaradas até 2005, a íntegra dessas decisões não está disponível na internet – logo, uma tentativa de sistematização das decisões do CADE encontraria algumas dificuldades metodológicas decorrentes da base de dados deficitária. Segundo, o mandato de apenas dois anos para os Conselheiros é uma das grandes dificuldades vivenciadas pelo atual arranjo institucional do CADE, na medida em que cria dificuldades para a memória do órgão, o que se reflete na inconstância das decisões – logo, a análise de decisões de um grande período (1962-2005) tende a identificar decisões das mais diversas tendências. Terceiro, as decisões exaradas a partir de 2006 apresentam maior utilidade para os operadores do direito da concorrência, porque, nesse período, a composição do CADE foi relativamente estável, o que facilita a identificação de tendências.

6.1 As decisões do CADE sobre exclusividade até 2005

O primeiro caso sobre exclusividades foi o processo administrativo n. 5, cujo acórdão foi publicado no *Diário Oficial da União* de 10 de setembro de 1969. Ao analisar um caso envolvendo dois fabricantes de cerveja, o CADE assim decidiu: "A cláusula de preferência, ou mesmo exclusividade, para compra de produtos de uma determinada linha de fabricação, inserta em contrato de comodato, celebrado entre um fabricante e seus respectivos distribuidores ou revendedores, não configura abuso de poder econômico – salvo se a mesmo se constituir em meio ou instrumento de agregação de empresas".

Assim, desde os primórdios da defesa da concorrência no Brasil as cláusulas de exclusividade freqüentaram as sessões de julgamento do CADE. Entretanto, a maioria das decisões dos primeiros anos do CADE carecia da fundamentação econômica que caracteriza o seu atual repertório de decisões. Adicionalmente, contingências políticas e jurídicas limitaram a aplicação da Lei n. 4.137/62.[36] Somente a partir de 1994, com a transformação do CADE em autarquia de regime especial, com Conselheiros não demissíveis *ad nutum*, o debate econômico aperfeiçoou a fundamentação das decisões sobre defesa da concorrência.

Talvez o mais famoso caso desse período envolvendo o uso de exclusividades tenha sido o Processo Administrativo n. 08012.003.303/95-28, em que figurava como representante a Philip Morris Brasil S.A. e como representada a Souza Cruz S.A. De acordo com Philip Morris, a Souza Cruz estaria celebrando com um grande número de pontos de vendas de cigarros, localizados estrategi-

[36] Paula A. Forgioni, op. cit., p. 116-132.

camente em *shoppings* e aeroportos, contratos de distribuição contendo cláusula de exclusividade[37] – haveria até mesmo uma área, denominada o "Quadrilátero de Marlboro", na qual haveria um fechamento quase que completo do mercado. Além disso, em troca da exclusividade, a Souza Cruz teria estabelecido política de remuneração diferenciada (descontos e bonificações em produtos) entre os pontos de venda conforme as características dos estabelecimentos e potencial de vendas. A Souza Cruz alegou que (a) os contratos tinham sido assinados com menos de 1,5% dos pontos de venda do País, percentual bastante inferior ao apto a caracterizar fechamento de mercado; (b) os contratos evitavam condutas oportunistas pelos rivais, que poderiam se aproveitar dos melhoramentos feitos nos pontos de venda sem qualquer investimento; (c) os investimentos feitos aumentavam o conforto do consumidor; e (d) os contratos caracterizavam o acirramento da competição, a qual se deslocava para a competição pela busca de pontos de venda.

Em seu parecer, a SDE, ao definir o mercado relevante, considerou a prática lesiva no mercado e rebateu do seguinte modo os argumentos da Philip Morris: (i) o mercado relevante deveria ser o de "pontos estratégicos" de venda; (ii) a fidelidade à marca de cigarros enfraqueceria o argumento do comportamento oportunista; (iii) a melhoria no atendimento não decorreria dos investimentos feitos nos pontos de venda, pois o local do consumo não corresponde necessariamente ao da venda; (iv) os contratos não caracterizavam o acirramento da competição, mas sim uma prática de fechamento de mercado. O parecer da SEAE endossa as linhas gerais do parecer da SDE, mas também reconhece a possibilidade de que, embora as cláusulas de exclusividade tendam a reduzir a competição intramarcas, tais cláusulas podem aumentar a competição entre marcas sob certas circunstâncias. A redução da competição intramarcas (entre varejistas que vendem a mesma marca) ocorre, pois os varejistas, cada um com seu território exclusivo, não concorrem entre si. Já o aumento da competição entre marcas é conseqüência de os fabricantes terem varejistas dedicados exclusivamente a sua marca específica, aumentando assim o esforço por parte de cada

[37] Sem prejuízo das práticas previstas no art. 20 da Lei n. 8.884/94, a Philip Morris alegou violação de três dispositivos do art. 21 da Lei, a saber: "V – criar dificuldades à constituição, ao funcionamento ou ao desenvolvimento de empresa concorrente ou de fornecedor, adquirente ou financiador de bens ou serviços; VI – impedir o acesso de concorrente às fontes de insumo, matérias-primas, equipamentos ou tecnologia, bem como aos canais de distribuição; XI – impor, no comércio de bens ou serviços, a distribuidores, varejistas e representantes, preços de revenda, descontos, condições de pagamento, quantidades mínimas ou máximas, margem de lucro ou quaisquer outras condições de comercialização relativos a negócios destes com terceiros; (...)".

um deles para vender a marca da qual é representante. Esse estímulo inexiste quando o varejista vende diversas marcas concorrentes, tendo em vista que se torna indiferente qual marca está vendendo.

Apesar dos pareceres favoráveis à condenação da Souza Cruz, em 7 de fevereiro de 2001 foi publicada no *Diário Oficial da União* uma nota referente ao Termo de Compromisso de Cessação. Em síntese, esse documento determinou a exclusão das cláusulas que imponham a exclusividade de venda dos produtos em quaisquer varejistas, nas cadeias de distribuição e nas redes atacadistas. A Souza Cruz também foi obrigada a inserir nos contratos com exclusividade de *merchandising* uma disposição que indique expressamente que a exclusividade de *merchandising* não importa a exclusividade de venda de produtos.

6.2 As decisões do CADE sobre exclusividade de 2006 até meados de 2008

Pelas razões expostas *supra*, o período entre 2006 e meados de 2008 constitui uma boa amostragem para analisar as decisões do CADE sobre exclusividade. Foram selecionados os 10 casos mais significativos envolvendo discussões aprofundadas sobre o tema exclusividade, os quais estão sumarizados na Tabela 3.

Tabela 3. Decisões do CADE sobre exclusividades (2006, 2007 e 1.º semestre de 2008)

AC n. 08012.009500/2003-31			
Partes:	Invista Inc e Koch Industries		
Relator:	Cons. Rigato Vasconcellos	**Data da Decisão:** 13 de julho de 2005	
Descrição dos fatos:			
Aquisição da Invista por subsidiárias da Koch. Integração vertical decorrente de cláusula de exclusividade para o fornecimento pela Invista à Koch de poliamida 6 e poliamida 66, para a produção de plásticos de engenharia, por um período de 7 anos.			
Riscos identificados:			
Cláusula de exclusividade pode possibilitar o fechamento do mercado de plásticos de engenharia. Impossibilita aos concorrentes da Invista (Grupo Du Pont) obter matéria-prima. Competidores da Invista teriam acesso somente a fontes menos competitivas de matéria-prima.			
Argumentos de defesa:			
Linha de produção é descontínua, e exclusividade é a única forma de garantir a continuidade da fábrica. Importação a preços competitivos é viável. Fontes alternativas no Brasil estão disponíveis.			
Conteúdo da decisão:			
Supressão da cláusula de exclusividade no território nacional, de modo a permitir que Koch forneça livremente os plásticos de engenharia			
AC n. 08012.002556/2002-83			

Partes:	Hydro Fertilizantes Ltda, SQM Nitratos S.A. e SQM Brasil Ltda	
Relator:	Conselheiro Alberto Scaloppe	**Data da Decisão:** 6 de abril de 2005
Descrição dos fatos:		
Concessão do direito exclusivo dado à Hydro Fertilizantes, pela SQM Nitratos, para comercializar e vender seus produtos no mercado brasileiro. Hydro Fertilizantes não poderá comercializar, nesse mercado, produtos que concorram com os da SQM Nitratos. Acordo para produção, importação e distribuição exclusiva de fertilizantes NPK solúveis em água, no território brasileiro, pela Hydro Fertilizantes, os quais deverão ser produzidos a partir das matérias-primas adquiridas da SQM Nitratos. Essas atividades passarão a ser desenvolvidas, num segundo momento, por uma empresa em conta de participação e posteriormente por uma *joint venture* a ser constituída entre os dois grupos (Hydro e SQM).		
Pareceres:		
A SEAE conclui que barreiras baixas à importação, se acopladas à exclusividade, não devem ser modificadas em decorrência da operação. Mesmo no mercado de NPK solúvel, há rivalidade suficiente para legitimar acordo de importação e distribuição exclusiva pela Hydro Fertilizantes. Integram esse mercado um grande número de pequenas empresas com atuação regional e algumas grandes empresas com atuação nacional. A participação total das requerentes no mercado brasileiro de misturas NPK é de cerca de 10%.		
Conteúdo da decisão:		
Embora a cláusula não tenha sido considerada anticompetitiva pelo CADE, houve uma correção da cláusula para deixar claro que "as partes estarão livres para vender seus produtos diretamente a seus clientes no território brasileiro quando o produto em questão for matéria-prima ou qualquer outro produto não incluído nos planos de distribuição comum para o mercado do Brasil, em adição".		

AC n. 08012.003427/2003-93 **AC n. 08012.007073/2003-56** **AC n. 08012.007081/2003-01** **AC n. 08012.005042/2004-41** **AC n. 08012.009279/2004-00**		
Partes:	Monsanto do Brasil Ltda e Agripec Química e Farmacêutica S.A.; Monsanto do Brasil Ltda e Fersol Indústria e Comércio Ltda.; Monsanto do Brasil Ltda e Nortox S.A.; Monsanto do Brasil Ltda e Pilarquim BR Comercial Ltda.; Monsanto do Brasil Ltda e Helm do Brasil Mercantil Ltda.	
Relator:	Cons. Roberto Pfeiffer	**Data da Decisão:** 13 de outubro de 2005
Descrição dos fatos:		
Celebração de contratos para o fornecimento de ácido de glifosato pela Monsanto do Brasil Ltda para as empresas produtoras de herbicidas Agripec Química e Farmacêutica S.A., Fersol Indústria e Comércio Ltda, Nortox S.A., Pilarquim BR Comercial Ltda e Helm do Brasil Mercantil Ltda. Os contratos continham cláusula de exclusividade de fornecimento pela Monsanto.		
Riscos identificados:		
Quatro dos contratos de fornecimento de ácido de glifosato pela Monsanto em análise (Agripec, Fersol, Pilarquim e Helm) embutem uma cláusula que prevê que a totalidade de sua demanda de ácido de glifosato utilizado na produção de herbicidas à base de glifosato, observadas certas condições, deve ser atendida exclusivamente pelo produto da Monsanto. As cláusulas de exclusividade poderiam elevar artificialmente as dificuldades à entrada de novas empresas produtoras de ácido de glifosato no Brasil, prejudicando a constituição de um possível novo concorrente efetivo, dado que grande parte da demanda nacional por ácido de glifosato está comprometida exclusivamente com a Monsanto. Uma eventual empresa entrante no mercado de ácido de glifosato poderia enfrentar dificuldades para comercializar sua produção no País, porque parte significativa da demanda estaria comprometida de forma exclusiva com o produto da Monsanto. Essa situação representaria um		

constrangimento também ao desenvolvimento do mercado de glifosato formulado, podendo resultar em redução do bem-estar dos consumidores finais do herbicida.
Um potencial novo entrante no mercado de ácido de glifosato enfrentaria dificuldades para se constituir como concorrente efetivo. A demanda de ácido de glifosato do mercado brasileiro, excedendo a que já está comprometida em tese de forma exclusiva com a Monsanto, seria bastante limitada. Considerando o montante de investimento necessário e a escala de produção mínima para uma nova unidade produtora de ácido de glifosato, o surgimento de um novo *player* para ofertar ácido de glifosato no Brasil no curto prazo não poderia ser tida como impossível se considerada a tendência a crescimento do mercado de glifosato formulado no País. Entretanto, a entrada desse novo *player* no curto prazo não poderia ser tida como totalmente certa devido à sua escala produtiva ser relativamente elevada, se comparada ao consumo atual do mercado brasileiro. Nesse caso, seria provável que um novo entrante no mercado brasileiro de ácido de glifosato tivesse como estratégia mais provável a importação do produto.
A exclusividade se perpetuaria em função da não viabilidade econômica de vendas de ácido de glifosato a um preço inferior àquele estabelecido como preço mínimo para aquisição do insumo.

Argumentos de defesa:

Cláusula de exclusividade não teria um maior impacto em razão da facilidade das empresas resilirem os seus contratos.
Dispositivo contratual deveria ser interpretado como cláusula de preferência e não como de exclusividade propriamente dita. Isso decorreria do fato de os contratos ora em análise preverem que o preço para aquisição de ácido de glifosato seria variável e estaria atrelado ao preço praticado pela própria Monsanto no seu herbicida à base de glifosato (*Roundup* Original). As empresas adquirentes de ácido de glifosato a preço inferior ao que estaria estipulado como preço mínimo para aquisição do ácido de glifosato junto à Monsanto, a exclusividade não se sustentaria. A empresa adquirente de ácido de glifosato poderia adquirir o ácido de glifosato de um terceiro, caso este oferecesse o insumo em condições mais vantajosas do que aquelas estabelecidas como preço mínimo nos contratos de fornecimento ora analisados.
Esse argumento perde força quando se comparam aqueles que são os menores preços para aquisição de ácido de glifosato. Os preços médios praticados pela Monsanto têm ficado, em geral, mais próximos daquele que ficou definido como preço máximo para a venda do ácido de glifosato nos contratos em análise do que daquele que ficou definido como preço mínimo.

Conteúdo da decisão:

Determinação de supressão da exclusividade na aquisição de ácido de glifosato da Monsanto pelas demais empresas Requerentes

AC n. 08012.004600/2005-32

Partes: Learjet Inc e Líder Signature S/A

Relator: Cons. Rigato Vasconcellos — **Data da Decisão:** 15 de fevereiro de 2006

Descrição dos fatos:

Contrato de distribuição com cláusula de exclusividade para sistema de navegação para aeronaves executivas (RVSM). A Líder comprará sistemas da empresa Learjet para revender, instalar e prestar serviços de manutenção em 60 aeronaves Learjet. O contrato contém cláusula de exclusividade com duração de 15 meses ou 9 serviços de instalação do RVSM.

Riscos identificados:

Mesmo com duração pequena, a exclusividade cria um monopólio na venda do produto e na prestação de serviços (todas as 60 unidades só poderiam adquirir o RVSM da Líder).

Argumentos de defesa:

Cláusula possui efeito limitado. Após o período de exclusividade, a operação permitirá que a Líder fomente uma concorrência entre o sistema produzido pela Learjet e eventuais sistemas compatíveis. RVSM é uma inovação, o que permite analisar como uma entrada de novo produto no mercado.

Conteúdo da decisão:			
Aprovado sem restrições			
AC n. 08012.003711/ 2000-17			
Partes:	Coodetec – Cooperativa Central Agropecuária de Desenvolvimento Tecnológico e Econômico e Monsanto do Brasil Ltda.		
Relator:	Cons. Rigato Vasconcellos	**Data da Decisão:**	15 de março de 2006
Descrição dos fatos:			
Acordo que autoriza a FMT e a Unisoja a comercializarem sementes de soja com o gene *Roundup Ready*, patenteado pela Monsanto. A FMT e a Unisoja não podem utilizar tecnologias semelhantes de outras empresas. A FMT e a Unisoja não poderiam desenvolver pesquisa de sementes de soja tolerantes a glifosato.			
Pareceres:			
A SEAE considerou que a operação não resulta no aumento de participação no mercado, pois é um acordo comercial de licenciamento de tecnologia. Devido à sua longa duração, a exclusividade era aceitável em virtude da baixa participação das requerentes no mercado de soja.			
Conteúdo da decisão:			
Apesar de aprovar a negociação, o CADE determinou a retirada de três regras do acordo: proibição para utilização da tecnologia de outras empresas; pesquisa e desenvolvimento do produto pela FMT e Unisoja junto a outros parceiros; e permissão à Monsanto para rescindir o licenciamento de quem comercializar sementes de soja com tolerância ao glifosato desenvolvidas por outros concorrentes. Cláusula contratual destinada a garantir exclusividade para gene transgênico desenvolvido pela Monsanto.			
AC n. 08012.004091/2007-18			
Partes:	Monsanto do Brasil Ltda e Asociados Don Mario Ltda		
Relator:	Cons. Sicsú	**Data da Decisão:**	12 de dezembro de 2007
Descrição dos fatos:			
O contrato apresenta cláusulas em direção a uma vinculação de exclusividade no fornecimento de inovação.			
Riscos identificados:			
A possibilidade de fechamento progressivo do mercado de melhoramento de sementes de soja resistentes ao glifosato. Quando o contrato apresenta cláusulas tendentes a uma vinculação de exclusividade no fornecimento de inovação, cria-se a dependência a apenas um produtor de tecnologia por meio de mecanismos que fecham o acesso ao mercado de melhoramento de empresas que seguem outras rotas tecnológicas que, com o tempo, podem mostrar-se mais eficientes, o que é nocivo para a concorrência dentro da análise de mercados de inovação. Mesmo que outras empresas desejem fornecer o produto tecnológico e consigam passar à frente da fronteira tecnológica, a concorrência tecnológica é inibida por conta de obrigações contratuais assumidas. Os detentores brasileiros de bando de germoplasma ficariam vinculados apenas ao produto da Monsanto. Tanto empresas existentes quanto entrantes nos mercados de biotecnologia vêem seu acesso ao mercado obstaculizado.			
Argumentos de defesa:			
Na ausência das cláusulas de confidencialidade, tanto em relação ao licenciado quanto aos terceiros multiplicadores com quem a empresa sequer tem relacionamento direto, a Monsanto não teria como impedir que a tecnologia fosse utilizada indevidamente ou mesclada com tecnologias alheias, com resultados imprevisíveis. Eventuais sementes piratas ou ineficazes devido ao mau uso da tecnologia, que levem a marca RR, são exemplos de graves ameaças à imagem e credibilidade da empresa.			

Caso fosse permitido à Don Mario desenvolver e comercializar sementes tolerantes ao glifosato com tecnologia de origem diversa daquela licenciada pela Monsanto, o agricultor que adquirisse semente de tecnologia inferior e de menor produtividade não teria como distinguir a origem tecnológica do produto.
O fato de a Don Mario utilizar-se de terceiros licenciados para multiplicação e comercialização de sementes oriundas de seu germoplasma por si só já constituiria um risco de confusão e contaminação de tecnologias, visto que não poderia a Don Mario e muito menos a própria Monsanto, garantir que sementes oriundas de um germoplasma (com tecnologia *Roundup Ready*) não fossem misturadas a sementes oriundas de outro germoplasma (com outra tecnologia de resistência a glifosato), ainda que ambos germoplasmas pertencessem a mesma Don Mario.

Conteúdo da decisão:

Determinação para alterar a cláusula que conferia exclusividade nos termos do estabelecido no voto do Conselheiro Relator.

AC n. 08012.009843/2005-67

Partes:	Cimento Rio Branco S.A. e Camargo Corrêa Cimentos S.A.	
Relator:	Cons. Delorme Prado	**Data da Decisão:** 11 de abril de 2007

Descrição dos fatos:

Contrato de fornecimento firmado pela Cimento Rio Branco S.A. e Camargo Corrêa Cimentos S.A., pelo qual a Cimento Rio Branco S.A. (Grupo Votorantim) compromete-se a adquirir, em caráter de exclusividade, determinado volume de cimento branco, ao mesmo tempo em que a Camargo Corrêa Cimentos compromete-se a fornecer o citado produto no volume e preço acordados. A fábrica alienada já se encontra desativada.

Pareceres:

SEAE recomendou a aprovação da operação sem restrições.

Conteúdo da decisão:

Restrição referente à exclusividade e aos volumes mínimos e com a recomendação à CAMEX de diminuição da tarifa externa comum.

PA. 08012.006636/97-43

Partes:	Associação dos Lojistas de Shopping do Estado de São Paulo & Procuradoria Geral do CADE v. Condomínio Shopping Center Iguatemi	
Relator:	Cons. Rigato Vasconcellos	**Data da Decisão:** 4 de setembro de 2007

Descrição dos fatos:

Processo Administrativo em virtude de imposição de cláusula de raio aos lojistas nos contratos de locação comercial do Shopping Center Iguatemi.

Riscos identificados:

Irrazoabilidade da cláusula de raio.
Conduta tendente ao fechamento do mercado relevante de *shopping centers* de alto padrão

Conteúdo da decisão:

Multa de 1% do faturamento e supressão da cláusula de raio.

AC n. 08012.003296/2007-78

Partes:	Monsanto do Brasil Ltda e Brasmax Genética Ltda.	
Relator:	Cons. Sicsú	**Data da Decisão:** 12 de dezembro de 2007

Descrição dos fatos:

Contrato de licenciamento pela Monsanto à Brasmax de tecnologia para sementes de soja geneticamente modificada.

Riscos identificados:			
Quando o contrato apresenta cláusulas em direção a uma vinculação de exclusividade no fornecimento de inovação, cria-se a dependência a apenas um produtor de tecnologia por meio de mecanismos que fecham o acesso ao mercado de melhoramento de empresas que seguem outras rotas tecnológicas, que, com o tempo podem mostrar-se mais eficientes, o que é nocivo para a concorrência dentro da análise de mercados de inovação.			
Pareceres:			
SEAE concluiu que haveria risco de fechamento de mercado para melhoristas de sementes			
Conteúdo da decisão:			
Aprovação da operação sujeita às alterações no contrato determinadas no voto do Conselheiro Relator			
AC n. 08012.001723/2008-64			
Partes:	Companhia Vale do Rio Doce e Dongkuk Steel Mill Co.		
Relator:	Cons. Rigato Vasconcellos	**Data da Decisão:**	7 de maio de 2008
Descrição dos fatos:			
Constituição de *joint venture* para a construção de Usina Siderúrgica no Distrito Industrial de Pecem - CE. Existência de cláusula de exclusividade, de preferência e condições especiais de negociação.			
Riscos identificados:			
Operação aumenta os incentivos a discriminação em desfavor de siderurgias rivais, não integradas para baixo com a CVRD			
Conteúdo da decisão:			
Aprovação da operação, com ressalva para a não discriminação de empresas rivais na aquisição de minérios e pelotas.			

Talvez o principal aspecto que deve ser ressaltado é o de que ainda falta uma massa crítica que explicite claramente as razões ou tendências das decisões do CADE em matéria de exclusividade. Embora haja alguma indicação de que há uma preocupação com estratégias de fechamento de mercado, uma abordagem bem ao gosto pós-Escola de Chicago, os critérios que motivam a intervenção ainda não foram esclarecidos ou consolidados.

De outro lado, tanto a SEAE, responsável pela análise econômica, quanto a SDE, responsável pela análise jurídica, não têm conseguido identificar situações de risco potencial para a defesa da concorrência. Em realidade, algumas das cláusulas contratuais que estabelecem exclusividades evitam o uso dessa palavra, ao passo que, em outros instrumentos, o mesmo efeito pode ser obtido indiretamente, por exemplo, por meio do estabelecimento de preços mínimos que o fabricante teria que praticar numa determinada região.

Por fim, um interessante ponto a destacar é como o atual momento de *boom* do agronegócio se reflete na disciplina das exclusividades – uma das formas de atuação das empresas fornecedoras de insumos é o uso forte de cláusulas de exclusividade. Provavelmente, as empresas participantes desse mercado constataram que essa estratégia é a melhor para potencializar suas atividades econômicas.

Conclusão

O artigo buscou traçar um panorama geral das discussões envolvendo a restrição vertical conhecida como exclusividade. Inicialmente, foi esclarecido o caráter plurívoco da palavra "exclusividade", para que, em seguida, fosse abordada sua utilização como estratégia para imposição de restrições verticais. Nesse ponto, especial atenção foi conferida ao debate sobre os aspectos positivos e negativos das exclusividades, o que, de certo modo, explica as diferenças entre as abordagens européia e americana.

No que diz respeito ao cenário brasileiro, as regras da Lei Ferrari e a presunção constante do art. 711 do Código Civil representam grande oportunidade para atuação de uma advocacia da concorrência política, na medida em que tais regras possuem grande impacto sobre a livre concorrência, muito embora o debate legislativo tenha ignorado esse viés. Ademais, embora as decisões do CADE no período pré-2005 não tenham logrado fornecer indicações precisas a respeito dos limites que as exclusividades deveriam obedecer, após 2005 observa-se um esforço para sistematizar as decisões nessa área, de modo a transmitir uma clareza maior sobre a legitimidade dessas cláusulas contratuais.

Portanto, o tema das exclusividades precisa ser debatido e consolidado pela nova composição do CADE que se estabelece a partir de 2008.

Bibliografia

BORK, Robert H. *The antitrust paradox – a policy in war with itself (with a new introduction and epilogue)*. New York: The Free Press, 1993.

CHURCH, Jeffrey; WARE, Roger. *Industrial organization: an strategic approach*. Boston: McGraw-Hill, 2000.

DABBAH, Maher M. *EC and UK competition law: commentary, cases and materials*. Cambridge: Cambridge University Press, 2004.

DEACON, D. Vertical restraints under EU competition law: new directions. *Fordham Corporate Law Institute*. Brussels: Juris Publishing, v. 307, 1995.

FORGIONI, Paula A. *Contrato de distribuição*. São Paulo: Ed. RT, 2005.

_____. *Os fundamentos do antitruste*. 1. ed. São Paulo: Ed. RT, 1998.

GERBER, D. *Law and competition policy in twentieth century Europe: Protecting Prometheus*. Oxford: Clarendon Press, 1998.

GOYDER, D. G. *EC competition law*. Oxford: Oxford University Press, 2003.

JONES, Alison; SUFRIN, Brenda. *EC competition law: text, cases, and material.* Oxford: Oxford University Press.

HOUAISS, Antonio. *Dicionário Houaiss da língua portuguesa.* 1. ed. Rio de Janeiro: Objetiva, 2001.

HOVENKAMP, Herbert. *The antitrust enterprise: principle and execution.* Cambridge: Harvard University Press, 2005.

NORTH, D. C. *Institutions, institutional change and economic performance.* Cambridge: Cambridge University Press, 1990.

NUSDEO, Fábio. Exclusividade. In: *Enciclopédia Saraiva de Direito.* São Paulo: Saraiva, 1977. v. 34, p. 468-471.

REQUIÃO, Rubens. O contrato de concessão de venda com exclusividade (concessão comercial). *Revista de Direito Mercantil, Industrial, Econômico e Financeiro.* São Paulo, RT, n. 7, ano XI (nova Série), p. 17-47, 1972.

SALOMÃO FILHO, Calixto. *Direito concorrencial: as condutas.* São Paulo: Malheiros, 2003.

SCHERER, F. M.; ROSS, David. *Industrial market structure and economic performance.* 3. ed. Boston: Houghton Mifflin, 1990.

SULLIVAN, Lawrence A.; GRIMES, Warren P. *The law of antitrust: an integrated handbook.* Saint Paul: West Group, 2000.

WILLIAMSON, Oliver E. *The economic institutions of capitalism.* New York: The Free Press, 1985.

Atividades Exercidas pelo CADE: Competência Regulamentar para Tratar do Termo de Compromisso de Cessação

*Itamar de Carvalho Júnior**

Advogado. Especialista e atuante em São Paulo na área de Direito Público.

1. Introdução

O presente trabalho tem como objetivo principal analisar as atividades exercidas pelo Conselho Administrativo de Defesa Econômica – CADE e a legitimidade da competência conferida a ele pela Lei n. 11.482/2007 acerca do procedimento e ajuste do Termo de Compromisso de Cessação – TCC, por meio do qual as pessoas físicas ou jurídicas podem, no decorrer de processo administrativo em trâmite no Conselho, apresentar proposta de cessação das condutas infracionais sob investigação.

Ao analisar esses pontos, será necessário passarmos por alguns temas que há muito tempo são discutidos pela doutrina; alguns já pacificados e outros que ainda suscitam divergências e que serão aqui mais bem investigados.

De antemão, imperioso afirmar que na elaboração do presente texto iremos nos ater ao direito positivo brasileiro, constitucional e infraconstitucional, e à doutrina nacional. Não se trata de desmerecer a doutrina estrangeira, pois a ela devemos agradecimentos por ter alicerçado diversos de nossos institutos, em especial os de Direito Administrativo. Porém, essa doutrina, por mais que advenha de insignes autores como Renato Alessi, Otto Mayer, Agustín Gordillo, Eduardo García de Enterría, tem, como ocorre com nossos mais emblemáticos doutrinadores, referência e ponto de partida no direito positivo de cada país. E tem nos textos normativos internos seus pontos cardeais. Por mais que as leis desses países assemelhem-se às nossas, ainda há muitas diferenças, em espe-

* Agradeço a Gabriela Silvério Palhuca pela ajuda na revisão final do texto. Qualquer erro que ainda exista é de responsabilidade exclusiva do autor.

cial quanto aos elementos externos (social, cultural, econômico) aplicáveis na criação das normas.[1]

Por óbvio, como já dito anteriormente, alguns de nossos institutos jurídicos (analisados pela doutrina), têm como referência a doutrina desenvolvida em outros ordenamentos. Com a análise clínica, poderemos constatar que nosso ordenamento jurídico, com características próprias, também a acolheu, razão pela qual citaremos os autores estrangeiros, já que deles a matéria mereceu tratamento destacado.

Seguindo os limites impostos pelo tema, assim como pelo título deste trabalho, é de se afirmar que ao CADE foi depositada a missão de realizar preponderantemente duas grandes atividades na ordem econômica: a de apreciação prévia de atos que possam de alguma forma limitar, prejudicar a livre concorrência ou que resultem em dominação de mercado relevante de bens ou serviços, e julgar[2] os processos para apuração de condutas infracionais à ordem econômica.

Afirmado que o CADE deve preponderantemente exercer as atividades de análise prévia e julgamento, se faz imperioso delimitar corretamente onde se encaixa sua competência para tratar sobre o tema Termo de Compromisso de Cessação – TCC. Lembremos que o Termo de Compromisso ganhou novos contornos com a entrada em vigor da Lei acima assinalada, possibilitando à pessoa assumir compromisso de que não mais praticará atos contrários à ordem econômica. A lei também confere ao CADE competência discricionária para decidir se o caso concreto deve ou não ser contemplado pelas benesses legais.

2. Análise prévia de atos de concentração – exercício de função administrativa

Dentre as atividades exercidas pelo CADE, destacamos uma das duas principais: aquela destinada a apreciar previamente os atos que, sob qualquer forma, possam limitar ou prejudicar a livre concorrência, ou ainda que possam resultar em dominação de mercados relevantes de bens ou serviços (art. 54 da Lei n. 8.884/94).

Trata-se de procedimento em que o Estado, por meio do CADE, irá atuar na ordem econômica para apurar se determinado ato[3] acarreta, ou poderá acarretar, quaisquer das hipóteses previstas no art. 54 acima, em razão de concentração econômica.

---

1 Entendemos por *norma* o resultado da interpretação/aplicação da Constituição e leis.

2 Mais adiante nos deteremos ao sentido da palavra "julgar" como atividade do CADE.

3 Destacam-se aqueles dispostos no § 3.º do art. 54 da Lei 8.884/94.

Em que pese a atividade de análise prévia ter disciplina expressa em lei, sua base inicial de legitimidade está inserida na Constituição Federal de 1988, não em dispositivo específico, mas sim em norma[4] extraída de diversos dispositivos constitucionais.

O primeiro dos dispositivos constitucionais encontra-se expresso no art. 5.º:

"Art. 5.º (...)

XXII – a propriedade atenderá sua função social; (...)".

Analisando a função social da propriedade, com grande precisão, que, aliás, lhe é peculiar, Maria Helena Diniz é categórica ao afirmar que a propriedade não é mais instituto de Direito Privado, mas sim de Direito Público, em razão de seu tratamento constitucional:

> "Condicionada está a convivência privada ao interesse coletivo, visto que a propriedade passa a ter função social, não mais girando em torno dos interesses individuais de seu titular. (...) Por isso, diz Barassi, com acerto, que a função social da propriedade na forma *jurídico-positiva* seria a instrumentalidade da propriedade dos bens de produção e, na forma *jurídico-negativa*, uma limitação aos poderes do proprietário para atender aos interesses sociais, como a saúde pública, cultura, economia popular. (...) A propriedade pertence, portanto, mais à seara do direito público do que à do direito privado, visto ser a Carta Magna que traça seu perfil jurídico".[5]

Os demais dispositivos constitucionais, nos parece, dão ênfase a essa forma "*jurídico-negativa*" apresentada pela ilustre Professora Maria Helena em especial, mas não esgotando os do capítulo constitucional que trata da ordem econômica, no qual entendemos estar o ponto fundamental e legitimador da análise preventiva exercida pelo Estado.

É no art. 170 da CF que encontramos o caminho a ser perseguido pelos agentes privados no exercício das atividades econômicas que fundamenta a análise prévia aqui tratada. Dando ênfase à função social da propriedade, o constituinte mais uma vez incluiu o dispositivo no corpo da nova Constituição:

---

4 "*Normas* não são textos nem o conjunto deles, mas os sentidos construídos a partir da sistemática de textos normativos" (grifo do original). Humberto Ávila, em sua já reconhecida obra *Teoria dos princípios – da definição à aplicação dos princípios jurídicos*. 4. ed., 2. tir. São Paulo: Malheiros, 2005, p. 22.

5 *Curso de direito civil brasileiro*. 17. ed. São Paulo: Saraiva, 2002. v. 4.– Direito das coisas, p. 101-102.

"Art. 170. A ordem econômica, fundada na valorização do trabalho humano e na livre iniciativa, tem por fim assegurar a todos existência digna, conforme os ditames da justiça social, observados os seguintes princípios: I – soberania nacional; II – propriedade privada; III – *função social da propriedade*; IV – livre concorrência; V – defesa do consumidor; VI – defesa do meio ambiente, inclusive mediante tratamento diferenciado conforme o impacto ambiental dos produtos e serviços e de seus processos de elaboração e proteção; VII – redução das desigualdades regionais e sociais; VIII – busca do emprego; IX – tratamento favorecido para as empresas de pequeno porte constituídas sob as leis brasileiras e que tenham sua sede e administração no País. Parágrafo único. É assegurado a todos o livre exercício de qualquer atividade econômica, independentemente de autorização de órgãos públicos, salvo nos casos previstos em lei" (grifo nosso).

No *caput* do art. 170, o constituinte deixou vincado que a ordem econômica, além de fundada na valorização do trabalho humano, também o é na livre-iniciativa, o que afasta a possibilidade da adoção de governo e planejamento econômico socialista, e sua especulação pela doutrina a estes ligada. Entretanto, na segunda parte do artigo supracitado, o constituinte deu o caráter social à propriedade e à atuação privada.

Dispõe que a livre-iniciativa tem como finalidade assegurar a existência digna, tendo como princípios norteadores[6] aqueles disciplinados nos incisos do mesmo artigo. Importante destacar que o artigo em comento não impõe, *por tudo e por todos*, o dever de todo e qualquer exercício da atividade econômica a implementação dos princípios arrolados nos incisos. Além disso, diversos dispositivos têm como único destinatário o Estado.

A Constituição Federal, mais adiante, mas ainda tratando da ordem econômica, determina que a lei reprima o abuso de poder econômico que vise à

[6] Fazendo um paralelo, hodiernamente há nova doutrina administrativista que prega que a Administração pública não deve mais apego ao princípio da legalidade, não entendendo mais este com o rigor que antes existia, devendo agora apegar-se à *juridicidade* ou "bloco de legalidade", que seriam termos mais amplos. Entretanto, muitos dos novos doutrinadores utilizam-se desse expediente para liberar o Estado das "amarras" da legalidade em busca da *eficiência*, mas esquecem, ao elaborar tais doutrinas, de analisar com cuidado o art. 37 da CF, o qual prega a obrigatória adesão da Administração Pública ao clássico *princípio da legalidade, pelo qual a Administração Pública só poderá fazer aquilo que a lei permitir, e, dependendo o caso, com maior ou menor competência discricionária.* Os princípios constitucionais do art. 37 são os objetivos a serem perseguidos pela Administração Pública, iniciando o caminhar com a lei de regência. Esse é o sentido do termo *juridicidade*. No caso da ordem econômica, os princípios do art. 170 são as normas a serem respeitadas pelo agente privado.

dominação dos mercados, à eliminação da concorrência e ao aumento arbitrário dos lucros (§ 4.º do art. 173 da CF).

Quando a Constituição conferiu à lei (legislador) o dever de reprimir o abuso de poder econômico, não o fez no sentido de *repressão* corriqueiramente conhecido, como o de buscar a cessação de condutas postas em andamento. O termo "repressão" disciplinado no dispositivo constitucional impõe ao Estado obrigação de averiguar atos que, no seu nascedouro, possam vir a caracterizar abuso de poder econômico e que visem às práticas contidas no § 4.º acima.

Estamos a fazer referência de que na análise das estruturas devemos aplicar as teorias econômicas comportamentais (é sabido que toda e qualquer empresa visa à maximização dos lucros e, em se tratando de País como o nosso, onde sempre estiveram presentes os monopólios, quando defrontadas com a competição, as empresas buscarão os lucros por meios escusos, os quais devem sofrer repressão desde o início), sendo a possível adoção pelos agentes privados de atitudes que poderão prejudicar a coletividade seu ponto fundamental.

Não é estranha em nossa doutrina a aplicação e análise conjunta das teorias comportamentais e estruturais na aplicação do antitruste. Assim o fez o eminente Calixto Salomão Filho:

> "Os estudos dos comportamentos anticoncorrenciais têm também outro significado fundamental. Compõem, ao lado do controle das estruturas, o sistema de proteção concorrencial. É através da aplicação simultânea e conjunta de ambos os subsistemas (controles estrutural e comportamental) que a proteção concorrencial ganha eficácia. (...) No Direito Brasileiro o mesmo dilema se faz sentir. Os acordos entre concorrentes são claramente sujeitos à disciplina das estruturas por força do art. 54 da lei concorrencial. Em virtude da total ausência de regulamentação estatal clara a dispor a respeito dos referidos acordos, o que se pode esperar é que o art. 54 seja utilizado como regra da razão para a análise comportamental dos acordos entre concorrentes".[7]

O dever de o CADE analisar preventivamente a concentração econômica que possa criar ambiente propício à prática de atos que visem a domínio de mercado, restrição da concorrência e aumento arbitrário dos lucros, que acabam por caracterizar abuso de poder, é exercido por meio da *função administrativa*, a qual entendemos nos termos propostos pelo Prof. Vladimir da Rocha França.[8]

---

[7] *Direito concorrencial – as condutas*. 1. ed. 2. tir. São Paulo: Malheiros, 2007, p. 18 e 20

[8] "Atividade de expedição, desempenhadas pelas pessoas estatais (ou por quem lhe esteja no exercício de prerrogativas estatais), de regra complementares à lei, sujeitas ao controle jurisdicional, numa posição privilegiada e superior diante dos

Mais especificamente, trata-se de intervenção do Estado na ordem econômica para limitar o exercício do direito de propriedade e da livre-iniciativa, garantindo a observância dos princípios insculpidos no art. 170 da Constituição Federal (na esfera infraconstitucional, a proteção é à concorrência de forma imediata e ao consumidor de forma mediata, ou seja, é disposição mais específica que a norma do art. 170, a qual também é concretizada por outros diplomas legislativos, como p. ex., pelo CDC).

Muito bem leciona o emérito Prof. Celso Antônio Bandeira de Mello ao discorrer acerca do tema:

> "Através da Constituição e das leis os cidadãos recebem uma série de direitos. Cumpre, todavia, que o seu exercício seja compatível com bem-estar social. Em suma, é necessário que o uso da *liberdade* e da *propriedade* esteja entrosado com a utilidade coletiva, de tal modo que não implique uma barreira capaz de obstar a realização dos objetivos públicos. Convém desde logo observar que não se deve confundir liberdade e propriedade com *direito de liberdade* e *direito de propriedade.* Estes últimos são as expressões daquelas, porém tal como admitidas em um dado sistema normativo".[9] (grifo do original).

Com detida atenção ao tema das restrições administrativas lecionou Carlos Ari Sundfeld, sempre no sentido de esmiuçar essa clássica atuação do Estado na esfera privada:

> "Os condicionamentos administrativos são as situações subjetivas passivas, impostas pela lei e controladas pela Administração (ou impostas pela Administração Pública, com base em lei, e por ela controladas), aos titulares de direitos, para definir seu campo de legítimo exercício, traduzidas em deveres de não fazer (limites do direito), fazer (encargos do direito) ou suportar (sujeições)".[10]

A doutrina é clara: o que se limita é o exercício do direito de propriedade/livre-iniciativa (no caso de aquisição, fusão etc.) em respeito aos princípios

---

particulares, para viabilizar a concretização dos interesses públicos" (A função administrativa. *REDE – Revista Eletrônica de Direito do Estado*. Salvador, Instituto Brasileiro de Direito Público, n. 12, out.-dez. 2007. Disponível em: www.direitodoestado.com.br. Acesso em: 9 jul. 2008, às 18h37). Para análise específica sobre a natureza jurídica do controle dos atos de concentração, vide Carlos Ari Sundfeld. A função administrativa no controle dos atos de concentração. Disponível em: www.sundfeld.adv.br.

9 *Curso de direito administrativo*, 17. ed. São Paulo: Malheiros, 2004, p. 714.

10 *Direito administrativo ordenador*. 1. ed. 3. tir. São Paulo: Malheiros, 2003, p. 54.

constantes do art. 170 da CF (e outras normas específicas), pelo que a Administração Pública impõe aos agentes privados obrigação de não fazer (a fusão), fazer (possibilita a compra da empresa X pelo conglomerado[11] Y, desde que este venda a empresa Z), suportar (aceitação de compromisso de desempenho).

As restrições impostas pelo Estado às empresas decorrem de imperativos constitucionais que vinculam a atuação estatal no cumprimento e respeito aos ditames sociais. A legislação infraconstitucional *antitruste* é apenas uma cota-parte do extenso dever-poder público nesse sentido.[12]

3. Análise de processo para apuração de infração à ordem econômica – atividade jurídico-administrativa de aplicar a lei

Ao tratar do regime jurídico da atividade do CADE de analisar os processos administrativos correntes visando apurar infrações à ordem econômica, iremos adentrar em tema que ainda carece de análise dogmática[13] pela doutrina, qual seja a competência "judicante", jurisdicional ou contenciosa realizada pela Administração Pública.[14-15]

---

11 Vide Calixto Salomão Filho. *Direito concorrencial – as estruturas*. 2. ed. São Paulo: Malheiros, 2002, p. 294.

12 Não nos é desconhecida a doutrina concorrencial acerca da natureza e bens jurídicos protegidos pelo direito antitruste, mas, de forma geral, entendemos que a Constituição Federal busca a conformação da atuação privada à garantias sociais.

13 Vide Tercio Sampaio Ferraz Jr. *Introdução ao estudo do direito – técnica, decisão, dominação*. 4. ed. São Paulo: Atlas, 2003.

14 Apesar da afirmação de que a matéria carece de trabalhos verdadeiramente científicos, não podemos deixar de exaltar excelentes trabalhos sobre o tema, como *Processo administrativo*, de Sérgio Ferraz e Adilson Dallari; *Introdução ao direito processual administrativo*, de Manoel de Oliveira Franco Sobrinho; *Princípios do processo administrativo e judicial tributário*, de Alberto Xavier (estes dois últimos são muito arraigados à doutrina européia, além do que deixam de fazer as ressalvas de que no velho continente há a Jurisdição Administrativa, e que suas premissas são inservíveis ao nosso ordenamento); *Direito administrativo no Brasil – processo administrativo*, de José Cretella Júnior; Os clássicos manuais de Celso Antônio Bandeira de Mello, Lúcia Vale Figueiredo e Hely Lopes Meirelles. Merece destaque artigo formulado pelo jovem mestre da PUC/SP Ricardo Marcondes Martins, O conceito científico de processo administrativo, *RDA* 235/321. Apesar do caráter dogmático empregado pelo autor, não acatamos sua tese.

15 Usamos as palavras mais adotadas pela doutrina/jurisprudência, o que não significa que sejam elas sinônimas.

A polêmica em torno dessa segunda atividade preponderante exercida pelo CADE gira em torno da adoção pela lei infraconstitucional do termo "judicante": se se trata de incorreção terminológica que deveria ser afastada em razão das normas constitucionais ou se da mesma haveriam de serem extraídas normas em consonância com a ordem constitucional.

Para melhor compreensão, vejamos o que prescreve a Lei n. 8.884/94:

> "Art. 3.º O Conselho Administrativo de Defesa Econômica (Cade), órgão judicante com jurisdição em todo o território nacional, criado pela Lei n. 4.137, de 10 de setembro de 1962, passa a se constituir em autarquia federal, vinculada ao Ministério da Justiça, com sede e foro no Distrito Federal, e atribuições nesta lei".

Soa estranho em um país como o Brasil, que adotou o sistema jurisdicional uno, a dicção legal de o órgão administrativo, no caso o CADE, ser *judicante* com *jurisdição* em todo o território nacional. Ainda mais, após longos anos, não haver análise pormenorizada acerca destas duas afirmações legais. O que se chegou, na doutrina e no próprio CADE, foi à afirmação de que o órgão administrativo exerce função "quase judicial".[16]

Em razão da análise feita no tópico acima, é claro que a competência do CADE não se restringe à função "judicante", pois, como visto, ele exerce típica *função administrativa* por meio da atividade de limitação ao exercício dos direitos de propriedade e liberdade. Por outro lado, também não exerce somente *função administrativa.*

Ao falarmos que o CADE não exerce somente função administrativa, estamos a afirmar que o mesmo exerce, sob o *regime jurídico administrativo,*[17] atividade diferente daquelas desempenhadas corriqueiramente pela Administração Pública, subsumidas ao exercício da *função administrativa,* tal como desenhada pelo Prof. Vladimir F. Pinto, supracitada, e realizada por meio da expedição de *atos administrativos em sentido estrito.*[18]

---

[16] Ao falar em "quase judicial", além de completa falta de análise científica, pretendem seus defensores afastar ao máximo as decisões do CADE do controle realizado pelo Poder Judiciário. Vide Processo no CADE n. 08700.001961-1/3. Fábio Ulhoa Coelho também adota a terminologia "quase-judicial"; entretanto, prega o amplo controle judicial das decisões proferidas pelo CADE. *Curso de direito comercial.* 6. ed. São Paulo Saraiva, 2002. v. 1, p. 202.

[17] Devendo aplicar às decisões administrativas os pilares do regime jurídico administrativo, a "supremacia do interesse público" e a "indisponibilidade do interesse público".

[18] Celso Antônio Bandeira de Mello, ob. cit., p. 353-354.

Em determinados momentos, e em razão de normas constitucionais e infraconstitucionais, alguns órgãos da Administração Pública exercem atividades – e não funções[19] – que se assemelham materialmente às funções exercidas pelo Poder Judiciário e pelo Poder Legislativo.[20] Estamos, hodiernamente, diante uma sociedade em muito globalizada, na qual o Estado, em suas funções e instituições, deve estar instrumentalizado com os mais diversos mecanismos, muito dos quais não conseguiremos, em princípio, identificar e situar nos regimes jurídicos classicamente conhecidos. Como grande exemplo, temos situar o Ministério Público dentro da conhecida separação dos poderes. Qual ou quais das três funções estatais ele exerce? A qual Poder ou Poderes ele está vinculado?

A doutrina administrativista, consubstanciada no já citado Prof. Celso Antônio, aponta para o exercício de *funções atípicas* pelos três "Poderes" estatais. Nesse sentido, o Poder Executivo exerceria de forma atípica a função de criar normas, assim como a de julgar, ocorrendo o mesmo com os demais Poderes Legislativo e Judiciário:

> "Com efeito, ninguém duvida que o Poder Legislativo, além dos atos tipicamente seus, quais os de fazer leis, pratica atos notoriamente administrativos, isto é, que não são nem gerais, nem abstratos e que não inovam

---

19 Somente se poderá falar no exercício das clássicas funções administrativa, legislativa e judicial quando submetidas inteiramente ao regime jurídico respectivo, o que, é claro, não excluí o exercício de atividades outras que também estão sob seus regimes jurídicos, mas não se confunde com as típicas funções.

20 É de se afirmar que todos os três Poderes do Estado exercem função administrativa sob o regime jurídico administrativo, o que não torna a função *atípica*, passo que, tanto ao Poder Judiciário como ao Poder Legislativo, é típico o exercício dessa função quando os observamos no trato interno. Por outro lado, em momento algum o Poder Judiciário exercerá função legislativa, mesmo tendo competência constitucional para inovar no ordenamento jurídico (art. 96, I, *a*), instituição de regimento interno. Interessante o caso do Conselho Nacional de Justiça (art. 103-B, § 4.º, e seus incisos). Ao julgar a Resolução n. 07/05 do CNJ, o STF (MC/ADIn n. 12), entendeu pela possibilidade de o Conselho inovar no ordenamento jurídico diretamente da CF, sem a necessidade de lei anterior, sendo voto vencido o do Min. Marco Aurélio, o qual entendeu pela não possibilidade de o órgão administrativo inovar no ordenamento. Entretanto, é necessária a ressalva de que ambas as disposições constitucionais só permitem a inovação no ordenamento jurídico para regular situação interna – *relação de sujeição especial* – afeita aos servidores estatais, e nunca aos administrados em geral albergados pela *relação de sujeição geral*. Tampouco o Poder Legislativo irá exercer função judicial, irá, quanto muito, realizar julgamento político ou julgamento administrativo (processo disciplinar), mas ambos regidos por regime jurídico diferente ao do Judiciário.

inicialmente na ordem jurídica (por exemplo, quando realiza licitações ou quando promove seus servidores) e que o Poder Judiciário, de fora parte proceder a julgamentos, como é sua específica atribuição, pratica estes mesmo atos administrativos a que se fez referência. Acresce que, para alguns, o processo e julgamento dos crimes de responsabilidade, atividade posta a cargo do Legislativo, é exercício de função jurisdicional, irrevisível por outro Poder, de sorte que o referido corpo orgânico, além de atos administrativos, e de par com os que lhe concernem normalmente, também pratica atos jurisdicionais. Outrossim, conforme opinião de muitos, o Judiciário exercia atos de natureza legislativa, quais os seus regimentos internos. (...) De seu turno, o Poder Executivo expede regulamentos, atos que materialmente são similares às leis, e na Europa, muitos destes regulamentos inovam inicialmente na ordem jurídica, tal como o fazem as leis. É certo, ainda, que o Executivo também decide controvérsias. É o que faz, *exempli gratia*, nos processos que tramitam perante o Conselho Administrativo de Defesa Econômica (CADE)".[21]

Neste momento, nos valeremos de doutrina estrangeira, visto entendemos ser ela bastante útil à compreensão do tema e demonstrar aproximar-se de nossa ordem constitucional. As observações são do eminente Prof. Agustín Gordillo,

> "Pero las dificultades surgen de que ello nos es así; de que cada órgano no se limita únicamente a la función que le corresponde y que, por lo tanto, la separación de funciones en cuanto atribución de éstas a órganos diferenciados, se realiza tan sólo imperfectamente; a lo que cabe agregar que constitucionalmente existen órganos administrativos que realizan funciones administrativas pero son, o al menos tienen la directiva constitucional de ser, tan independientes e imparciales como los órganos judiciales".[22]

Falar em função atípica é o mesmo que falar em *serviço público impróprio*. Imprópria na verdade é a terminologia. Ao CADE foi conferida competência para o exercício de atividade de aplicar a lei no caso concreto, em caráter de decisão final na esfera administrativa, resolvendo lide entre o Estado[23] e o ad-

---

21 Ob. cit., p. 31-32. O autor, apesar de sugerir expor opiniões de outros, não as afasta, motivo pelo qual entendemos que as aceita.

22 *Tratado de derecho administrativo*. 7. ed. Belo Horizonte: Del Rey, 2003. t. I, parte geral, p. IX – 3.

23 Falamos em *Estado*, pois quando o processo chega ao CADE para julgamento, há interesse da SDE (leia-se Ministério da Justiça) na condenação do administrado.

ministrado, decisão esta plenamente submissível à análise do Poder Judiciário em virtude do inc. XXXV do art. 5.º da CF.

Ao afirmar que ao Conselho compete *aplicar* a lei, estamos traçando distinção entre a atividade realizada por esse órgão administrativo (sempre com base na atual legislação, já que tudo mudaria caso fosse aprovado pelo Congresso Nacional projeto de lei que pretende alterar completamente o SBDC), caracterizada como função administrativa exercida no controle dos atos de concentração, com aquela de analisar processos para apuração de infração à ordem econômica.

A distinção entre executar e aplicar a lei pode ser constatada com análise de atuação de outro órgão. Vejamos, *exempli gratia*, o caso da ANVISA – Agência Nacional de Vigilância Sanitária. Quando esta expede autorizações ou quando seus agentes realizam fiscalização sanitária, claramente estão *executando* ou fiscalizando a execução das normas técnico-sanitárias – Lei n. 6.360/76. Por outro lado, quando confirmado que determinado administrado deixou de cumprir com as normas sanitárias, compete ao agente sanitário *aplicar* a lei que impõe penalidades em razão da infração cometida – Lei n. 6.437/77.

A possibilidade de órgãos administrativos aplicarem as leis de forma materialmente semelhante ao Judiciário está plenamente disposta na Constituição Federal. O primeiro dispositivo (art. 5.º), inclusive, garante ao administrado os mesmos direitos constitucionais destinados ao acusado em processo judicial:

> "LIV – ninguém será privado da liberdade ou de seus bens sem o devido processo legal;
>
> LV – aos litigantes, em processo judicial ou administrativo, e aos acusado em geral são assegurados o contraditório e ampla defesa, com os meios e recursos a ela inerentes; (...)".

Apesar de doutrina contrária,[24] entendemos que os incisos são correlatos, e reconhecem a existência de órgãos administrativos que realizam e julgam processos administrativos, relativamente aos moldes do Judiciário. A privação da liberdade não existe somente no caso da prisão, mas também se aplica nos casos de limitação ao exercício do direito de liberdade de iniciativa empresarial, o mesmo ocorrendo com o direito de propriedade, nos quais, em razão do inc. LIV acima, a limitação somente poderá ser concretizada após o transcurso do devido processo legal.

Fazemos equivalência entre a SDE e o Ministério Público nos casos julgados pela justiça criminal.

[24] Ricardo Marcondes Martins, ob. cit.

O dispositivo é seguido por outros, tais como o art. 41, § 1.º, II, da CF,

"§ 1.º O servidor público estável perderá o cargo: (...)

II – mediante processo administrativo em que lhe seja assegurada ampla defesa; (...)."

No mesmo sentido dispõe o art. 247, parágrafo único:

"Parágrafo único. Na hipótese de insuficiência de desempenho, a perda do cargo somente ocorrerá mediante processo administrativo em que sejam assegurados o contraditório e a ampla defesa."

Não há dúvidas de que a Administração Pública exerce, com base constitucional, atividade de *aplicar a lei no caso concreto para solucionar lide entre o Estado (representado pela Secretaria de Direito Econômico – SDE) e o administrado (ou ente estatal), com expedição de decisão administrativa, fazendo coisa julgada para a Administração Pública, mas passível de revisão judicial, por provocação do próprio administrado, cidadão ou Ministério Público.* Importante frisar que a possibilidade de questionar a decisão na esfera judicial não se dá por se tratar de decisão administrativa, mas sim em razão do inc. XXXV do art. 5.º da CF, havendo maior ou menor acesso dependendo do caso concreto em razão da legislação de regência.

Assim, é possível propor os fatores que demonstram a existência de diferença substancial entre função administrativa exercida na apreciação dos atos de concentração e atividade de julgar os processos administrativos.

O ato expedido no exercício da função administrativa (análise de concentração) é unilateral. Submetido o pedido de aprovação de ato de concentração, deve a empresa apenas aguardar a decisão final, não tendo qualquer direito de manifestação no decorrer da análise; no máximo, podendo apresentar novas documentações se solicitadas pela autoridade administrativa. Diametralmente oposta é a apuração de infração à ordem econômica, em que a decisão tomada pelo CADE só terá validade se houver a participação do administrado em todo o processo, com respeito ao devido processo legal, a ampla defesa e o contraditório.

Outro ponto que afasta a função administrativa da atividade de aplicar a lei no caso concreto é a possibilidade de, em se tratando de ato de concentração, a Administração Pública revisar seu próprio ato constitutivo (ampliativo) de direito que autorizou a concentração, se após a autorização a concentração se mostrar danosa à ordem econômica. A possibilidade se dá com base constitucional, já que diante do art. 173, § 4.º, deve o Estado reprimir o abuso de poder. Na revisão do ato de autorização, deverá a Administrativa Pública analisar qual a postura mais adequada diante o caso: simplesmente desfazer o ato; desfazê-lo parcialmente; ou determinar a venda de outra parte da empresa, em sendo possível.

No caso do processo de apuração de infração à ordem econômica, não poderá a Administração Pública rever seu ato em sede administrativa ou na esfera judicial. A revisão da decisão administrativa nestes processos só caberá ao administrado, e aos legitimados pelo ordenamento jurídico na defesa dos interesses da coletividade, se, e somente se, houver conluio entre o CADE e o administrado (desvio de finalidade), não podendo esses legitimados discutir o mérito da decisão.

Neste passo, sempre oportunas as lições dos eminentes Profs. Sérgio Ferraz e Adilson de Abreu Dallari acerca da matéria:

> "Pode-se (e deve-se) falar, sim, em coisa julgada administrativa. Não infirma sua existência a possibilidade de reexame jurisdicional do ato. O que a expressão traduz é a impossibilidade de se rever, de ofício ou por provocação, o ato (ou a decisão no processo administrativo), em sede administrativa, após o percurso traçado no ordenamento jurídico. Trata-se de um imperativo dos princípios da Administração Pública em geral, dos da boa-fé, moralidade e segurança jurídica (dentre outros), em particular. (...).
>
> A estabilidade da decisão administrativa é uma qualidade do agir administrativo, que os princípios da Administração Pública, mais acima referidos, impõem".[25]

No mesmo caminho há muito tempo já lecionava José Cretella Jr.:

> "8.º Nos casos de absolvição em processo administrativo, a decisão final, verdadeira sentença, configura também a coisa julgada administrativa, tanto que 'a restauração de processo definitivamente julgado para nêle proferir despacho contraditório com o anterior, atenta contra a estabilidade das decisões administrativas de caráter jurisdicional e é inválida e ineficaz'".[26]

Por fim, consubstanciando e colocando ponto à análise, prescreve a Lei n. 8.884/94, art. 83, que aos processos administrativos (aplicação aos de apuração de infração à ordem econômica) previstos nela aplica-se subsidiariamente o Código de Processo Civil, não se aplicando a lei de processo administrativo.

---

[25] Ob. cit., p. 43.

[26] Ob. cit., p. 201-202.

Os termos "judicante" e "jurisdicional" da Lei n. 8.884/94 não quiseram e não querem dizer que o CADE exerce função judicial. Querem, na verdade, isolar sua atuação dentro do Sistema Brasileiro de Defesa da Concorrência. Os Conselheiros deverão ter sempre em mente que sobre eles recaem os princípios basilares do processo judicial: *juiz natural*, devendo a distribuição dos processos ser aleatória; *imparcialidade*, já que a lei, ao destinar à SDE competência para fiscalizar o mercado e instruir os processos, retirou a possibilidade de o CADE julgar com a parcialidade administrativa existente nos demais órgãos estatais; *impessoalidade*, não atuando em benefício de qualquer pessoa; *devido processo legal*, em sentido processual e substantivo, devendo apenas aplicar a lei no caso concreto sem qualquer discricionariedade, com proporcionalidade na aplicação das penalidades.

4. Regulação econômica e a competência regulamentar do CADE ao tratar do TCC

4.1 Regulação econômica em sentido amplo

A atuação do Estado na ordem econômica pode ocorrer por diferentes meios, aos quais chamamos de regulação em sentido amplo. Contudo, no Brasil, em especial no final da década de 1990, os administrativistas de plantão passaram a vincular a atuação estatal regulatória à atuação dos velhos/novos agentes reguladores, com destaque para as Agências Reguladoras. Sobre estas retornaremos no tópico seguinte.

Para delimitar o campo de atuação do CADE no tratamento do TCC, é necessário colocar algumas premissas acerca da regulação econômica.

Como já assinalado, o Estado exerce, como sempre exerceu, regulação econômica pela utilização de diversos mecanismos. Esta pode se dar por meio: de regulação da economia em si, com políticas econômicas criadas pelo Banco Central; de política de comércio exterior com a majoração e redução de tributos extrafiscais, como o imposto de importação e exportação;[27] de benefícios fiscais regionais para o desenvolvimento econômico e redução das desigualdades – nesse último caso, por meio de políticas econômicas desenvolvidas pelos Municípios, e agora com o conjunto de Municípios com a formação de consórcios (art. 241 da CF e Lei n. 11.107/2005) –; e de controle de preços de produtos.

Entretanto, a matéria ganhou novos contornos a partir de 1995, quando o governo federal deu início à reforma da Administração Pública, com a inclu-

---

[27] Vide a excelente monografia de André Elali. *Tributação e regulação econômica – um exame da tributação como instrumento de regulação econômica na busca das desigualdades regionais*. São Paulo: MP Editora, 2007.

são constitucional de órgãos reguladores por meio da EC n. 8/95. A discussão acerca desses órgãos só ganhou corpo quando começaram a ser criados pelas leis posteriores.

Com o nascimento constitucional desses "órgãos reguladores", e sua disciplina em lei ordinária, o tema regulação econômica ganhou novos contornos e maior exposição, principalmente em decorrência de termos passado de um Estado prestador para fiscalizador de serviços públicos e de relevância pública. A par disso, estamos diante um sistema específico de regulação econômica, o que vamos chamar de regulação econômica em sentido estrito.

4.2 Regulação econômica em sentido estrito e a regulamentação do TCC

Várias foram as discussões em torno dos novos agentes reguladores; entretanto, a que mais ganhou atenção, e discussões apaixonadas, refere-se à sua competência normativa. A matéria deve ser, ao menos em suas premissas, tratada no presente trabalho, pois fundamental para saber o alcance da competência do CADE ao tratar o TCC.

Tiramos do voto do Min. Moreira Alves conclusão de como era tratada a competência reguladora do Estado insculpida no art. 174 da Constituição Federal antes da inclusão dos "órgãos reguladores" na Constituição de 1988:

> "Atribuiu-se ao Estado o papel de agente normativo e regulador da atividade econômica, ao se dispor no *caput* do artigo 174: 'Como agente normativo e regulador da atividade econômica, o Estado exercerá, na forma da lei, as funções de fiscalização, incentivo e planejamento, sendo este determinante para o setor público e indicativo para o setor privado'. Não se limita esse dispositivo a declarar que o *Estado desempenhará, na forma da lei, as funções - que não são normativas, mas, sim, executivas -* de fiscalizar, incentivar e planejar (...) a atividade econômica"[28] (grifo nosso).

Com a reforma constitucional (EC n. 08/95 e 19/98), e a mudança de paradigmas na Europa a partir dos anos 1980, ganha força no Brasil a discussão sobre esse mesmo dispositivo constitucional (art. 174), que não sofrera qualquer alteração textual. Passam as doutrinas constitucional e administrativa a conferir ao Estado (órgãos reguladores) ampla competência normativa, a partir de, segundo eles, revisão de velhos "dogmas", como a separação dos poderes em sentido forte, onde não haveria espaço para a Administração Pública fora do texto legal (*princípio da legalidade*), passando à separação dos poderes em

---

[28] ADIn n. 319/DF.

sentido fraco, onde haveria matéria reservada constitucionalmente à lei formal e outras que poderiam ser tratadas superficialmente pela lei, deixando maior espaço aos órgãos reguladores.

A nova doutrina escorre por vários argumentos para tratar a matéria. Há aqueles que sustentam uma administração pluricêntrica, em que existiriam diversos centros de decisão, exercício da função administrativa e agora a função normativa conferida pela Constituição. Há aqueles que explicam a ampla função normativa pelo fenômeno da deslegalização, pelo qual, no Estado Moderno, o legislador deveria repassar algumas matérias ao trato da Administração Pública.[29] Acreditamos que as maiores vozes em defesa da ampla competência normativa das agências reguladoras advenham das universidades do Rio de Janeiro, ganhando destaque aquela desenvolvida por Alexandre Santos de Aragão.[30-31] Importante trabalho do mesmo autor e que nos ajuda a sintetizar os novos contornos regulatórios intitula-se *As agências reguladoras independentes e a separação dos poderes: uma contribuição da Teoria dos Ordenamentos Setoriais*.

Grosso modo, o autor afirma no texto a existência de ordenamentos jurídicos setoriais. Assim, haveria um ordenamento central que trataria de matérias a ele inerentes, tais como Direitos Civil, Penal e Comercial e os ordenamentos

---

29 Estes, propositalmente, se valem de doutrina estrangeira, porém sem fazer a ressalva de que esta tem como fundamento as novas normas que realmente deixam para a Administração Pública a competência de normatizar determinadas matérias, como se fosse fenômeno ocorrido no Brasil. Outros, absurdamente, defendem que, em razão do déficit democrático do Congresso Nacional, da possibilidade de participação dos cidadãos por meio de Consultas Públicas promovidas pelas Agências, estaríamos diante da participação direta do povo na elaboração das normas, o que substituiria a lei formal.

30 Vide *Agências reguladoras e a evolução do direito administrativo econômico*. 2. ed. São Paulo: Forense, 2005.

31 Interessante que esses novos doutrinadores, ao sustentarem ampla competência normativa dos entes reguladores independentes, são acusados de advogarem para o *neoliberalismo*; contudo, esquecem os críticos que ao conferir ampla competência às agências, estão os novos doutrinadores pregando pelo crescimento da interferência do Estado na ordem econômica, já que as novas normas deixariam de passar pelo Congresso Nacional. Também não há que sustentar que a ampliação de competência das agências abriria as portas para a indústria do *lobby* ou atuação dos *grupos de interesse*, como escrevemos em conjunto com o Bruno Francisco Cabral Aurélio em *Regulação e o interesse privado: contribuição brasileira para a Teoria de George J. Stigler*. Disponível em: www.migalhas.com.br. Acesso em: 10 jul. 2008. No artigo, demonstramos que, em razão da resistência das agências, as empresas brasileiras estão fazendo pressão, e obtendo êxito, diretamente com a Administração Pública central.

setoriais, aplicáveis a determinada parcela da sociedade, em especial a determinadas atividades econômicas, pelos quais os administrados se sujeitariam às normas produzidas pelos órgãos responsáveis pela regulação, como as Agências Reguladoras. Porém, o autor deixa uma lacuna em sua doutrina ao não indicar onde, nas reformas constitucionais, ocorreram as mudanças constitucionais (não houve no art. 174) que conferiram amplitude normativa aos agentes descentralizados, afastando a característica assinalada pelo Min. Moreira Alves acerca da regulação econômica, qual seja a de os órgãos reguladores exercerem apenas função administrativa (executória), cumprindo à lei traçar todos os caminhos a serem trilhados pela Administração.

É de se afirmar que, constitucionalmente, a ANVISA, a ANS, a ANATEL e demais agências reguladoras deveriam exercer suas atividades com a mesma amplitude e característica que o Ministério da Agricultura ao estabelecer normas técnicas. É certo que há variações – mas sempre respeitando o *princípio da legalidade* –[32] entre a regulação exercida pela ANATEL e a ANVISA, em razão de haver na primeira *relação de sujeição especial* e na segunda *relação de sujeição geral.*

Apesar do acima argumentado, é certo que o Estado moderno impõe a aceitação de novas posturas estatais, inclusive quanto ao método legislativo. Não mais remanesce a fórmula de lei exaustiva em matéria regulatória, tratando de todos os pontos. A lei dá maior abertura à Administração Pública, não ao ponto de delegação, como vem ocorrendo no Brasil, é óbvio, mas há maior abertura.[33] Deve a lei na regulação em sentido estrito (técnica) criar todos os institutos, obrigações, limitações etc., cabendo à Administração a possibilidade de dar o conteúdo técnico para novos institutos.

Entretanto, essa maior abertura não se dá para qualquer órgão administrativo: entendemos que a Constituição confere apenas aos órgãos reguladores setoriais a abertura técnica; aos demais, como para a Administração central, se

[32] Não só a legalidade administrativa, mas sim a legalidade insculpida no inc. II do art. 5.º. Este traz o fundamento do Estado de Direito Brasileiro, pois concretizador da República, e representa, sim, nos mesmos moldes de seu nascedouro, a vontade popular, com abertura do *contrato social.*

[33] Vejamos Carlos Ari Sundfeld: "Será verdade, como temem alguns, que a agência reguladora é necessariamente usurpadora da função legislativa? Não. Nos novos tempos, Poder Legislativo faz o que sempre fez: edita leis, freqüentemente com alto grau de abstração e generalidade. Só que, segundo os novos padrões da sociedade, agora essas normas não bastam, sendo preciso normas mais diretas para tratar das especificidades". Introdução às agências reguladoras. In: *Direito administrativo econômico.* Coord. Carlos Ari Sundfeld, 1. ed. 2. tir. São Paulo: Malheiros, 2002, p. 27.

aplica o instituto da competência regulamentar,[34] insculpido no art. 84 da CF. O mesmo ocorre com o CADE.

Não é o Conselho, de acordo com a legislação atual, Agência Reguladora ou a ela equiparada. Como analisado nos tópicos acima, compete ao CADE o exercício de função administrativa na análise de ato de concentração e julgar os casos de apuração de infração à ordem econômica. Em nada se compara à Agência, mesmo sabendo-se que elas podem com menor ou maior grau realizar análise de concentração e julgamento de infração à ordem econômica (setorial). Mas isso não inclui o CADE no mesmo regime jurídico das Agências.

A análise conjugada do art. 174, concomitante ao art. 84, IV, da CF impõe a constatação de que a regra é a lei ser complementada, posta em operação por meio de Decreto Presidencial (legítima competência regulamentar); e, em caráter excepcional, em razão de conhecimento técnico, poderão os órgãos administrativos (centralizados ou não) exercer competência "regulamentar técnica".

Em se tratando do CADE, deve ser aplicada a regra de regulamentação da lei por meio de Decreto Presidencial, já que a matéria está inserida na competência regulamentar. Além disso, por não se tratar de regulamentação técnica, deve a lei trazer o máximo de tratamento ao TCC, incluindo, especialmente, os limites para aplicação das multas, sempre guardando proporcionalidade com a infração e os antecedentes da empresa. A par disso, competiria então ao Poder Central (Presidente da República) editar decreto para fiel execução da lei (art. 84 da CF), remanescendo ao CADE competência para implementar, no seio de sua estrutura, o procedimento anteriormente criado.

É inconstitucional a Lei n. 11.482/2007 na parte específica do TCC, por infração aos arts. 84, IV, e 174 da CF, ao conferir tamanha abertura e discricionariedade ao CADE, já que a ele, por não ser órgão regulador setorial, só resta exercer a competência regulamentar típica.

5. Conclusão

Da análise constitucional[35] e legal acerca das competências do CADE chegamos à conclusão que este exerce em caráter preponderante as atividades de aprovação prévia de ato de concentração (clássica função administrativa) e

---

[34] Provando ser o mestre de todos nós, vide a matéria em Celso Antônio Bandeira de Mello, ob. cit.

[35] Fala-se em análise constitucional das competências do CADE em razão de este personificar o Estado na prática, mas poderia ser qualquer outro órgão. Não há qualquer referência à natureza do órgão e à forma como deve ocorrer a repressão aos infratores da ordem econômica.

a jurídico-administrativa de julgar processo de apuração de infração à ordem econômica.

No primeiro caso, como já assinalado, estamos diante de clara atuação estatal na limitação do exercício dos direitos de propriedade e liberdade, limitação esta decorrente de deveres postos ao Estado pelo poder constituinte para, se não implementação, o respeito às normas sociais constitucionais, como é o caso do consumidor.

Já no segundo caso estamos diante do exercício estatal de atividade jurídico-administrativa de aplicação, *dever de aplicação*, de penalidades quando constatadas infrações à ordem econômica. Este ponto merece deveras importância, pois cada dia mais o CADE deve conferir importância às condutas praticadas pelos agentes econômicos, os quais, conhecidamente, buscam a todo o custo a maximização dos lucros, e por falta de experiência com *concorrência*, quando esta estiver presente, sua primeira postura é burlar as normas jurídicas.

No que se refere ao TCC – Termo de Compromisso de Cessação, que já dissemos, é instrumento processual para cessação de supostas condutas infracionais ainda em fase de apuração, e em que a pessoa, física ou jurídica, se compromete a cessar qualquer postura que possa fazê-la incorrer em infração, a atividade do CADE deveria ser apenas de natureza interna operacional.

Queremos com isso dizer que em razão dos art. 84 e 174 da Carta Constitucional, a lei deveria tratar inteiramente do TCC, deixando, se necessário, algum espaço complementar ao Presidente da República. E, ao final, competiria ao CADE, exercendo sua competência regimental, instituir procedimentos para pôr em prática os desígnios legais. Entretanto, ao arrepio da Constituição Federal, podemos constatar que não foi isso o ocorrido; a Lei n. 11.482/2007 suprimiu a competência regulamentar presidencial, conferindo ao órgão descentralizado "poder" que não é seu. É de se notar que a inconstitucionalidade aqui apontada é de natureza formal e não material, já que estávamos a tratar de competências formais do CADE. A análise dos textos produzidos ou que possam ser produzidos pelo Conselho para dar concretude à lei deve ser objeto de estudo próprio, tamanha a profundidade do tema.

Bibliografia

ARAGÃO, Alexandre Santos de. *Agências reguladoras e a evolução do direito administrativo econômico*. 2. ed. São Paulo: Forense, 2005.

______. As agências reguladoras independentes e a separação dos poderes: uma contribuição da teoria dos ordenamentos setoriais. *Revista de Diálogo Jurídico*, Salvador, CAJ – Centro de Atualização Jurídica, n. 13, abr.-maio 2002. Disponível em: www.direitopublico.com.br. Acesso em: 14 jul. 2008.

AURÉLIO, Bruno Francisco Cabral; CARVALHO JR., Itamar. *Regulação e o interesse privado: contribuição brasileira para a teoria de George J. Stigler*. Disponível em: www.migalhas.com.br. Acesso em: 10 jul. 2008.

ÁVILA, Humberto. *Teoria dos princípios – da definição à aplicação dos princípios jurídicos*. 4. ed. 2. tir. São Paulo: Malheiros, 2005.

COELHO, Fábio Ulhoa. *Curso de direito comercial*. 6. ed. São Paulo: Saraiva, 2002. v. 1.

CRETELLA JR., José. *Direito administrativo do Brasil – Processo administrativo*. São Paulo: Ed. RT, 1962. v. V.

DALLARI, Adilson Abreu; FERRAZ, Sérgio. *Processo administrativo*. São Paulo: Malheiros, 2001.

DINIZ, Maria Helena. *Curso de direito civil*. 17. ed. São Paulo: Saraiva, 2003. v. 4 – Direito das coisas.

ELALI, André. *Tributação e regulação econômica – um exame da tributação como instrumento da redução das desigualdades regionais*. São Paulo: MP Editora, 2007.

FERRAZ, Sérgio; DALLARI, Adilson Abreu. *Processo administrativo*. São Paulo: Malheiros, 2001.

FERRAZ JR., Tercio Sampaio. *Introdução ao estudo do direito – técnica, decisão, dominação*. 4. ed. São Paulo: Atlas, 2003.

FRANÇA, Vladimir da Rocha. A função administrativa. *REDE – Revista Eletrônica de Direito do Estado*. Salvador, Instituto Brasileiro de Direito Público, n. 12, out.-dez. 2007. Disponível em: www.direitodoestado.com.br. Acesso em: 15 jul. 2008.

FRANCO SOBRINHO, Manuel de Oliveira. *Introdução ao direito processual administrativo*. São Paulo: Ed. RT, 1971.

GORDILLO, Agustín. *Tratado de derecho administrativo*. 7. ed. Belo Horizonte: Del Rey, 2003. t. 1.

MARTINS. Ricardo Marcondes. O conceito científico de processo administrativo. *RDA*, n. 235, p. 321.

MEIRELLES, Hely Lopes. *Direito administrativo brasileiro*. 13. ed. São Paulo: Ed. RT, 1987.

MELLO, Celso Antônio Bandeira de. *Curso de direito administrativo*. 17. ed. São Paulo: Malheiros, 2004.

SALOMÃO FILHO, Calixto. *Direito concorrencial – as condutas*. 1. ed. 2. tir. São Paulo: Malheiros, 2007.

______. *Direito concorrencial – as estruturas*. 2. ed. São Paulo: Malheiros, 2002.

SUNDFELD, Carlos Ari. A função administrativa no controle dos atos de concentração. Disponível em: www.sundfeld.adv.br. Acesso em: 15 jul. 2008.

______. *Direito administrativo econômico*. Coord. Carlos Ari Sundfeld. 1. ed. 2. tir. São Paulo: Malheiros, 2002.

______. *Direito administrativo ordenador*. 1. ed. 3. tir. São Paulo: Malheiros, 2003.

XAVIER. Alberto. *Princípios do processo administrativo e judicial tributário*. 1. ed. São Paulo: Forense, 2005.

Concorrência e Defesa Comercial

Juliana Oliveira Domingues

Doutoranda em Direito pela Pontifícia Universidade Católica de São Paulo (PUC/SP). Mestre em Direito/ Relações Internacionais pela Universidade Federal de Santa Catarina (UFSC). Professora de Direito Internacional do MBA de COMEX na Universidade Nove de Julho e de Direito e Política Internacional na Faculdade Santa Marcelina. Pesquisadora da CAPES. Advogada.

1. Introdução

A discussão sobre a interface entre a defesa da concorrência e as medidas de defesa comercial não é nova no âmbito nacional e internacional. Contudo, esse tema permanece instigando os pesquisadores.

Conforme explica Campos, foi em 1925, sob a égide da Liga das Nações, que ocorreram as primeiras iniciativas para a definição de princípios gerais que fossem capazes de orientar uma legislação concorrencial no âmbito internacional.[1] Com o fim da Segunda Guerra Mundial, em 1945, os problemas econômicos estavam ligados principalmente: i) à restauração da economia da Europa, dada a fragilidade do sistema de exportações, quase inexistente, e considerando a elevada inflação e grandes importações que superavam a capacidade de pagamento; ii) à reestruturação do sistema

[1] O mesmo autor explica que nesse período também foram consideradas diversas propostas para o estabelecimento de um código antitruste internacional, mas que estas foram rejeitadas parcialmente pelos mesmos motivos que levaram ao fim da Liga da das Nações, e principalmente porque a maior parte das nações européias considerava os cartéis como instituições importantes para o desenvolvimento econômico. Veja-se: CAMPOS, Marcos Vinícius de. *Concorrência, cooperação e desenvolvimento – do falso dilema entre competição ou cooperação ao conceito de concorrência cooperativa*. São Paulo: Singular, 2008, p. 297.

monetário internacional; e iii) à necessidade de desenvolvimento dos países considerados subdesenvolvidos.[2]

Além disso, durante esse período, os Estados Unidos da América (EUA) apontavam que um dos principais fatores desencadeadores da guerra havia sido a excessiva concentração de poder econômico existente na estrutura industrial e comercial da Alemanha e do Japão, o que também era um obstáculo para a reestruturação do comércio internacional.[3]

Nesse momento do sistema multilateral de comércio, vale destacar o encontro de Bretton Woods, que ocorreu no final da Segunda Guerra Mundial. Por meio desse encontro os países vencedores da guerra objetivaram a instituição de órgãos que regulassem a economia internacional, e houve um consenso sobre a necessidade de criação de um Fundo Monetário Internacional (FMI), de um banco financiador da reconstrução européia e seu desenvolvimento (BIRD ou Banco Mundial) e, por fim, de uma organização internacional que regulamentasse os fluxos comerciais: a Organização Internacional do Comércio (OIC).[4]

Apenas o BIRD e o FMI foram criados. A OIC não obteve sucesso em razão de divergência da política interna norte-americana. Assim, como a formação dessa organização, sem a participação dos EUA, não era possível, em 1947 foi aprovado o Acordo Geral sobre Tarifas e Comércio (GATT).

O GATT era um conjunto de normas direcionadas, primeiramente, à redução das tarifas alfandegárias no comércio internacional.[5] As reduções tarifárias passaram a ser negociadas em rodadas periódicas, e houve o estabelecimento de vários acordos comerciais. Em abril de 1994 foi firmado o acordo de Marraqueche, que criou a Organização Mundial do Comércio (OMC), cujas atividades iniciaram-se em 1.º de janeiro de 1995.

A OMC é uma importante organização internacional que objetiva a facilitação do comércio e a garantia do cumprimento das normas reguladoras do comércio internacional, entre as quais as normas que regulam a aplicação de medidas antidumping, subsídios, salvaguardas e medidas compensatórias.

Vale lembrar que um acordo sobre concorrência, em âmbito multilateral, foi proposto no Capitulo V da Carta de Havana, mas nunca veio a existir. Recentemente, houve grande discussão sobre a necessidade de criação de um

---

2 ELLSWORTH, 1974, *apud* MACERA, Andrea Pereira. *A interação entre antitruste e antidumping: problema ou solução?* SEAE/MF Documento de Trabalho n. 36, Dez. 2006, p. 3. Disponível em: <www.seae.fazenda.br> Acesso em: 15 maio 2008

3 CAMPOS, Marcos Vinícius de. Op. cit., p. 297.

4 BARRAL, Welber. *O Brasil e a OMC*. 2 ed. Curitiba: Juruá, 2002, p. 12.

5 BARRAL, Welber. *O Brasil e a OMC* cit., p. 13.

conjunto multilateral de regras de concorrência na OMC,[6] em que pese haver pouca convergência sobre o alcance dessas regras.

Atualmente, o debate para a inclusão desse tema é bastante motivado por estudos que indicam que a utilização de medidas antidumping por parte dos membros da OMC tem como objetivo fins meramente protecionistas, principalmente para afastar a competição de produtos importados. Ou seja, esse mecanismo, que deveria estar calcado na proteção da economia nacional apenas contra práticas desleais de comércio (*v.g.* o dumping), tem sido utilizado de forma irregular para proteger mercados contra a competição muitas vezes saudável no mercado globalizado.

Contudo, a inclusão de regras de concorrência na OMC não tem sido objeto de maior atenção, apesar de ser fato notório que algumas medidas de defesa comercial, tal como as antidumping, ocasionam grandes impactos na concorrência de determinados mercados, conforme se verá neste estudo. Em complemento, existem algumas variáveis de defesa da concorrência que podem ser utilizadas nas análises de aplicação de medidas antidumping; entretanto, também se observará que, ainda assim, existem diferenças relevantes no que concerne aos métodos de investigação e aos objetivos buscados.

2. Concorrência e defesa comércial: objetivos, diferentes óticas de análise e questões de convergência

No Brasil, existem leis distintas que regem o direito da concorrência e a defesa comercial. A lei de concorrência vigente é a Lei n. 8.884, de 11 de junho de 1994,[7] enquanto a defesa comercial é pautada pelos Acordos no âmbito da Organização Mundial de Comércio, os quais foram devidamente incorporados no Brasil.

Conforme destaca MACERA, pode-se dizer que "de certo modo, a política de concorrência e a política de liberalização comercial apresentam objetivos comuns, à medida que visam à remoção de barreiras concorrenciais".[8] Entretanto, é necessário que sejam ponderadas algumas diferenças relevantes, uma vez que há uma dicotomia jurídica e procedimentos diferenciados de análise e aplicação dessas medidas.

---

6 Sobre esta questão ver: CARVALHO, Leonardo Arquimimo de. *Direito antitruste & relações internacionais – extraterritorialidade e cooperação*. Curitiba: Juruá, 2001, p. 172-185.

7 De acordo com o art. 1.º da Lei n. 8.884/94: "Esta Lei dispõe sobre a prevenção e a repressão às infrações contra a ordem econômica, orientada pelos ditames constitucionais de liberdade de iniciativa, livre concorrência, função social da propriedade, defesa dos consumidores e repressão do abuso do poder econômico".

8 MACERA, Andrea Pereira. Op. cit., p. 5.

A chamada "política de concorrência"[9] visa proteger o processo competitivo, ou seja, não pretende dar proteção meramente aos agentes privados (competidores). Por meio da boa aplicação da política concorrencial, procura-se garantir à sociedade maior eficiência econômica, que se reflete, por exemplo, nos preços, melhor qualidade dos produtos e incentivo às inovações. De outro lado, a política de liberalização comercial busca facilitar o acesso aos mercados por meio da redução de tarifas ou restrições quantitativas e também por meio da eliminação de barreiras ao investimento estrangeiro direto.[10]

Vale destacar também que as análises de mercado realizadas no âmbito da tutela concorrencial e da defesa comercial são bem distintas. Veja-se que, ao analisar um mercado, o antitruste define o chamado "mercado relevante" no aspecto do produto e no aspecto geográfico.[11] Fixados os limites do mercado analisado, passa-se então a avaliar o comportamento dos consumidores e produtores diante de mudanças nos preços. Para essa análise existe o conhecido "teste do monopolista hipotético"[12] que avalia o grau de substitutibilidade entre bens e serviços para a definição do mercado relevante.

---

[9] Conforme bem coloca MUNHOZ: "A política de concorrência, conforme já foi apontado, não pode ser usada como sinônimo de direito da concorrência, pois constitui um conceito mais amplo, que abarca este último. Parte-se do princípio de que a vigência de uma legislação concorrencial não garante a manutenção de um ambiente concorrencial, sendo cada vez mais necessária a existência de uma infra-estrutura jurídica e econômica que complemente a legislação antitruste, de forma a garantir o processo competitivo" (MUNHOZ, Carolina Pancotto Bohrer. *Direito, livre concorrência e desenvolvimento*. São Paulo: Lex, 2006. p. 151).

[10] GUASCH, J. Luis e RAJAPATIRANA, Sarath. *Antidumping and competition policies in Latin America and Caribbean: total strangers or soul mates?* Washington: Inter-american Bank for Reconstruction and Development, 1998, p. 03. Apud. MACERA, Andrea Pereira. Op. cit., p. 5.

[11] O mercado relevante se determinará em termos de produtos e serviços que o compõem (dimensão produto) e da área geográfica para a qual a venda destes produtos é economicamente viável (dimensão geográfica). BRASIL. SEAE/MF. *Guia para análise econômica de atos de concentração*. Disponível em: <http://www.seae.fazenda.gov.br/central_documentos/notas_imprensa/1999-1/guia-para-analise-economica-de-atos-de-concentracao-1999> Acesso em: 10 jun. 2008.

[12] "Segundo o teste do monopolista hipotético, o mercado relevante é definido como o menor grupo de produtos e a menor área geográfica necessários para que um suposto monopolista esteja em condições de impor um 'pequeno porém significativo e não transitório' aumento de preços. (...) O teste do 'monopolista hipotético' consiste em considerar, para um conjunto de produtos e área específicos, começando com os bens produzidos e vendidos pelas empresas que estão se concentrando e com a extensão territorial em que estas empresas atuam, qual seria o resultado final

De modo diferente é a análise do antidumping, que cuida da definição da "indústria doméstica": a totalidade dos produtores nacionais do produto similar ao importado, ou aqueles cuja produção conjunta constitua parcela significativa da produção nacional total da mercadoria em análise.[13]

Em complemento, conforme explicam SCHMIDT, SOUSA e LIMA:

> "(...) enquanto as medidas *antidumping* são aplicadas independentemente da estrutura de mercado em questão ou da capacidade de financiamento da empresa acusada, pois se referem ao tema da defesa comercial (em que há uma violação no fluxo do comércio), estes fatores são de extrema relevância sob uma ótica antitruste".[14]

---

de um 'pequeno porém significativo e não transitório' aumento dos preços para um suposto monopolista destes bens nesta área. Se a resposta é que a redução das vendas seria suficiente para fazer com que o suposto monopolista não considere o aumento de preços rentável, então a SEAE acrescentará o produto que é o mais próximo substituto do produto da empresa concentrada e a região de onde provém a produção que é a melhor substituta da produção da empresa em questão à definição original de mercado relevante. O exercício é, em seguida, repetido com referência a este novo mercado e assim sucessivamente, até o ponto em que seja identificado um grupo de produtos e um conjunto de localidades para o qual seja economicamente interessante, para um suposto monopolista, impor um 'pequeno porém significativo e não transitório aumento' dos preços. O primeiro grupo de produtos e localidades identificado segundo este procedimento será o menor grupo de produtos e localidades necessário para que um suposto monopolista esteja em condições de impor um 'pequeno porém significativo e não transitório' aumento dos preços, sendo por isso, a definição de mercado relevante". BRASIL. SEAE/MF. *Guia para análise econômica*... cit..

13 Conforme o Decreto n. 1.602, de 23 de agosto de 1995, art. 17: "Para os efeitos deste Decreto, o termo 'indústria doméstica' será entendido como a totalidade dos produtores nacionais do produto similar, ou como aqueles, dentre eles, cuja produção conjunta constitua parcela significativa da produção nacional total do produto, salvo se: I – os produtores estejam vinculados aos exportadores ou aos importadores, ou sejam, eles próprios, importadores do produto alegadamente importado a preços de dumping, situação em que a expressão 'indústria doméstica' poderá ser interpretada como alusiva ao restante dos produtores; II – em circunstâncias excepcionais, como definidas no § 4.º deste artigo, o território brasileiro puder ser dividido em dois ou mais mercados competidores, quando então o termo 'indústria doméstica' será interpretado como o conjunto de produtores de um daqueles mercados".

14 SCHMIDT, Cristiane Alkmin Junqueira; SOUSA, Isabel Ramos de; LIMA, Marcos André M. de. *Tipologias de dumping*. SEAE/MF Documento de Trabalho n. 17, ago. 2002, p. 11.

Além disso, no que diz respeito ao mercado do produto, o conceito de *like product* é bastante vago, não havendo um critério de substitutibilidade, tal como o "teste do monopolista hipotético" no antitruste. Existem alguns exemplos interessantes de segmentações realizadas pelo DECOM em investigações de dumping, tais como: com os ventiladores, que foram diferenciados em ventilador de mesa e de coluna; com papel, distinguindo-se cartão de papéis em geral; com o leite, diferenciado em leite em pó genérico de leite em pó integral ou desnatado, não acondicionado para varejo, entre outras.

Veja-se que a definição do produto objeto da investigação, com base na qual será definido o produto similar (*like product*), é um dos mais importantes conceitos para efeito da aplicação de uma medida antidumping. É por meio desse conceito que se define a indústria doméstica, os exportadores – prováveis causadores de dano à indústria doméstica – e o mercado sobre o qual será feita a análise.[15]

Na análise antidumping, diferentemente da antitruste, não há preocupação em avaliar alterações ao bem-estar do consumidor. Assim, os objetivos do antidumping e do antitruste são diferentes: enquanto as regras antidumping têm como objetivo proteger os produtores domésticos contra as importações com suposto dumping, as regras concorrenciais têm a finalidade proteger a concorrência saudável no mercado e viabilizar o estado de bem-estar econômico.

Outro ponto bem diferente diz respeito à utilização pelas autoridades de defesa comercial da melhor informação disponível (*best information avaiable*), que é controversa, uma vez que essa informação pode não corresponder à realidade do mercado que se está analisando na investigação.[16] Ademais, na investigação de dumping, quando se avalia o dano causado, ou o dano potencial, as autoridades não buscam avaliar o dano ao consumidor, mas apenas à indústria doméstica.

Conforme bem pontua MACERA:

---

15 Sobre a definição do produto para fins de aplicação de direito *antidumping*, o art. 5.º, § 1.º, do Decreto n. 1.602, de 23 de agosto de 1995 determina que: "O termo 'produto similar' será entendido como produto idêntico, igual sob todos os aspectos ao produto que se está examinando, ou, na ausência de tal produto, outro produto que, embora não exatamente igual sob todos os aspectos, apresente características muito próximas às do produto que se está considerando".

16 Basicamente, a utilização da melhor informação disponível ocorre quando qualquer parte interessada negar acesso à informação necessária; quando a parte não fornecer a informação solicitada dentro do prazo; ou quando a parte criar obstáculos à investigação antidumping.

"O impacto econômico da aplicação de medidas *antidumping* é considerável, visto que afeta o processo concorrencial nos mercados nacionais e internacionais. À medida que o *antidumping* tem como foco o dano à indústria e não à concorrência, é natural que se estabeleça um viés protecionista".[17]

Vale destacar que em alguns mercados a concorrência das importações torna-se essencial, especialmente quando inexistem elevadas barreiras à entrada do produto estrangeiro, pois por meio da concorrência das importações é possível contestar o exercício de poder de mercado das empresas consideradas dominantes no território nacional. O SBDC tem sido sensível a essa questão, conforme se observará no próximo tópico que analisa o caso do Ato de Concentração entre a Novo Nordisk e a Biopart.

3. Caso Novo Nordisk e Biopart Ltda (Ato de Concentração n. 08012.007861/2001-81)

Existem alguns casos que foram analisados no âmbito do Sistema Brasileiro de Defesa da Concorrência que ilustram a interface entre a defesa da concorrência e os elementos de comércio internacional. Um bom exemplo dessa interface pôde ser observado no caso Novo Nordisk e Biopart Ltda (Ato de Concentração n. 08012.007861/2001-81).

Esse Ato de Concentração refere-se à operação celebrada entre a NN Brasil e a Biopart, mediante a qual a maioria das ações da Biobrás S.A. (pertencentes à Biopart e aos seus quotistas), passou à propriedade da NN Brasil. Em decorrência da operação, foi criada a empresa Biomm S.A., parte cindida da Biobrás, que seria detentora da patente norte-americana para o processo de produção de cristais de insulina.[18]

---

17 MACERA, Andrea Pereira. Op. cit., p. 6.

18 De acordo com o Voto do Conselheiro Relator Thompson Almeida Andrade: "A NN Brasil é uma sociedade de participações do Grupo Novo, de origem dinamarquesa, que desenvolve suas atividades no setor de fabricação de medicamentos para o tratamento de diabetes, produzindo insulina, medicamentos antidiabéticos orais (OHA) e diversos outros produtos usados no tratamento desta doença" (...). enquanto a Biobrás S.A. "é uma empresa de nacionalidade brasileira, integrante do Grupo Biopart, cuja atividade inclui, também, a produção de insulina e medicamentos antidiabéticos orais (OHA) e diversos outros produtos usados no tratamento do diabetes". p. 03.

3.1 *Análise do mercado*

Ao realizar a análise do mercado, a SEAE/MF ponderou que essa operação resultava em elevadas concentrações horizontais, com possibilidade de exercício unilateral de poder de mercado nos seguintes mercados relevantes:[19] i) mercado mundial de cristal de insulina animal (setor privado); ii) mercado nacional de insulina humana formulada (setor público e privado); iii) mercado nacional de insulina animal formulada (setor público).

Em resumo, após detalhada análise, ao concluir que esse Ato resultava em elevadas concentrações horizontais nos mercados público e privado de insulina humana, e também que a baixa probabilidade de exercício de poder de mercado estava condicionada à entrada de novos laboratórios no mercado brasileiro de insulina humana, para manter condições mínimas de concorrência nos referidos mercados até a entrada de novos participantes, a SEAE/MF considerou que a operação poderia ser aprovada, sugerindo, para tanto, duas condições: i) o cancelamento da cláusula de não concorrência fixada no contrato entre as requerentes; e ii) o cancelamento do art. 2.º da Resolução n. 2, de 23 de fevereiro de 2001, da Câmara de Comércio Exterior (MDIC), que homologava Compromisso de Preços, para as importações do produto originárias dos EUA e da França, de interesse da Eli Lilly and Company e da Lilly France S.A.

---

19 Quando realizou a análise da probabilidade do exercício unilateral do poder de mercado pela empresa concentrada, foram identificadas as seguintes situações pela SEAE/MF: 1) *Mercado mundial de cristal de insulina animal (setor privado)*: existe um forte processo de substituição do cristal de insulina animal pelo cristal de insulina humana, uma vez que este reflete o desvio de demanda do medicamento de insulina animal para o medicamento de insulina humana. Portanto, foi considerada baixa a probabilidade de exercício de poder de mercado; 2) *Mercado nacional de insulina humana formulada (setor público e privado)*: a entrada no referido mercado sob a forma de importação dependente pode ser considerada provável, tempestiva e suficiente; ademais, verificou-se a existência de concorrentes potenciais. Além disso, foi identificado pela SEAE que a empresa Eli Lilly seria capaz de rivalizar com a firma concentrada. Logo, também nesse caso foi considerada como baixa a probabilidade de exercício de poder de mercado; 3) *Mercado nacional de insulina animal formulada (setor público)*: apesar de a entrada ter sido considerada como improvável e ter sido observado o processo de substituição da insulina animal pela humana, verificou-se que uma empresa havia obtido à época registro para a comercialização deste produto junto à ANVISA, e que essa empresa possuía capacidade de abastecer e disciplinar os preços nesse mercado. Portanto, também nesse caso, a SEAE considerou baixa a probabilidade de exercício de poder mercado. Veja-se: BRASIL. SEAE/MF. *Parecer SEAE/MF no Ato de Concentração n. 08012.007861/2001-8*. Disponível em: <http://www.seae.fazenda.gov.br/document_center/> Acesso em 10 de julho de 2008.

O Conselheiro-Relator do caso, Dr. Thompson Almeida Andrade, divergiu da SEAE/MF no que diz respeito à definição dos mercados relevantes. Para o Conselheiro-Relator, na dimensão do produto, o mercado deveria ser definido como: i) o mercado público de insulinas em geral; e ii) o mercado privado de insulinas em geral.[20] Já o mercado relevante geográfico nessas duas hipóteses foi definido como nacional.[21]

Em observação ao mercado de insulina, o Conselheiro-Relator teceu algumas importantes considerações, uma vez que aquele já era concentrado antes da operação, além de ser um mercado dependente do conhecimento de tecnologias específicas para a sua produção, conforme se extrai do excerto abaixo transcrito:

> "Como se pode ver, estamos tratando de um produto cujo mercado é altamente concentrado no Brasil. Na realidade, como mostrado nos autos, este é um mercado bastante concentrado em todas as partes do mundo, uma vez que são poucas as empresas que produzem e comercializam o mesmo. O conhecimento e o domínio da tecnologia necessária à produção da insulina são bastante limitados, o que faz com que haja poucas empresas capacitadas a produzi-la. Não foi a presente operação que produziu a concentração observada deste mercado no Brasil; visto que esta característica já existia antes da operação, embora seja inegável que a mesma veio a ampliar o nível de concentração.
>
> Ponderando que a elevada concentração é uma característica deste mercado, é importante considerar para a aprovação da presente operação se existem no mercado brasileiro empresas que se apresentam como competidores efetivos ou potenciais com capacidade de ter um comportamento rival".[22]

Portanto, dadas as características do mercado, houve a necessidade de avaliar a presença de rivalidade. Nesse sentido, por meio da avaliação dos autos, o Conselheiro-Relator apontou que existiam rivais fortes, com elevada capacidade econômica nos mercados envolvidos na operação, tais como as empresas Aventis e Eli Lilly. Assim, entendeu que esses concorrentes seriam capazes de confrontar qualquer tentativa de eventual abuso de poder de mercado pela Novo Nordisk.

---

[20] BRASIL. CADE. Voto do Conselheiro Relator Thompson Almeida Andrade no Ato de Concentração n. 08012.007861/2001-8, de 25 de junho de 2003, p. 13.

[21] Ibidem, p. 15.

[22] BRASIL. CADE. Voto do Conselheiro Relator Thompson Almeida... cit., p. 18.

Contudo, o Conselheiro-Relator advertiu que, por existir Compromisso de Preços assinado junto ao Departamento de Defesa Comercial do Ministério do Desenvolvimento, Indústria e Comércio Exterior (DECOM/MDIC), resultante de investigação de dumping, a capacidade da Eli Lilly de disputar o mercado oferecendo um preço mais baixo estaria prejudicada. Portanto, para que houvesse o reforço da rivalidade, foi ponderada a importância de se afastar esta restrição.

Ainda no que concerne aos potenciais rivais, o Conselheiro-Relator destacou que, durante a realização da operação, uma parte da Biobrás não entrou nas negociações, sendo constituída a Biomm: empresa que também poderia ser considerada como concorrente potencial nesse mercado. Entretanto, para viabilizar a potencial rivalidade, a cláusula de não concorrência, fixada em 3 anos no contrato, também teria que ser afastada.[23]

3.2 *Comentários sobre o Compromisso de Preços firmado entre a Eli Lilly do Brasil Ltda e o DECOM/MIDIC*

Apenas para contextualizar o caso, vale a pena tecer breves explicações sobre os resultados do pedido da Biobrás de abertura de investigação para a aplicação de direito antidumping sobre os medicamentos originários da Dinamarca (referentes à Novo Nordisk), EUA e da França (referentes à Eli Lilly).

Após a investigação e análise de dados pelo DECOM, foi celebrado com a empresa Eli Lilly um Compromisso de Preços, por meio do qual essa empresa se comprometeu a não vender seus medicamentos contendo insulina abaixo de determinado preço. Ao mesmo tempo, decidiu-se pela aplicação de sobretaxa antidumping, afetando os produtos da Novo Nordisk, que, diferentemente da Eli Lilly, não se propôs a assinar um Compromisso de Preços.

Entretanto, conforme bem destaca o voto do Conselheiro-Relator, a cobrança da alíquota fixada para combater o dumping não chegou a se tornar

---

23 Conforme os termos do voto: "uma parte da Biobras não entrou nas negociações, sendo constituída a Biomm, a qual é uma potencial concorrente neste mercado, com patentes modernas para a produção de insulina e conhecimento técnico suficientes para entrar neste mercado tão logo sejam eliminados os impedimentos que por enquanto são obstáculos intransponíveis para a sua operação. Estes impedimentos resultam da cláusula de não concorrência por três anos prevista no 'Swap Agreement'. A rivalidade potencial se transformará em efetiva em um prazo razoavelmente curto (um ano) se for afastada esta limitação, a qual pode ser entendida como razoável do ponto de vista privado em uma transação deste tipo, mas que não pode ser aceita no quadro de um mercado tão concentrado como este" (BRASIL. CADE. Voto do Conselheiro Relator Thompson Almeida Andrade... cit., p. 17).

exeqüível em razão de haver decisão judicial à época suspendendo a aplicação do direito antidumping.[24]

Contudo, após a aquisição da Biobrás pela Novo Nordisk, as condições no mercado de insulina restavam totalmente distorcidas: de um lado a concorrente Eli Lilly teve os seus preços amarrados pelo compromisso firmado com o DECOM, ou seja, não possuía qualquer mobilidade e, de outro, a Novo Nordisk, que nunca chegou a ser efetivamente sobretaxada em razão de decisão judicial, passou também a ter o controle acionário da empresa que produzia esses medicamentos no Brasil. Logo, durante a análise do SBDC anteviu-se que a Novo Nordisk poderia usar o Compromisso de Preços para excluir a empresa Eli Lilly do mercado, e a situação seria mais sensível após a aprovação da operação, pois ao mesmo tempo esta passaria a deter, em conjunto com a sua controlada Biobrás, quase 100% do mercado nacional de insulina.

Diante desse cenário, o SBDC verificou que algo deveria ser feito para restabelecer a concorrência no mercado nacional. De acordo com o Conselheiro-Relator THOMPSON ANDRADE:

> "(...) o Compromisso de Preços não pode ser um instrumento de dominação de mercado. Seu objetivo é proteger empresas nacionais de condutas anticompetitivas por parte de empresas estabelecidas fora do território nacional. Assim, cessado o Compromisso de Preços firmado entre o DECOM e a empresa Eli Lilly, restariam restabelecidas as condições de concorrência no mercado nacional de insulina".[25]

O Conselheiro-Relator conclui, na seqüência, pela aprovação da operação com a restrição referente à cláusula de não concorrência e indicou também a necessidade de se oficiar o DECOM/MDIC, para que o mesmo tomasse providências relacionadas à imposição da alíquota antidumping, nos seguintes termos:

> "Como complemento importante desta decisão e elemento essencial para que se efetivem os efeitos esperados provenientes da aprovação deste Ato de Concentração, com maior rivalidade competitiva neste mercado altamente concentrado, indico que caberá ao CADE oficiar o DECOM sobre a necessidade de ser revisto o ato que gerou a imposição de alíquota

[24] Quando da análise do Ato de Concentração pelo CADE, havia decisão no Mandado de Segurança 2001.34.00.006298-1, que à época estava em trâmite na 8.ª Vara Federal de Brasília – DF.

[25] BRASIL. CADE. Voto do Conselheiro Relator Thompson Almeida Andrade... cit., p. 21-22.

antidumping contra a Novo Nordisk (preliminarmente sustada pela limitar concedida a esta) e do Compromisso de Preços assinado pela Lilly.

Registre-se que a Novo Nordisk cumpriu adequadamente até agora os termos do APRO assinado com o CADE. Uma vez que o Plenário venha aprovar a operação, como faz este Relator, e satisfeita a condição estabelecida neste voto e outras que venham a ser estabelecidas pelos outros Conselheiros, ficará esgotado o seu objetivo, sendo o mesmo arquivado.

É o voto".[26]

3.3 Medidas tomadas após a decisão observações finais sobre o caso

Conforme se observou nos tópicos acima, em que pese existir decisão pedindo providências, não existia qualquer obrigatoriedade para a adoção da recomendação do CADE pelo DECOM/MDIC. Entretanto, isso de fato ocorreu: a decisão do CADE motivou a revisão da decisão pelo DECOM, conforme se pode observar nos termos da Resolução n. 4, de 3 de março de 2005.

Assim, o Conselho de Ministros da Câmara de Comércio Exterior (CAMEX), em reunião realizada em 3 de março de 2005, com fundamento no inc. XV do art. 2.º do Decreto n. 4.732/2003[27] e considerando os termos do Processo MDIC/SAA/CGSG52000.028532/2003-66, resolveu suspender, pelo prazo de

---

[26] Idem, ibidem, p. 24. O acórdão dessa decisão foi o seguinte: "ACÓRDÃO. Vistos, relatados e discutidos os presentes autos, na conformidade dos votos e das notas eletrônicas, acordam o Substituto Eventual do Presidente e os Conselheiros do Conselho Administrativo de Defesa Econômica - CADE, por unanimidade, aprovar a operação com a exclusão da cláusula de não concorrência e com a recomendação ao DECOM para revisar a decisão de impor medidas antidumping à Novo Nordisk e à Eli Lilly. Participaram do julgamento o Substituto Eventual do Presidente Conselheiro Thompson Almeida Andrade e os Conselheiros Roberto Augusto Castellanos Pfeiffer, Miguel Tebar Barrionuevo, Fernando de Oliveira Marques e Cleveland Prates Teixeira. Presente a Procuradora-Geral Maria Paula Dallari Bucci. Ausente, justificadamente, o Presidente João Grandino Rodas. Brasília, 06 de agosto de 2003 (data do julgamento - 295.ª S.O)". BRASIL. CADE. *Acórdão do Ato de Concentração n. 08012.007861/2001-8. Requerentes: Novo Nordisk Holding do Brasil Ltda. e Biopart Ltda.* Disponível em: <http://www.cade.gov.br/ASPIntranet/temp/t7232008817238629.pdf> Acesso em: 1.º jul. 2008.

[27] O Decreto n. 4.732/2003, assim determina no art. 2.º , XV: "Compete à CAMEX, dentre outros atos necessários à consecução dos objetivos da política de comércio exterior: (...) XV - fixar direitos antidumping e compensatórios, provisórios ou definitivos, e salvaguardas".

um ano, as medidas antidumping – notadamente o direito antidumping definido com a alíquota *ad valorem* de 76,1% sobre as importações originárias da Dinamarca (relacionadas à empresa Novo Nordisk A/S e outras) e compromisso de preços sobre as importações originárias dos EUA e da França (relacionadas às empresas Eli Lilly and Company e Lilly France S.A.), – aplicadas às importações de medicamentos contendo insulina, classificados no item 3004.31.00 da Nomenclatura Comum do MERCOSUL, que haviam sido estabelecidas pela Resolução CAMEX n. 2, de 23 de fevereiro de 2001.[28]

Na fundamentação da decisão da CAMEX foi explicado que o DECOM/MDIC havia recebido um ofício, encaminhado pelo CADE, em que este último informava que havia aprovado por unanimidade a operação do Ato de Concentração n. 08012.007861/2001-91, com a recomendação de que fosse revisada a decisão de impor medidas antidumping à Novo Nordisk A/S, da Dinamarca, e às empresas Ely Lilly and Company, da França e dos EUA. Anexa a esse ofício, o CADE também encaminhou cópia do referido Ato de Concentração, assim como os votos dos Conselheiros e o acórdão.[29]

Conforme os termos da Resolução:

> "A legislação que regulamenta os procedimentos aplicáveis aos processos *antidumping*, no caso o Decreto n. 1.602, de 1995, confere à autoridade investigadora a atribuição para proceder revisão de medidas aplicadas, seja ela um direito *antidumping* ou um compromisso de preços".[30]

O art. 60 do Decreto n. 1.602/95 prevê a possibilidade de suspensão de aplicação de medidas pelo prazo de um ano, prorrogável por igual período, em caso de alterações temporárias nas condições de mercado e desde que o dano não se reproduza ou subsista em função da suspensão. Em complemento, a indústria doméstica deve ser ouvida.

A CAMEX concluiu que, em razão de o prazo de vigência das medidas aplicadas às importações de insulina encerrar-se em 6 de março de 2006, a suspensão por um ano, prorrogável por mais um, seria suficiente para atender ao pedido do CADE.

Assim, nesse breve resumo do caso observou-se que a análise realizada pelo SBDC foi bastante interessante. Por se tratar de mercado altamente concentrado, com poucos *players*, ao invés de meramente vetar a operação – o que seria alvo de críticas e geraria fortes impactos nos envolvidos –, tanto a SEAE/

---

[28] A Resolução CAMEX n. 02/2001 foi publicada no *Diário Oficial da União* (*DOU*) de 6 de março de 2001.

[29] Veja-se a Resolução CAMEX n. 04, de 3 de março de 2005, p. 2.

[30] Resolução CAMEX n. 04, de 3 de março de 2005, p. 3.

MF quanto o CADE analisaram cuidadosamente o mercado para aprovar a operação, mas ao mesmo tempo promover uma rivalidade potencial.

Nesse sentido, foram pontuadas pelas autoridades algumas medidas que deveriam necessariamente ser tomadas para facilitar o aumento da concorrência nos mercados afetados pela operação. Dessa maneira, uma alternativa foi encontrada com o pedido de afastamento do Compromisso de Preços para manter a rivalidade no mercado mediante importações, sem que para isso fosse desconstituída a operação. Contudo, essa medida só poderia ser implementada pelas autoridades de defesa comercial (DECOM/MDIC e CAMEX), as quais compreenderam as preocupações esposadas na decisão do CADE e autorizaram então as modificações necessárias para a suspensão da aplicação da medida antidumping que estava em vigor.

4. Breves considerações sobre o tema no MERCOSUL

A harmonização das medidas de defesa comercial (ou de comércio exterior) e das políticas de concorrência está fixada na agenda do MERCOSUL desde o seu início, conforme se observa da leitura do art. 1.º do Tratado de Assunção, que determina que o Mercado Comum implica:

> "A coordenação de políticas macroeconômicas e setoriais entre os Estados-Partes – de comércio exterior, agrícola, industrial, fiscal, monetária, cambial e de capitais, de serviços, alfandegária, de transportes e comunicações e outras que se acordem –, a fim de assegurar condições adequadas de concorrência entre os Estados-Partes; e
>
> O compromisso dos Estados-Partes de harmonizar suas legislações, nas áreas pertinentes, para lograr o fortalecimento do processo de integração".

Durante a 11.ª Reunião do Conselho do MERCOSUL, realizado em Fortaleza, em 1996, foi assinado o Protocolo de Defesa da Concorrência do MERCOSUL, que passou a ser conhecido como "Protocolo de Fortaleza".[31]

Conforme destacado há sete anos por OLIVEIRA, existem fortes assimetrias no MERCOSUL com relação ao nível de desenvolvimento institucional da defesa da concorrência dos seus Estados-Partes.[32] Vale destacar que, passados mais de dez anos da assinatura do Protocolo de Fortaleza, tais assimetrias ainda persistem.

---

31 DOMINGUES, Juliana Oliveira. Os atos de concentração e fusão de empresas no contexto dos 10 anos do Mercosul. In: PIMENTEL, Luiz Otávio (Org.). *Direito da integração e relações internacionais – ALCA, Mercosul, UE*. Florianópolis: Boiteux, 2001, p. 369.

32 OLIVEIRA, Gesner. *Concorrência no Brasil e no mundo*. São Paulo: Saraiva, 2001, p. 47.

Diante dessas limitações, OLIVEIRA havia proposto uma agenda de revisão em que um dos pontos de destaque residia na necessidade de diminuir a freqüência de ações antidumping dentro do MERCOSUL, uma vez que esse autor entendia que não seria coerente que parceiros comerciais entrassem em disputas dessa natureza. Ao mesmo tempo, identificava uma interface positiva entre a defesa da concorrência e a defesa comercial, conforme se observa abaixo:

> "(...) os critérios de defesa da concorrência poderiam ajudar a abordar o tema, pois incorporam uma preocupação maior com os efeitos sobre o consumidor final em contraste com a ênfase sobre a proteção à indústria doméstica, típica da defesa comercial".[33]

Veja-se que, nos últimos anos, ocorreram diversas reuniões entre os representantes dos Estados-Partes do MERCOSUL para discutir o uso - ou a restrição ao uso - de medidas compensatórias, principalmente relacionadas à aplicação das medidas antidumping. Cumpre destacar que a finalidade principal dessas discussões era tentar viabilizar a substituição das medidas compensatórias por medidas de defesa da concorrência.

Apesar de existir uma sensível disparidade no grau de maturidade dos Estados-Partes com relação aos instrumentos de defesa da concorrência e de defesa comercial, ainda assim se passou a discutir, no âmbito do bloco, uma segunda etapa a ser desenvolvida após a eliminação das medidas compensatórias, para a criação de um único órgão supranacional da concorrência.[34] Desse modo, esse órgão supranacional teria a competência de cuidar de todos os aspectos relacionados à concorrência e à competitividade no bloco, incluindo as questões de defesa comercial.

Diante desse cenário a SEAE/MF elaborou um estudo, em 2002, que objetivou analisar se essa discussão fazia sentido e se seria possível colocá-la em prática.[35] A SEAE/MF procurou elucidar se não teriam que ser criadas outras medidas para compensar alguns pontos em que a defesa da concorrência não abarca a defesa comercial.

---

33 Idem, ibidem, p. 49.

34 Este é um conceito que "se envolve com um matiz de interessante e peculiar especificidade, ao dotar um ordenamento jurídico comunitário de incomum mecanismo, ou melhor, de um artifício, o artifício da supranacionalidade, sobre o qual se articulam as relações entre as instituições e o direito" (OLIVEIRA, Odete Maria de. *União Européia: processos de integração e mutação*. Curitiba: Juruá, 1999, p. 70).

35 Veja-se: SCHMIDT, Cristiane Alkmin Junqueira; SOUSA, Isabel Ramos de; LIMA, Marcos André M. de. *Comércio e Competição*. SEAE/MF Documento de Trabalho n. 14, abr.2002.

Nesse sentido, foi redigido um texto refletindo algumas possíveis respostas para estas perguntas, sem a pretensão de ser algo conclusivo. Nos dizeres de SCHMIDT, SOUSA e LIMA:

> "De forma geral, pode haver divergências e antagonismos de objetivos entre as políticas de defesa comercial e as de defesa da concorrência. Este fato faz com que a implementação de políticas para promover o comércio e a concorrência, simultaneamente, seja complexa ou até mesmo inviável. Alguns países têm buscado solucionar este problema através de aplicações de conceitos de defesa da concorrência na análise de questões relacionadas ao comércio, mas não é uma regra e tampouco há consenso".[36]

A SEAE/MF preparou referido estudo motivada, principalmente, pelos debates que já existiam no MERCOSUL relacionados à supressão de medidas compensatórias por medidas de defesa da concorrência e à idéia de criação de um órgão supranacional. Da mesma forma, aproveitou-se esse estudo para realizar uma análise focada na pertinência da adoção de conceitos antitruste no âmbito da análise de defesa comercial no Brasil.

A primeira conclusão do estudo indicou que, dentre os instrumentos de defesa comercial, o antidumping é o que apresenta divergência conceitual mais expressiva entre as políticas *trade and competition*. De acordo com SCHMIDT, SOUSA e LIMA:

> "Da forma como é definido, o *dumping* acaba englobando casos que não seriam analisados pelo órgão de defesa da concorrência. Já com relação aos outros dois instrumentos, subsídios e salvaguardas, as divergências inexistem ou são contornáveis. Assim, se fosse o caso, como se discute no MERCOSUL, por exemplo, de se eliminar as medidas compensatórias, principalmente o *antidumping*, sobrepondo-as por medidas de defesa da concorrência, haveria de se ter a consciência que não seriam analisados os casos de discriminação de preço, exceto os de preço predatório. Conseqüen-

---

[36] Idem, ibidem, p. 3. O próprio documento preocupa-se em esclarecer que não se buscava, com o estudo, uma resposta para as questões analisadas, mas sim promover a abertura de um espaço para discutir o tema: "(...) o objetivo da SEAE neste momento, mais do que alcançar resultados imediatos sobre os casos de dumping, o que poderia provocar uma disputa interministerial desnecessária, é criar uma discussão intelectual pertinente sobre o assunto, para que se possa ter uma conclusão sobre um tema, de tanta relevância, de forma tranqüila e robusta no longo prazo, em que o interesse nacional prevaleça, sob *rationales* sólidas" (ibidem, p. 13).

temente, se não houver consenso de que só é relevante analisar os casos de preços predatórios, talvez, toda essa discussão seja desnecessária".[37]

Os autores do documento de trabalho da SEAE/MF indicaram também não concordar com as medidas compensatórias adotadas no Brasil pelo DECOM, apesar de aceitá-las, pois entendem que não há ainda um consenso no Brasil sobre a introdução de princípios antitruste em assuntos de defesa comercial, e muito menos um debate profundo sobre o tema. De todo modo, entendem que uma medida antidumping poderia, em tese, incentivar empresas a formar um conluio, o que tanto pela Lei n. 8.884/94 quanto pela lei antitruste de outros países é considerado como prática ilegal.[38]

Embora nos últimos anos esse debate não tenha evoluído no âmbito do Brasil e do MERCOSUL, em 2007, diante do pedido da Argentina de abertura de Painel na OMC contra o Brasil (caso da resina PET), o Ministro das Relações Exteriores Dr. Celso Amorim declarou a intenção de retomar às negociações dos mecanismos para harmonizar a defesa de concorrência e a defesa comercial no bloco, apesar de reconhecer que não seria fácil e exigiria concessões de todas as partes.[39]

Em que pese a suposta boa vontade em se colocar o tema na pauta de discussões, é inegável que muito pouco se avançou, e ainda hoje existem diferenças que necessitam de um mínimo de harmonização entre os Estados-Partes para que o tema possa evoluir dentro do bloco, o que é um grande desafio para o Comitê de Defesa Comercial e Salvaguardas do Mercosul (CDCS) e para a Comissão de Comércio do Mercosul (CCM).[40] Vale observar, por exemplo,

---

37 SCHMIDT, Cristiane Alkmin Junqueira; SOUSA, Isabel Ramos de; LIMA, Marcos André M. de. *Comércio e competição*, cit., p. 14.

38 Idem, ibidem, p. 14.

39 Amorim prega defesa da concorrência unificada no Mercosul. *Valor Econômico*, de 12 de junho de 2007. Nessa mesma reportagem, o Secretário de Comércio da Argentina Alfredo Chiaradia, também reconheceu a importância dessa negociação, e o Diretor do Departamento de Defesa Comercial (DECOM) do MDIC à época, Dr. Fernando Furlan, hoje Conselheiro do CADE, foi incisivo: "O Brasil está tecnicamente pronto, depende dos outros sócios".

40 No mesmo sentido, veja-se: "No momento da assinatura do protocolo, o Brasil era o único país do Mercosul que possuía os instrumentos mínimos indispensáveis à implementação dos compromissos ali firmados. (...) Entretanto, os procedimentos descritos no protocolo pressupõem a existência de agências antitruste em todos os Estados Membros, ainda que, de fato, aqueles procedimentos sejam conflitantes com a natureza das funções cumpridas por tais agências. Esta dicotomia entre o escopo normativo do protocolo e o estado das instituições nacionais implicou uma série de inconsistências que estão retardando a execução das metas definidas

que no âmbito da defesa comercial, e mais propriamente para a abertura de investigação de suposta prática de *dumping*, a Argentina é bem mais flexível e possui menos exigências que o Brasil para realizar a abertura de investigações com base na "ameaça" de dano à indústria nacional.[41] Portanto, essa e outras questões divergentes devem ser superadas em uma primeira fase para que a discussão sobre esse tema possa evoluir no MERCOSUL.

Indubitavelmente, após uma harmonização mínima entre os Estados-Partes as chances de êxito serão maiores para a adoção de um regulamento comum a partir do qual os órgãos nacionais trabalhariam e aplicariam medidas somente em relação a terceiros países. Aliás, nesse ponto o Protocolo de Fortaleza deveria conter uma delimitação mais clara das esferas de competência nacional e regional, de forma a evitar potenciais conflitos de competência.[42] Superados os pontos críticos de divergência, aí sim poderia então ser pensada a etapa de criação de um órgão supranacional para administrar e aplicar esse regulamento comum.

5. Conclusões

O presente estudo pretendeu traçar um breve panorama entre a interface da defesa da concorrência (antitruste) e a defesa comercial. Com base na biblio-

---

em Fortaleza. (...) Além disso, o protocolo impede que as autoridades antitruste cumpram uma função estratégica no processo de integração, que é a de cooperar com as contrapartes dos países vizinhos na promoção da eficiência produtiva e do interesse do consumidor em âmbito regional. De fato, são usuais conflitos transfronteiriços em que, de um lado, as autoridades antitruste da região encontram-se unidas no combate a uma determinada prática; e, de outro, órgãos de governo, empresas ou associações privadas dos respectivos países estão aliados na defesa dos privilégios advindos daquela prática. O protocolo não contempla este tipo de conflito". In: ARAÚJO JUNIOR, José Tavares de. *Política de concorrência no Mercosul: uma agenda mínima*. Department of Trade, Tourism and Competitiveness (DTTC). 2001. Disponível em: <http://www.dttc.oas.org/ trade/STAFF_ARTICLE/ tav01_conc_agenda.asp>. Acesso em: 10 jun. 2008.

41 Conforme bem elucida Mattos, em processos de integração é fundamental que haja entendimento comum acerca do *trade-off* entre políticas de concorrência e políticas industriais, evitando que ações ou omissões constituam exercício velado de protecionismo (Harmonização das políticas de defesa da concorrência e comercial: questões teóricas e implicações para o Mercosul, Alca e OMC. *Estudos Econômicos (IPE/USP)*, São Paulo, v. 29, n. 2, p. 267-291, 1999).

42 DOMINGUES, Juliana Oliveira. *O papel da livre concorrência no Mercosul*. In: VIEIRA, Osmar (Org.). *Desafios e paradigmas do direito, comércio e relações internacionais*. 1 ed. Londrina: Unifil, 2001, v. 1, p. 548. No mesmo sentido, veja-se: OLIVEIRA, Gesner. Op. cit., p. 47.

grafia consultada e nos dados disponíveis, observou-se que, apesar de algumas semelhanças, a política concorrencial é distinta da política de defesa comercial, especialmente no que se refere aos seus objetivos e métodos de análise.

Nesse contexto, cumpre destacar que, mesmo em casos de proximidade do direito antitruste e da defesa comercial, ainda assim há uma diferença que emerge da própria concepção dessas políticas: a defesa comercial é pró-indústria, enquanto a defesa da concorrência é, em última análise, mais pró-consumidor.

O estudo de caso trazido vem ilustrar que a interface do antitruste e da defesa comercial às vezes é necessária à consecução de seus objetivos, quais sejam a proteção da livre concorrência e da indústria nacional. Vale destacar que esse caso foi um exemplo em que a cooperação institucional (CADE e DECOM/MDIC), favoreceu o bem-estar social, atendendo à premissa da interface.

Com relação ao MERCOSUL, observa-se que o Protocolo de Fortaleza introduziu regras comuns sem ao menos aguardar um desenvolvimento mínimo da jurisprudência e da cultura concorrencial nas instâncias nacionais independentes de todos os seus Estados-Partes. Assim, em que pese a retomada recente de discussões sobre a criação de um órgão supranacional, que seria responsável tanto pelas questões de defesa da concorrência quanto pelas de defesa comercial, vale notar que muito pouco foi feito nos últimos anos para desenvolver regras harmonizadas nos Estados-Partes do MERCOSUL no que diz respeito a essa matéria. Desse modo, ao se criar um órgão supranacional, nesse cenário atual, corre-se o risco de o mesmo não ter o mínimo de efetividade diante da grande disparidade e da ausência de cultura concorrencial em parte dos Estados-Partes do MERCOSUL.

Bibliografia

AMORIM, Celso. Amorim prega defesa da concorrência unificada no Mercosul. *Valor Econômico*, de 12 de junho de 2007.

ARAÚJO JUNIOR, José Tavares de. *Antidumping e política de concorrência na ALCA e no Mercosul*. Em trabalho preparado para o Seminário "O Brasil e a ALCA", organizado pela Câmara dos Deputados em Brasília, nos dias 23 e 24 de outubro de 2001. Disponível em: <http://www.seae.fazenda.gov.br/document_center/papers-and-articles/2001-1/2-antidumping portugues>. Acesso em: 29 jun. 2008.

______. *Legal and economic interfaces between antidumping and competition policy*. Sistema de Informação sobre Comércio Exterior/Organização dos Estados Americanos – SICE/OEA. Dez. 2001.

______. *Política de concorrência no Mercosul: uma agenda mínima*. Department of Trade, Tourism and Competitiveness (DTTC). 2001. Disponível em: <http://www.dttc.oas.org/trade/STAFF_ARTICLE/tav01_conc_agenda.asp>. Acesso em: 10 jun. 2008.

BARRAL, Welber. *A concorrência e a ordem jurídica comunitária*. Dissertação de Mestrado em Direito. Florianópolis: Universidade Federal de Santa Catarina. 1993.

_____. *Metodologia da pesquisa jurídica*. Florianópolis: Boiteux, 2003.

_____. *O Brasil e a OMC*. 2. ed. Curitiba: Juruá, 2002.

BRASIL. CADE. *Acórdão do Ato de Concentração n. 08012.007861/2001-8*. Requerentes: Novo Nordisk Holding do Brasil Ltda. e Biopart Ltda. Disponível em: <http://www.cade.gov.br/ASPIntranet/temp/t7232008817238629.pdf> Acesso em: 1.º jul. 2008.

BRASIL. CADE. Voto do Conselheiro-Relator Thompson Andrade no Ato de Concentração n. 08012.007861/2001-8, de 25 de junho de 2003.

BRASIL. Decreto n. 1.602, de 23 de agosto de 1995.

BRASIL. Lei n. 8.884, de 11 de junho de 1994.

BRASIL. SEAE/MF. *Guia para análise econômica de atos de concentração*. Disponível em: <http://www.seae.fazenda.gov.br/central_documentos/notas_imprensa/99-1/guia-para-analise-economica-de-atos-de-concentracao-1999> Acesso em: 10 jun. 2008.

BRASIL. SEAE/MF. *Parecer da SEAE/MF no Ato de Concentração n. 08012.007861/2001-8*. Disponível em: <http://www.seae.fazenda.gov.br/document_center/> Acesso em: 10 jul. 2008.

CAMPOS, Marcos Vinícius de. *Concorrência, cooperação e desenvolvimento – do falso dilema entre competição ou cooperação ao conceito de concorrência cooperativa*. São Paulo: Singular, 2008.

CARVALHO, Leonardo Arquimimo de. *Direito antitruste & relações internacionais – extraterritorialidade e cooperação*. Curitiba: Juruá, 2001.

DOMINGUES, Juliana Oliveira. O papel da livre concorrência no Mercosul. In: VIEIRA, Osmar (Org.). *Desafios e paradigmas do direito, comércio e relações internacionais*. 1 ed. Londrina: Unifil, 2001, v. 1. p. 547-552.

_____. Os atos de concentração e fusão de empresas no contexto dos 10 anos do Mercosul. In: PIMENTEL, Luiz Otávio (Org.). *Direito da integração e relações internacionais – ALCA, Mercosul, UE*. Florianópolis: Boiteux, 2001.

FAGUNDES, Jorge Luiz S. *Fundamentos econômicos das políticas de defesa da concorrência: eficiência econômica e distribuição de renda em análises antitruste*. São Paulo: Singular, 2003.

GABAN, Eduardo Molan. Regulação econômica e assimetria de informação. *Revista do IBRAC*, São Paulo, v. 9, n. 5, p. 97-167, 2002.

MACERA, Andrea Pereira. *A interação entre antitruste e antidumping: problema ou solução?* SEAE/MF Documento de Trabalho n. 36, dez. 2006. Disponível em: <www.seae.fazenda.br> Acesso em: 15 maio 2008.

MATTOS, César. Harmonização das políticas de defesa da concorrência e comercial: questões teóricas e implicações para o Mercosul, Alca e OMC. *Estudos Econômicos (IPE/USP)*, São Paulo, v. 29, n. 2, p. 267-291, 1999.

MERCOSUL. *Acordo sobre o Regulamento do Protocolo da Concorrência -2002.* Disponível em: <http://www.sice.oas.org/trade/MRCSR/agcompop.asp>. Acesso em: 15 jan. 2008.

_____. Secretaria Geral do Mercosul. *Protocolo de Fortaleza.* Disponível em: <http://algarbull.com.uy/secretariamercosur. html>. Acesso em: 22 set. 2007.

_____. *Tratado de Assunção.* Disponível em: <http://www.mercosur.org.uy>. Acesso em: 15 jan. 2008.

MUNHOZ, Carolina Pancotto Bohrer. *Direito, livre concorrência e desenvolvimento.* São Paulo: Lex, 2006.

NOTTAGE, Hunter. Trade and competition in the WTO: pondering the applicability of special and differential treatment. *Journal of International Economic Law*, Oxford University Press, v. 6, n. 1, p. 23-47, 2003.

OLIVEIRA, Gesner. *Concorrência no Brasil e no mundo.* São Paulo: Saraiva, 2001.

OLIVEIRA, Gesner; RODAS, João Grandino. *Direito e economia da concorrência.* São Paulo: Renovar, 2004.

OLIVEIRA, Odete Maria de. *União Européia - Processo de integração e mutação.* Curitiba: Juruá, 1999.

SCHMIDT, Cristiane Alkmin Junqueira; SOUSA, Isabel Ramos de; LIMA, Marcos André M. de. *Comércio e competição.* SEAE/MF Documento de Trabalho n. 14. abr. 2002.

_____; _____; _____. *Tipologias de dumping.* SEAE/MF Documento de Trabalho n. 17, ago. 2002.

Considerações sobre Direito da Concorrência e os Direitos de Propriedade Intelectual

*Barbara Rosenberg**

Doutora e Bacharel em Direito Econômico pela Universidade de São Paulo. LL.M., Universidade da Califórnia – Berkeley.

I. Introdução

Se há uma questão no âmbito antitruste que ainda não mereceu a devida atenção da literatura especializada no Brasil, esta é, sem dúvida, a da interação entre a legislação de defesa da concorrência e a legislação de proteção da propriedade intelectual. A aparente falta de interesse dos estudiosos do tema pode ser atribuída tanto ao fato de a aplicação moderna de ambos o direito da concorrência e o direito da propriedade intelectual ser relativamente recente no Brasil,[1] quanto à própria situação de desenvolvimento econômico do País. De qualquer forma, os problemas econômicos e as discussões jurídicas associados à chamada "nova economia" vêm chamando a atenção para essa questão.

Em outras jurisdições, no entanto, a discussão não é nova. O recurso às decisões da Suprema Corte norte-americana, onipresente e quase sempre necessário no campo do Direito da Concorrência, indica que já em 1900 a discussão começava a se delinear,[2] e em 1962 já havia entendimentos mais ou menos

---

* Este artigo foi elaborado em conjunto com José Carlos da Matta Berardo, Bacharel em Direito pela Universidade de São Paulo. Sem a sua inestimável colaboração, este artigo não teria sido possível.

18 Ainda que historicamente haja registros de leis brasileiras de defesa da concorrência e de propriedade intelectual bem anteriores a 1994 e 1996, respectivamente, para fins deste trabalho analisaremos apenas as discussões ocorridas a partir dessas datas.

2 Vide os casos *E. Bement & Sons v. National Harrow Co.*, 186 U.S. 70 (1902), e *Continental Paper Bag Co. v. Eastern Paper Bag Co.*, 210 U.S. 405 (1908), ao qual se refere Sheila F. Anthony (Antitrust and intellectual property law: from adversaries

consolidados em um certo sentido.[3] No Brasil, contudo, apenas recentemente é que o desenvolvimento econômico vem requisitando um exame mais detido das implicações decorrentes da interação entre o Direito da Concorrência e a proteção da propriedade intelectual.

O presente trabalho, assim, visa a apresentar, de forma geral, os principais aspectos envolvendo a interação entre a legislação de defesa da concorrência e os direitos de propriedade intelectual, à luz da literatura econômica especializada e da experiência internacional sobre o tema. Tendo em vista a complexidade das diversas discussões envolvidas e o espaço exíguo, os autores não têm a pretensão de apresentar o tema de maneira exaustiva ou mesmo de aprofundar as discussões iniciais demasiadamente.

Como nota introdutória, vale dizer que as referências aos direitos de propriedade intelectual feitas neste trabalho envolvem aqueles direitos de propriedade industrial protegidos pela Lei n. 9.279/96 (patentes de invenção e de modelo de utilidade, registros de desenho industrial e de marcas), bem como os direitos de autor e de *software*. Ainda que cada um desses direitos tenha peculiaridades específicas, serão considerados indistintamente em conjunto por apresentarem duas características intrínsecas específicas que servem para caracterizá-los como direitos de propriedade intelectual.

A primeira dessas características é que os direitos de propriedade intelectual apresentam valor econômico: para cada um desses direitos, há, em tese, consumidores dispostos a desembolsar um determinado valor em troca desses bens. A segunda dessas características é que esses direitos podem ser consumidos simultaneamente por terceiros sem que haja uma perda de seu valor para qualquer dos consumidores: os custos de reprodução dos direitos de propriedade intelectual são baixos, podendo esses direitos ser facilmente copiados e apropriados.[4]

II. Propriedade intelectual e direito da concorrência: uma relação de exclusão?

No plano econômico, um exame superficial do escopo dos direitos de propriedade intelectual, de um lado, e do direito da concorrência, de outro, leva

---

to partners. *American Intellectual Property Law Association Quarterly Journal*, v. 28, n. 1, p. 1, 2000. Disponível em: http://www.ftc.gov/speeches/other/aipla.shtm.

3 Vide o caso *United States v. Loew's, Inc.*, 371 U.S. 38 (1962), citando o caso *International Salt Co. v. United States*, 332 U.S. 392 (1947).

4 PITOFSKY, Robert. Antitrust and intellectual property: unresolved issues at the heart of the new economy. *Berkeley Technology Law Journal*, n. 16, p. 535 e ss., 2001.

à equivocada impressão de que seus respectivos objetivos são contraditórios. Por algumas décadas, parece ter sido esse, inclusive, o entendimento predominante da jurisprudência norte-americana.[5] Ao que tudo indica, a aparente contraditoriedade reside na explicação e na justificação que são usualmente dadas aos direitos de propriedade intelectual.

Em regra, os direitos de propriedade intelectual podem ser brevemente justificados, de uma perspectiva econômica, nas seguintes linhas:

> "(...) the creator of an idea has difficulty in appropriating its social value. Granting exclusive property rights to the creator of an idea allows him or her to appropriate much of its social value. Consequently, the incentive to create ideas aligns closely with their social value, as required for efficient innovation. However, this clear social benefit may also entail social costs. The owner of an idea has the right to exclude others from using it. Excluding others from using an idea impedes their dissemination and application. (...)
>
> A valuable invention creates a new product or a cheaper way to produce an old product. Since a valuable invention has no close substitutes, granting a patent creates a monopoly. And as we know, monopolists earn profits that exceed the ordinary rate of return on an investment. These monopoly profits are the inventor's reward supplied by the patent system. However, monopolies impose social costs in that too little of the monopolized good is produced and the price is too high. (...) So patents are a temporary monopoly that reward invention and impede dissemination".[6]

Assim, tem-se que os direitos de propriedade intelectual assemelham-se a *monopólios temporários*, no sentido de os detentores desses direitos estarem autorizados, por força de disposições legais, a impedir que terceiros ofertem o

---

5 TOM, Willard K. e NEWBERG, Joshua A. Antitrust and intellectual property: from separate spheres to unified field. *Antitrust Law Journal*, v. 66, p. 167-168, 1997, apud KATZ, Ariel. Making sense of nonsense: intellectual property, antitrust, and market power. *Arizona Law Review*, v.49, p. 843.

6 Cf. COOTER, Robert e ULLEN, Thomas. *Law & Economics*. 3. ed. 2000, p. 128 (grifos e notas omitidos). Na mesma linha, vide MERGERS, Robert et al. *Intellectual property in the new technological age*. 2. ed. New York: Aspen, 2000, p. 137: "This [central] theory [behind patent law] posits that inventions are public goods that are costly to make and that are difficult to control once they are released into the world. As a result, absent patent protection inventors will not have sufficient incentive to invest in creating, developing and marketing new products. Patent law provides a market-driven incentive to invest in innovation, by allowing the inventor to appropriate the full economic rewards of her invention".

seu produto. Assim, os detentores dos direitos de PI recebem um "prêmio" (a possibilidade de cobrar preços superiores ao custo marginal de produção de seus bens ou serviços), que decorre da limitação temporária da concorrência.

Afirmar isso é o mesmo que afirmar que os direitos de propriedade intelectual sustentam-se em duas bases distintas e relacionadas entre si: primeiro, a existência de *incentivos* à inovação; segundo, o direito de excluir terceiros de apropriarem-se dessa inovação. Isso tudo para garantir que os agentes privados possam investir no desenvolvimento de produtos ou serviços inovadores e úteis, processos mais eficientes e trabalhos originais, o que é muito desejável caso se admita que o Estado é incapaz de realizar todos os investimentos necessários para tanto.

Como bem resume a literatura especializada:

> "The standard economic theory of IP begins with the incentive prong. The investment required for the creation of intellectual goods is often high relative to a very low marginal cost of using or making additional copies of them. Therefore, if use or copying were free to all, price would fall to marginal cost. But because marginal cost is lower than the average cost, the original creator would not be able to recover her initial investment and would therefore refrain from making the investment in the first place. Because they are given a right to exclude others from their work, creators can effect artificial scarcity of their intellectual goods, allowing the price of the intellectual goods to increase and the initial investment to be recouped. The second prong acknowledges that with IP rights comes social cost. Once an intellectual good has been created, the right to exclude limits access for those users who would pay a price higher than the marginal cost of copying or using the intellectual good but lower than the profit-maximizing price set by the right holder. Excluding such users from the good creates a social loss, which economists often term 'deadweight loss'. (...) IP rights therefore generate a trade-off between incentive and access. IP laws (...) aim to find the proper incentives for sustained innovation and to minimize the social cost the system imposes".[7]

Assim, pode-se dizer que a base principal a sustentar os direitos de propriedade intelectual reside na exclusividade temporária de uso de um bem imaterial, exclusividade esta que é concedida e reconhecida pelo Estado como forma de garantir a promoção da inovação. Já afirmamos em outra oportunidade que:

[7] Cf. KATZ, Ariel. Op. cit., p. 841 (grifos e notas omitidos).

"o direito do titular da patente de impedir terceiros de explorarem a invenção é o benefício mais importante decorrente desse direito de propriedade industrial. Se tal prerrogativa não fosse concedida, terceiros poderiam livremente produzir o objeto da patente sem ter incorrido em custos de P&D (*free-riding*), reduzindo os incentivos à criação e inovação. Daí porque se dizer que o escopo último dos direitos de propriedade intelectual seja promover o bem-estar do consumidor por meio dos incentivos de eficiência dinâmica deles decorrentes".[8]

Há quem afirme que a tal exclusividade corresponderia a uma espécie de monopólio temporário, não obstante tal exclusividade não gere, necessariamente, monopólio sob a perspectiva econômica, já que é possível que diversos direitos de propriedade intelectual concorram entre si. É inegável, contudo, que a exclusividade em questão limita a concorrência no momento imediato (concorrência estática), por vezes criando monopólios temporários, ainda que, no longo prazo, a proteção fomente a concorrência de uma perspectiva dinâmica.

Da perspectiva da aplicação da legislação de defesa da concorrência, é notoriamente sabido que a existência de monopólios é, em regra, nociva. No contexto da legislação antitruste, as situações de *concorrência* são usualmente consideradas superiores, em termos da geração de benefícios ao bem-estar social, às situações de *monopólio*, e, por isso, mais desejáveis.

Isso porque é aceito pela teoria econômica tradicional que os incentivos são maiores para os agentes econômicos atuarem de forma a incrementar o bem-estar social, seja na forma de melhores produtos ou processos, seja na forma de preços mais baixos, naquelas situações em que o grau de concorrência é superior (em um espectro imaginário, quanto mais longe do pólo do monopólio, melhor).

Nesse sentido, cabe apontar para as indicações da literatura econômica:

"Tradicionalmente, as políticas antitruste de diversos países têm como base normativa a teoria neoclássica dos mercados, apresentando como missão, na visão ortodoxa, evitar que as estratégias empresariais impeçam a livre ação das forças de mercado. A argumentação em favor da implementação de políticas antitruste tem como pilar fundamental a proposição de que a concorrência, concebida como um processo em que o funcionamento da 'mão invisível' dos mercados seria capaz de gerar o máximo

[8] ROSENBERG, Barbara. Interface entre o regime de patentes e o direito concorrencial no setor farmacêutico. in CARVALHO, Patricia (coord.). *Propriedade intelectual: estudos em homenagem à Professora Maristela Basso*. Curitiba: Juruá, 2005. p. 267.

de benefício para a coletividade, deve ser protegida contra alguns efeitos colaterais oriundos do próprio impulso que a movimenta. Sustenta-se que a busca do lucro por agentes privados pode, em certas circunstâncias, levar ao acúmulo assimétrico de poder econômico, tornando-os capazes de manipular as condições de concorrência a seu favor. O principal efeito dessa manipulação, a ser evitado pelos órgãos de defesa da concorrência, seria, então, a redução do grau de eficiência de Pareto e, supostamente, dos níveis de bem-estar social, por meio da fixação de preços superiores aos respectivos custos marginais".[9]

Assim, há uma aparente tensão entre os direitos de propriedade intelectual e a legislação de defesa da concorrência. De um lado, há o incentivo estatal à situação de exclusividade temporária (por vezes, de *monopólio*) quando do reconhecimento de direitos de propriedade intelectual; de outro, o aparato estatal, por meio das autoridades competentes, busca fomentar a concorrência, coibindo as situações de *monopólio*, porque estas são tidas, de forma geral, como socialmente ineficientes.

A tensão que aparentemente existe entre os dois campos[10] decorre do mau emprego – do ponto de vista do direito antitruste – do termo *monopólio* no contexto da aplicação da legislação de proteção da propriedade intelectual, e dos mal-entendidos decorrentes da utilização inapropriada.

Com efeito, a legislação de defesa da concorrência e a legislação de propriedade intelectual visam à promoção da eficiência econômica, ainda que por meios complementares[11] e aparentemente antagônicos. Se, por um lado, a exclusividade na exploração dos direitos de propriedade intelectual pode mitigar a concorrência *estática* e criar ineficiências alocativas que resultam em custos sociais, por outro lado essa exclusividade tem efeitos positivos, em termos de

---

9 FAGUNDES, Jorge. *Fundamentos econômicos das políticas de defesa da concorrência: eficiência econômica e distribuição de renda em análises antitruste*. São Paulo: Singular, 2003, p. 12 (referências omitidas, grifado).

10 Vide, por exemplo, a tensão identificada por Denis B. Barbosa (*Uma Introdução à propriedade intelectual*. 2. ed. Rio de Janeiro: Lumen Juris, 2003. p. 93-117).

11 Cf. *Atari Games Corp. v. Nintendo of America, Inc.*, 897 F.2d 1572 (Fed. Cir. 1990): "[T]he aims and objectives of patent and antitrust laws may seem, at first glance, wholly at odds. However, the two bodies of law are actually complementary, as both are aimed at encouraging innovation, industry and competition". Há quem diga que os meios são complementares, cf. UNCTAD/ICTSD. Intellectual property rights and competition. *Resource Book on TRIPS and Development: an Authoritative and Practical Guide to the TRIPS Agreement*, 2003. Disponível em: http://www.iprsonline.org/unctadictsd/ResourceBookIndex.htm, p. 5.

eficiência dinâmica, na medida em que estimula a concorrência pela inovação.[12] Diante disso, pode-se afirmar, portanto, que os direitos de propriedade intelectual e o direito concorrencial perseguem a promoção do bem-estar social, ainda que por meios diversos.

No Brasil, no campo do Direito positivo, essa constatação sobre a complementaridade de escopo dos institutos fica ainda mais evidente: não há conflito normativo entre as garantias contidas na Lei n. 8.884/94 e aquelas contidas na Lei n. 9.279/96.

No plano constitucional, a previsão do art. 173, § 4.º, em nenhum momento contrapõe-se ao direito individual garantido pelo art. 5.º, XXIX. Isso porque, grosso modo, o art. 5.º, XXIX, da Constituição não autoriza a concessão de privilégios aos autores de inventos industriais, fazendo ressalvas quanto aos princípios da livre-iniciativa e da livre-concorrência. Pelo contrário, podemos afirmar que a interpretação sistemática da Constituição Federal nos leva à conclusão de que há uma comunhão de escopos entre os dispositivos do art. 5.º e do art. 173.

Analisando a questão subjacente às normas de direito positivo, é possível afirmar, sem deixar espaço para questionamentos, que a proteção à propriedade industrial somente se justifica, pelo próprio texto constitucional, pelo incentivo ao "desenvolvimento tecnológico e econômico do país", expressão que deve ser entendida como *incentivo à inovação*, escopo esse que coincide com aquele da Lei de Defesa da Concorrência.

Mesmo que não expressamente contida no texto constitucional, pode-se afirmar que a adoção de um regime de livre-iniciativa e de livre concorrência também tem como um dos seus fundamentos de legitimidade a promoção do incentivo à inovação, por meio dos processos inerentes aos mecanismos de concorrência.[13] No mesmo sentido, a repressão ao "abuso de poder econômico" visa a preservar o processo competitivo e, assim, possibilitar a manutenção dos

---

12 A patente, ao permitir que o titular exclua terceiros de explorar o objeto durante sua vigência, *limita, temporalmente*, o número de concorrentes a fazerem uso daquela invenção. Por essa razão, diz-se que a patente inibe a *concorrência estática*. Por outro lado, na medida em que estimula investimentos em pesquisa para a criação de novas tecnologias, a patente é concebida como um instrumento fundamental para fomentar a *concorrência dinâmica*. Segundo a teoria econômica, essas novas tecnologias concorrerão com as anteriores e, se mais eficientes, substituí-las-ão. Daí por que se dizer que, não obstante as patentes inibam a concorrência estática, funcionam como importante motor para a concorrência dinâmica.

13 Sobre este ponto, de uma forma mais aprofundada, vide SCHUARTZ, Luis F. Mercados de alta tecnologia: crise anunciada do direito da concorrência? In: GRECO,

benefícios gerados pelo processo competitivo entre as empresas, entre os quais a própria inovação.

Nesse sentido, destaca-se trecho de relatório publicado pela *Federal Trade Commission*, uma das autoridades responsáveis pela aplicação da Lei de Defesa da Concorrência nos Estados Unidos, sobre a articulação entre a aplicação do Direito da Concorrência e os direitos de propriedade industrial:

> "Competition and patents are not inherently in conflict. Patent and antitrust law 'are actually complementary, as both are aimed at encouraging innovation, industry, and competition'. Patent law plays an important role in the property rights regime essential to a well-functioning competitive economy. For example, firms may compete to obtain the property rights that patents convey. Patents do not necessarily confer monopoly power on their holders, and most business conduct with respect to patents does not unreasonably restrain or serve to monopolize markets. Even when a patent does confer monopoly power, that alone does not create an antitrust violation. Antitrust law recognizes that a patent's creation of monopoly power can be necessary to achieve a greater gain for consumers.
>
> Analogously, the Supreme Court has recognized the importance of competition to the patent system. '[F]ree competition' is 'the baseline' on which 'the patent system's incentive to creative effort depends'. By limiting the duration of a patent, '[t]he Patent Clause itself reflects a balance between the need to encourage innovation and the avoidance of monopolies which stifle competition without any concomitant advance in the 'Progress of Science and useful Arts' ".[14]

De maneira semelhante, a Comissão Européia expõe a mesma visão:

> "The fact that intellectual property laws grant exclusive rights of exploitation does not imply that intellectual property rights are immune from competition law intervention. (...) Nor does it imply that there is an inherent conflict between intellectual property rights and the Community competition rules. Indeed, both bodies of law share the same basic

Marco A.; MARTINS, Ives G. (coord.), *Direito e internet: relações jurídicas na sociedade informatizada*. São Paulo: Ed. RT, 2001, esp. p. 99-104.

14 U.S. FEDERAL TRADE COMMISSION. *To promote innovation: the proper balance of competition and patent law and policy*, out. 2003, p. 2-3 (notas omitidas). No mesmo sentido, cf. documento mais recente (de abril de 2007) das autoridades norte-americanas, vide U.S. DEPARTMENT OF JUSTICE e U.S. FEDERAL TRADE COMMISSION. *Antitrust enforcement and intellectual property rights: promoting innovation and competition*, 2007, p. 1-6.

objective of promoting consumer welfare and an efficient allocation of resources. Innovation constitutes an essential and dynamic component of an open and competitive market economy. Intellectual property rights promote dynamic competition by encouraging undertakings to invest in developing new or improved products and processes. So does competition by putting pressure on undertakings to innovate. Therefore, both intellectual property rights and competition are necessary to promote innovation and ensure a competitive exploitation thereof".[15]

Assim, considerando-se os efeitos sobre a concorrência dinâmica ao longo do tempo, parece-nos inafastável a conclusão de que não há qualquer relação de exclusão, ou, ainda, qualquer tensão entre o direito da concorrência e a proteção da propriedade industrial. Pelo contrário, repita-se, a relação é de complementaridade.

No plano normativo também não se encontra qualquer contrariedade entre as normas identificadas (Leis n. 8.884/94 e 9.279/96). Em linha com a Constituição Federal, os dispositivos legais apresentam-se harmônicos e integrados, corroborando com o entendimento no sentido de que propriedade intelectual e concorrência não se excluem mutuamente.

Esse entendimento foi recentemente adotado pela Secretaria de Direito Econômico do Ministério da Justiça. No contexto da análise de um caso envolvendo a utilização de desenhos industriais resguardados pela Lei n. 9.279/96, a autoridade investigadora apontou justamente nessa direção:

> "Para incentivar investimentos privados em inovação e evitar comportamentos oportunistas por parte de outros agentes econômicos, a Constituição Federal e a legislação infraconstitucional, incluindo tratados internacionais dos quais o Brasil é signatário, garantem a proteção dos direitos de propriedade industrial por determinado período de tempo, observados os requisitos da lei.
>
> Direito de propriedade industrial e direito da concorrência são complementares, uma vez que o objetivo de ambos é promover a inovação e, conseqüentemente, a concorrência e o desenvolvimento econômico. Inovação beneficia os consumidores por meio do desenvolvimento de novos e melhores produtos, serviços e processos produtivos".[16]

---

15 EUROPEAN COMMISSION. *Commission Notice: guidelines on the application of article 81 of the EC treaty to technology transfer agreements.* 101/2, 2004 (notas omitidas).

16 Cf. Parecer na Averiguação Preliminar n. 08012.002673/2007-51 (Associação Nacional dos Fabricantes de Autopeças e outros).

Diante dessa constatação, cabe analisar como tal relação de complementaridade se traduz na prática de aplicação do Direito da Concorrência.

III. Propriedade intelectual e poder de mercado: um debate resolvido?

Acreditamos que as questões relativas à problemática "PI x concorrência" estão no plano da aplicação do direito, e não no plano normativo; em outras palavras, a tradução da complementaridade normativa em práxis de aplicação do direito é que se mostra complexa, e não a própria relação de complementaridade.

Isso ocorre exatamente porque a *necessária* limitação à utilização da inovação por terceiros, que é inerente aos direitos de propriedade industrial, muitas vezes pode transpor a medida do que seria suficiente para a proteção dessa propriedade, servindo, a partir do momento em que deixa de ser suficiente, como limitação abusiva da concorrência, punível, portanto, pelos ditames constitucionais corporificados na Lei n. 8.884/94.

Logo, cabe ao aplicador do direito da concorrência, ao se deparar com uma questão envolvendo direitos de propriedade intelectual, primordialmente identificar, no contexto da análise dos efeitos competitivos de uma dada prática, a tênue linha que divide a legítima proteção da invenção industrial do uso *abusivo* dessa proteção.

Ainda que seja um tema controverso,[17] parece-nos haver um consenso na literatura e nos precedentes no CADE no sentido de que a identificação de

---

[17] Os casos brasileiros envolvendo a caracterização de condutas unilaterais (mesmo que não envolvam direitos de propriedade intelectual) são poucos e esparsos, não se podendo ainda identificar um padrão consistente e convergente de decisões que seja suficiente para auxiliar na compreensão e caracterização mais ou menos objetiva das práticas proibidas pelo art. 20 da Lei n. 8.884/94. De qualquer forma, não se trata de dificuldade que diga respeito apenas à legislação ou às autoridades brasileiras. As autoridades estrangeiras têm recorrentemente feito referência ao tema, indicando ainda não haver sinalização segura e confiável sobre a caracterização de ilícitos envolvendo condutas unilaterais. Na Europa, afirmou-se que "proving that a firm has engaged in exclusionary practices is not an easy task. This is an area of competition law where it is difficult to adopt simple rules and where each case is often a special one" (MOTTA, Massimo. *Competition policy: theory and practice.* Cambridge: Cambridge University Press, 2004. p. 36). Nos Estados Unidos, por sua vez, especialistas já disseram que "a number of contemporary cases on exclusionary practices tend to be noncommittal if not obfuscatory in their usage of 'anticompetitive'" (FOX, Eleanor. What is harm to competition? Exclusionary practices and anticompetitive effect. *Antitrust Law Journal*, 70, p. 383, 2002) e que

um *abuso de posição dominante* para fins de aplicação da legislação antitruste brasileira (*i.e.*, a identificação de um ilícito nos termos do art. 20 da Lei n. 8.884/94) depende da verificação dos efeitos líquidos da conduta tida como abusiva sobre o bem-estar social. Em outras palavras, a avaliação da licitude de uma determinada conduta passa necessariamente pelo sopesamento de seus efeitos anticompetitivos (os prejuízos) e de seus benefícios para a sociedade (os ganhos). De modo geral, caso os ganhos sejam equivalentes ou maiores do que os prejuízos, não se pode caracterizar a prática questionada como ilícita.[18]

A verificação dos efeitos líquidos de uma prática (*i.e.*, de sua licitude) passa pela análise de diversos elementos, mas a condição *sine qua non* para que uma eventual conduta seja considerada ilícita é, sem dúvida, a existência de poder de mercado por parte da empresa acusada. No contexto da análise da interação entre propriedade intelectual e direito da concorrência, é de especial interesse avaliar a extensão do conceito de poder de mercado e as implicações dos direitos de propriedade intelectual para fins desse conceito.

Poder de mercado pode ser definido, de forma simplificada, como a capacidade de impor, de maneira lucrativa e duradoura, preços superiores aos competitivos, com redução da quantidade ofertada a um nível inferior ao eficiente.[19] Assim, uma empresa em situação de concorrência perfeita (*price taker*) não tem qualquer poder de mercado, ao passo em que um monopolista, evidentemente, tem o máximo poder de mercado possível, com o perdão do pleonasmo. Logo, quanto mais próxima for a situação analisada de um monopólio, maior será o poder de mercado da empresa envolvida.[20]

"notwithstanding a century of litigation, the scope and meaning of exclusionary conduct under the Sherman Act remain poorly defined" (HOVENKAMP, Herbert. Exclusion and the Sherman Act. *72 University of Chicago Law Review*, 147, 2005).

[18] Nos termos do Anexo I à Resolução CADE n. 20/99: "A análise de condutas anticoncorrenciais exige exame criterioso dos efeitos das diferentes condutas sobre os mercados à luz dos arts. 20 e 21 da Lei n. 8.884/94. As experiências nacional e internacional revelam a necessidade de se levar em conta o contexto específico em que cada prática ocorre e sua razoabilidade econômica. Assim, é preciso considerar não apenas os custos decorrentes do impacto, mas também o conjunto de eventuais benefícios dela decorrentes, de forma a apurar seus efeitos líquidos sobre o mercado e o consumidor".

[19] Cf., por exemplo: AREEDA, Phillip; KAPLOW, Louis; EDLIN, Aaron. *Antitrust analysis*. 6. ed. New York: Aspen, 2004. p. 483-498.

[20] Evidentemente, a discussão não é tão simples, mas a aproximação apresentada é suficiente para fins da discussão que se pretende fazer. Para um aprofundamento quanto à questão do poder de mercado, vide AMERICAN BAR ASSOCIATION. SECTION OF ANTITRUST LAW. *Market power handbook*, 2005.

A identificação da existência de poder de mercado depende da definição de mercado relevante e das demais condições de concorrência (barreiras à entrada, rivalidade etc.) do mercado relevante em questão. De qualquer maneira, cabe investigar em que contexto se insere a propriedade intelectual nessa etapa da análise da licitude de determinadas condutas.

Tomemos por base um histórico resumido dos entendimentos sobre o tema nos Estados Unidos.

Em outros tempos, já se afirmou que a existência de um determinado direito de propriedade intelectual não poderia ser utilizada para fins de caracterização de um ilícito concorrencial. As condutas unilaterais envolvendo direitos de propriedade intelectual foram em geral vistas como lícitas por si sós, durante um determinado período;[21] afinal, tratava-se de um "monopólio" concedido ao titular do direito pelo próprio estado, não fazendo sentido, à época, atribuir a esse "monopólio" um caráter ilícito. Conforme já se afirmou:

> "The thinking that patent law and antitrust worked toward opposite purposes had another effect. In any given case, courts and the agencies had to find that one or the other concept took precedence. This meant that in many cases, the courts considered patents to be a government-endorsed exception to the antitrust laws. In fact, for a long time, the courts held that the patent exception was so broad as to immunize from antitrust scrutiny the conduct of firms holding patents. In one case, the Supreme Court even found that conduct involving price fixing merited immunity".[22]

Tal entendimento foi paulatinamente modificado ao longo dos anos,[23] havendo uma redução no âmbito da proteção estatal garantida à exclusividade (o equivocado "monopólio"), sendo tidas como lícitas apenas aquelas práticas

---

21 Identificado como compreendendo o período entre 1890 e 1920, cf.: TOM, Willard K. e NEWBERG, Joshua A. Op. cit., p. 167.

22 Sheila F. Anthony (op. cit.), fazendo referência ao caso *E. Bement & Sons v. National Harrow Co.*, 186 U.S. 70 (1902), no qual a Suprema Corte dos Estados Unidos afirmou, em uma decisão hoje em dia considerada absurda, por se tratar da formação de um cartel *hard-core*, o seguinte: "the general rule is absolute freedom in the use or sale of rights under the patent laws of the United States. The very object of these laws is monopoly, and the rule is, with few exceptions, that any conditions which are not in their very nature illegal with regard to this kind of property, imposed by the patentee and agreed to by the licensee for the right to manufacture or use or sell the article, will be upheld by the courts. The fact that the conditions in the contracts keep up the monopoly or fix prices does not render them illegal".

23 O segundo período normalmente é identificado como compreendendo o período entre 1920 e 1980.

que se verificavam, no entender dos julgadores, dentro do escopo do direito de propriedade intelectual questionado (por exemplo, uma patente permitia apenas que o inventor impedisse terceiros de copiar o seu invento, mas não o autorizava a licenciá-la em conjunto com outros bens ou serviços). Qualquer prática em sentido contrário, contudo, era vista pelas autoridades de defesa da concorrência como ilícita, já que se entendia, naquele momento, que a exclusividade concedida ao titular de um direito de propriedade intelectual confundia-se com o conceito antitruste de poder de mercado.[24]

Nesse cenário, em meados das décadas de 1960 e 1970, o Departamento de Justiça norte-americano chegou a identificar, ainda que não oficialmente, um conjunto de práticas envolvendo o licenciamento[25] de direitos de propriedade intelectual que eram tidas pelo órgão como ilícitas *per se* (esse conjunto foi chamado de "The Nine No-Nos").[26]

---

24 Emblemática desse período foi a decisão da Suprema Corte no já citado caso *United States v. Loew's, Inc.*, 371 U.S. 38 (1962), notas e referências omitidas, grifado: "A tie-in contract may have one or both of these undesirable effects when the seller, by virtue of his position in the market for the tying product, has economic leverage sufficient to induce his customers to take the tied product along with the tying item. The standard of illegality is that the seller must have 'sufficient economic power with respect to the tying product to appreciably restrain free competition in the market for the tied product'. Market dominance – some power to control price and to exclude competition – is by no means the only test of whether the seller has the requisite economic power. Even absent a showing of market dominance, *the crucial economic power may be inferred from the tying product's desirability to consumers or from uniqueness in its attributes.* The requisite economic power is presumed when the tying product is patented or copyrighted. *This principle grew out of a long line of patent cases which had eventuated in the doctrine that a patentee who utilized tying arrangements would be denied all relief against infringements of his patent. These cases reflect a hostility to use of the statutorily granted patent monopoly to extend the patentee's economic control to unpatented products. The patentee is protected as to his invention, but may not use his patent rights to exact tribute for other articles.*"

25 Grosso modo, licenciamento é o ato pelo qual o titular de uma patente, por exemplo, cede a um terceiro o direito de explorar essa patente, normalmente mediante o pagamento de um determinado valor (*royalties*) e sujeito a certas restrições territoriais e de pesquisa e desenvolvimento.

26 O conjunto de práticas reputadas como ilícitas envolviam: "(1) tying the purchase of unpatented materials as a condition of the license, (2) requiring the licensee to assign back subsequent patents, (3) restricting the right of the purchaser of the product in the resale of the product, (4) restricting the licensee's ability to deal in products outside the scope of the patent, (5) a licensor's agreement not to grant further licenses, (6) mandatory package licenses, (7) royalty provisions not reasonably

Segundo a literatura especializada, esses dois períodos, ainda que distintos quanto ao teor das decisões, partem do entendimento de que a existência de um determinado direito de propriedade intelectual efetivamente garante ao seu titular poder de mercado no sentido antitruste do termo.[27] Isso explica, de uma certa forma, o tratamento leniente (reconhecendo até mesmo que a prática de cartel estaria protegida pelo direito de propriedade intelectual) concedido pelas autoridades norte-americanas às práticas envolvendo direitos de propriedade intelectual no primeiro período (1890 a 1920), assim como também explica o exagerado rigor (punindo condutas claramente pró-competitivas) aplicado no segundo período (1920 a 1980).

De modo geral, portanto, segundo esse entendimento, não seria necessário realizar uma análise das possibilidades de substituição do bem protegido pelo direito de propriedade intelectual em questão para que se identificasse a existência de poder de mercado. Se houvesse, por exemplo, uma discussão em torno da utilização de uma patente, restaria configurado que o detentor da patente detinha poder de mercado. A literatura especializada acredita que tal presunção (direito de propriedade intelectual = poder de mercado) surge do fato de que a obtenção dos direitos de propriedade intelectual é relativamente fácil, e a proteção (*i.e.*, o direito de impedir que terceiros se apropriem do direito) concedida muito extensa.[28]

Contudo, a partir da década de 1980, percebe-se uma mudança de entendimento. Cada vez, mais, consolida-se a visão de que as leis antitruste e os direitos de propriedade intelectual encontram-se em harmonia, não apresentando objetivos contrapostos ou conflitantes. Essa mudança de entendimento culminou com a edição, em 1995, de um guia para a análise do licenciamento de propriedade intelectual, utilizado pelas autoridades norte-americanas até os dias hoje.

---

related to the licensee's sales, (8) restrictions on a licensee's use of a product made by a patented process, and (9) minimum resale price provisions for the licensed products". Vide: TOM, Willard K.; NEWBERG, Joshua A. U.S. enforcement approaches to the antitrust-intellectual property interface. In: ANDERSON, Robert D.; GALLINI, Nancy T. (org.). *Competition policy and intellectual property rights in the knowledge-based economy*. Calgary: University of Calgary, 2001, p. 349. Cf. também os comentários do então Procurador responsável pela Divisão Antitruste do U.S. DoJ, Bruce B. Wilson (*Remarks before the Fourth New England Antitrust Conference, Patent and Know-How License Agreements: field of use, territorial, price and quantity restrictions*, nov. 6, 1970.

27 KATZ, Ariel. op. cit., p. 844.

28 Cf. HOVENKAMP, Herbert. *Federal antitrust policy: the law of competition and its practice*. 2. ed. Saint Paul: West Group, 1999, p. 141.

Esse documento evidencia uma mudança de postura das autoridades em relação aos direitos de propriedade intelectual, e, de certa maneira, resolve o conflito que aparentemente existia até então, privilegiando, na análise antitruste, a verificação da existência de concorrência entre diversos produtos substitutos, ainda que protegidos por direitos de propriedade intelectual.

Dentre as principais proposições desse guia, destaca-se o fato de salientar que os direitos de propriedade intelectual devem ser tratados como se fossem qualquer outro tipo de direito, ainda que levadas em consideração suas características peculiares (como a maior facilidade de apropriação indevida devido aos baixos custos de reprodução de uma invenção). Isso significa, por exemplo, que uma patente deve ser tratada pelas autoridades como se fosse um insumo como qualquer outro. Além disso, esse guia reconhece que a análise a ser feita pelas autoridades em casos envolvendo propriedade intelectual deve seguir necessariamente os passos tradicionais da análise antitruste.

Relevante, nesse contexto, fazer referência ao próprio texto das autoridades norte-americanas:

> "The Agencies apply the same general antitrust principles to conduct involving intellectual property that they apply to conduct involving any other form of tangible or intangible property. That is not to say that intellectual property is in all respects the same as any other form of property. Intellectual property has important characteristics, such as ease of misappropriation, that distinguish it from many other forms of property. These characteristics can be taken into account by standard antitrust analysis, however, and do not require the application of fundamentally different principles".[29]

Assim é que surge o elemento central desse guia e que é objeto particular de nosso interesse neste trabalho. Efetivamente, as autoridades antitruste norte-americanas reconhecem que a existência de um determinado direito de propriedade intelectual não necessariamente corresponde à existência de poder de mercado, alinhando a prática antitruste com a teoria econômica mais abalizada, garantindo melhores resultados à análise antitruste e, conseqüentemente, à consecução de seus objetivos. De acordo com esse guia:

> "Market power is the ability profitably to maintain prices above, or output below, competitive levels for a significant period of time. The Agencies will not presume that a patent, copyright, or trade secret necessarily confers market power upon its owner. Although the intellectual property right

[29] U.S. DEPARTMENT OF JUSTICE e U.S. FEDERAL TRADE COMMISSION. *Antitrust guidelines for the licensing of intellectual property*, abr. 1995. § 2.

confers the power to exclude with respect to the *specific* product, process, or work in question, there will often be sufficient actual or potential close substitutes for such product, process, or work to prevent the exercise of market power. If a patent or other form of intellectual property does confer market power, that market power does not by itself offend the antitrust laws. As with any other tangible or intangible asset that enables its owner to obtain significant supracompetitive profits, market power (or even a monopoly) that is solely 'a consequence of a superior product, business acumen, or historic accident' does not violate the antitrust laws".[30]

Logo, as autoridades antitruste, a fim de verificar a existência de poder de mercado, devem sempre perquirir se o direito de propriedade intelectual investigado (ou o bem objeto de proteção, conforme for o caso) apresenta substitutos próximos, seguindo a metodologia tradicional de análise antitruste. Trata-se de um avanço considerável na análise da interface entre propriedade intelectual e concorrência e que deve ser necessariamente levado em consideração como instrumento de política de defesa da concorrência.

Imagine-se, nesse contexto, um singelo exemplo: um laboratório pode ter desenvolvido e patenteado uma droga A, para o tratamento de um dado distúrbio. Um laboratório concorrente, por sua vez, desenvolve e patenteia uma droga B, para tratamento do mesmo distúrbio, e um terceiro laboratório C, por sua vez, patenteia e lança uma droga C para o mesmo fim.

Parece claro que A, B ou C podem ser considerados como concorrentes nesse mercado (o de medicamentos para tratamento do distúrbio em questão[31]). Atribuir a qualquer um dos laboratórios poder de mercado unicamente *em função* da existência das patentes é evidentemente equivocado, já que, *tudo o mais constante* (no sentido de que as demais características técnicas dos medicamentos em questão não os colocam em mercados relevantes distintos), a

---

30 Idem, ibidem.

31 Ainda que, nesse exemplo em particular, eventuais efeitos colaterais dos medicamentos, bem como as eventuais restrições de uso possam colocar tais medicamentos em mercados relevantes distintos; a definição de mercado relevante envolvendo medicamentos é certamente mais complexa do que isso, e o exemplo se justifica apenas como elemento didático. Para um aprofundamento da questão, vale a leitura do documento disponibilizado pela Secretaria de Direito Econômico do Ministério da Justiça sobre a definição de mercados relevantes envolvendo medicamentos: SAFATLE, Leandro P. et al. *Procedimentos para a definição e análise antitruste de mercados relevantes de medicamentos*, 2007. Disponível em: http://www.mj.gov.br/services/DocumentManagement/FileDownload.EZTSvc.asp?DocumentID={0D805865-3160-43C0-8A3B-731B8BD4C441}&ServiceInstUID={2E2554E0-F695-4B62-A40E-4B56390F180A}.

aplicação do chamado "teste do monopolista hipotético"[32] demonstraria que um pequeno porém significativo e não transitório aumento de preço na droga A levaria a um aumento no consumo das demais drogas e vice-versa.

Em 2006, a Suprema Corte dos Estados Unidos abraçou o entendimento das autoridades de defesa da concorrência daquele país, indicando expressamente que não se pode admitir a hipótese de que a existência de poder de mercado seja presumida em razão da existência de direitos de propriedade intelectual:

> "It is no doubt the virtual consensus among economists that has persuaded the enforcement agencies to reject the position that the Government took when it supported the per se rule that the Court adopted in the 1940's. In antitrust guidelines issued jointly by the Department of Justice and the Federal Trade Commission in 1995, the enforcement agencies stated that in the exercise of their prosecutorial discretion they 'will not presume that a patent, copyright, or trade secret necessarily confers market power upon its owner'. U. S. Dept. of Justice and FTC, Antitrust Guidelines for the Licensing of Intellectual Property. While that choice is not binding on the Court, it would be unusual for the Judiciary to replace the normal rule of lenity that is applied in criminal cases with a rule of severity for a special category of antitrust cases.
>
> Congress, the antitrust enforcement agencies, and most economists have all reached the conclusion that a *patent does not necessarily confer market power upon the patentee*. Today, *we reach the same conclusion*, and therefore hold that, in all cases involving a tying arrangement, the plaintiff must prove that the defendant has market power in the tying product".[33]

Tem-se, dessa forma, que é praticamente pacífico[34] na prática do direito da concorrência norte-americano que os direitos de propriedade intelectual não garantem ao seu titular poder de mercado no âmbito antitruste. Há quem diga, inclusive, que essa hipótese é *nonsense*.[35]

À luz do exposto acima, entende-se que a teoria econômica que subjaz à experiência norte-americana pode ser aproveitada, em grande medida, na

---

[32] Cf. a Portaria Conjunta da SAE do Ministério da Fazenda e da SDE do Ministério da Justiça n. 50, de 1.º de agosto de 2001, itens 29 e 30.

[33] Cf. *Illinois Tool Works Inc. et al. v. Independent Ink, Inc.*, 547 U.S. 28 (2006) (notas omitidas, grifado).

[34] Há autores que identificam problemas na "não presunção" defendida pela Suprema Corte norte-americana, por razões bem estruturadas e apresentadas (cf. KATZ, Ariel. Op. cit. p. 851). Trata-se, contudo, de corrente minoritária.

[35] Cf. HOVENKAMP, Herbert. *Federal antitrust police*, cit., p. 142.

aplicação do direito da concorrência brasileiro, especificamente no que toca ao tratamento a ser dado aos direitos de propriedade intelectual quando da realização da análise antitruste de questões envolvendo esses direitos.

A Secretaria de Direito Econômico do Ministério da Justiça, inclusive, já decidiu nesse sentido, fazendo referência à decisão acima mencionada e afirmando que

> "Como é amplamente difundido, direitos de propriedade industrial não necessariamente conferem poder de mercado a seus detentores. Ainda que assim seja, isso por si só não caracteriza violação antitruste: a criação de monopólio (temporário) pode ser necessária para obter um ganho maior para os consumidores (decorrentes de efeitos dinâmicos que superam as esperadas perdas estáticas) e, assim, justifica a proteção.
>
> Portanto, eventual monopólio sobre determinadas autopeças foi atribuído com base na Lei n. 9.279/96, por razões específicas que serão vistas mais adiante e que não provocam a exclusão dos fabricantes independentes do setor de autopeças. Ou seja, no caso destes autos (...) o monopólio legal apenas inviabiliza a concorrência sobre algum modelo específico de uma dada autopeça para proteger os incentivos à inovação, não impedindo a fabricação e comercialização de autopeça similar por terceiros, desde que estes não reproduzam o desenho protegido (...)".[36]

Sem dúvida, o parecer da Secretaria representa um passo importante na direção certa e o reconhecimento de um dado importante (*i.e.*, poder de mercado e direitos de propriedade intelectual não estão diretamente relacionados) para fins de uma política de defesa da concorrência na qual haja o mínimo de previsibilidade das decisões das autoridades.

Contudo, tal reconhecimento é apenas uma pequena etapa de uma longa metodologia de análise que, nos casos envolvendo direitos de propriedade intelectual, se desdobra em inúmeras interrogações e problemas práticos e teóricos, que ainda não foram adequadamente abordados.

IV. Conclusão

Como se vê, e os casos no Brasil já começam a aparecer, a questão é de fundamental importância em um contexto econômico no qual as idéias e a informação (objeto de proteção dos direitos de propriedade intelectual) passam a

---

[36] Cf. Parecer na Averiguação Preliminar n. 08012.002673/2007-51 (Associação Nacional dos Fabricantes de Autopeças e outros).

ter importância substancialmente maior em comparação aos demais bens, e as autoridades antitruste brasileiras devem estar preparadas para esse cenário.

Por exemplo, o recurso às autoridades brasileiras para a análise de questões antitruste envolvendo o licenciamento cruzado de *blocking patents* tende a ser cada vez maior. Da mesma forma, a atuação mais intensa das autoridades antitruste brasileiras no combate a cartéis eventualmente esbarrará em discussões envolvendo as entidades de padronização (*standard setting organizations*) e os *patent pools*, e as discussões sobre a interoperabilidade de standards devem aumentar, à medida que aumenta a importância das discussões antitruste no âmbito de *softwares*.

Igualmente, é inevitável que surjam, como já surgiram no País, questões sobre a utilização exclusiva e a obrigação de negociar direitos de propriedade intelectual referentes a desenhos industriais e, até mesmo, eventos esportivos. Isso tudo para não se falar na análise estrutural (de fusões e aquisições) de empresas que atuam em mercados de inovação (por exemplo, biotecnologia) e na análise de casos envolvendo *sham litigation* e mau uso de direitos de propriedade intelectual.

Nas linhas acima, pudemos brevemente delinear historicamente as discussões envolvendo a interação entre a defesa da concorrência e os direitos de propriedade intelectual. Tal delineamento se fez necessário como medida introdutória e até mesmo didática, para expor as questões sensíveis que, aliás, vêm-se tornando mais freqüentes.

De qualquer forma, diante da parca literatura brasileira especializada, associada à falta de precedentes claros e convergentes sobre o tema, parece-nos que as autoridades de defesa da concorrência no Brasil têm um desafio enorme pela frente.

Ainda que os estudiosos do tema cedo ou tarde manifestem-se sobre as muitas e intrincadas questões relevantes, parece-nos prudente sugerir, à guisa de conclusão, que as autoridades brasileiras devem desde logo se municiar das informações e dados relevantes para o enfrentamento das questões. A elaboração de seminários com especialistas em propriedade intelectual, somado à edição de guias específicos, seria especialmente bem-vinda, especialmente como garantia de segurança e previsibilidade das decisões das autoridades brasileiras.

Bibliografia

AMERICAN BAR ASSOCIATION. SECTION OF ANTITRUST LAW. *Market power handbook*, 2005.

ANTHONY, Sheila F. Antitrust and intellectual property law: from adversaries to partners. *American Intellectual Property Law Association Quarterly Journal*, v. 28, n. 1, p. 1, 2000. Disponível em: http://www.ftc.gov/speeches/other/aipla.shtm.

AREEDA, Phillip; KAPLOW, Louis; EDLIN, Aaron. *Antitrust analysis*. 6. ed. New York: Aspen, 2004.

BARBOSA, Denis B. *Uma introdução à propriedade intelectual*. 2. ed. Rio de Janeiro: Lumen Juris, 2003.

BRASIL. CONSELHO ADMINISTRATIVO DE DEFESA ECONÔMICO, Resolução CADE n. 20/99.

BRASIL. SECRETARIA DE ACOMPANHAMENTO ECONÔMICO DO MINISTÉRIO DA FAZENDA; SECRETARIA DE DIREITO ECONÔMICO DO MINISTÉRIO DA JUSTIÇA. Portaria Conjunta n. 50, de 1.º de agosto de 2001.

BRASIL. SECRETARIA DE DIREITO ECONÔMICO, MINISTÉRIO DA JUSTIÇA, Parecer proferido na Averiguação Preliminar n. 08012.002673/2007-51, Representada: Associação Nacional dos Fabricantes de Autopeças e outros (2007).

COOTER, Robert; ULLEN, Thomas. *Law & Economics*. 3. ed. New York: Addison-Wesley, 2000.

ESTADOS UNIDOS DA AMÉRICA, CORTE FEDERAL DO SEGUNDO DISTRITO. *Atari Games Corp. v. Nintendo of America, Inc.*, 897 F.2d 1572 (Fed. Cir. 1990) (1990).

ESTADOS UNIDOS DA AMÉRICA, SUPREMA CORTE. *Continental Paper Bag Co. v. Eastern Paper Bag Co.*, 210 U.S. 405 (1908).

ESTADOS UNIDOS DA AMÉRICA, SUPREMA CORTE. *E. Bement & Sons v. National Harrow Co.*, 186 U.S. 70 (1902).

ESTADOS UNIDOS DA AMÉRICA, SUPREMA CORTE. *Illinois Tool Works Inc. et al. v. Independent Ink, Inc.*, 547 U.S. 28 (2006).

ESTADOS UNIDOS DA AMÉRICA, SUPREMA CORTE. *International Salt Co. v. United States*, 332 U.S. 392 (1947).

ESTADOS UNIDOS DA AMÉRICA, SUPREMA CORTE. *United States v. Loew's, Inc.*, 371 U.S. 38 (1962).

ESTADOS UNIDOS DA AMÉRICA, U.S. DEPARTMENT OF JUSTICE e U.S. FEDERAL TRADE COMMISSION. *Antitrust enforcement and intellectual property rights: promoting innovation and competition*, 2007.

ESTADOS UNIDOS DA AMÉRICA, U.S. DEPARTMENT OF JUSTICE e U.S. FEDERAL TRADE COMMISSION. *Antitrust guidelines for the licensing of intellectual property*, abr. 1995.

ESTADOS UNIDOS DA AMÉRICA, U.S. FEDERAL TRADE COMMISSION. *To promote innovation: the proper balance of competition and patent law and policy*, 2003.

EUROPEAN COMMISSION. *Commission Notice: guidelines on the application of article 81 of the EC treaty to technology transfer agreements*. 101/2, 2004.

FAGUNDES, Jorge. *Fundamentos econômicos das políticas de defesa da concorrência: eficiência econômica e distribuição de renda em análises antitruste*. São Paulo: Singular, 2003.

FOX, Eleanor. What is harm to competition? Exclusionary practices and anticompetitive effect. *Antitrust Law Journal*, n. 70, 2002.

HOVENKAMP, Herbert. Exclusion and the Sherman Act. *72 University of Chicago Law Review*, p. 147, 2005.

_____. *Federal antitrust policy: the law of competition and its practice*. 2. ed. Saint Paul: West Group, 1999.

KATZ, Ariel. Making sense of nonsense: intellectual property, antitrust, and market power. *Arizona Law Review*, v. 49.

MERGERS, Robert et al. *Intellectual property in the new technological age*. 2. ed. New York: Aspen, 2000.

MOTTA, Massimo. *Competition policy: theory and practice*. Cambridge: Cambridge University Press, 2004.

PITOFSKY, Robert. Antitrust and intellectual property: unresolved issues at the heart of the new economy. *Berkeley Technology Law Journal*, n. 16, p. 535-559, 2001.

ROSENBERG, Barbara. Interface entre o regime de patentes e o direito concorrencial no setor farmacêutico. In: CARVALHO, Patricia (coord.). *Propriedade intelectual: estudos em homenagem à professora Maristela Basso*. Curitiba: Juruá, 2005.

SAFATLE, Leandro P. et al. *Procedimentos para a definição e análise antitruste de mercados relevantes de medicamentos*, 2007. Disponível em: http://www.mj.gov.br/services/DocumentManagement/FileDownload.EZTSvc.asp?DocumentID={0D805865-3160-43C0-8A3B-731B8BD4C441}&ServiceInstUID={2E2554E0-F695-4B62-A40E-4B56390F180A}.

SCHUARTZ, Luis F. Mercados de alta tecnologia: crise anunciada do direito da concorrência? In: GRECO, Marco A.; MARTINS, Ives G. (coord.). *Direito e internet: relações jurídicas na sociedade informatizada*. São Paulo: Ed. RT, 2001.

TOM, W. K.; NEWBERG, J. A. Antitrust and intellectual property: from separate spheres to unified field. *Antitrust Law Journal*, v. 66, p. 167, 1997.

_____; _____. U.S. enforcement approaches to the antitrust-intellectual property interface. In: ANDERSON, Robert D.; GALLINI, Nancy T. (org.). *Competition policy and intellectual property rights in the knowledge-based economy*. Calgary: University of Calgary, 2001.

UNCTAD/ICTSD. Intellectual property rights and competition. In: *resource book on TRIPS and development: an authoritative and practical guide to the TRIPS agreement*, 2003. Disponível em: http://www.iprsonline.org/unctadictsd/ResourceBookIndex.htm, p. 5.

Rechaço à Judicialização das Decisões do CADE*

Jean Menezes de Aguiar

Advogado e Professor de Direito Econômico, Processual Civil e Metodologia Científica da Pós-Graduação na FGV (MBA e Mestrado). Professor da ESA OAB-SP (Pós-Graduação) e do Instituto Nacional de Pós-Graduação (Pós-Graduação).

1. Introdução

> "Para os que se dedicam ao estudo das normas de defesa da concorrência brasileiras, o seu atual estágio de aplicação acarreta, a um tempo só, satisfação e consternação. Satisfação porque, embora se tenha notícia da existência de típicas regras de repressão ao abuso do poder econômico entre nós desde 1759 e de que um órgão encarregado da defesa da concorrência foi criado em 1945,[1] apenas há pouco a efetiva aplicação das leis antitruste passou a dar-se de maneira mais intensa."
> (GRAU, Eros Roberto; FORGIONI, Paula. *O estado, a empresa e o contrato*. São Paulo: Malheiros, 2005.)

Inicialmente, a título de feitura da Introdução, declara-se ter sido utilizada renomada obra técnica de Metodologia Científica[2] que fornece com segurança os contornos mínimos para os itens que devem compor esta parte específica

* Em atenção à normalização da ABNT, escreveu-se Cade apenas com a primeira letra maiúscula.

21 Tratava-se da Cade – Comissão Administrativa de Defesa Econômica, instituída pelo art. 19 do Decreto-lei n. 7.666, de 1945.

2 CERVO, Amado Luiz e BERVIAN, Pedro Alcino. *Metodologia científica*. 5. ed. São Paulo: Prentice Hall, 2002.

do trabalho. Já considerado em seu todo, apóia-se nas normas da ABNT[3] que dão completude ao arcabouço e à própria concepção metodológica de seu desenvolvimento estrutural.

Em termos de definição do assunto buscam-se causas[4] teóricas que minimamente discutam com proficiência uma idéia empírica ou razoavelmente perceptível na comunidade jurídica mais ligada à concorrência e ao Direito Econômico, de que a judicialização das decisões do Conselho Administrativo de Defesa Econômica, o Cade, entendida esta como a possibilidade de reabertura de discussão junto ao Poder Judiciário das decisões proferidas, deixasse de receber repulsas fundadas em construções jurídicas que supusessem errada a referida possibilidade de rediscussão. Há obrigatória imbricação de institutos saídos do Direito Processual e da Teoria Geral do Processo, bem como do Direito Constitucional, como sentença e coisa julgada, com institutos ligados ao Direito Administrativo, como processo e procedimento administrativos e outros que visem a explicar tanto o fenômeno da judicialização quanto seu aqui alegado rechaço.

Trabalha-se com o viés *teórico* da idéia de possibilidade de *rechaço* à judicialização, ou seja, há quem não admita a judicialização como um fator normal, ainda que sua verificabilidade *quantificada* na comunidade jurídica não possa ser aferida. Não se tem, estatisticamente, um quadro composto de quem ou quantos advogados ou estudiosos inadmitam a judicialização das decisões do Cade. Entretanto, ocorre que tão-somente a discussão existente em artigos ou entrevistas esparsos[5] na rede mundial de computadores (Internet) e fóruns

---

3 NBR 6023, NBR 6024, NBR 6027, NBR 6028, NBR 6034, NBR 10520, NBR 10522, NBR 10525 e NBR 12256.

4 Hempel (*Filosofia da ciência. Explicação científica*. São Paulo: Cultrix, 1972, p. 161), sobre o vocábulo *causa* adverte: "Pode-se dizer, de maneira geral, que o vocabulário técnico através do qual se expressam as hipóteses e teorias científicas não inclui palavras como 'causa' e 'fator causal' e que uma versão em termos de causa só é aceitável como explicação científica explícita na medida em que a atribuição causal por ela feita possa ser comprovada e substituída por enunciados de leis correspondentes". Mas como não há substrato de verificabilidade fática para se tentar construir um enunciado, exatamente por não se dispor de uma lei (científica) geral sobre o assunto da judicialização das decisões do Cade, trabalha-se com a expressão *causa* em sua forma usual.

5 FRANCESCHINI, José Inácio Gonzaga e GABAN, Eduardo Molan. *O Cade e a justiça: preocupação real?* Disponível em: http://www.dgcgt.com.br/web/noticias_ler.asp?tipo=5&id=3790. Acesso em: 14 jul. 2008; FARINA Elizabeth. *Entrevista*. Disponível em: http://www.cade.gov.br/news/n001/entrevista.htm. Acesso em: 14 jul. 2008; ROCHA, Bolívar Moura. *Banco Central e Cade*. Disponível em: http://www.

especializados como a Cecore imprimem a idéia de que o referido rechaço é um fato, ou, se se quiser, de minimamente há discussão e controvérsias.

O foco do assunto pode ser visualizado nas questões e subquestões acerca: 1) da possibilidade da judicialização das decisões do Cade, enquanto suposta quebra ou afetação à competência especializada que seria pretensamente absoluta em relação ao Cade, com força, então, de afastar o Poder Judiciário da matéria decidida pelo Conselho; 2) da discussão resistente à possibilidade de judicialização das decisões, o que aqui vem sendo chamado de rechaço à judicialização; 3) da discussão da visão ou concepção que pode ser percebida em alguns gestores e funcionários do próprio Cade (e até advogados especializados), com entendimento recheado com certa vaidade, de que o Conselho deveria manter-se olimpicamente imune à revisão de suas decisões pelo Poder Judiciário, porque uma estrutura desejosamente paradigmatizável em idéias internacionalizadas, o que faria que o Cade pudesse ou devesse ser entendido como um órgão *especial* que mais deva se parecer com estruturas estrangeiras avançadas ou ricas, do que pertencer a um enquadramento normal e administrativamente brasileiro, próprio do organograma interno de meros órgãos estatais;[6] 4) da circunscrição

---

estado.com.br/editorias/2007/11/03/opi-1.93.29.20071103.1.1.xml. Acesso em: 14 jul. 2008.

6 Advirta-se aqui que o modelo norte-americano de controle da concorrência é por demais judicializado, tendo alcançado uma grande eficiência exatamente por não ter rechaçado a hipótese da judicialização das matérias concorrenciais, conforme advertem Franceschini e Gaban, no artigo citado acima. Por outro lado, abrem-se, com a imagem referida de uma certa vaidade por imitação não propriamente a modelos concretos estrangeiros, mas a uma internacionalização pensante que pressuporia um sentimento de que o Cade deveria *estar acima* de uma possibilidade de revisão temática pelo então mundano ou doméstico Poder Judiciário brasileiro, ante sua não-especialidade e sim generalidade, acerca do fenômeno da moda conhecido como globalização. Aqui, Michael Denning (*A cultura na era dos três mundos*. São Paulo: Francis, 2005, p. 27) ensina: "Com seus vários parentes – transnacional, pós-moderno e pós-colonial –, 'globalização' substitui 'internacional'. A advertência à globalização, no caso, visa a tão-somente trazer para discussão a possibilidade de que a idéia de o Cade ser considerado um órgão 'especial' e por isso imune à judicialização, seria pelo modismo tolo, ou bastante imitativo, de alguns gestores e agentes públicos brasileiros quererem transcender de uma organograma naturalmente doméstico para uma internacionalização que, vê-se, não se sustenta, nem em substância concorrencial, nem em teleologia conceptiva de o que possa ou deva ser o Conselho, nem em possibilidade legal, ante o princípio constitucional da inafastabilidade do Poder Judiciário frente a quaisquer questões, salvo às duas possíveis no ordenamento jurídico brasileiro, a arbitral (vide artigo do autor intitulado O tribunal arbitral) e a chamada jurisdição política, Constituição da República, arts.

legal e administrativa tanto do processo quanto da decisão do Cade, inclusive para efeito de assunção teórica cabal sobre a naturalidade da judicialização de suas decisões.

Relativamente aos enquadramentos tempo e espaço do assunto, vê-se a razoável atualidade brasileira da atuação orgânica do Sistema Brasileiro de Defesa da Concorrência, composto pela Lei 8.884/94 com sua tríade de órgãos: Secretaria de Direito Econômico, ligada ao Ministério da Justiça; Secretaria de Acompanhamento Especial, ligada ao Ministério da Fazenda; e Cade, autarquia federal ligada ao Ministério da Justiça; a preocupação da chamada Constituição Econômica[7] inserta na Constituição da República de 1988, com sua ótima prodigalidade, de 4 capítulos, 23 artigos, 51 incisos e 42 parágrafos, dos arts. 170 a 192 da Constituição da República; e o chamado neoconstitucionalismo[8] (brasileiro), consubstanciado tanto em modelos novos de interpretação constitucional como em vieses antropológicos atuais da sociedade brasileira e suas concepções advindas da nova ordem constitucional essencialmente protetiva dos direitos fundamentais, consumeristas, dos trabalhadores e outros.

A importância do assunto transcende a questão teórica, esbarrando na necessidade não apenas de tentar vincar o óbvio – a natural possibilidade de judicialização das decisões do Cade, como de qualquer órgão administrativo brasileiro –, mas de ratificar a necessidade de o Poder Judiciário não ser sequer posto em dúvida quanto à discussão acerca de revisão material de uma decisão administrativa, principalmente quando se notam vozes não fracas esforçadas em criar uma blindagem em torno de um Cade imune, ou por sua competência especializada ou pelas relações internacionais que a concorrência recepciona, num até paradoxo, já que maior segurança no plano internacional é estar comprometido o Poder Judiciário, potencial ou efetivamente, com as decisões do

---

52, I e II, e 55. Sobre a natureza jurídica da decisão administrativa, há dois artigos pelo autor intitulados Afinal, Tribunal de Contas tem ou não jurisdição? – 1 e 2.

7 Constituição econômica – "materialmente pode ser definida como o conjunto de normas fundamentais que *estabelecem* juridicamente os elementos estruturais de uma forma concreta de um determinado sistema econômico. Segundo Canotilho, constituição econômica pode ser entendida como "um conjunto de preceitos e instituições jurídicas que, garantindo os elementos definidores de um determinado sistema econômico, instituíssem uma determinada forma de organização e funcionamento da economia e constituíssem, por isso mesmo, uma determinada ordem econômica relativa às relações socioeconômicas" (Apud ARAÚJO, Luiz Alberto David e NUNES JÚNIOR, Vidal Serrano. *Curso de direito constitucional.* São Paulo: Saraiva, 1998).

8 Vide artigo do autor intitulado O neoconstitucionalismo. *O Dia – SP*, 27 set. 2008.

Conselho, posto que houvesse um lado negativo desse comprometimento, em relação à sabida e incorrigível morosidade do Judiciário.

O tema se justifica, conforme minuciosamente exposto acima nos itens da introdução, visando a serenar discussão que não relativize o princípio constitucional da inafastabilidade da jurisdição, bem como afaste qualquer resíduo de crítica ou suspeita em relação à judicialização das decisões do Cade.

A título de definição dos termos empregados, há imensa preocupação em afastar grande confusão referida inclusive na própria Lei n. 8.884, art. 3.º, com o uso completamente inadequado de um termo em especial: "jurisdição".[9] Porém, por se tratar de matéria de fôlego, inclusive com divergência na própria doutrina, será exposto como item próprio do desenvolvimento.

Utilizaram-se literatura especializada em Direito Econômico, artigos da Internet e artigos da autoria do próprio autor publicados em jornais ou revistas científicas, bem como dados coletados informalmente, como impressões e juízos de valores, principalmente com os membros da Cecore, em suas reuniões institucionais, ambiente extremamente especializado na temática do assunto.

Como metodologia empregada, buscou-se em fontes bibliográficas o material hábil para a composição do artigo, ainda que o assunto seja de escassa atenção, em termos formais, por parte de autores constitucionalistas e de Direito Econômico ou ligados à concorrência.

Numa visão sincrética do assunto, trabalha-se com a intransponível e inegociável possibilidade da judicialização das decisões do Cade, encontrando-se, entretanto, nas confusões terminológicas que serão expostas, a causa provável mais visível para as idéias de rechaço à referida judicialização.

2. Sobre um conceito de judicialização – generalidades

> "O processo civil é um instrumento que o Estado põe à disposição dos litigantes, a fim de administrar justiça."
> (BUZAID, Alfredo. Exposição de Motivos do CPC, Cap. III, I, 5).

Provavelmente, o grande valor da democracia para um sistema jurídico e mesmo para um país, principalmente aqueles que viveram ou saíram de ditaduras historicamente recentes, é o que pode ser chamado de *estabilização das competências* e atribuições oriundas do Estado, consubstanciadas na Constituição ou nas leis. Por estabilização das competências quer-se dizer que nenhuma autoridade, por mais graduada ou poderosa que seja, interferirá ou poderá intervir, politicamente ou não, em assuntos técnicos, cujas competências para

[9] Vide artigo do autor intitulado A decisão do Cade. *O Dia – SP*, 14 jul. 2005.

suas soluções estão constitucional ou legalmente fixadas, pois, com regular anterioridade legiferante. Seria o ocaso, historicamente considerado, do "pistolão", do *coronelismo*[10] e outras formas de pressão oriundas de poder político, do lobismo, ou outro qualquer poder que se manifestasse no sentido de obtenibilidade de resultados contorcidos, maquiados, dolosamente premeditados para atender a um ou alguns interesses específicos. Essa prática no país é um fator por demais velhaco e muitíssimo conhecido na cultura brasileira.

Uma das grandes vantagens da evolução sociojurídica que acaba verificando-se no traspasse histórico do Estado simplesmente legal[11] para um Estado constitucional, com sua fixidez e estabilidade democrática é, no caso brasileiro, exatamente esse grande e significativo ganho que se tem, a impossibilidade de alteração, por "canetada" ou mando, pelo talante pessoal de um poderoso qualquer, sobre uma decisão de cunho técnico ou científico.

Paralelamente à evolução histórica dessa etnografia de viés bastante brasileiro, fortalece-se o Judiciário como mecanismo praticamente único em prestação de jurisdição, máxime no que diz respeito à solução de conflitos de interesses entre particulares ou entre particulares e o Estado e seus agentes.[12] A idéia de judicialização das decisões do Cade caminha, pois, no avanço histórico normal de, obviamente, não pretender, *rectius* não poder, afetar o primado do Judiciário acerca de um episódico conflito de interesses entre a Administração e o particular.[13] Se aquela tem direitos e prerrogativas estatuídos na Constituição da República, os particulares, sejam pessoas ou empresas e grupos, direitos outros

---

10 O coronelismo compreendido como a possibilidade de certos agentes públicos ou privados, mas nitidamente detentores de poder, influenciarem pelo autoritarismo certas decisões ou garantirem a continuidade de certas estruturas, com a certeza da impunidade, é traço brasileiro desde os tempos da colonização, podendo-se pensar noutras práticas também estudadas e conhecidas, como o caciquismo ou o caudilhismo, este minucioso objeto de estudo por Sergio Buarque de Holanda na clássica obra *Raízes do Brasil* (5. ed. Rio de Janeiro: José Olympio, 1969, p. 134 e ss.)

11 Estado legal no sentido de que a Constituição existe, mas efetivamente não é respeitada, verificando-se inúmeros modos de ser descumprida, como costuma ocorrer em ditaduras.

12 Consideram-se tecnicamente jurisdição e não meramente administração de assuntos privados com natureza não-jurisdicional, as hipóteses arroladas no Código de Processo Civil como de jurisdição voluntária. Por isso a solução de conflitos de interesse é apenas uma das formas de manifestação da jurisdição, posto que seja a mais corrente e classicamente ordinária.

13 *Prima facie* o particular, porque nenhum órgão ou entidade pública estão imunes à possibilidade de praticar infração à ordem econômica e ser investigados pelo Sistema Brasileiro de Defesa da Concorrência.

têm, inclusive petrificados pela imutabilidade constitucional, intangibilidade ótima e traço nodal duma democracia que se quer madura.

Daí, filosoficamente, pode-se ter a judicialização das decisões do Cade não como pecha ou fator crítico de degenerescência ou rebaixamento dos atos administrativos decisórios desse órgão, mas como a inferência normal e regular acerca da possibilidade democrática de se acessar o Poder Judiciário, visando, por meio de ação, à rediscussão da matéria decidida no âmbito administrativo. E mais: qualquer senão imposto a esse acesso ao Judiciário, em razão de decisão do Cade, deve ser repelido sumariamente, sob chancela propositiva de se tentar uma subversão completa no sistema jurídico brasileiro, no que diga respeito à hierarquia[14] entre decisões judiciais e decisões outras, entre as quais as administrativas.

Ainda no tocante à discussão teórica acerca da judicialização, outros dois objetos de estudo poderiam ser utilizados meramente como modelos comparativos, só que nestes não há qualquer possibilidade de a discussão – o mérito – ser judicializada. O primeiro é o modelo da Arbitragem, que simplesmente afasta total e definitivamente o Poder Judiciário do mérito da questão, só havendo a única e exclusiva hipótese de o Judiciário entrar se as partes se concertarem e não se impuserem mais, mutuamente, o acordo arbitral inicial. Aqui há, em razão da aumentada autonomia de vontade que historicamente vai se verificar no País com a redemocratização, uma típica exceção ao princípio constitucional da inafastabilidade do Poder Judiciário, pela chancela de constitucionalidade da Lei n. 9.307, art. 7.º. O juiz arbitral é um substituto inteiro do Poder Judiciário no que diz respeito ao mérito, ficando tão-somente atos executivos ligados ao Judiciário.

Se se quiser, sob análise de um viés pertencente ao Direito Econômico, com a referida autonomia de vontade aumentada, na questão da arbitragem, aceitando-se afastado o Poder Judiciário das lides autonomamente escolhíveis pelas partes para serem compostas pelo juiz arbitral, poder-se-ia ver uma também ampliação do princípio da *livre-iniciativa* – o princípio do Direito Econômico diretor da recolocação do Estado brasileiro em seu correto lugar – não interventivo. Ou seja, com a Arbitragem dá-se uma retração saudável no

14 O termo *hierarquia* parece ter saído de moda com o ocaso do positivismo, sofrendo forte patrulhamento em áreas intelectuais diversas, inclusive na Filosofia da Ciência. Mas não se há negar que em muitas situações o sentido hierárquico se impõe pela mera lógica interna do argumento. Se a decisão judicial tem poder para afetar a decisão administrativa e não se pode trabalhar com o inverso, está-se diante de um argumento lógico hierárquico, possivelmente organizável, à luz da Lógica, como tabela da verdade e inteireza de um argumento.

monopólio da jurisdição e diminui-se a intervenção do Estado, pelo viés da jurisdição, na ordem econômica, que passou a contar com esse modelo autônomo, plenamente compositivo (mérito) e substituto do Poder Judiciário.

O segundo e último modelo de comparação é o da chamada *jurisdição política*, que também não admite judicialização da matéria. Quando o Poder Legislativo, pelo Senado, por disposição constitucional, processa e julga o Presidente e o Vice-Presidente da República por crimes de responsabilidade, assim como os Ministros de Estados, os Comandantes militares, os Ministros do Supremo Tribunal Federal, o Procurador-Geral da República e o Advogado-Geral da União, ou no caso do art. 55, §§ 1.º e 2.º, quando uma das Casas Legislativas julga um de seus membros, tudo nas áreas de competência privativa, não há hipótese de o Judiciário ser acionado para rever o mérito da decisão. Ou seja, inexiste judicialização dessas decisões.[15]

Mas aqui se trata de dois casos à parte que não se confundem com um simples órgão de estrutura do Poder Executivo, como é o Cade. Um é a Arbitragem que, para optimização tecnológica do País no sentido de modernizar sua área econômica e negocial, dotou a sociedade e o mercado do modelo de Arbitragem, como existente nos mais avançados países do mundo.[16] E o outro caso é o da chamada jurisdição política, dada, frise-se, pela própria Constituição da República ao Poder Legislativo.

Por fim, há de se reparar que o instituto em foco e sua discussão não dizem respeito somente à *jurisdicionalização* das decisões do Cade mas também à *judicialização*. Esse detalhe poderia gerar um equívoco no conceito do instituto. Por jurisdicionalização da decisão, entendem-se as características atinentes à

---

15 O grande Professor José Frederico Marques já era absolutamente científico quando tratava da jurisdição, mesmo antes da Constituição de 1988, *verbis*: "De início, há salientar que a jurisdição está afeta, de modo preponderante e *quase que exclusivo*, aos órgãos do Poder Judiciário, sendo que, no direito brasileiro, ele monopoliza, *praticamente*, o exercício da atividade jurisdicional, uma vez que é mínima a participação de órgãos não-judiciários na resolução de litígios ou lides" (grifado). Mais à frente, continuava o Professor, chegando a se referir à jurisdição administrativa, prevista pela Constituição *anterior*, com o contencioso administrativo que jamais saiu do papel: "Além disso, há que registrar, ainda, as categorias anômalas de jurisdições não-judiciais, para a composição de litígios preponderantemente políticos (...), ou para aqueles do contencioso administrativo (art. 111), que, todavia, ainda não está funcionando" (*Manual de direito processual civil*. 12. ed. São Paulo: Saraiva, 1987, v. 1, p. 2).

16 Só para se ter idéia, a Bolsa de Valores de São Paulo *não trabalha* com o Poder Judiciário, mas somente com a arbitragem, para quem opte operar ações em sua sede.

jurisdição, porém centrando-se na mais importante delas que é a *definitividade* – perfectibilização de coisa julgada material. Por judicialização entende-se a matéria poder chegar ao Poder Judiciário. Para estudiosos da Arbitragem, e parece que somente para esses especialistas, a Arbitragem é jurisdicional sem ser judicial. O mesmo se dirá das decisões do Legislativo na chamada jurisdição política: decisão jurisdicional sem ser judicial, pois que perfazedora de coisa julgada material.

Já o Cade, por ser órgão administrativo e não possuir qualquer especialidade instrumental,[17] como possuem a Arbitragem e o Poder Legislativo, em seus julgamentos, fica naturalmente submetido à judicialização de suas decisões. E mais: quanto à discussão acerca da jurisdicionalidade de sua decisão, também não se lhe beneficia toda a teoria científica do Direito Processual sobre decisão, sentença e coisa julgada. Assim, não só suas decisões não são jurisdicionais, porque não alcançam o princípio constitucional da coisa julgada (material), mas suas decisões e matérias deixam de ser judicializáveis, pois que, não alcançando autoridade de coisa julgada material, podem ser revistas pelo Poder Judiciário.

Sob o aspecto geral da judicialização como instituto estudado homogeneamente no direito, passagens várias há, noutras sedes específicas de interesse, que somente ratificam a natural visão da possibilidade de o Poder Judiciário tocar questões que até poderiam não ser tipicamente próprias de sua cognição, ante a especificidade temática cabível a outro Poder, verificada essa mudança justamente pela maior necessidade de controle judicial – leia-se interpretação do direito e das leis feita por organismo profissionalmente preparado e previsto para isso, no organograma do Estado.

Assim, o ilustre Prof. Fábio Konder Comparato[18] ensina possuir competência o Judiciário, em que pese o princípio da separação dos Poderes, para dirimir questões *políticas*. Uma judicialização de temáticas próprias pertencentes a outro Poder, o que refugiria, clássica e substancialmente à competência do

---

17 O Cade possui nítida especialidade substancial, em razão da matéria, mas instrumentalmente não é procedimento completamente diferente de outros procedimentos administrativos brasileiros, guardadas as especificidades insertas na Lei n. 8.884. Já a arbitragem não possui especialidade substancial nítida (como o Cade), mas se apresenta como um mecanismo processual novo, opção nova no cenário brasileiro, e que mereceu especial atenção do legislador, daí sua especialidade instrumental. Também a chamada jurisdição política, tanto contendo especialidade substancial em razão da matéria, quanto instrumental, em razão da necessária separação dos poderes – quem a julga é o próprio Legislativo.

18 *Ensaio sobre o juízo de constitucionalidade de políticas públicas*. São Paulo: Ed. RT, v. 86, p. 19-21, mar. 1997.

Poder Judiciário, pois que Comparato adverte expressamente acerca da separação dos Poderes.

Nessa mesma linha, o ótimo artigo de Loiane Prado Verbicaro, intitulado "A judicialização da política à luz da teoria de Ronald Dworkin",[19] com alentada posição substancial em prol da judicialização, *verbis*:

> "Entretanto, dada a complexidade do mundo contemporâneo, exige-se um Judiciário mais participativo, capaz de decidir conflitos de diversas matizes que surgem em sociedade – inúmeras questões de índole estritamente política agora são trazidas ao exame do Poder Judiciário.
>
> Em face dessa realidade, alteram-se as funções clássicas dos juízes, que se tornam também responsáveis pelas políticas de outros poderes estatais, passando a orientar as suas atuações de forma a assegurar a integridade da Constituição e dos direitos dos cidadãos nas democracias contemporâneas.
>
> A essa expansão dos poderes do Judiciário sobre as políticas legislativas ou executivas do Estado, que só têm lugar porque o sistema democrático permite tal atuação sobre os atos dos outros poderes, dá-se o nome de judicialização da política.
>
> O fundamento da judicialização da política reside, assim, no primado da supremacia da Constituição. Destarte, o Judiciário, quando atua no âmbito político, não invade a esfera de outros poderes, mas apenas garante a respeitabilidade à Constituição".

Ou seja, parece não restarem dúvidas de que o instituto da judicialização, além de açambarcar campos administrativos – Poder Executivo –, chega inclusive a campos políticos – Poder Legislativo.

Contrariamente à judicialização em si, só que noutra forma de análise e conceito, não afetando o que consubstancia o objeto do tema ligado ao Cade, encontra-se lúcida advertência do Promotor de Justiça em Minas Gerais André Luís Alves de Melo,[20] no artigo intitulado "A judicialização do Estado brasileiro, um caminho antidemocrático e monopolista", na seguinte passagem:

---

[19] Disponível em: http://209.85.215.104/search?q=cache:0_i8dtMidhUJ:conpedi.org/manaus/arquivos/Anais/Loiane%2520Prado%2520Verbicaro.pdf+judicializa%C3%A7%C3%A3o&hl=pt-BR&ct=clnk&cd=4&gl=br. Acesso em: 14 jul. 2008.

[20] *A judicialização do Estado brasileiro, um caminho antidemocrático e monopolista.* Disponível em: http://209.85.215.104/search?q=cache:Ftr3jSppRUoJ:jus2.uol.com.br/doutrina/texto.asp%3Fid%3D2408+judicializa%C3%A7%C3%A3o&hl=pt-BR&ct=clnk&cd=1&gl=br. Acesso em: 14 jul. 2008.

"A judicialização do país traz um enorme prejuízo à sociedade e enriquecimento da classe jurídica em face de conflitos infindáveis que poderiam ser resolvidos de outra forma, mas o monopólio do mercado de trabalho de juristas incorre no empobrecimento da sociedade. A melhor forma de solução de conflitos é a preventiva, ou seja, evitar o próprio conflito através de acompanhamento das medidas legislativas, atuar junto à mídia para orientar e outras várias formas preventivas".

A análise desse Promotor de Justiça é bastante cuidadosa e pertinente, só que labora numa verticalidade em que o instituto da judicialização é posto em cotejo com a negociação direta e preventiva. Nesse aspecto não merece qualquer reparo a observação, até porque não se pode difundir ode à ida da sociedade ao Poder Judiciário como forma socialmente natural de vida, mas tão-somente quando todas as tentativas de composição falharem. Nessa ótica, a judicialização que, por exemplo, se verifica em relação ao direito do consumidor, estimulada pela resistência desonesta de inúmeras empresas em não compor a situação espontaneamente, forçando o consumidor a ajuizar ação para ter seus direitos respeitados, é uma prática das piores numa sociedade recém-aceita pelo consumismo exacerbado, como é o caso da brasileira.

2.1 Acerca do conceito de jurisdição e o errado art. 3.º da Lei n. 8.884

"Outra característica dos atos jurisdicionais é que *só eles são suscetíveis de se tornar imutáveis*, não podendo ser revistos ou modificados." (grifos do original.)
(CINTRA, Antônio Carlos de Araújo; DINAMARCO, Cândido Rangel; GRINOVER, Ada Pellegrini. *Teoria geral do processo*. 10. ed. São Paulo: Malheiros, 1994, p. 130.)

Afora o que se adiantou sobre a diferença entre judicialização e jurisdicionalização no item anterior, sobre o conceito de jurisdição várias passagens há na doutrina brasileira, inclusive chegando-se a autores que fazem referência, de forma um tanto quanto estranha, advirta-se, a uma jurisdição *administrativa*, como é o caso de Hely Lopes Meirelles,[21] citando Francisco Campos,[22] que se refere ao tema do seguinte modo:

"Neste ponto, a doutrina é pacífica em reconhecer que o sistema de separação entre a Justiça e a Administração torna incompatível o exercício de funções *judiciais* (não confundir com *jurisdicionais*, que tanto podem ser

21 *Direito administrativo brasileiro*. 29. ed. São Paulo: Malheiros, 2004, p. 58.

22 *Pareceres*. 1.ª Série, 1937, p. 253 e ss.

da Administração como da Justiça) por órgãos administrativos, porque isto não seria separação, mas reunião de funções".

Desafortunadamente, parece que o engano está no próprio conceito utilizado por Meirelles, que adverte, expressamente, dever-se ter cuidado para não cometer engano. A característica central da decisão *jurisdicional* - não apenas da judicial em si - diz respeito à definitividade, à coisa julgada material. A *judicialidade* da decisão tem que ver com seu *locus*, *rectius* entidade ou origem de sua prolação, no caso o Poder Judiciário; é uma análise que não afere sua intrinsecalidade ou epistemologia.[23] Assim, a jurisdicionalidade da decisão tem que ver com sua ontologia e, aí sim, com as qualidades e efeitos que possam advir de sua análise. Aqui, e somente aqui, entra em cena o fator da definitividade, coisa julgada material. Tanto é assim que os autores, em sua praticamente totalidade, ligam a definitividade à jurisdicionalidade da decisão, não *apenas* à judicialidade.

Na Teoria Geral do Direito, ao lado do Direito Constitucional, fonte primária do estudo do tema, das cinco características básicas da jurisdição[24] - substitutividade, escopo de atuação do direito objetivo, lide, inércia e *definitividade* - certamente é a última o ponto nodal em sua concepção e epistemologia, ou seja, a que mais a distingue de qualquer outra decisão estatal. Somente a decisão jurisdicional[25] ou dotada de jurisdicionalidade perfaz definitividade, ou seja, alcança a autoridade de coisa julgada material. No sistema jurídico brasileiro, inclusive, é princípio constitucional grave e imutável, que se reverbera para o Direito Processual sem qualquer questionamento.

---

23 Epistemologia no sentido de seu núcleo substancial. Investigar-se a origem da decisão, sabe-se, é tratar de tema que guarda grande relação com a episteme do objeto, mas não ele em si. Já a análise substancial é o próprio núcleo compositivo do objeto investigado. Por isso a possível diferença entre uma análise interna ou substancial e a análise externa ou que, no caso, diga respeito à origem da decisão - o Judiciário.

24 Cf. CINTRA, Antônio Carlos de Araújo; DINAMARCO, Cândido Rangel; GRINOVER, Ada Pellegrini. *Teoria geral do processo*. 10. ed. São Paulo: Malheiros, 1994.

25 Advirta-se que não se trata de decisão judicial, mas jurisdicional. O Legislativo, como se viu acima, produz decisões de cunho jurisdicional ante a definitividade, e a arbitragem, Lei n. 9.307/96, também gera sentença que alcança autoridade de coisa julgada material, o que motiva certos autores a lhes dar natureza jurídica de jurisdicional sem ser judicial. Por todos: KROETZ, Tarcísio de Araújo. *Arbitragem: conceito e pressupostos de validade de acordo com a Lei 9.307/96*. São Paulo: Ed. RT, 1997.

Ainda sobre esse conceito *científico* de jurisdição, MICHEL TEMER[26] é preciso:

> "Qualquer do povo, qualquer órgão público, qualquer tribunal administrativo poderá 'dizer o direito' que deve ser aplicado à dirimência de uma controvérsia. Não estará, contudo, exercendo a jurisdição no sentido rigorosamente científico que lhe empresa a Constituição, ao atribuí-la ao Poder Judiciário".[27]

Igualmente, José Afonso da Silva,[28] acompanhado por RICARDO CUNHA CHIMENTI et al.,[29] tratando do Poder Judiciário:

> "Sua função típica é o exercício da jurisdição, entendida esta como o poder de aplicar a lei ao caso concreto, *com a autoridade da coisa julgada*, que torna imutáveis as decisões judiciais. Isso é o que se chama de função jurisdicional ou simplesmente jurisdição, que se realiza por meio de um processo judicial, dito, por isso mesmo, sistema de composição de conflitos de interesses ou sistema de composição de lides" (grifado).

Também Cândido Rangel Dinamarco é absoluto em restringir a definitividade à decisão jurisdicional:

> "Essa estabilidade e imunização, quando encarada em sentido bastante amplo, chama-se *coisa julgada* e atinge, conforme o caso, *somente a sentença* como ato processual ou ela própria e também seus efeitos. A distinção entre coisa julgada formal e material revela somente que a imutabilidade é uma figura de duas faces, não institutos diferentes (Liebman). A função da coisa julgada *tout court* é a de proporcionar *segurança nas relações jurídicas*, sabendo-se que a insegurança é gravíssimo fator perverso que prejudica os negócios, o crédito, as relações familiares e, por isso, a felicidade pessoal das pessoas ou grupos" (grifado).

Também Pedro Lenza[30] confere:

---

26 *Elementos de direito constitucional*. 5. ed. São Paulo: RT, 1989.

27 Repita-se que atualmente juristas há, especializados em Arbitragem, que outorgam natureza jurídica *jurisdicional* à sentença arbitral, o que não tem nada de estranho. Assim, não seria esdrúxulo dizer que jurisdição deixou de ser um monopólio do Estado, quando este autorizou o particular – o juiz arbitral – a prolatar sentenças arbitrais dotadas de coisa julgada material e, por conseguinte, jurisdicionais.

28 SILVA, José Afonso da. *Curso de direito constitucional positivo*. 18. ed. São Paulo: Malheiros, 2000, p. 553.

29 *Curso de direito constitucional*. São Paulo: Saraiva, 2004, p. 281.

30 *Direito constitucional esquematizado*. São Paulo: Saraiva, 2008, p. 439.

> "Por fim, a definitividade, na medida em que as decisões *jurisdicionais* transitam em julgado e, acobertadas pela coisa julgada formal e material, após o prazo para a interposição da ação rescisória, não mais poderão ser alteradas" (grifado).

Walter de Moura Agra[31] é peremptório e certeiro sobre a impossibilidade de existência de uma jurisdição administrativa no Brasil:

> "Pelo fato de o Brasil ter adotado o monopólio da jurisdição nas mãos do Poder Judiciário, seguindo o modelo preconizado pela Constituição norte-americana, de 1787, configura-se *incompatível* falar-se, nas terras pátrias, de uma *jurisdição administrativa*, com as características que lhes são inerentes" (grifado).

Por fim, é digno de nota um equívoco em especial, duplamente especializado, a um por se tratar, inegavelmente, de uma das melhores autoridades em Cade no País e a dois por ser o autor um magistrado, já que parcela do equívoco diz respeito ao Poder Judiciário. Trata-se de ninguém menos que o grande Prof. João Bosco Leopoldino da Fonseca.[32] Em sua obra, Fonseca ratifica ter a lei antitruste outorgado jurisdição ao Cade "porque a adoção de políticas econômicas com a finalidade de preservar a livre concorrência é matéria de competência precípua da União Federal". Mas esta explicação é por demais positivista e não leva em consideração o equívoco na classificação do fator *jurisdição* a uma decisão administrativa.

A menos que se supusesse haver jurisdição *administrativa* – e parece que Hely Lopes Meirelles, citado acima, é voz isolada, tendo-se na praticamente totalidade dos autores o fato de que *definitividade* é condão da decisão jurisdicional –, o mero fato de competir à União a possibilidade legiferante de *outorga* da jurisdição não é, por si só, garantidor de que isso tenha havido em relação ao Cade. As leis contêm palavras equivocadas e não em poucas passagens. Quando se trata de institutos jurídicos sobre os quais até autores de nomeada se equivocam, a situação fica pior. O fato de *poder* a União legiferar competencialmente acerca da jurisdição não pode ser utilizado como *prova* ou fundamento de que ao Cade a União tenha dado jurisdição como ingrediente de sua decisão. Jamais. Esse reducionismo legiferante não se presta, substancialmente, para ver jurisdição na decisão do Cade.

---

31 *Curso de direito constitucional.* Rio de Janeiro: Forense, 2006, p. 485.

32 *Lei de proteção da concorrência: comentários à lei antitruste.* Rio de Janeiro: Forense, 1995, p. 59.

De toda sorte, por conter outras lições importantíssimas, inclusive quanto a ser ou não o Cade um órgão judicante, a passagem do Prof. João Bosco Leopoldino da Fonseca se faz necessária:

> "A lei nova, ao qualificar o CADE, o diz *órgão judicante*, o que significa que lhe estão sendo atribuídas competências específicas. Resta indagar se a lei poderia outorgar esse poder. A Constituição Federal, no art. 92, enumera os órgãos do Poder Judiciário, que, esses sim, pela tradição brasileira, têm *função judicante*. O fato de se conferir ao CADE função *judicante* é, sem dúvida, uma abertura para a criação de órgãos capazes de exercer a mesma função peculiar ao Poder Judiciário, mas com maior proficuidade em razão da especialização na matéria. A lei lhe confere *jurisdição* em todo o Território Nacional, exatamente porque a adoção de políticas econômicas com a finalidade de preservar a livre concorrência é matéria de competência precípua da União Federal".

Passados esses quase quinze anos da Lei n. 8.884, não há, na história do Direito Constitucional brasileiro nenhum arremedo de criação de órgãos *peculiares ao Poder Judiciário*, como menciona Fonseca. O que mais se aproximou disso foi a aceitação da Arbitragem, com perfazimento de título executivo judicial e coisa julgada material sobre a sentença arbitral. E parou-se por aí, sabendo que a arbitragem nem *órgão* é, mas novo modelo compositivo de conflitos de interesses.[33]

Assim, podia estar corretíssimo o sentimento do Prof. João Bosco em 1995 ao perceber talvez a vontade do legislador brasileiro num criatório de órgãos peculiares ao Poder Judiciário. Assim, não há qualquer sinal de se ratificar a suposição de que a lei tenha, sim, pretendido dar jurisdição às decisões do Cade.

Por outro lado, sempre se entendeu a jurisdição como monopólio do Estado no tocante à possibilidade de dizer o direito (modelo clássico), por meio da prestação de tutela jurisdicional. Duas sempre foram essas hipóteses, ambas restritas ao Estado: uma, a prestação de jurisdição pelo Judiciário, no processo judicial; e a outra, a prestação pelo Legislativo, nos casos previstos na Constituição da República, arts. 52 e 55, em que o Legislativo julga o parlamentar com *definitividade*, coisa julgada material, sem chance de o parlamentar tentar anular o mérito no Poder Judiciário. Com a Lei n. 9.307/96, já se o disse e se repete, não é esdrúxulo dizer que a jurisdição teria deixado de ser monopólio

[33] Sugestões e idéias há, em sedes especializadas, no sentido de serem criados uma Agência Nacional da Concorrência, com independência, um Tribunal da Concorrência, também independente e uma nova forma de processo, exclusiva para atos de concentração com risco real à concorrência.

do Estado, pois que o princípio da inafastabilidade ficou excepcionado, pela possibilidade de a justiça ser operada por um particular, em toda a plenitude do *iudicium*, gerando definitividade, coisa julgada material, indubitavelmente o cerne qualificador da jurisdição.

Assim, erra a Lei n. 8.884, em seu art. 3.º, quando outorga, chancela ou meramente reconhece jurisdição ao Cade. Este Conselho, como um dos inúmeros órgãos administrativos que compõem o Estado, emite decisões administrativas que não podem ser consideradas, tecnicamente, jurisdicionais, o que se não os afasta da incidência fiscalizatória e mesmo anulatória do Poder Judiciário.

Especificadamente, há divergência sobre a natureza jurídica da própria decisão administrativa do Cade, não sendo conteste a doutrina, o que não afeta a construção de que a judicialização das decisões é sempre possível.

O ilustre Professor Tercio Sampaio Ferraz Jr.,[34] ao estudar os atos de concentração, fala em ato vinculado. Já José Marcelo Martins Proença,[35] citando o eminente Prof. Calixto Salomão Filho, na obra *Direito concorrencial: as condutas*, trata-os como atos discricionários; e, por fim, Rodrigo Moacyr Amaral Santos[36] entende que ora os atos são vinculados, ora são discricionários.

3. Decisão judicial no Brasil

O princípio da inafastabilidade da jurisdição, conforme a Constituição da República, art. 5.º, XXXV, com sua redação, de que "a lei não excluirá da apreciação do Poder Judiciário lesão ou ameaça a direito", além de ter sede constitucional, existe sob a garantia de imutabilidade contida na mesma Constituição, pela força posta no art. 60, § 4.º, IV: "Não será objeto de deliberação a proposta de emenda tendente a abolir: os direitos e garantias individuais".

Este tratamento constitucional, conquanto possa, *rectius* deva ser, interpretado, como, aliás, toda e qualquer norma jurídica, não encontra empecilho por parte de nenhum estudioso no sentido duma relativização ou minoração acerca da necessária subsunção de um caso concreto às barras dos tribunais brasileiros, desde que assim o requeira o interessado.

---

34 Discricionariedade nas decisões do CADE sobre atos de concentração. *Revista do IBRAC*, São Paulo, IBRAC, n. 4, p. 89.

35 *Concentração empresarial e o direito da concorrência*. São Paulo: Saraiva, 2001.

36 *Direito concorrencial: aspectos jurídicos e econômicos / comentários à Lei n. 8.884/94 e estudos doutrinários. Arts. 3.º a 6.º*. Rio de Janeiro: América Jurídica, 2002, p. 152.

Com essa exclusividade do Poder Judiciário, inserta, mantida e inexpurgavelmente concebida, até por emenda, na Constituição da República, pouca margem sobra para discussão noutras sedes que não a judicial acerca de decisão que resolva com definitividade um conflito de interesses. As exceções, como se viu, restringem-se à Arbitragem e ao procedimento (então jurisdicional) possível por mandamento constitucional junto ao Poder Legislativo. Assim, um sentido de judicialização das decisões do Cade deve ser compreendido, pois, como um viés eficacial natural da cidadania, na medida em que somente o Poder Judiciário possa rever uma decisão administrativa.

Outra característica, mais interna da tutela jurisdicional em si, é a abrangência lateral que a classificação das tutelas judiciais pode conter. Numa divisão quinária relativamente à tutela cognitiva e somente a esta – condenatória, constitutiva, declaratória, mandamental e executiva *lato sensu* –, está-se diante dum interesse potencialmente múltiplo do agente, em termos de eficiência tipológica aplicada sobre uma decisão administrativa que pode variar da desconstituição à condenação, da ordem ou mandamento à mera declaração. Essa abertura tipológica na estrutura da sentença judicial, que efetivamente outorga ao cidadão e à empresa interesses múltiplos, podendo gerar escolhas ótimas, demais de concurso de ações, não existe relativamente à decisão administrativa, que opera em restrito e singular canal.

Discutir a possibilidade da judicialização das decisões do Cade com um interesse negativista, um que não supusesse a rediscussão da matéria administrativa em sede judicial, seria nem tão-somente um cerceamento à desafetação total no sentido da imprestabilização ou nulificação da decisão administrativa, mas uma perda de afetação parcial, como a eficácia declaratória, por exemplo, que sobre a decisão do Cade poderia recair, oriunda duma sentença judicial.

Assim, mais de o que se suponha, numa análise reducionista, apenas querer nulificar (totalmente) uma decisão do Cade, imaginam-se interesses outros, inclusive de terceiros que eventualmente não compuseram, formalmente, uma dada relação processual no Conselho, mas que poderiam ser objeto de demanda judicial para *qualificar*, de alguma forma, ou *afetar* de outra, a decisão do Cade relativamente a esses interesses outros, fatos outros ou agentes outros.[37]

A possibilidade de decisão judicial *sobre* a decisão do Cade, então, mais que tão-somente visar à nulificação, pode visar à integração heterônoma, no sentido de que um recurso de Embargos de Declaração junto ao próprio Con-

[37] Suponha-se uma ação judicial com pedido declaratório ou constitutivo, oriunda [até] de um terceiro, visando a qualificar ou integrar a decisão do Cade nalguma forma, em aproveitamento que não foi objeto originário relativamente a um novel interesse.

selho e no processo administrativo, por exemplo, não obtivesse colmatar lacuna decisória importante, o que não afastaria a obtenção da correção do problema junto ao Poder Judiciário.

Vê-se, assim, que a decisão judicial potencialmente posta sobre uma situação resolvida no Conselho não é um *minus*, mas uma riqueza de opções à disposição da cidadania e da empresa que não pode ser descartada.

4. Conclusões

O tema em si já nasce com uma dificuldade intrínseca no sentido de, pedagogicamente, sequer admitir discussão acerca da judicialização de toda e qualquer decisão administrativa. No Brasil, em que se trabalha, classicamente, com a jurisdição como monopólio do Estado à decisão administrativa, não se pode sonhar com essa hipótese de ultrapassagem em relação à sentença judicial.

No plano teórico, entretanto, o assunto ganha interesse, permitindo abertura de questionamento vário e revisitação de conceitos importantes, visando inclusive a que defeitos conceptuais não sejam continuadamente postos e considerados.

Advirta-se, por outro lado, que não somente no plano teórico há interesse, já que a própria lei é costumeira em se equivocar quando utiliza a palavra *jurisdição*. Aqui foi para tratar do Cade, mas sabe-se que, por exemplo, no Código de Processo Penal, art. 4.º, quando chamando de *circunscrição* da polícia judiciária, relativamente ao território de sua atribuição para instauração de inquérito policial, falava em *jurisdição*, erro somente corrigido em 1995, pela Lei n. 9.043. Essa errância, por cruzamento terminológico no uso de institutos jurídicos, não fica, pois, restrita à lei: chega a doutrinadores que entendem haver uma (chamada) jurisdição administrativa.

As diferenças e nuances entre os conceitos de decisão *judicial*, decisão *administrativa* e decisão *jurisdicional* também não podem ser objeto de equívoco. O estudo da classificação da decisão judicial conjuntamente com a decisão administrativa, postas em confronto, não opera, num plano imediato, com um núcleo qualitativamente epistêmico ou conceptivo que autorize uma diferença interna, substancial. Ambas são decisões estatais e essa natureza jurídica ou visibilidade substancial absorve muita atenção. Também em países como a França, em que há contencioso administrativo plenário, essa diferença por si só não redundaria em maiores possibilidades teóricas, pois o que está em pauta é o *locus* da prolação da decisão ou, se se quiser, a natureza jurídica do órgão envolvido com ela, mas não a decisão em si. Entretanto, quando se parte para estudar a decisão sob sua jurisdicionalidade, buscam-se fatores internos e tipologicamente próprios da decisão (em si), que, estes sim, têm o condão de qualificá-la.

Das cinco características envolvidas, relativamente ao estudo da jurisdição, desponta a *definitividade* - a possibilidade de perfazimento do instituto constitucional da coisa julgada (material) - como o ponto nodal para o estudioso, e outro parece não haver. Mesmo a *inércia*, que é um fator também bastante típico do Poder Judiciário, talvez não se preste a qualificar a decisão a ponto de diferençá-la, por si só, de outras decisões; relativamente a ela, é a inércia um fator exógeno e não interno da decisão, ou seja, o Poder prolator da sentença judicial, este sim, é inerte - não a decisão -, mas a decisão acaba por se beneficiar dessa quebra da inércia e necessário acionamento para existir.

Talvez pudesse ser percebida, num plano mais psicológico, certa vaidade cognitiva em alguns estudiosos da concorrência pelo fato de não acharem esdrúxula a discussão acerca da relativização da judicialização das decisões do Cade. O instituto da judicialização, se é que se sustenta como tal e epistemologicamente pode ser visto como um instituto, trabalha num viés da obviedade, na possibilidade fática da experimentação em termos normais, ou seja, constitucionalmente assegurada.

Todas as conclusões em análises que se supuserem válidas, considerado o sistema jurídico constitucional brasileiro, não afastam a judicialização das decisões administrativas do Poder Judiciário. Sequer as decisões do Tribunal de Contas da União, entidade em que os membros são formalmente equiparados a juízes do Superior Tribunal de Justiça, estão imunes à reverificação do Poder Judiciário sobre o que foi decidido, não fazendo coisa julgada material, conforme artigos publicados pelo autor[38] acompanhando farta pesquisa doutrinária.

Sobre o Cade, sua qualidade técnica é fato que não pode ser menosprezado, ressaltando de seus membros gestores, um saber na área da concorrência e no direito econômico próprio de juristas especializados, ressalvada a banda com formação econômica que, naturalmente, mais se dedica, e assim deve ser, às difíceis pautas econômicas envolvidas nas questões. Esse saber em muito, e isso é também natural, transcende ao saber de outros agentes ocupados com questões gerais, como os juízes do Poder Judiciário, mas esta situação não apresenta qualquer empecilho a que uma decisão do Cade possa ser efetivamente revista pelo Judiciário.

[38] AGUIAR, Jean Menezes de. Afinal, Tribunal de Contas tem ou não jurisdição? - 1 *O Dia - SP*, 22 maio 2008; idem, Afinal, Tribunal de Contas tem ou não jurisdição? - 2. *O Dia - SP*. 29 maio 2008.

Bibliografia

AGRA, Walter de Moura. *Curso de direito constitucional.* Rio de Janeiro: Forense, 2006.

AGUIAR, Jean Menezes de. A decisão do Cade. *O Dia - SP*, 14 jul. 2005.

______. Afinal, Tribunal de Contas tem ou não jurisdição? - 1. *O Dia - SP*, 22 maio 2008.

______. Afinal, Tribunal de Contas tem ou não jurisdição? - 2. *O Dia - SP*, 29 maio 2008.

______. O neoconstitucionalismo. *O Dia - SP*, 27 set. 2008.

______. O tribunal arbitral. *O Dia - SP*, 21 set. 2005.

ARAÚJO, Luiz Alberto David; NUNES JÚNIOR, Vidal Serrano. *Curso de direito constitucional.* São Paulo: Saraiva, 1998.

BRASIL. Constituição (1988). *Constituição da República Federativa do Brasil.* Org. por Antonio Luiz de Toledo Pinto et al. 41. ed. São Paulo: Saraiva, 2008.

BRASIL. Lei n. 5.869, de 11 de janeiro de 1973. Dispõe sobre o Código de Processo Civil - Exposição de Motivos - Alfredo Buzaid. Org. por Antonio Luiz de Toledo Pinto et al. 4. ed. São Paulo: Saraiva, 2008.

CAMPOS, Francisco. *Pareceres. 1.ª Série*, 1937.

CERVO, Amado Luiz; BERVIAN, Pedro Alcino. *Metodologia científica.* 5. ed. São Paulo: Prentice Hall, 2002.

CHIMENTI, Ricardo Cunha et al. *Curso de direito constitucional.* São Paulo: Saraiva, 2004.

CINTRA, Antônio Carlos de Araújo; DINAMARCO, Cândido Rangel; GRINOVER, Ada Pellegrini. *Teoria geral do processo.* 10. ed. São Paulo: Malheiros, 1994.

COMPARATO, Fábio Konder. *Ensaio sobre o juízo de constitucionalidade de políticas públicas.* São Paulo, Ed. RT, v. 86, mar. 1997.

DENNING, Michael. *A cultura na era dos três mundos.* São Paulo: Francis, 2005.

FARINA, Elizabeth. *Entrevista.* Disponível em: http://www.cade.gov.br/news/n001/entrevista.htm. Acesso em: 14 jul. 2008.

FERRAZ JR., Tercio Sampaio. Discricionariedade nas decisões do CADE sobre atos de concentração. *Revista do Ibrac*, São Paulo, IBRAC, n. 4.

FONSECA. João Bosco Leopoldino da. *Lei de proteção da concorrência: comentários à lei antitruste.* Rio de Janeiro: Forense, 1995.

FRANCESCHINI, José Inácio Gonzaga; Gaban Eduardo Molan. *O Cade e a justiça: preocupação real?* Disponível em: http://www.dgcgt.com.br/web/noticias_ler.asp?tipo=5&id=3790. Acesso em: 14 jul. 2008.

GRAU, Eros Roberto; FORGIONI, Paula. *O estado, a empresa e o contrato.* São Paulo: Malheiros, 2005.

HEMPEL, Carl G. *Filosofia da ciência. Explicação científica.* São Paulo: Cultrix, 1972.

HOLANDA, Sergio Buarque de. *Raízes do Brasil*. 5. ed. Rio de Janeiro: José Olympio, 1969.

KROETZ, Tarcísio de Araújo. *Arbitragem: conceito e pressupostos de validade de acordo com a Lei 9.307/96*. São Paulo: Ed. RT, 1997.

LENZA, Pedro. *Direito constitucional esquematizado*. São Paulo: Saraiva, 2008.

MARQUES, José Frederico. *Manual de direito processual civil*. 12. ed. São Paulo: Saraiva, 1987. v. 1.

MEIRELLES, Hely Lopes. *Direito administrativo brasileiro*. 29. ed. São Paulo: Malheiros, 2004.

MELO, André Luís Alves de. *A judicialização do Estado brasileiro, um caminho antidemocrático e monopolista*. Disponível em: http://209.85.215.104/search?q=cache:Ftr3jSppRUoJ:jus2.uol.com.br/doutrina/texto.asp%3Fid%3D2408+judicializa%C3%A7%C3%A3o&hl=pt-BR&ct=clnk&cd=1&gl=br. Acesso em: 14 jul. 2008.

PROENÇA, José Marcelo Martins. *Concentração empresarial e o direito da concorrência*. São Paulo: Saraiva, 2001.

ROCHA, Bolívar Moura. *Banco Central e Cade*. Disponível em: http://www.estado.com.br/editorias/2007/11/03/opi-1.93.29.20071103.1.1.xml. Acesso em: 14 jul. 2008.

SANTOS, Rodrigo Moacyr Amaral. *Direito concorrencial: aspectos jurídicos e econômicos / comentários à Lei n. 8.884/94 e estudos doutrinários. Arts. 3.º a 6.º*. Rio de Janeiro: América Jurídica, 2002.

SILVA, José Afonso da. *Curso de direito constitucional positivo*. 18. ed. São Paulo: Malheiros, 2000.

TEMER, Michel. *Elementos de direito constitucional*. 5. ed. São Paulo: Ed. RT, 1989.

VERBICARO, Loiane Prado. *A judicialização da política à luz da teoria de Ronald Dworkin*. Disponível em: http://209.85.215.104/search?q=cache:0_i8dtMidhUJ:conpedi.org/manaus/arquivos/Anais/Loiane%2520Prado%2520Verbicaro.pdf+judicializa%C3%A7%C3%A3o&hl=pt-BR&ct=clnk&cd=4&gl=br. Acesso em: 14 jul. 2008.

Convergência e Regulação Concorrencial dos Serviços de Telecomunicações

Mariana Pereira Cunha

Especialista em Direito das Telecomunicações pela Fundação Getulio Vargas. Advogada em São Paulo.

I. O fenômeno da convergência

Entende-se por *convergência tecnológica* o processo que se origina da digitalização de todas as formas de conteúdo (voz, imagens, dados) e reflete na progressiva aproximação das diferentes infra-estruturas de rede existentes quanto à sua capacidade de transporte. As redes que suportam os serviços de telecomunicações e outros serviços de comunicações, ou os chamados "serviços de valor adicionado" (SVA), têm funcionalidades cada vez mais semelhantes e compatíveis entre si, possibilitando a oferta de uma série de produtos que convergem para diversos tipos de mídias e funcionalidades em uma única plataforma.

Conforme Relatório elaborado pelo Conselho Administrativo de Defesa Econômica - CADE, podem-se considerar, para fins analíticos, as seguintes formas de convergência:[1]

"(a) Convergência setorial ou genérica - fusão entre os setores de telecomunicações, informática (TI), audiovisual (TV por assinatura), radiodifusão (TV aberta ou *broadcasting*);

(b) Convergência entre serviços - os mesmos serviços, aplicações e conteúdos são oferecidos por diferentes redes (telefonia fixa, banda larga e TV oferecidos como um serviço único - *triple play* - ou, ainda, esses e a telefonia celular - *quadruple play*);

---

1 CADE. Procedimento Administrativo n. 08700.001638/2007-67 - Audiência Pública - "A convergência tecnológica e seus impactos concorrenciais" - Conselheiro Luiz Carlos Delorme Prado. Brasília, 2008.

(c) Convergência entre redes – uma mesma rede oferecendo diferentes serviços;

(d) Convergência entre terminais – o mesmo terminal suportando diversos serviços".

Esse Relatório reconhece, ainda, que o fenômeno não se resume apenas à convergência de plataformas, mas que os setores de telecomunicações, mídia e tecnologia da informação estão utilizando cada vez mais as mesmas tecnologias. Deixa claro, ainda, que entende como convergência um fenômeno que não envolve apenas tecnologia, mas também novos serviços e maneiras de as empresas fazerem negócios e interagirem com a sociedade.

Resultado dessas formas de convergência é o fomento da concorrência entre *players* que até então exploravam mercados diferentes que não competiam entre si. A convergência tecnológica é um fenômeno que tem afetado de forma constante o setor das telecomunicações, fomentando, de um lado, o mercado a partir da edição de novos produtos e da amplitude da oferta aos usuários e, de outro, criando grandes dificuldades a seus órgãos reguladores. Com o avanço tecnológico, multiplicam-se os meios e as formas de se prestar antigos serviços, possibilitando, principalmente, que novas "facilidades" sejam agregadas por um único prestador.

O maior exemplo de convergência se dá na oferta dos serviços de banda larga. Atualmente existem ao menos três tipos de plataformas tecnológicas que concorrem efetivamente – sob diferentes configurações, dependendo da regulação de cada país – pela provisão em larga escala dos principais serviços de telecomunicações de massa: telefonia, comunicação de dados (incluindo banda larga) e provisão de conteúdos audiovisuais (incluindo TV por assinatura), mercado que se convencionou chamar de triple play. Tais plataformas são as redes de telefonia fixa, as redes das empresas de TV a cabo e as redes de telefonia móvel. Além disso, há ainda várias outras empresas que exploram determinados serviços de telecomunicações e fazem uso de plataformas tecnológicas sem fio alternativas. Este é o caso do satélite e do MMDS, usados para ofertar serviço de TV por assinatura e serviços de banda larga. Não se pode esquecer, ainda, que uma nova plataforma sem fio encontra-se em crescimento, a Wimax, que utiliza as radiofreqüências de 3,5 e 10,5GHz e é vista como altamente promissora para a oferta de banda larga, e que deverá ganhar impulso no Brasil tão logo a Anatel finalize o processo de licitação das novas faixas de freqüência.

A conseqüência disso é traduzida nos serviços ofertados, que são cada vez mais similares entre si do ponto de vista dos usuários: os "celulares" são capazes de conectar a internet e ofertar a banda larga, possibilitando o *download* de todo o tipo de mídia; a nova geração de celulares, a 3G, é capaz inclusive de receber sinais de TV Digital e distribuir conteúdo típico dos serviços de TV por assinatura; o Serviço de Comunicação Multimídia – SCM permite a transmissão de voz sobre o protocolo Internet IP (VoIP), o que também é possível pelo próprio acesso à Rede Mundial de Computadores e aos programas como Messenger e Skype, que permitem a comunicação de voz e vídeo instantânea, além de proporcionar o *download* de todo tipo de conteúdo, inclusive daqueles que hoje são típicos dos serviços de televisão; de outro lado, a TV Digital, já em operação, promete levar a interatividade à radiodifusão e distribuir sinais em aparelhos móveis, agregando funcionalidades que, embora ainda não existam em grande escala no mercado brasileiro, são típicas dos serviços de televisão por assinatura ou da internet.

O fenômeno da convergência dos serviços de telecomunicações e das mídias que são veiculadas a partir destes tem sido uma questão enfrentada pelos seus órgãos reguladores em todo o mundo. É muito difícil a regulação acompanhar com sucesso o avanço tecnológico e a velocidade da indústria, que se movimenta no sentido de captar a maior plêiade de usuários sem preocupar-se com a segmentação dos serviços, bem como lidar com a questão concorrencial, quando se acirra a competição entre serviços e prestadores que, até então, não concorriam entre si.

O objetivo deste trabalho é justamente fazer um breve estudo sobre o impacto da convergência tecnológica nos mercados dos serviços de telecomunicações ante as barreiras regulatórias existentes, os contornos buscados pelos *players*, a interpretação do CADE para as ofertas convergentes hoje existentes e o horizonte de mudanças regulatórias que estão na "pauta do dia" do setor.

II. Barreiras regulatórias para a convergência e as propostas de modificação do setor

A regulação dos serviços de telecomunicações no Brasil é feita a partir da tecnologia utilizada para a sua prestação e não devido às suas características e utilidades percebidas pelo usuário. Assim, as diversas modalidades dos serviços foram criadas a partir de sua plataforma tecnológica, o que acaba por permitir a existência de serviços regulatoriamente distintos, mas semelhantes do ponto de vista dos usuários quanto à sua realidade. Exemplo típico são os serviços de TV a cabo (TVC), Serviço de Distribuição de Canais Multiponto Multicanais (MMDS) e Distribuição de Sinais de Televisão e Áudio por Assinatura Via Satélite (DTH), que, para os usuários, são serviços de televisão por assinatura cujas características se aproximam, gerando, inclusive, a competição entre eles na medida em que são substituíveis entre si.

A criação das modalidades de serviços a partir de sua plataforma tecnológica é, sem dúvida, um dos maiores entraves para a convergência dos serviços, na medida em que seus regulamentos acabam por engessá-los, sem permitir que evoluam a ponto de permitirem outras aplicações ou serviços agregados. A regulamentação é incapaz de acompanhar o avanço da indústria, o que acaba por fazer que o regulador sempre esteja um passo atrás das inovações dos serviços, regulamentando-os posteriormente, gerando diversas lacunas e problemas de interpretação.

A Anatel, tentando contemporizar a regulação dos serviços com a convergência, fez algumas tentativas para tentar contemplar tal fenômeno, editando o regulamento do Serviço de Comunicação Multimídia - SCM e do Serviço Móvel Pessoal - SMP. Contudo, tais regulamentos, ainda que prevejam a existência de serviços muito mais abrangentes, não foram suficientes para dirimir os problemas regulatórios advindos com o avanço da tecnologia.

Afinal, hoje já é possível vislumbrar uma competição efetiva no mercado de banda larga, na medida em que três tecnologias, operadas por diferentes *players* que até então disputavam mercados distintos, podem prestar o serviço a contento por meio de cabo (TV por assinatura), ADSL (SCM) e SMP (pela rede móvel das tradicionais operadoras de "celular").

Conforme acenou o já mencionado relatório do CADE:

> "a profundidade das mudanças causadas pelo advento da tecnologia IP não é compatível com a preservação do atual paradigma de regulação e de remuneração dos serviços de telefonia. Um novo ambiente regulatório precisa ser considerado, onde a origem e o destino das chamadas terá menos importância que o volume total da informação trafegada".[2]

Outra dificuldade enfrentada pelo regulador quanto à efetivação da convergência nos serviços de telecomunicações, é o fato de o acesso à Internet e todo o conteúdo dos *softwares* que operam sobre as plataformas não serem considerados serviços de telecomunicações, muito embora tenham capacidade de proporcionar ao serviço de transmissão de dados (Serviço de Comunicação Multimídia - SCM) funcionalidades muito semelhantes à de outros serviços de telecomunicações, na medida em que fazem que o usuário possa receber e transmitir som, voz, imagem e conteúdo típico dos serviços de televisão por assinatura e *broadcast* com a mesma perfeição de tais serviços. Além disso, as informações acessíveis através da internet e o próprio campo de comunicação que esta possibilita são cada vez mais imprescindíveis na chamada sociedade de informação. Assim, os serviços de telecomunicações cada vez mais agregam tais serviços, na qualidade de Serviço de Valor Adicionado - SVA, compondo o serviço final que é prestado aos usuários.

---

2 CADE. op. cit., p. 43.

Não bastasse a dificuldade de lidar com o desafio de fazer que a regulamentação acompanhe a evolução tecnológica, o regulador ainda deve fazê-lo com o foco no fomento da concorrência, tendo a prerrogativa de criar barreiras e assimetrias com a finalidade de preservar mercados. Foi justamente com esse espírito que logo após a privatização dos serviços de telefonia, o arcabouço regulatório, fomentado pela própria Lei Geral de Telecomunicações – LGT (Lei n. 9.472/97),[3] criou uma notável assimetria visando restringir o campo de atuação das concessionárias do STFC que, detentoras da chamada última milha, de uma vasta rede já existente e de quase um monopólio dos serviços de voz em suas áreas de concessão, tinham, ao menos naquela época, verdadeiro poder de mercado que deveria ser controlado e restringido, a fim de fomentar a competição no setor.[4]

Nesse sentido veja-se o comentário do Prof. Floriano Azevedo Marques Neto[5] em artigo publicado nos primeiros anos após a privatização do antigo Sistema Telebrás:

> "Então o modelo se estrutura numa tentativa de equilíbrio entre universalização e competição. Para viabilizar estas duas metas concomitantes o

---

[3] A Exposição de Motivos da LGT mencionou expressamente a intenção do legislador de criar regras assimétricas para fomentar a competição e orientar a interpretação das regras da competição com vistas à convergência tecnológica, com o seguinte texto: "Ao mesmo tempo, as regras da competição deverão ser interpretadas e aplicadas tendo em vista a convergência das novas tecnologias e serviços, a liberalização do mercado, o estímulo aos novos fornecedores e a intensificação da concorrência internacional. Deverão também ser estimuladas as modalidades de cooperação entre prestadores de serviços que visem aumentar a sua eficiência econômica e o bem-estar do consumidor, adotando-se entretanto precauções contra o comportamento anticoncorrencial, particularmente o abuso de poder pelas empresas dominantes no mercado.(...) A não limitação da quantidade de novos operadores, associada à imposição de obrigações aos operadores antigos, em termos de investimentos na construção de infra-estrutura, pelo tempo necessário à consolidação de um mercado efetivamente competitivo, pode eliminar muitos dos problemas apontados para o caso do duopólio. Antes de mais nada, é necessário frisar que a imposição de obrigações aos operadores antigos, e a não imposição de obrigações equivalentes aos novos, não caracteriza uma situação de injustiça ou de desequilíbrio, uma vez que, na realidade, os operadores antigos terão um período de monopólio *de fato*, enquanto os novos constroem suas redes e se preparam para competir".

[4] Veja-se nesse sentido o histórico e análise da evolução do setor contido no Voto do Conselheiro Luiz Carlos Delorme Prado nos autos do Ato de Concentração n. 53500.019422/2004.

[5] Direto das telecomunicações e Anatel. In: SUNDFELD, Carlos Ari. (org.). *Direito administrativo econômico*. São Paulo: Malheiros, 2000, p. 307.

sistema jurídico introduz um conceito denominado de assimetria regulatória. O prestador que sucede às empresas do sistema Telebrás possui, por si só, uma carteira monumental de clientes, um fluxo de caixa assegurado, uma inserção de mercado, uma marca, entre outras. A concorrência insere-se, aqui, por meio da inserção de uma nova prestadora, mas esta não possui uma rede, uma marca, uma clientela, um fluxo de caixa para se financiar; situação, esta, que impossibilita a competição".

Dentre essas regras assimétricas, destaca-se o art. 86 da Lei Geral de Telecomunicações, que veda às Concessionárias do Serviço Telefônico Fixo Comutado – STFC a exploração de outras atividades econômicas que não o serviço concedido, fazendo que essas empresas não possam deter outras licenças de serviços de telecomunicações e explorar SVAs para agregar valor aos serviços que prestam.

De outro lado, a chamada Lei do Cabo (Lei n. 8.977/95) exige que as empresas prestadoras de TV a cabo sejam controladas por capital nacional, e tal restrição não existe para as tecnologias MMDS e DTH. A Lei do Cabo também não permite a atuação das concessionárias de telecomunicações em serviços de TV a cabo. No entanto, a mesma regulamentação que pretende controlar o mercado e o poderio econômico das chamadas "teles" é responsável pelo entrave regulatório da convergência, haja vista que as grandes empresas de telecomunicações existentes no País – todas de alguma forma ligadas a uma das quatro concessionárias do STFC – têm sua atuação limitada pelas barreiras acima.

Há que se questionar, todavia, se após mais de dez anos de vigência do modelo de telecomunicações da LGT, tais barreiras regulatórias, que acabam por dificultar a existência de serviços convergentes, ainda fazem sentido e têm o condão de fomentar, de fato, a competição no setor. Tal discussão é justamente a "pauta do dia" do setor de telecomunicações, cujo modelo passa por uma grande revisão. Veja-se que recentemente o Ministério das Comunicações, por meio da Portaria n. 179, de 22 de abril de 2008, publicou uma Consulta Pública acerca da revisão do modelo das telecomunicações diante do fenômeno da convergência. Encontra-se em trâmite no Congresso o Projeto de Lei n. 29 (PL 29), que promete eliminar as barreiras de entrada para as concessionárias do STFC nos serviços de TV a cabo. E, por fim, a Anatel publicou, no último dia 17 de junho de 2008, as Consultas Públicas n. 22 e 23 que respectivamente: (i) propõe o Plano Geral para Atualização da Regulamentação das Telecomunicações no Brasil – PGR, que sugere uma agenda regulatória para os próximos anos, contemplando o planejamento da Agência em modificações de curto, médio e longo prazo no arcabouço regulatório do setor e (ii) propõe a revisão do Plano Geral de Outorgas – PGO do serviço de telecomunicações prestado no regime público, para permitir a união de concessionárias que atuam em regiões distintas, dentre outras providências.

O grande objetivo dessas propostas é justamente ampliar a competição no setor e universalizar os serviços de banda larga, pois acredita-se que este serviço seja o grande impulsionador da convergência. No entanto, as mudanças propostas na aludida Consulta Pública, ao menos na primeira versão apresentada pela Anatel, não eliminam as barreiras regulatórias para a convergência hoje presentes na regulamentação, mas ao contrário, em certo aspecto, até as intensificam, pois continua a utilizar o fundamento da assimetria regulatória somente para as concessionárias, perpetuando a limitação ao acesso aos serviços, o que continua a prejudicar a implementação da convergência.

Independentemente dos novos contornos regulatórios que surjam após as reformas no setor prometidas pelas medidas em tramitação acima referidas, é de fundamental importância que o regulador, tanto na elaboração dessas regras quanto na interpretação do arcabouço normativo vigente, jamais perca de vista os princípios do direito concorrencial aplicáveis diante do cenário de convergência, sobre os quais passamos a tratar.

III. A aplicação dos princípios do direito concorrencial no ambiente de serviços aproximados por meio da convergência

Os efeitos da convergência tecnológica no campo do direito concorrencial são sentidos de imediato, na medida em que serviços até então distintos deixam de ter características tão peculiares, sendo mais abrangentes e, portanto, disputando o mesmo mercado. De outro lado, as empresas fortemente reguladas vão formando parcerias e aquisições para poder acompanhar a tendência do mercado, desafiando os aplicadores da defesa da concorrência. Nessas relações criadas entre operadoras que até então não disputavam os mesmos mercados, devem, à luz do Direito da Concorrência, ser aplicados os princípios gerais que orientam a capacidade de intervenção do Estado na economia dentro de mercados competitivos.

Os pilares que sustentam todo o arcabouço legal atinente à defesa da concorrência têm como fundamento constitucional o art. 170 da Constituição Federal, que estabelece o convívio da liberdade concorrencial com o princípio da defesa do consumidor. Desse modo, o direito concorrencial, caracterizado pelas regras de preservação da igualdade de acesso ao mercado (livre-iniciativa), tem os consumidores como os titulares diretos e imediatos. O uso do poder econômico, portanto, encontra o seu limite na conciliação do direito ao exercício da liberdade comercial e sua função social.

A livre concorrência, por seu turno, conceito instrumental da livre-iniciativa, não é senão a projeção da liberdade individual ao plano da produção, circulação e distribuição de riquezas. Este caracteriza, pois, o princípio segundo o qual o mercado deve se reger pelo livre jogo de forças em disputa. Para tanto, é pressuposto que haja a competitividade, identificada como tal a igualdade de oportunidade de agentes econômicos.

Vale, nesse passo, trazer à colação ensinamento de Calixto Salomão Filho:[6]

> "De um lado, o termo 'livre concorrência' invoca a idéia ordo-liberal do sistema concorrencial, preocupada, como dito retro, com a igualdade de condições mínimas de concorrência, ou mais precisamente, com a liberdade de acesso e permanência no mercado. Conseqüência direta dessa concepção, imanente ao objetivo declarado na Constituição e na lei de defesa da livre concorrência, é a preocupação com estruturas ou práticas que possam limitar ou falsear a igualdade de condições mínimas em suas duas vertentes, liberdade de acesso e liberdade de permanência no mercado. *A liberdade de acesso ao mercado é também salvaguardada pela própria liberdade de iniciativa que, como os demais princípios, é prevista em sede constitucional (art. 170, parágrafo único) e legal (artigo 1.º da Lei n. 8884). Limitadora da liberdade de acesso é a existência de barreiras (naturais ou artificiais) à entrada de concorrentes. Falseadoras da liberdade de permanência são as práticas predatórias, tendentes a excluir artificialmente os participantes do mercado*" (grifos nossos).

Note-se que a defesa da concorrência, tal como aqui vislumbrada, é a defesa do sistema concorrencial e não de determinado concorrente ou estrutura específica de mercado. Para a defesa do sistema concorrencial é que se impõe a análise das condutas dos seus agentes abordadas pelo art. 20 da Lei n. 8.884/94.

São esses os princípios de direito concorrencial que devem ser aplicados no âmbito dos serviços públicos regulados, e inclusive na elaboração das restrições e reservas de mercado instituídas pelo órgão regulador dos serviços públicos.

A Lei Geral de Telecomunicações, por sua vez, atribuiu aos serviços de telecomunicações um regime competitivo em que se aplicam todos os princípios de direito concorrencial. No entanto, como se trata de serviços em transição do regime de monopólio para o regime competitivo, o órgão regulador foi introduzindo aos poucos a liberação dos mercados, procurando assegurar, por

[6] *Direito concorrencial – as estruturas*. São Paulo: Malheiros, 1998, p. 32.

meio de benefícios regulatórios, o desenvolvimento do único serviço prestado no regime público, qual seja o Serviço Telefônico Fixo Comutado.

Deve-se ter em mente, ao pensar sobre os serviços de telecomunicações, que sua "Lei Geral" instituiu o regime de liberdade como regra e um sistema concorrencial. Tais princípios fundadores não podem ser ignorados ou mal aplicados quando a realidade dos serviços convergentes modificar os mercados criados pela regulamentação, ultrapassando seus limites.

IV. Alternativas encontradas pelos prestadores para contornar as barreiras regulatórias e o entendimento dos orgãos reguladores

O mercado fica paralisado e estagnado ante o avanço tecnológico que lhe permite oferecer produtos cada vez mais atrativos. Ao mesmo tempo, os atores desse mercado têm que reagir à concorrência, que, finalmente, parece se instalar no setor por meio da convergência de redes e serviços. Assim é que os prestadores dos serviços de telecomunicações, especialmente os mais regulados, têm buscado diversas alternativas para contornar as barreiras regulatórias que impedem os grandes *players* de ofertarem seus produtos em regime de ampla liberdade.

A principal "saída" encontrada por esses operadores tem sido as fusões, aquisições e parcerias comerciais entre empresas de telecomunicações, para possibilitar a oferta de pacotes de serviços em conjunto, em especial o chamado *triple play*, que consiste na oferta dos serviços de telefonia, banda larga e TV por assinatura num único pacote. Exemplos dessas aquisições e parcerias são as próprias ofertas existentes no mercado como "NET e Embratel" (Globopar x Telmex), "TVA e Telefonica", "Oi e Way TV" e a prometida fusão entre "Brasil Telecom e Oi".

A tendência não é parar por aí, é claro. Já está em estudo no Brasil a modelagem do serviço chamado *quadriple play*, que acrescenta ainda o serviço móvel, bem como a promessa de oferta de conteúdo de TV por assinatura e *broadcast*, além de banda larga pelos operadores de telefonia móvel. Além disso, cada vez mais encontramos ofertas de serviços de telecomunicações agregados a equipamentos, *softwares* de anti-vírus e outros serviços de valor adicionado.

Diante dessa realidade de produtos convergentes e "empacotados", surge a grande dificuldade para os aplicadores do direito concorrencial na definição dos mercados relevantes e seus competidores para tais produtos.

A Anatel, nada obstante as modificações regulatórias que estão no seu horizonte, parece ainda muito longe de promover as modificações regulatórias necessárias para incrementar a competição num ambiente de convergência. As propostas de alteração da regulamentação em pauta, muito embora tenham a preocupação de estimular a competição, ainda o fazem com base na distinção de serviço, segmentação por tecnologia, preservando as barreiras existentes para as concessionárias. Ou seja, não há uma regulação efetiva de mercado, possibilitando ofertas e produtos convergentes e criando regras assimétricas de preservação desse mercado, mas, ao contrário, busca-se o fomento da competição com a manutenção desses conceitos. Tanto é que, na proposta do PGR (Consulta Pública n. 22), a "regulamentação do modelo convergente de outorgas", que seria o instrumento necessário para eliminar as barreiras em prol da convergência, está definida como uma ação de longo prazo, ou seja, para um horizonte de dez anos. Com essa proposta, a Anatel acena que, ao menos por enquanto, manterá o seu entendimento que enxerga mercados distintos de acordo com cada tipo de licença de serviço, e não como um mercado único ou aproximado de serviços convergentes.

O Conselho de Administração e Defesa Econômica - CADE, por sua vez, está bastante preocupado com movimentações do setor no sentido de realizar ofertas convergentes. Nesse sentido foi que o Conselho promoveu estudo e audiência pública sobre o tema, que culminaram na elaboração do já mencionado relatório sobre a convergência e seus impactos concorrenciais. Além disso, o Conselho tem aprovado, ainda que com algumas ressalvas, as parcerias e aquisições ocorridas entre empresas do setor para permitir a oferta convergente de produtos.

No tocante à definição de mercado relevante de produtos convergentes, embora o CADE já tenha acenado com a possibilidade de fazê-lo considerando os serviços de telecomunicações de forma integrada, seu entendimento ainda é de que tal abordagem seria prematura no cenário vigente, onde, em seu entender, a convergência está no estágio inicial e o arcabouço regulatório ainda impõe a separação dos serviços de telecomunicações, o que impacta a definição de mercados relevantes.[7]

---

[7] Nesse sentido, transcrevemos trechos do criterioso e bem fundamentado voto do Conselheiro Relator Luiz Carlos Delorme Prado no Ato de Concentração n. 53500.019422/2002, referente à aquisição, pela Telmex junto à Globopar, de participação acionária minoritária nas prestadoras dos serviços de TV a Cabo e MMDS, controladas pela Net Serviços, *verbis*: "O que importa é que o processo de convergência permitirá, no futuro próximo, a conjunção de diversos serviços em um único aparelho, independente da infra-estrutura a ser utilizada. Serviços que comumente são prestados por redes separadas poderão ser prestados por uma única rede integrada, ou mesmo por uma rede de redes. Dessa forma, as indústrias de telecomunicações, transferência de dados e radiodifusão apresentam um movimento de convergência, que provavelmente levará ao surgimento de uma nova indústria, que pode ser chamada de Indústria da Informação. *Isto significa que operações como a que está sendo analisada são altamente prováveis de continuar ocorrendo com freqüência cada vez maior, até a consolidação do novo modelo.*

Entretanto, o CADE já se manifestou no sentido de considerar imprescindível a revisão do modelo regulatório para que se passe a considerar a exis-

---

O advento da digitalização foi, com certeza, o elemento catalisador que levou ao início do processo de convergência. O fato de ser possível transformar informações de diversos tipos (voz, dados, imagens) em uma mesma forma (*binary units* – bits) faz com que os serviços de informação possam se desvincular de uma rede específica. Os serviços poderão, eventualmente, ser prestados por plataformas diferentes, expandindo as opções dos usuários finais.

No entanto, do ponto de vista tecnológico, a convergência ainda está em seu estágio inicial. Ainda existem vários aspectos que precisam ser superados para que a convergência tecnológica realmente ocorra.

Vamos considerar, *em uma primeira abordagem*, como prematura a análise dos serviços de telecomunicações de forma integrada. Nesse caso, definimos três mercados relevantes, na dimensão produto:

a) Mercado de operadores de TV por assinatura – inclui os provedores do serviço de TV paga pelo assinante: TV a cabo, serviço de distribuição multiponto multicanal (MMDS) e serviço *direct to home* (DTH);

b) Mercado de Acesso à Internet Banda Larga – inclui os provedores do serviço de acesso à internet banda larga: acesso ADSL, acesso por *cable modem*, acesso dedicado (óptico), acesso rádio, acesso satélite e acesso móvel;

c) Mercado de serviços de voz – inclui os provedores do serviço de transmissão de voz e outros sinais: STFC (cabos de fios metálicos) e cabo coaxial (voz sobre protocolo internet) e acesso móvel (tecnologia *wireless*).

As definições de mercado relevante acima se baseiam na premissa de que, em cada um deles, o que interessa para o consumidor é o serviço final obtido, não importando qual tecnologia é utilizada para fornecê-lo. A substituição pelo lado da demanda ocorre em termos de serviços, e não em termos de tecnologias. Cabe, também, esclarecer que, no caso específico do consumidor de Serviço de Valor Adicionado (internet e VoIP), a Anatel identifica que há diferença se ele é prestado mediante o uso de redes de SCEMa (através do cabo coaxial) ou de outros serviços de telecomunicações (por exemplo, STFC, que utiliza fio de cobre metálico). Mas, a meu juízo, pela ótica do consumidor, esses serviços são efetivamente substitutos, pois há sobreposição entre os assinantes de serviço de banda larga e os usuários de TV por assinatura. (...)

Vamos agora considerar a existência de um *Mercado Relevante Convergente dos Serviços de Telecomunicações e Serviços de Valor Adicionado*. Neste, os consumidores consideram o produto como sendo um pacote de serviços combinados, e, vêem, dessa forma, os diversos pacotes de serviços como substitutos entre si. No caso, definiríamos esse mercado, na dimensão geográfica, como local, pois serviços de telefonia são sempre prestados localmente, como demonstrado na análise dos mercados relevantes sob hipótese da não convergência.

Também não há maiores preocupações quanto ao impacto imediato sobre a concorrência. Em alguns aspectos, o presente AC é inclusive pró-competitivo, como o fato de aumentar a concorrência no mercado de serviços de voz e acesso à internet banda larga.

tência de produtos ou ofertas convergentes a fim que futuramente possa haver a definição de mercados relevantes condizentes com a natureza convergente de tais produtos. Isso ocorreria mediante a revisão do modelo, que passaria a considerar a regulação de mercados e não a regulação tecnológica.

De fato, a análise de mercados pelo órgão concorrencial torna-se mais complicada: vão surgindo as ofertas empacotadas de serviços de telecomunicações prestados sob plataformas tecnológicas distintas, porém concorrentes entre si, na medida em que o arcabouço regulatório ainda os distingue e define regras distintas para tais serviços, dificultando a tarefa de definição de mercados e análise da concorrência.

V. Conclusão

A convergência tecnológica possibilita de fato a situação que a Lei Geral de Telecomunicações, em seu art. 6.º,[8] parece ter previsto: a competição estabelecida indistintamente entre todos os serviços. No entanto, ainda que a convergência possa estar expressa na regulamentação e tenha sido considerada

---

Entretanto, uma vez que o marco regulatório brasileiro não considera o processo de convergência, não é impossível e, sob certos aspectos é inclusive provável, o surgimento de barreiras à entrada de concorrentes da Net Serviços em um mercado convergente de Serviços de Telecomunicações.

Essas barreiras surgiriam das dificuldades de as outras empresas de telefonia, em vista do marco regulatório existente, responder aos desafios da convergência tecnológica, empreendendo seus próprios projetos de oferta de serviços para o mercado convergente de serviços de telecomunicações e serviços de valor adicionado.

Para isto enfrentaremos neste voto, alguns problemas regulatórios, com impactos concorrenciais, nos mercados de convergência tecnológica em serviços de telecomunicações.

Portanto, a convergência tende a *dificultar a definição do mercado relevante* e, conseqüentemente, a análise do poder de mercado. Somada à necessidade de revisão do arcabouço legal, esta questão poderá acarretar a proteção de determinados grupos econômicos em detrimento de outros, além de gerar má utilização dos recursos existentes.

Considero, portanto, imprescindível, uma revisão da legislação e das práticas nacionais com o intuito de fomentar tanto a inovação tecnológica como a concorrência, que tendem a se intensificar com o fenômeno da convergência. É primordial que o novo arcabouço trate diretamente dos serviços, e não das tecnologias e/ou infra-estruturas utilizadas para provê-los. A convergência exige uma regulação do mercado e não regulação da infra-estrutura, como tem sido a tradição brasileira" (g.n.).

8 Texto integral: "Art. 7.º Os serviços de telecomunicações serão organizados com base no princípio da livre, justa e ampla competição entre todas as prestadoras, devendo o Poder Público atuar para propiciá-la, bem como para corrigir os efeitos da competição imperfeita e reprimir as infrações de ordem econômica".

como um dos fundamentos da Lei Geral de Telecomunicações e das recentes propostas de modificações regulatórias que a Anatel pretende aprovar, a forma como ainda estão organizados e regulados os serviços de telecomunicações, as barreiras regulatórias e as assimetrias ainda vigentes muitas vezes impossibilitam o avanço para a convergência plena. De um lado há uma preocupação da Anatel em criar a competição, mas de outro ainda persiste a preocupação em reservar mercados para cada segmento de serviços e separá-los de acordo com a sua plataforma tecnológica.

A experiência estrangeira pode ser um bom paradigma para orientação do regulador quanto à estrutura regulatória para um cenário de convergência. Com efeito, a Diretiva-Quadro da União Européia criou o chamado "serviço de comunicação eletrônica", determinando que a distribuição de diferentes tipos de informação deve ser tratada em um mesmo arcabouço regulatório e recomendou tratamento isonômico a infra-estruturas diferentes que ofertem serviços equivalentes. No Reino Unido e na Austrália, houve a unificação da regulação de *broadcasting* e telecomunicações em uma mesma agência: OFCOM e ACMA, o que também seria imprescindível que acontecesse no Brasil, onde a radiodifusão ainda é regulada pelo Ministério das Comunicações e está fora do alcance da Anatel. Por fim, na Índia já foi implementada a Licença Única para os serviços de telecomunicações.

Tais iniciativas estrangeiras ilustram o esforço de construção de uma regulação convergente, que deveria servir de base para o Brasil modificar sua regulamentação, eliminando os entraves à convergência. Se houvesse no País, entre outras medidas possíveis, a remoção de entraves à diversificação das empresas estabelecidas em mercados conexos e a implementação da licença única para os serviços de telecomunicações, estaríamos diante de um cenário regulatório no qual seria permitida a oferta de produtos convergentes, em consonância com o princípio da livre-iniciativa e no qual os órgãos reguladores teriam a missão de regular os mercados para garantir a competição entre todas as plataformas de serviços de telecomunicações e mídias que hoje já convergem para produtos similares.

Apenas assim as prestadoras poderão desenvolver seus serviços de modo mais transparente, num ambiente competitivo equilibrado que possa resultar em benefícios aos usuários, à sociedade e à economia brasileira.

Bibliografia

Livros

HERRERA, Alejandra. *Introdução ao estudo da Lei Geral de Telecomunicações do Brasil*. São Paulo: Singular, 2001.

SALOMÃO FILHO, Calixto. *Direito concorrencial – as estruturas*. São Paulo: Malheiros, 1998.

Artigos

FERRAZ JR., Tercio Sampaio. A economia e o controle do Estado. *O Estado de S. Paulo*, de 4 de junho de 1989.

MARQUES NETO, Floriano Azevedo. Direito das telecomunicações e Anatel. In: SUNDFELD, Carlos Ari (org). *Direito administrativo econômico*. São Paulo: Malheiros, 2000.

Relatórios

ANATEL. Gerência de regulamentação e planejamento tecnoeconômico da Superintendência de Comunicação de Massa (CMROR/SCM), "Estudo Comparativo de Modelos Regulatórios Nacionais". Brasília, 2007.

CADE. Procedimento Administrativo n. 08700.001638/2007-67 – Audiência Pública – "A convergência tecnológica e seus impactos concorrenciais" – Conselheiro Luiz Carlos Delorme Prado. Brasília, 2008.

OCDE – Organization for economic co-operation and development. Multiple play: pricing and policy trends. *Telecomunication and Information Polices*, Paris, 2006.

Direito da Concorrência e Mercado de Capitais

Heloisa Helena Monteiro de Lima

Advogada formada pela Pontifícia Universidade Católica de São Paulo. Especialista em Direito Econômico pela Escola de Direito da Fundação Getulio Vargas (GV*Law*).

I. Introdução

O Mercado de Capitais e o Direito da Concorrência são ao certo dois dos temas mais atraentes e ricos em contribuições acadêmicas tanto na dogmática jurídica como campo da teoria econômica. É pouco explorado, contudo, o relacionamento entre eles.

Essa lacuna de trabalhos acadêmicos não nos parece decorrer da carência de interesse teleológico, mas fundamentalmente do indeterminismo característico dos setores mediados pelas oscilações das relações econômicas e da aparente, porém equivocada, incomunicabilidade entre eles.

Da análise da literatura jurídico-econômica disponível e da *praxis* jurídica, observa-se que de fato é extraordinário o grau de convergência entre o Direito da Concorrência e o Mercado de Capitais. A organicidade dos regulamentos referentes à realidade socioeconômica exige do aplicador a compreensão da interpenetração entre esferas do Direito aparentemente distantes, mas absolutamente afetas. O presente artigo é apresentado como sugestão nesse sentido e tem como escopo o recolhimento e a inspeção dos argumentos teóricos em busca de diretrizes para um método de análise que instrumentalizará a interpretação jurídica, de modo a estimular o aperfeiçoamento da aplicação do direito aos casos concretos.

A despeito de se tratar de um tema de aplicabilidade global, o presente artigo se concentrará nos aspectos da legislação brasileira.

O trabalho divide-se em seis seções, além desta introdução. A segunda seção apresenta, de forma resumida, o panorama histórico indispensável para a discussão do tema. Na terceira e quarta seções, são postas em debate a intersecção e o relacionamento entre o Direito Antitruste e o Mercado de Capitais, em face da nova ordem econômica. Por último, a conclusão do presente artigo aponta para a necessidade de aperfeiçoamento teórico que sinalize na direção de uma abordagem integrada entre o Direito Concorrencial e os instrumentos econômicos afetos.

II. O papel do estado no domínio econômico

Pode-se afirmar que as atribuições do Estado na atuação no domínio econômico remontam à crise do liberalismo e à incapacidade de auto-regulação dos mercados. O modelo clássico do capitalismo como sistema econômico[1] livre de qualquer intervenção estatal era baseado na crença de que as leis naturais de mercado promoveriam uma situação de equilíbrio entre os agentes. Esse equilíbrio teórico de Adam Smith, contudo, não teve efeitos na prática, pois que acarretou o controle do mercado por alguns (poucos) grandes produtores.

Evidente a inviabilidade do capitalismo liberal,[2] o Estado assumiu pela primeira vez o papel de agente regulador da economia. A tendência de atuação do Estado no domínio econômico foi apresentada pela primeira vez nas Constituições do México de 1917 e na de Weimar de 1919. A primeira condicionou o exercício da propriedade privada à observância do interesse público e estabeleceu o combate ao regime de monopólios, à concentração econômica e ao açambarcamento, enquanto a segunda dispôs sobre a organização da vida econômica e fixou limites à liberdade econômica individual.

A Constituição brasileira de 1988[3] projeta um Estado forte e desenvolto, para que os fundamentos definidos no art. 1.º e os objetivos definidos no art. 3.º[4]

---

1 O capitalismo é "sistema baseado na propriedade privada dos meios de produção, propiciadora de acúmulo de poupança com finalidade de investimentos de grandes massas monetárias, dentro de uma organização de livre mercado" (FONSECA, João Bosco Leopoldino da. *Direito econômico*. Rio de Janeiro: Forense, 2005. p. 253).

2 A intervenção deixa de ser uma circunstância excepcional para tornar-se um elemento essencial do Estado. A doutrina de John Maynard Keynes marcou esse período, apresentando um programa governamental do pleno emprego, de enorme impacto na economia.

3 A Constituição de 1934 foi introdutora do capítulo "da ordem econômica e social" na tradição do direito constitucional brasileiro e é nítida instituidora de um Estado social, sem, no entanto, deixar de consagrar o princípio da liberdade econômica. A Constituição de 1967 manteve a tradição prestigiando expressamente o princípio a livre-iniciativa e o desenvolvimento econômico. TURCZYN, Sidnei. *O sistema financeiro nacional e a regulação bancária*. São Paulo: Ed. RT, 2005, p 249-251.

4 "Art. 1.º A República Federativa do Brasil, formada pela união indissolúvel dos Estados e Municípios e do Distrito Federal, constitui-se em Estado Democrático de

sejam atingidos, e define um modelo de organização estatal que visa à garantia do bem-estar social.[5]

A Constituição Federal, em seu art. 170, dispõe sobre o escopo da ordem econômica e seus princípios orientadores:

> "Art. 170. *A ordem econômica, fundada na valorização do trabalho humano e na livre iniciativa, tem por fim assegurar a todos existência digna, conforme os ditames da justiça social, observados os seguintes princípios*: I – soberania nacional; II – propriedade privada; III – função social da propriedade; IV – livre concorrência; V – defesa do consumidor; VI – defesa do meio ambiente, inclusive mediante tratamento diferenciado conforme o impacto ambiental dos produtos e serviços e de seus processos de elaboração e prestação; VII – redução das desigualdades regionais e sociais; VIII – busca do pleno emprego; IX – tratamento favorecido para as empresas de pequeno porte constituídas sob as leis brasileiras e que tenham sua sede e administração no País. Parágrafo único. É assegurado a todos o livre exercício de qualquer atividade econômica, independentemente de autorização de órgãos públicos, salvo nos casos previstos em lei" (grifos nossos).

A Constituição brasileira, para SILVA,[6] consagra uma economia de mercado de natureza capitalista, uma vez que um princípio básico da ordem capitalista é a iniciativa privada. Contudo, conquanto se trate de declaração principiológica, essa prioridade tem o sentido de *orientar a intervenção do Estado na economia*, a fim de fazer valer os valores do trabalho e da iniciativa privada, que constituem o fundamento da ordem econômica e da própria República.

Direito e tem como *fundamentos*: I – a soberania; II – a cidadania; III – a dignidade da pessoa humana; IV – os valores sociais do trabalho e da livre iniciativa; V – o pluralismo político.

Art. 3.º Constituem *objetivos* fundamentais da República Federativa do Brasil: I – construir uma sociedade livre, justa e solidária; II – garantir o desenvolvimento nacional; III – erradicar a pobreza e a marginalização e reduzir as desigualdades sociais e regionais; IV – promover o bem de todos, sem preconceitos de origem, raça, sexo, cor, idade e quaisquer outras formas de discriminação."

[5] A Constituição de 1988 é marcadamente principiológica e programática, dispondo de regras e de princípios, diretrizes e afins a serem realizados pelo Estado e pela sociedade, assumindo importância ainda maior os preceitos contidos nos artigos citados acima.

[6] SILVA, José Afonso. *Curso de direito constitucional positivo*. 19. ed. São Paulo: Malheiros, 2000.

Para VIDIGAL,[7] a ordem econômica na Constituição de 1988 consagra um regime de mercado organizado, entendido como aquele orientado pelos preceitos da ordem pública clássica. O referido autor denomina "Direito da Organização dos Mercados" a disciplina jurídica corretora do conjunto das distorções características das soluções de liberdade de mercado, abrangendo não apenas as distorções que afetam a competição como as que induzem a repartição desigual e as que alimentam flutuações em direção à crise.

O papel do Estado no domínio econômico, nesse sentido, pode ser resumido como o de prover essa organização, disciplinando as relações entre agentes privados. Para tanto, as funções de fiscalização, incentivo e planejamento foram outorgadas ao Estado, como agente normativo e regulador da atividade econômica.

III. Direito da concorrência e mercado de capitais

III.1 Fundamentos: objeto e escopo

Passo anterior e fundamental para a correta definição do conceito "Direito da Concorrência" é diferenciar a proteção da *concorrência* – tutelada no Brasil pelos órgãos que compõem o Sistema Brasileiro de Defesa da Concorrência (SBDC)[8] – da proteção do *concorrente.*

A Lei n. 8.884/94 é a atual Lei de Proteção e Defesa da Concorrência[9] e dispõe sobre a prevenção e repressão às infrações contra a ordem econômica, orientada pelos ditames constitucionais de liberdade de iniciativa, livre concorrência, função social da propriedade, defesa dos consumidores e repressão ao abuso do poder econômico.

---

[7] VIDIGAL, Geraldo. A ordem econômica, In: *A Constituição brasileira* – 1988 – *Interpretações.* Rio de Janeiro: Forense Universitária, 1988, p. 373 e ss. Apud GRAU, Eros Roberto. *A ordem econômica na Constituição de 1988.* São Paulo: Malheiros, 2003, p. 159.

[8] Os órgãos que compõem o Sistema Brasileiro de Defesa da Concorrência (SBDC) são a Secretaria de Acompanhamento Econômico (SEAE), a Secretaria de Direito Econômico (SDE) e o Conselho Administrativo de Defesa Econômica (CADE). Esses três órgãos têm como função primordial a orientação, a fiscalização, a prevenção e a apuração de abusos de poder econômico, nos termos da Lei n. 8.884/94.

[9] Encontram-se em trâmite no Congresso Nacional os Projetos de Lei n. 3.937/2004 e 5.877/2005, que visam à alteração da Lei n. 8.884/94. Trata-se de tema complexo, que será abordado com cautela em outra oportunidade.

A concepção publicista dessa lei[10] que decorre da norma constitucional – e que tem a coletividade como titular dos bens jurídicos que tutela – é diametralmente oposta à defesa de interesses de *um concorrente isolado* do mercado.[11] De acordo com SALOMÃO, a superação do modelo legislativo que via na proteção do concorrente a forma de tutelar concorrência se deu com a introdução de duas características fundamentais no ordenamento jurídico, quais sejam: (i) *a garantia de lealdade no comportamento dos agentes* com vistas à coibição da "esperteza negocial" e a preservação do mercado como agente de transmissão de informações; e (ii) *a garantia do equilíbrio das relações econômicas.*

O Direito da Concorrência pode ser entendido como o *ramo* do Direito Econômico que visa a garantir que o relacionamento entre concorrentes se dê de forma leal e que a concorrência efetivamente exista. A peculiaridade das matérias de Direito Econômico com as demais áreas do Direito é que podem igualmente ser tidas como *método* de Direito, vez que instrumentalizam as diretrizes econômicas do Estado mediante ordenação jurídica.[12]

Diferentemente de outros tipos de legislações que determinam a atuação positiva dos agentes, as legislações de defesa da concorrência são proibitivas por essência, punindo e reprimindo as condutas dos agentes que almejarem ou forem consideradas hábeis de prejudicar a livre-iniciativa ou a livre concorrência. De acordo com BORK,[13] as práticas que produzem bem-estar não podem, em regra,

---

10 No Brasil, a visão institucional de defesa da concorrência teve como marco a Lei n. 4.132/62, que apresentou a idéia de proteção da existência da concorrência por meio das condutas tendentes à dominação do mercado.

11 SALOMÃO FILHO, Calixto. *Direito concorrencial – as condutas.* 1. ed. 2. tir. São Paulo, Malheiros, 2003, p. 54-56.

12 De acordo com Eros Roberto Grau, "pensar Direito Econômico é (...) compreender que a realidade jurídica não se resume ao Direito formal. É concebê-lo – o Direito Econômico – como um novo método, substancial e crítica, que o transforma não em Direito de síntese, mas em sincretismo metodológico" (*op. cit.*, p. 131-132).

13 "*The antitrust laws are wholly prohibitory and passive in nature, so that they are effective only to screen conduct that private parties themselves initiate.* Unlike many other laws, therefore, antitrust is wholly unable to serve values that must be implemented by requiring or inducting affirmative conduct which self-interested or capabilities of private persons do not cause or permit them to undertake. Laws that affirmatively support investments are better suited to a policy like that of the preservation of small business. It does make sense, however, to use a prohibitory law when the goal is the maximization of wealth. (...) In fact, when the antitrust laws are seen as keyed to the goal of wealth creation, it becomes apparent that their passive and prohibitory nature is a necessity. *Affirmative wealth-creating behavior cannot generally be commanded by law.* The opportunities for efficiency creation

ser estimuladas por dispositivos que induzam a comportamentos positivos dos agentes. Há uma miríade de práticas que podem levar à produção de efeitos positivos para a coletividade, cuja eleição deve, evidentemente, ser deixada ao arbítrio das decisões estratégico-empresariais dos agentes privados.

Os órgãos que integram o SBDC atuam na repressão e na prevenção de práticas abusivas de mercado.[14] A atuação *preventiva* se manifesta por meio da análise de atos e contratos que possam implicar domínio de mercado relevante de produtos ou serviços ou eliminação da concorrência ("Ato de Concentração"). O caráter *repressivo* das agências resume-se na instauração de procedimentos administrativos para investigação de condutas cujo resultado possa causar prejuízo às estruturas de livre mercado e da concorrência.

A compreensão do conceito de Ato de Concentração é a mais ampla possível, incluindo, por exemplo, qualquer compra e venda de ações, quotas ou ativos, assim como transações contratuais, comerciais ou societárias de qualquer natureza que causem ou possam vir a causar efeitos em quaisquer mercados relevantes de produtos ou serviços, ou que atinjam os critérios de notificação obrigatória constantes da lei.[15]

Os traços peculiares distintivos da Lei n. 8.884/94 e dos dispositivos que regulam o Mercado de Capitais recaem precisamente sobre *o escopo da proteção de cada qual e o formato de seus dispositivos regentes.*

Por seu turno, o Mercado de Capitais é regulado pela Comissão de Valores Mobiliários (CVM), uma autarquia federal vinculada ao Ministério da Fazenda,

---

are almost as numerous as the number of business decisions made in the economy and are therefore better left to the superior numbers, information, and incentive of entrepreneurs" (grifos nossos) (BORK, Robert H. *The antitrust paradox. A policy at war with itself.* New York: Free Pass, 1993, p. 70).

14 Importante traçar a diferença de significados entre Mercado como instituição jurídica e Mercado de Capitais. Como *Mercado*, entende-se a instituição própria do capitalismo que apresenta como função mais relevante a ordenação de trocas econômicas de forma a, ao facilitar a circulação de riqueza a partir de uma dada e prévia atribuição de propriedade, tornar o sistema mais eficiente. Diferencia-se de *Mercado de Capitais* como sistema de distribuição de valores mobiliários.

15 Esse entendimento decorre da amplitude da aplicação da legislação brasileira relacionada pelo CADE, que vem manifestando de maneira reiterada a sua competência para analisar as mais variadas estruturas de operações que produzam ou possam produzir efeitos em território brasileiro, *até mesmo quando se trata de operações realizadas fora do território brasileiro, não envolvendo ativos localizados no Brasil, mas que envolvam exportações para o Brasil.* Os critérios de notificação obrigatória estão dispostos no § 3.º da Lei n. 8.884/94.

cuja criação buscou inspiração na *Securities and Exchange Commission*, agência constituída nos Estados Unidos em 1934. A CVM tem o dever legal de assegurar o fiel cumprimento dos direitos de natureza legal ou especial das sociedades anônimas abertas e dos agentes que operam no mercado de capitais, tal qual previsto na Lei das S.A., na Lei n. 6.385/76 e na regulamentação aplicável.[16]

O escopo da atuação da CVM se concentra em uma *órbita fundamentalmente privativista*, ou seja, dos agentes específicos atuantes no mercado, conforme decisão recente expedida pela própria agência:

> "esta Autarquia tem o dever legal de agir no sentido de buscar assegurar o fiel cumprimento *dos direitos de natureza geral ou especial dos acionistas minoritários*, tal como previstos na Lei n. 6404/76 (art. 116, parágrafo único), na Lei n. 6385/76 e na regulamentação aplicável.[17] (grifos nossos).

A CVM atua na prevenção e na correção das situações anormais de mercado, bem como na apuração e punição de condutas fraudulentas no mercado de valores mobiliários por meio de uma série de competências privativas – constantes da Lei n. 6.385/76 e de regulamentos esparsos –, entre as quais a fiscalização permanente das atividades e dos serviços do mercado de valores mobiliários, a inspeção das companhias abertas e a definição de regulamentos voltados ao cumprimento das políticas públicas definidas pelo Conselho Monetário Nacional. Ao contrário da Lei n. 8.884/94, os dispositivos que regulam o Mercado de Capitais dispõem preponderantemente sobre a atuação (positiva, portanto) dos agentes.

Não obstante a CVM apresente órbita de atuação aparentemente distinta dos órgãos de defesa da Concorrência, o papel da CVM tem repercussões diretas e sensíveis para a produção do bem-estar social, pois, na medida em que regula e fiscaliza a atuação dos agentes e o funcionamento dos mercados de capitais, *coíbe o acúmulo e a manipulação indevidos de capital e zela pelo funcionamento*

---

16 A CVM integra o Sistema Financeiro Nacional, cuja estrutura é composta pelas seguintes entidades: Conselho Monetário Nacional (CMN); Banco Central do Brasil (Bacen); Comissão de Valores Mobiliários (CVM); instituições financeiras; bolsas de mercadorias e futuros; as bolsas de valores; e demais intermediários financeiros. O Conselho Monetário Nacional (CMN) é o órgão normativo do sistema e responsável pela fixação das metas e diretrizes da política monetária, cambial e creditícia do País, enquanto o Banco Central do Brasil (Bacen), que é o órgão executor da política monetária nacional, e responsável por garantir a execução das normas ditadas pelo CMN e pela CVM.

17 Voto do Diretor da CVM Durval Soledade, relator do Processo CVM n. RJ 2008-252 (Reg. Col n. 5829/2008) que tem como Interessado National Titanium Dioxide Company Ltd.

regular do mercado, estimula o crescimento econômico e promove o investimento, a eficiência e o progresso.

No Brasil, não há qualquer óbice à atuação das agências de defesa da concorrência no âmbito das instituições que operam *o* mercado de capitais.[18]

No que se refere a instituições que operam *no* mercado de capitais (corretoras, intermediários financeiros, administradores de recursos e pessoas físicas e jurídicas em geral), a legislação antitruste é aplicável plenamente quando diz respeito aos Atos de Concentração (obedecidos, evidentemente, os critério de faturamento e de *market share* dos grupos de empresas envolvidas no Ato de Concentração). No que tange a investigações de condutas anticoncorrenciais que tenham por *instrumento* o mercado de capitais, tampouco se constatam impedimentos para a incidência da norma concorrencial, aplicando-se irrestritamente às práticas que tenham por objeto ou que possam limitar, falsear ou prejudicar a livre concorrência ou a livre-iniciativa, dominar mercado relevante de bens ou serviços, aumentar arbitrariamente os lucros ou exercer de forma abusiva posição dominante. Sobre as condutas anticoncorrenciais que igualmente sejam imputadas como fraudulentas, incidem concorrentemente a Lei n. 6.385/76 e dispositivos correlatos.

Nos Estados Unidos, não há entendimento consolidado sobre a aplicação da lei antitruste às instituições que operam no mercado de ações. Em caso julgado pela Suprema Corte norte-americana envolvendo investigação de conspiração de dez bancos de investimento para imporem a seus clientes a aquisição de certas ações de modo a inflar o *after market* e obter lucros extraordinários,[19] a imunidade dos réus relativa à incidência da legislação antitruste foi analisada com esmero. O efeito da conspiração dos réus foi o aumento artificial dos preços das ações objeto da negociação em 70 a 80% acima do preço do IPO, que se refletiu para o aumento de todas as operações negociadas no *after market*.

De acordo com a *Supreme Court*, tendo em vista que "a legislação antritruste é tão importante para a preservação da liberdade econômica e para o sistema de liberdade empresarial como a Constituição Americana é para a

---

[18] Em 9 de julho de 2008, foi aprovado sem restrições pelo CADE Ato de Concentração n. 08012.005300/2008-13 envolvendo operação que visa à reunião de todos os acionistas da BM&F e de todos os acionistas da Bovespa em uma sociedade *holding*.

[19] *Credit Suisse Securities (USA) LLC, Credit Suisse First Boston LLC e outros v. Glen Billing e outros. On writ of certiorari to the United States Court of Appeals for the Second Circuit*, n. 05-1157.

proteção às liberdades fundamentais",[20] as exceções para a aplicação da legislação antitruste são analisadas com extrema reserva.[21]

Os critérios utilizados por aquela Corte para avaliar a aplicação da legislação antitruste ao caso analisado – com base em jurisprudência consolidada – foram (i) a existência de desacordo sobre a legitimidade das leis do mercado de ações e a legislação antitruste e (ii) a dominância de legislação que permitisse a prática investigada e afastasse a legislação antitruste. E assim, tendo em vista que ambas as legislações desafiavam a conduta analisada, a Corte expediu sua decisão rejeitando o pedido dos réus e negando a imunidade da legislação antitruste ao caso.[22]

III.2 A globalização econômica e seus desdobramentos

Globalização econômica é um conceito plurívoco, comumente associado ao crescimento exagerado da dimensão financeira das nações resultante da convergência de um conjunto de importantes transformações ocorridas ao longo das décadas de 1970 a 1990.

Essas transformações – de ordem institucional, política, organizacional, comercial e tecnológica – foram deflagradas por diversos fatores convergentes, dos quais dois, de acordo com FARIA,[23] merecem destaque. O primeiro e mais importante evento foi a *crise do padrão monetário mundial*, decorrente do fim da paridade dólar-ouro, e a subseqüente erosão do dólar como moeda-reserva nacional, que levou à (i) flutuação do câmbio, à (ii) desorganização do sistema de regulação criado pelo Acordo de Bretton Woods e (iii) possibilitou a abertura dos mercados às economias do então Terceiro Mundo. O segundo fator foram os *choques do petróleo de 1973/1974 e 1978/1979*, que provocaram o desnivelamento dos preços relativos dos bens e serviços, potencializaram a instabilidade

---

20 Tradução livre de "The antitrust laws are as important to preservation of economic freedom and our free enterprise system as the Bill of Rights is to the fundamental personal freedoms". *Topco, 405 U.S. 610 e Community Communications Co., Inc. v. City of Boulder*, 455 U.S 40, 56 n. 19 (1982).

21 Tradução livre de "exemptions from antitrust laws are strictly construed". *FMC v. Seatrain Lines, Inc.*, 411 U.S. 726, 733 (1973).

22 "Where, as here, the antitrust laws and the subsequent regulatory statute both prohibit the challenged conduct, this Court has repeatedly rejected antitrust immunity". Nesse mesmo sentido, vide *National Gerimedical Hosp & Gerontology Center v. Blue Cross*, 452 U.S. 378, 391, 393 (1981) e *Otter Tails Power Co. v. United States*, 410 U.S. 366 (1973).

23 FARIA, José Eduardo. *O direito na economia globalizada*. São Paulo: Malheiros, 1999. p. 62 e 63.

das taxas de câmbio e juros e levaram ao descontrole repentino dos balanços de pagamentos e ao aumento do endividamento externo dos países em desenvolvimento. Esse evento desencadeou o aumento da inflação nas economias industrializadas e paralisou temporariamente os mercados.

Diante da estagnação financeira e dos problemas de liquidez mundial resultantes desse cenário, foram exigidas mudanças urgentes nos paradigmas de produção. Em síntese, essas mudanças provocaram, fundamentalmente, a desregulamentação dos mercados financeiros, a revogação dos monopólios e a abertura do comércio mundial de serviços e informação. Como conseqüência desse processo, decorreu a completa reestruturação do sistema financeiro internacional, que passou a ser dominado por agentes com amplos poderes sobre vasta gama de recursos e associado a bancos comerciais de investimento com operações mundiais. Assim, em face de todos esses fatores, aliados ao aumento da velocidade do fluxo dos capitais, da informação instantânea e da facilidade de atuação nos mercados globais, os agentes tiveram de acompanhar a revolução econômica para conseguirem se manter competitivos.

Desenvolveu-se, assim, o processo de *destruição criativa* do capitalismo, que envolve a busca incessante dos *price-makers* por lucros extraordinários com a transformação qualitativa dos bens e dos próprios mercados. Para habilitá-los a competir globalmente, ainda, esse processo envolve o fortalecimento dos agentes pelo acúmulo de poder de mercado, por meio de operações societárias e financeiras.

III.3 A doutrina schumpeteriana e a postura das empresas

O novo cenário mundial estimulou o desenvolvimento de inúmeras teorias econômicas. Na primeira metade do século XX, Joseph Schumpeter desenvolveu uma doutrina que esboçou uma nova postura das empresas no mercado, de modo a atuarem de forma mais competitiva.

A principal característica da abordagem schumpeteriana sobre o conceito de concorrência é de se tratar de um *método de transformação econômica*, não se constituindo somente em uma adaptação a fatores exógenos, mas gerado por fatores endógenos ao sistema econômico, notadamente a incessante busca por inovações em busca de oportunidades lucrativas. Essa idéia da competição como força motriz básica que movimenta as engrenagens da empresa na direção da formulação das suas respectivas estratégias competitivas é oposta à visão estática tradicional defendida pela Teoria Econômica Neoclássica, que é subjugada a uma tendência equilibrista, que por sua vez impede as estratégias de inovação.

Para a teoria schumpeteriana, para se manterem competitivas, não basta que as empresas se mantenham eficientes, mas é indispensável que atuem de forma agressiva, buscando a constante diferenciação dos seus produtos no mercado por meio da inovação empreendedora.[24]

Em função, assim, do novo paradigma de concorrência no mercado, os agentes se vêem compelidos a perseguirem os lucros de monopólio por meio da diferenciação. Nesse contexto, *o mercado de capitais ganha importância fundamental para o desenvolvimento econômico do país na medida em que facilita a redistribuição de propriedade, a formação de conglomerados e a obtenção de recursos pelos agentes*, que serão os meios para alcançar a tão almejada eficiência econômica.

III.4 O mercado de capitais como instrumento de fomento à concorrência

O mercado de capitais é o sistema de distribuição de valores mobiliários que visa a proporcionar liquidez aos títulos de emissão de empresas e viabilizar o processo de capitalização. É constituído pelas bolsas de valores, sociedades corretoras e instituições financeiras autorizadas.

O novo modelo de concorrência estimulou os desígnios dos agentes por economias de escopo e escala, ganhos logísticos, investimentos em tecnologias, e outros, seja pela aquisição de capacidade produtiva adicional seja pelo seu crescimento orgânico. Para alcançar esses objetivos, o mercado de capitais se mostrou um instrumento viável e, principalmente nos últimos anos, vem-se consolidando como agente principal de desenvolvimento e de redistribuição da propriedade.

O mais importante benefício do mercado de capitais é tornar mais acessível o capital privado para os tipos mais variados de empresas, que passam a não mais depender de fontes públicas de recursos. Graças ao crescimento da Bolsa,[25] inclusive empresas médias com sede de expansão podem empreender estratégias mais ousadas.

---

[24] Para Schumpeter, as empresas não devem basear suas estratégias competitivas somente na variável preço, mas devem se tornar competitivas "*através de novas mercadorias, novas tecnologias, novas fontes de oferta, novos tipos de organização* – concorrência que comanda uma vantagem decisiva de custo ou qualidade e que atinge não a fímbria dos lucros e das produções das firmas existentes, mas suas fundações e suas próprias vidas" (*Capitalismo, socialismo e democracia.* Rio de Janeiro, Zahar Editores, 1978, p. 114).

[25] Especificamente no mercado brasileiro, essa facilidade ficou ainda mais evidente com a obtenção do grau de investimentos O grau de investimento é a classificação dada pelas agências de *rating* a países com poucas chances de deixar de honrar suas dívidas. Com a nota, o Brasil poderá receber recursos de grandes fundos interna-

Desde 2005, o mercado de capitais vem registrando uma forte expansão da captação de recursos pelas empresas brasileiras via emissão de debêntures, ações, fundos de investimentos em direitos creditórios e outros instrumentos de financeiros como o fundo de investimento em participação. O volume total captado nesse mercado saltou de R$10 bilhões em 2003 para R$ 61 bilhões em 2005 e atingiu R$ 107 bilhões em 2006.

Tabela 1. Evolução da captação de recursos no mercado primário de capitais, 2002-2007 (R$ bilhões correntes)

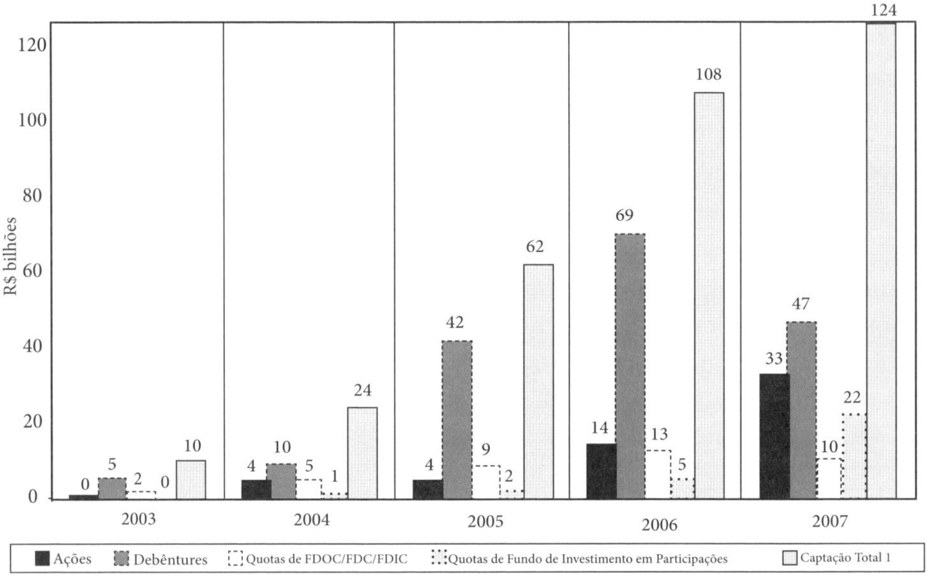

Fonte: CVM – *Novo Informativo Mensal*. Elaboração Grupo de Conjuntura.[26]

Nota: Inclui volume total de recursos captados em todas as dez modalidades de valores mobiliários regulamentadas pela CVM: ações, debêntures, notas promissórias, fundos de investimento em direitos creditórios (FIDC), fundos de investimento imobiliários (FII), certificados de recebíveis imobiliários (CRI), certificados de investimento audiovisual, título de investimento coletivo, fundos de investimento em participações (FIP), fundos mútuos de investimento em empresas emergentes (FMIEE).

---

cionais que só têm autorização para investir em mercados que já conquistaram essa chancela de bom pagador.

26 Fundação do Desenvolvimento Administrativo do Estado de São Paulo. Grupo de Conjuntura. Disponível em: http://debatesfundap.blogspot.com/2008/06/o-mercado-de-capitais-brasileiro-no.html.

O dinamismo do mercado de capitais igualmente se traduz no aumento do número de companhias abertas.[27] Em 2007, captações em Bolsa de Valores geraram mais recursos ao setor produtivo do que os empréstimos concedidos pelo Banco Nacional de Desenvolvimento Econômico e Social (BNDES). Setores que até então nunca haviam participado do mercado de ações, como o de construção civil, frigoríficos e saúde, hoje já contam com mais de um representante no pregão.[28]

A abertura e a conseqüente modificação na estrutura societária das empresas em função desse ambiente corporativo mais competitivo criaram a necessidade de as empresas modernizarem sua gestão, visando tornarem-se mais atraentes para o mercado. E o aumento de investimentos de estrangeiros no mercado de capitais reforçou a necessidade de as empresas se adaptarem às exigências e padrões internacionais.

Oligopólios, empresas exclusivamente de controle e gestão familiar com alta concentração de capital, acionistas minoritários passivos e conselhos de administração figurativos passaram a dar lugar a investidores institucionais mais ativos, maior dispersão do controle acionário, maior foco na eficiência econômica e transparência da gestão.

E assim, em um movimento iniciado principalmente nos Estados Unidos – mas reflexo de uma necessidade universal dos investidores –, foi iniciado um movimento de aumento da fiscalização sobre as companhias abertas que conduzem à solidificação do processo de *confiança* com o seu investidor e à criação de valor à companhia, que culminou com o sistema da governança corporativa. Segundo o IBGC,[29] trata-se de um conjunto de regras que tem por objetivo final aumentar o valor da sociedade, facilitar seu acesso ao capital e contribuir para a sua perenidade. Para atingir esses objetivos, suas principais ferramentas são a *transparência; a eqüidade; a prestação de contas e a responsabilidade corporativa.*

---

27 O número de companhias abertas havia declinado de 754 em 2002 para 621 em 2005. Após um discreto incremento em 2006, registrou-se um salto em 2007, totalizando 682 em dezembro. Desde 2005 até início de 2008, houve 106 lançamentos de ações. A informação sobre os IPOs (IPOs são ofertas iniciais de ações, da sigla em inglês *Inicial Public Offer*) recentes lançados estão disponíveis na página da internet da Bovespa: www.bovespa.com.br. Acesso em: 17 jun. 2008.

28 Nota-se um crescimento estrondoso de pessoas que começaram a investir no mercado de ações. Segundo dados da Bovespa, só no último ano esse número é estimado em meio milhão de brasileiros, sem computar os que investem por meio de fundos ou planos de previdência.

29 Instituto Brasileiro de Governança Corporativa. Disponível em www.ibgc.org.br.

Em resumo, os princípios norteadores da governança corporativa almejam orientar a empresa para uma atuação idônea no mercado, mantendo a integridade de suas contas, cumprindo a sua função social e evitando tratamento injusto e desigual das partes interessadas.

A transparência do mercado e as exigências da economia mundial no que tange à idoneidade do comportamento empresarial impactam de forma significativa a atuação das companhias. Com efeito, considerando a importância da matéria, e condicionadas ao potencial impacto da medida, as companhias divulgam informações sobre as investigações anticoncorrenciais em desfavor da companhia (sob forma de resposta a esclarecimento, comunicado ao mercado, ou fato relevante[30]).

Deveras, a notícia da mera instauração de uma investigação de prática anticoncorrencial em desfavor de empresa de capital aberto pode provocar *a perda do valor de suas ações no mercado*. No caso de ser considerada culpada pela prática anticoncorrencial – o que sujeita a empresa a uma multa de até 30% do faturamento bruto do ano anterior àquele da instauração do processo –, é bastante pequena a probabilidade de essa multa *não* provocar a queda do valor das ações da companhia no mercado, especialmente aquelas marcadas pela falta de liquidez.

IV. A Nova Ordem Econômica Mundial: a atuação das agências antitruste

Já vimos que um dos efeitos mundiais mais evidentes da globalização econômica é o estímulo à atuação concentrativa das empresas. Tendo em vista que os gargalos da atuação da autoridade de concorrência no Brasil estabelecem que quaisquer operações que produzam efeitos no território nacional – obedecidos os critério legais de notificação – devem ser submetidas à análise das agências antitruste, a atividade concentrativa global das empresas provocou, no Brasil,

30 O art. 2.º da Instrução Normativa n. 358 da CVM dispõe que será considerado fato relevante "qualquer decisão de acionista controlador, deliberação da assembléia geral ou dos órgãos de administração da companhia aberta, ou qualquer outro ato ou fato de caráter político-administrativo, técnico, negocial ou econômico-financeiro ocorrido ou relacionado aos seus negócios que possa influir de modo ponderável: I – na cotação dos valores mobiliários de emissão da companhia aberta ou a eles referenciados; II – na decisão dos investidores de comprar, vender ou manter aqueles valores mobiliários; III – na decisão dos investidores de exercer quaisquer direitos inerentes à condição de titular de valores mobiliários emitidos pela companhia ou a eles referenciados."

o aumento exponencial do número de Atos de Concentração submetidos ao crivo das autoridades.[31]

Esse aumento da demanda da atividade desses órgãos provoca efeitos diretos e sensíveis. O primeiro deles foi o aumento da exigência do mercado por uma resposta mais ágil das autoridades, dado que a morosidade representa entrave gravíssimo aos investimentos e às atividades negociais das empresas, resultando em prejuízos financeiros. O resultado direto dos reclamos da sociedade foi o amadurecimento das agências, com a elaboração de instrumentos mais eficientes de análise e tentativa de formação de um corpo decisório coerente, que refletiram na redução substancial do tempo de tramitação dos Atos de Concentração no Sistema.[32]

O segundo, porém não menos importante efeito da extraterritorialidade das operações foi a sofisticação dos instrumentos de análise concorrencial pelas autoridades brasileiras, com maior intercâmbio com as agências de defesa da concorrência estrangeiras. Cite-se como exemplo a revisão do critério para submissão dos Atos de Concentração ao CADE com a expedição da Súmula n. 1/2005 de modo a não onerar o sistema com análise de operações desprovidas de potencial de danos ao mercado.[33]

Além desses aprimoramentos em Atos de Concentração, o aumento da exposição das autoridades de defesa da concorrência também influenciou a adoção de novas ferramentas para a repressão de *condutas* anticoncorrenciais. Dentre os instrumentos mais importantes criados pelas autoridades, citem-se os procedimentos de investigação de inspeção e busca e apreensão (*down-raids*), bem como a criação do Programa de Leniência e a habilitação da celebração do Termo de Cessação de Prática para casos de cartel. Na mesma linha, a busca de coerência nos critérios de julgamento com as agências estrangeiras motivou a tentativa de reformulação da atual Lei de Defesa da Concorrência por Projeto de

---

31 O CADE julgou 563 Atos de Concentração em 2007, 402 em 2006, 497 em 2005, 651 em 2004 e 526 em 2003. A flexibilização do critério de notificação obrigatória em 2005, com a edição da Súmula n. 1, refletiu na redução comparativa das operações submetidas ao CADE e importa na dificuldade de mensuração do crescimento da atuação desse órgão. Vide nota seguinte.

32 De 2006 para 2005, por exemplo, o tempo médio de análise dos Atos de Concentração pelas autoridades foi reduzido em 14 dias.

33 A Súmula n. 1 do CADE dispõe que o faturamento bruto anual registrado pelas empresas ou grupo de empresas participantes do Ato de Concentração a que se refere a lei deve restringir-se exclusivamente àquele gerado no território brasileiro. Em 2007, foram editadas as Súmulas n. 2 e 3, que prevêem exceções para a submissão de Atos de Concentração ao Sistema.

Lei ora em trâmite no Congresso. Dentre as modificações trazidas pelo Projeto, destacam-se a criação da análise prévia dos Atos de Concentração e a mudança na estrutura organizacional dos três órgãos que compõem o SBDC.

A principal e mais urgente preocupação decorrente dessas alterações, para o mercado de capitais, é a possibilidade de a análise prévia provocar o vazamento de informação privilegiada sobre a celebração de uma dada operação (*leakage of information*). Em casos como esse, não só o preço das ações no mercado das companhias envolvidas sofreria impacto, mas principalmente o sucesso da própria operação estaria comprometido.

O crescimento da atuação e da importância do papel das agências de defesa da concorrência em função da sede concentrativa das empresas é um fenômeno global. Especialmente no Brasil, esse efeito foi visível e bastante positivo, resultado do empenho dos administradores públicos, da sociedade e da advocacia da concorrência. Para serem eficientes, as modificações dos mecanismos de análise concorrencial devem ser precedidas de consultas ao mercado e do diálogo intenso com os setores afetos. Os esforços contínuos para o desenvolvimento dessas agências são um desafio, mas sem dúvida são cruciais para o fortalecimento do Estado Democrático de Direito.

V. Conclusão

O crescimento do papel do mercado de capitais como motor do desenvolvimento econômico gerou impactos sensíveis em diversos setores afetos à economia. O Direito da Concorrência, como ramo e instrumento analítico e regulador dos movimentos da dinâmica dos mercados, não poderia ficar incólume e incorporou, ao mesmo tempo em que provocou, grandes mudanças.

Pelo referencial teórico apresentado, procurou-se demonstrar que o amadurecimento e o crescimento da atuação dos órgãos de defesa da concorrência sofreram influências diretas do mercado de capitais, que por sua vez viu condicionadas as atividades de seus agentes às diretrizes do novo ambiente concorrencial.

A proposta apresentada neste trabalho não teve como pretensão esgotar o tema, mas somente selecionar e organizar as contribuições mais significativas sobre a matéria, com vistas a identificar os pontos de convergência entre duas esferas aparentemente distantes, mas tão profundamente convergentes, almejando chamar atenção para os impactos que a crescente e contínua sofisticação dos instrumentos de um ramo têm sobre o outro.

Trata-se de uma tarefa sem dúvida árdua, mas o desenvolvimento de instrumentos mais dinâmicos e eficientes que apontem na direção de uma abordagem integrada entre o Direito Concorrencial e o mercado de capitais requer esforços contínuos que terão como benefícios o condicionamento dos agentes que atuam no mercado de capitais e a criação de instrumentos mais acurados de avaliação concreta dos mercados.

Bibliografia

BERCOVICI, Gilberto. *O Estado promotor do desenvolvimento. Constituição econômica e desenvolvimento. Uma leitura a partir da Constituição de 1998*. São Paulo: Malheiros, 2005.

BORK, Robert H. *The antitrust paradox. A policy at war with itself*. New York: Free Pass, 1993.

BURLAMARQUI, Leonardo. *Estado, mercado, regulação e inovação*: Law & Economics em uma abordagem pós-Escola de Chicago.

COELHO, Fábio Ulhoa. *Curso de direito comercial*. 3. ed. São Paulo: Saraiva, 2000. v. 2.

COOTER, Robert; ULEN, Thomas. *Law & Economics*. 4 ed. Boston, MA: Pearson Education, 2004

FARIA, José Eduardo. *O direito na economia globalizada*. São Paulo: Malheiros, 1999.

FONSECA, João Bosco Leopoldino da. *Direito econômico*. Rio de Janeiro: Forense, 2005.

FORGIONI, Paula A. *Os fundamentos do antitruste*. São Paulo: Ed. RT, 1998.

GRAU, Eros Roberto. *A ordem econômica na Constituição de 1988*. 8. ed. São Paulo: Malheiros, 2003.

NUSDEO, Ana Maria de Oliveira. *Defesa da concorrência e globalização econômica. O controle da concentração de empresas*. São Paulo: Malheiros, 2002.

POSSAS, Mario Luiz et al. Política antitruste: um enfoque schumpeteriano. In: *Ensaios sobre economia e direito da concorrência*. São Paulo: Singular, 2002.

SALOMÃO FILHO, Calixto. *Direito concorrencial – as condutas*. 1. ed. 2. tir. São Paulo: Malheiros, 2003.

SCHUARTZ, Luis Fernando. Dogmática jurídica e Lei 8.884/94. *Cadernos de Direito Tributário e Finanças Públicas*, 6 (23), 1998.

SCHUMPETER, Joseph. A. *Capitalismo, socialismo e democracia*. Rio de Janeiro: Zahar, 1978.

SILVA, José Afonso da. *Curso de direito constitucional positivo*. 19. ed. São Paulo: Malheiros, 2000.

TURCZYN, Sidnei. *O sistema financeiro nacional e a regulação bancária*. São Paulo: Ed. RT, 2005.

Insuficiência dos Parâmetros de Subsunção de Contratos ao Art. 54 da Lei n. 8.884/94

Eduardo Caminati Anders

Advogado em São Paulo, Mestrando em Direito Administrativo na Pontifícia Universidade Católica de São Paulo - PUC/SP.

Marcio de Carvalho Silveira Bueno

Advogado em São Paulo.

1. Introdução

Ao longo de mais de quatorze anos de aplicação da Lei n. 8.884/94, o Conselho Administrativo de Defesa da Concorrência - CADE registrou diversos avanços em seu papel - preventivo e repressivo - de guardião da ordem econômica.

Há relevante questão referente ao controle preventivo exercido pelo CADE sobre a concentração do poder econômico, tal como disposto no art. 54 da Lei n. 8.884/94, que, entretanto, ainda permanece a suscitar grande insegurança jurídica nos administrados e que, não obstante recentes esforços do Conselho, segue sem o tratamento devido.

Trata-se da identificação dos atos e contratos que escapam aos casos clássicos de aquisições, mas que também estariam sujeitos à aprovação do CADE. Isto é, faltam, ainda, elementos na jurisprudência do órgão que permitam, com suficiente segurança, fazer a distinção, necessária à verificação da existência do pressuposto factual a suscitar a incidência da regra do art. 54 da Lei n. 8.884/94, entre atos de integração do poder econômico e atos relacionados à atuação corrente das empresas, que servem ao cumprimento de seu objeto social.

Por outras palavras, a questão é: contratos de fornecimento, de distribuição e outros que não envolvam diretamente transferência ou integração de ativos devem ou não ser submetidos à análise dos órgãos de defesa da concorrência sob a forma de atos de concentração? Estariam tais contratos enquadrados entre os atos referidos no mencionado art. 54?

Em verdade, não há dúvida de que determinados contratos de distribuição e de fornecimento têm aptidão de, na prática, integrar o poder econômico das partes celebrantes. Não se questiona que determinados contratos de fornecimento devem ser submetidos aos órgãos de defesa da concorrência sob a forma de atos de concentração, como de fato se pode verificar na jurisprudência do CADE.[1]

Mas ainda existe dúvida quanto à necessidade de submissão ao CADE de uma extensa gama de contratos celebrados por empresas.

Portanto, a questão é saber em quais circunstâncias um contrato de fornecimento, ou de distribuição, ou até mesmo de cooperação, suscitaria a incidência da regra do art. 54 da Lei n. 8.884/94.

Diferenciar tais contratos – que se destinam ao cumprimento do objeto social das empresas e constituem a maior parte dos atos por elas praticados – daqueles que possam representar integração do poder econômico é um desafio diário enfrentado pelas empresas e que ainda carece de sinalização clara e objetiva no âmbito do Sistema Brasileiro de Defesa da Concorrência.

A relevância da questão extrapola os limites dos debates acadêmicos sobre como deve ser o controle preventivo em defesa da concorrência. Identificar se um dado contrato deve ou não ser submetido à aprovação do CADE é crucial para as empresas, na medida em que a Lei n. 8.884/94 prevê vultosas sanções pecuniárias (de até R$ 6 milhões) no caso de inobservância do dever de notificar atos de concentração, ou mesmo no caso de descumprimento do prazo para efetuar a notificação.

Além de multas pecuniárias, a própria eficácia do negócio jurídico realizado pelas partes está condicionada à aprovação pelo CADE (§ 7.º do art. 54 da Lei n. 8.884/94).

Portanto, não é tarefa difícil concluir que a ausência de sinalização objetiva por parte dos órgãos de defesa da concorrência gerou, e segue gerando, uma indevida insegurança jurídica nos administrados quanto à identificação de quais contratos celebrados por empresas na sua atividade cotidiana são atos aptos a integrar o poder econômico e que, portanto, devem ser submetidos à aprovação do CADE, e quais apenas se destinam ao cumprimento do objeto social da empresa. Diante dessa indefinição, há empresas que, adotando uma

---

[1] Ato de Concentração n. 0054/95 (COPESUL Cia. Petroquímica do Sul, OPP – Petroquímica S.A. e Poliolefinas S.A.), j. 11.02.1998.

postura conservadora, optam por notificar ao CADE a celebração de contratos que não teriam aptidão de integrar o poder econômico das partes.

O racional é simples: diante da incerteza, é mais seguro submeter à aprovação do CADE o ato realizado do que correr o risco de ser futuramente multado e ver o negócio, eventualmente, desfeito pelo CADE.

Além do ônus financeiro e administrativo gerado às empresas que seguem essa linha conservadora, há também um ônus ao Estado, que acaba tendo que mover a sua máquina administrativa para analisar, ainda que brevemente, atos inaptos a integrar poder econômico de seus figurantes e que, portanto, não se incluem no rol dos atos do citado art. 54, objeto da função preventiva do CADE.

Aqui se pode fazer uma crítica a uma tendência, na atuação do CADE, de não se aprofundar na análise preliminar do ato de concentração quanto ao seu conhecimento.

Em determinados momentos, o simples fato de o administrado haver submetido à aprovação do CADE a realização de um negócio jurídico era condição suficiente a justificar o seu conhecimento. Não se verificava, em profundidade, se se tratava ou não de ato apto a gerar integração do poder econômico dos seus figurantes. Ou seja, não se cuidava de verificar se o ato submetido ao Sistema Brasileiro de Defesa da Concorrência era de fato um ato previsto no art. 54, a justificar o exercício pelo CADE de sua função preventiva. Em termos práticos, de maneira geral, a maior parte dos atos notificados ao CADE sob a forma de atos de concentração acabavam sendo conhecidos pelo órgão, ainda que não fossem atos de integração do poder econômico.

Tal postura alimentou a indefinição sobre o tema. É verdade que há outras situações envolvendo a questão do conhecimento de um ato de concentração que tiveram tratamento diverso pela jurisprudência do CADE, tal como as hipóteses de reestruturação societária interna de um dado grupo econômico; ou as hipóteses de negócios jurídicos envolvendo empresas cujos grupos econômicos têm faturamento no Brasil inferior a 400 milhões de reais.

É oportuno esclarecer que a questão que ora se pretende demonstrar estar sem o devido enfrentamento pelo Sistema Brasileiro de Defesa da Concorrência não se relaciona com a análise do mérito de um dado ato de concentração cujo objeto seja um contrato de fornecimento, de distribuição ou de cessação de direitos.

O que se discute é uma situação prévia, pressuposto da posterior análise de mérito: identificar quais contratos de fornecimento, de distribuição e de cessação de direitos devem ser submetidos à análise concorrencial e aprovação do CADE.

A sinalização que se faz necessária, em respeito à devida segurança jurídica, é justamente para permitir às empresas identificar com o maior grau de certeza possível quais contratos, dentre o universo de contratos por elas celebrados diuturnamente, devem ser submetidos à aprovação do CADE.

A Lei n. 8.884/94, atendendo à norma constitucional de defesa da livre concorrência, atribuiu ao CADE dupla função: repressiva[2] e preventiva ao abuso do poder econômico, nos mercados de bens e serviços, independentemente da forma e da natureza de sua organização, da titularidade de seu controle privado ou estatal, sob regime de monopólio legal ou não.

O art. 54 da Lei Antitruste estabelece o chamado controle estrutural do mercado, resultante de atos de integração do poder econômico, a ser feito pelo CADE em sua função preventiva:

> "Art. 54. Os atos, sob qualquer forma manifestados, que possam limitar ou de qualquer forma prejudicar a livre concorrência, ou resultar na dominação de mercados relevantes de bens ou serviços, deverão ser submetidos à apreciação do CADE.
>
> (...)
>
> § 3.º Incluem-se nos atos de que trata o *caput* aqueles que visem a qualquer forma de concentração econômica, seja através de fusão ou incorporação de empresas, constituição de sociedade para exercer o controle de empresas ou qualquer forma de agrupamento societário, que implique participação de empresa ou grupo de empresas resultante em vinte por cento de um mercado relevante, ou em que qualquer dos participantes tenha registrado faturamento bruto anual no último balanço equivalente a R$ 400.000.000,00 (quatrocentos milhões de reais)".

Como se tem explícito no *caput* do art. 54, não importa à prevenção do abuso do poder econômico a forma do ato jurídico, uma vez que ao CADE caberá analisar os efeitos a serem irradiados de tal ato e projetados sobre o mercado de bens ou serviços.

Por outro lado, há muito a jurisprudência do CADE rejeitou o entendimento de que caberia aos figurantes do ato de integração do poder econômico determinar se tal ato afetaria negativamente a concorrência ou não.

2 Por não integrar o cerne do presente estudo, não se abordarão aspectos da função repressiva do CADE. Importa, todavia, ressaltar que todos os atos que não sejam de integração do poder econômico, mas que possam afetar o mercado concorrencial, ou seja, que restrinjam ou tenham aptidão de restringir a livre concorrência, estarão sujeitos ao controle repressivo do CADE.

É justamente por conta desse posicionamento, portanto, que vem à tona a questão ora tratada neste estudo: a necessidade de o CADE indicar parâmetros objetivos para possibilitar distinguir, com a devida segurança jurídica, os atos que caracterizariam integração do poder econômico e, portanto, de submissão obrigatória à sua aprovação, daqueles atos considerados relacionados ao exercício cotidiano da atividade empresarial.

2. Atual insuficiência de parâmetros

A principal razão para não se dispor ainda de orientação jurisprudencial clara acerca de quais tipos de contratos estão sujeitos ao controle do CADE é o fato de o órgão ter deixado de realizar o exame acerca do conhecimento dos negócios que lhe são apresentados.

Com efeito, ao julgar um processo de ato de concentração, o Conselho deveria, antes de avaliar se determinado contrato de alguma forma restringe a livre concorrência no mercado relevante, examinar se o referido negócio jurídico seria ou não subsumível à regra de notificação estabelecida no art. 54 da Lei n. 8.884/94.

Essa etapa preliminar só recentemente – notadamente a partir de 2005 – passou a ser enfrentada de modo rotineiro pelos Conselheiros nos julgamentos de atos de concentração.

Antes disso, na esmagadora maioria dos casos (salvo em relação às reestruturações societárias *interna corporis*, que reiteradamente não foram conhecidas), esse exame era simplesmente suprimido, partindo-se diretamente para o juízo de mérito, isto é, acerca dos efeitos do negócio jurídico e, portanto, de sua licitude em face da legislação concorrencial.

Na prática, qualquer ato apresentado ao Sistema Brasileiro de Defesa da Concorrência era conhecido automaticamente, isto é, sem que houvesse a análise da subsunção dos atos e contratos às hipóteses previstas no artigo da lei que estabelece a jurisdição do CADE, deixando-se, portanto, de criar jurisprudência acerca da subsunção ou não de uma extensa gama de atos e contratos empresariais.

É necessário reconhecer que recentemente houve importantes avanços nessa área, entre os quais se destacam as súmulas enunciadas (n. 01/2005 e 02/2007), aclarando critérios acerca da subsunção ao art. 54. Contudo, por conta principalmente da redação bastante abrangente do *caput*, acreditamos ainda haver muito a ser feito pelo Conselho no sentido de deixar mais claro para a comunidade empresarial quais tipos de negócios jurídicos, além de fusões e aquisições, estão sujeitos ao seu controle preventivo.

Com efeito, ainda hoje não há critérios consolidados para guiar as empresas em relação aos contratos que não envolvam aquisição de participação acionária ou de ativos, já que para os demais casos não basta a simples aferição do faturamento e participação de mercado das empresas envolvidas, mas há de se estabelecer parâmetros objetivos que levem em conta o potencial impacto do contrato sobre a livre concorrência. Caso contrário, praticamente todos os contratos de fornecimento ou de distribuição (por exemplo), firmados por grupos empresariais com faturamento superior a R$ 400 milhões e *market share* maior que 20%, estariam sujeitos ao controle do CADE, o que não seria compatível com a finalidade do controle preventivo de competência do Conselho.

O CADE, entretanto, tem sido demasiadamente tímido ao enfrentar essa questão.

Veja-se, por exemplo, que mesmo em outubro de 2005 (época em que o exame de conhecimento já havia se tornado rotina), ao julgar uma série de contratos de fornecimento de ácido glifosato apresentados pela Monsanto do Brasil Ltda.,[3] o exame da subsunção foi realizado simplesmente baseado nos critérios do § 3.º. Posteriormente, o mesmo ocorreu (i) no Ato de Concentração n. 08012.008432/2007-16, julgado em novembro de 2007, cujo objeto era um contrato de fornecimento de resina de polietileno tereftalato firmado entre a Braskem s.a. e a M&G Polímeros Brasil S.A., assim como (ii) no julgamento do Ato de Concentração n. 08012.009843/2005-67, que consistia em Contrato de Fornecimento de cimento branco entre a Camargo Correa Cimentos S.A. e a Cimento Rio Branco S.A., em abril de 2007.

Os critérios de faturamento e participação de mercado são índices da potencialidade dos efeitos concorrenciais decorrentes de operações empresariais. Ao incorporá-los no § 3.º do mencionado art. 54, o legislador os transformou em regras de presunção, isto é, em critérios objetivos a permitir a presunção da sua capacidade de afetar de maneira significativa o mercado.

Contudo, tais critérios são insuficientes para indicar a potencialidade de efeitos concorrenciais em relação a acordos que não impliquem integração do poder econômico. Em relação a esses outros negócios, há de se levar outros fatores em consideração para identificar se há subsunção ou não à regra estabelecida no art. 54.

Ao julgar, em julho de 2006, o Ato de Concentração n. 08012.011058/2005-74, o CADE fez exatamente isso e, apesar de ter havido divergência em relação

---

[3] Atos de Concentração n. 08012.003427/2003-93, 08012.007073/2003-56, 08012.007081/2003-01, 08012.005042/2004-41 e 08012.009279/2004-00.

ao conhecimento[4] ou não do negócio jurídico em questão (Contrato de Fornecimento de clínquer entre Camargo Correa Cimentos S.A. e Holcim Brasil S.A.), esboçou-se uma definição de alguns critérios a serem usados para aferir a obrigatoriedade de submissão desse tipo de contrato ao controle do órgão.

Trata-se, porém, de precedente isolado, já que, como visto, na maior parte dos casos o exame de conhecimento tem sido feito adotando como referência apenas os critérios do § 3.º do citado art. 54, que são adequados apenas para as hipóteses clássicas de integração de poder econômico.

Se é verdade que o CADE não tem enfrentado com a robustez necessária a questão da subsunção na análise dos negócios jurídicos que lhe são apresentados, o quadro parece mais preocupante no que se refere aos acordos não submetidos.

De fato, uma grande quantidade de acordos é firmada diariamente no País, e somente uma pequena parcela é levada ao SBDC. Ao que parece, o CADE, assim como os demais órgãos do sistema, têm sido pouco atuantes em relação à apuração de atos não notificados e, conseqüentemente, à punição dos eventuais infratores.

Nesse sentido, cumpre registrar não se ter notícia de qualquer caso em que o CADE tenha punido uma empresa por ter deixado de submeter um contrato de fornecimento, por exemplo, embora tenha aplicado inúmeras multas por conta da não apresentação de fusões e aquisições.

Esse pouco rigor no que se refere ao *enforcement* da regra de notificação em relação aos acordos que não configuram aquisição de ativos contribui para agravar a insegurança jurídica dos administrados, pois pode passar a impressão de que esses atos estariam efetivamente sujeitos ao controle do Conselho.

A ausência de parâmetros claros e de efetiva fiscalização gera, desnecessariamente, os custos públicos e privados já mencionados.

Uma inequívoca evidência da incerteza sobre os critérios acerca da necessidade de notificação de outros negócios jurídicos, além de fusões e aquisições, é o fato de a multinacional Fujifilm da Amazônia Ltda. ter, em agosto de 2007 (portanto, 13 anos após a promulgação da Lei n. 8.884/94), formulado consulta[5] cujo objeto era obter orientação do CADE sobre a necessidade de notificação de um contrato a ser firmado com sua concorrente, Noritsu do Brasil Ltda., para o fornecimento em caráter não exclusivo de impressora destinada a compor o minilaboratório fotográfico produzido pela consulente.

---

[4] A decisão foi tomada por 4 votos contra 3 – vencidos o Relatores Paulo Furquim, Luiz Delorme Prado e Abraham Sicsú.

[5] Consulta n. 08700.003674/2007-65.

Ao se reunir para responder referida consulta, o Plenário do CADE mais uma vez mostrou haver divergência entre seus membros acerca da subsunção desse tipo de negócio à regra do art. 54.

O Conselheiro Luiz Delorme Prado, relator do processo, apresentou as seguintes considerações:

> "Segundo a SDE, em se tratando de contrato de fornecimento, os critérios de faturamento e participação de mercado não são aplicáveis à *fattispecie*, ficando a necessidade de submissão do ato a depender única e exclusivamente da subsunção nos critérios do art. 54 da Lei Concorrencial – potencial limitação ou prejuízo à livre concorrência, ou dominação de mercados relevantes de bens ou serviços.
>
> (...)
>
> Entendo, contrariamente, que, mesmo operações cujos efeitos concorrenciais possam envolve, exclusivamente, análise não estrutural (condutas, *v.g.*), têm sido consideradas por este Conselho sob os aspectos de faturamento e *market share*. Esse posicionamento deve ser compreendido em função de comportamentos concertados entre concorrentes demandarem, em última instância, a análise da denominada posição dominante conjunta ou dominância conjunta.
>
> (...)
>
> Contratos de fornecimento celebrados entre concorrentes e que não estejam onerados por cláusula de exclusividade não são de submissão obrigatória, porquanto, ao não ensejarem riscos à ordem econômica, em especial pelo fechamento de mercados (*foreclosure*), não se enquadram no *caput* do art. 54 da Lei n. 8.884/94. Não obstante, ao materializarem relações implementadas no curso ordinário dos negócios, mantendo intacta a unicidade das partes, e por não constituírem, *per se*, instrumento ou incentivo à colusão, afastam-se igualmente da definição de atos de concentração, não se subsumindo na hipótese prevista no art. 54, § 3.º, da Lei Concorrencial".

Em voto-vista, o Conselheiro Ricardo Cueva recuperou sua argumentação empregada no voto que conduziu a decisão do Conselho no já citado Ato de Concentração n. 08012.011058/2005-74 (C. Corrêa / Holcim), segundo a qual:

> "não há duvida que o *caput* do art. 54, redigido de maneira propositalmente vaga pelo legislador, exige que o aplicador do direito emita um juízo sobre a potencial lesividade da operação previamente a seu conhecimento. Esse juízo é necessariamente casuístico, formulado caso a caso de acordo com as características ao ato notificado, já que é impossível estabelecer uma tipologia cerrada de todos ao atos que *não* possam *a priori* limitar

ou prejudicar a concorrência ou resultar na dominação de mercados relevantes. Mais: esse juízo é prévio, mas não é apriorístico, pois não se baseia em categorias abstratas, mas, ao revés, nas peculiaridades do caso. Ou seja, implica uma análise de mérito, ainda que simplificada".

A partir disso, e levando em consideração características específicas do caso em exame, o Conselheiro Cueva concluiu que a hipótese aventada na consulta estaria sujeita à notificação obrigatória.

O Conselheiro Paulo Furquim, em voto vogal, acompanhou a conclusão do Relator, tendo acrescentado, no entanto, as seguintes considerações acerca do escopo do controle de estruturas exercido pela autoridade antitruste:

> "O controle preventivo em Defesa da Concorrência procura evitar configurações de mercado que impliquem elevada probabilidade de ocorrência de condutas anticompetitivas no futuro. Por esse motivo, os atos que se enquadram nesse tipo de controle são aqueles que, a princípio, podem afetar a estrutura de mercado e, portanto, as condições de concorrência. A estrutura de mercado, por sua vez, não se altera pela transferência de produtos ou serviços, mas pela concentração de ativos ou de direitos concorrencialmente relevantes sobre tais ativos. Dessa forma, é condição necessária para se concluir pela obrigatoriedade de notificação a existência de alguma mudança na forma de controle de ativos tangíveis e intangíveis, o que pode ocorrer por meio da aquisição de empresa ou formas alternativas de alocação dos direitos sobre tais ativos".

Ao final, os Conselheiros Prado e Furquim restaram vencidos, tendo o Plenário decidido pela obrigatoriedade de submissão do contrato. Ocorre que, apesar de ter solucionado a incerteza em relação àquele caso específico, a iniciativa privada ainda carece de elementos suficientes para saber claramente que tipos de negócio, além de fusões e aquisições, estariam sujeitos ao controle preventivo do CADE.

De fato, a consulta formulada pela Fujifilm e a divergência observada na sua apreciação deveriam ser interpretadas pelo Conselho como um sinal de alerta sobre o estágio ainda imaturo em que se encontra essa questão fundamental à função do órgão e provocar um esforço no sentido de aprofundar o debate sobre ela, com o intuito de poder sinalizar, com a necessária clareza, quais critérios devem ser considerados pelas empresas na avaliação sobre a necessidade ou não de se submeter atos e contratos ao controle preventivo do CADE.

3. Conclusão

Nada do acima exposto pode ser interpretado como uma sugestão de alteração da legislação vigente. Ao contrário. Conforme já foi feito em relação ao critério de faturamento, trata-se de exercício de interpretação dos dispositivos legais aplicáveis, os quais, como bem notado pelo Conselheiro Ricardo Cueva no trecho acima transcrito, foram redigidos de maneira propositadamente vaga pelo legislador, técnica adequada para estabelecer o devido controle sobre um conjunto de arranjos contratuais bastante heterogêneo e dinâmico.

Cumpre registrar que não se supõe tratar-se de tarefa trivial, nem é o escopo do presente trabalho sugerir soluções à questão.

A idéia é destacar a necessidade de intensificar o exame da matéria pelo CADE, pois será por meio do enfrentamento da questão do conhecimento em diversos casos concretos que, naturalmente, produzir-se-á um conjunto de parâmetros a servir como sinalização quanto às características que devam estar presentes para justificar a incidência da regra do art. 54 da Lei n. 8.884/94 e, portanto, a obrigatoriedade de submissão dos atos que não envolvam diretamente transferência ou integração de ativos à aprovação do CADE.

Nesse sentido, é elogiável o recente parecer publicado pela SDE[6] com o objetivo de identificar fatores e circunstâncias a serem levados em consideração em relação aos contratos de compartilhamento de aeronaves entre companhias aéreas (*code-share*) para aferir a necessidade de submissão de tais contratos à aprovação do CADE. Entretanto, por se tratar de documento meramente opinativo, os parâmetros sugeridos pela Secretaria precisam ser confirmados pelo Conselho, para tornarem-se seguros o suficiente para orientar a iniciativa privada.

Esse é mais um dos desafios a serem enfrentados pelo Sistema Brasileiro de Defesa da Concorrência na busca do aperfeiçoamento institucional da sua função preventiva.

Jurisprudência referenciada

ATO DE CONCENTRAÇÃO n. 0054/95 (COPESUL Cia. Petroquímica do Sul, OPP – Petroquímica S.A. e Poliolefinas S.A.), j. 11.02.1998.

ATO DE CONCENTRAÇÃO n. 08012.002500/2001-48 (Goodyear do Brasil Produtos de Borracha Ltda e Fábrica Uruguaya de Pneumáticos S/A), j. 05.09.2001.

ATO DE CONCENTRAÇÃO n. 08012.005202/2000-29 (Coopers Brasil Ltda. e Bayer S.A.), j. 14.11.2001.

ATO DE CONCENTRAÇÃO n. 08012.005578/2004-67 (Sankyo Pharma Brasil Ltda. e Laboratórios Pfizer Ltda.), j. 20.10.2004.

---

6 Parecer CGAE/SDE n. 003/2008 – "Acordos de Código Compartilhado (*codeshare*) & Potencial Lesivo à Concorrência", publicado em 14.05.2008.

ATOS DE CONCENTRAÇÃO n. 08012.003427/2003-93, 08012.007073/2003-56, 08012.007081/2003-01, 08012.005042/2004-41, 08012.009279/2004-00 (Monsanto do Brasil Ltda, Agripec Química e Farmacêutica S/A, Fersol Indústria e Comércio Ltda, Nortox S.A., Pilarquim BR Comercial Ltda e HELM do Brasil Mercantil Ltda), j. 13.10.2005.

ATO DE CONCENTRAÇÃO n. 08012.006362/2005-08 (Henkel Ltda e Nylok Tecnologia em Fixação Ltda.), j. 18.01.2006.

ATO DE CONCENTRAÇÃO n. 08012.000415/2006-50 (Monsanto do Brasil Ltda e Dupont do Brasil S.A.), j. 31.05.2006.

ATO DE CONCENTRAÇÃO n. 08012.011058/2005-74 (Camargo Correa Cimentos S.A. e Holcim Brasil S.A.), j. 26.07.2006.

ATO DE CONCENTRAÇÃO n. 08012.009843/2005-67 (Camargo Correa Cimentos S.A. e a Cimento Rio Branco S.A.), j. 11.04.2007.

ATO DE CONCENTRAÇÃO n. 08012.008432/2007-16, (M&G Polímeros Brasil S.A. e Braskem S.A.), j. 07.11.2007.

ATO DE CONCENTRAÇÃO n. 08012.005697/2006-81 (Medley S.A. Indústria Farmacêutica e Abbott Laboratórios do Brasil Ltda), j. 21.11.2007.

CONSULTA n. 08700.003674/2007-65 (Fujifilm da Amazônia Ltda), j. 19.03.2008.

CONSULTA n. 80/2001 (American Tower do Brasil Ltda.), j. 02.10. 2002.

Limites ao Processo Investigatório

Gerardo Figueiredo Junior

Advogado em São Paulo. Graduado pela Faculdade de Direito Milton Campos-MG e pós-graduado em Direito Empresarial pela Universidade Gama Filho-RJ.

Ricardo A. Gutierra

Advogado e Engenheiro Civil em São Paulo.

1. Introdução

O Brasil definitivamente resolveu integrar o mapa dos países que combatem, de modo efetivo, as infrações contrárias ao direito à livre concorrência e à liberdade de iniciativa, passando a adotar uma postura muito mais agressiva em face de possíveis condutas que possam colocar em risco o equilíbrio do mercado.

Evidentemente, esse novo *modus operandi* dos agentes encarregados de promover a defesa da concorrência só foi possível após algumas mudanças e inclusões nos instrumentos legais a eles disponibilizados, acrescentando-se, a título de exemplo, o acordo de leniência, até então muito combatido por parte da nossa doutrina sob o argumento de que a delação não seria bem aceita em nossa cultura, o que afastaria possíveis interessados e tornaria sem efeito prático tal medida.

Vários fatores contribuíram para afastar essa visão, destacando-se que grande parte dos agentes econômicos que, até o presente momento, optaram por esse tipo de acordo são empresas que compõem grupos internacionais, cujas matrizes se encontram em países que se utilizam da leniência há vários anos. E, como parte das infrações investigadas no Brasil tem origem ou faz parte de estratégias internacionalmente adotadas por essas empresas, pode-se afirmar que se trata de um recurso que deverá permanecer em nosso ordenamento jurídico, mas não de forma estanque, pois ajustes deverão ser feitos para melhor adaptá-lo ao universo de normas que interagem com o direito antitruste pátrio.

Diversos profissionais, empresários e funcionários de empresas já foram surpreendidos com enérgicas iniciativas das autoridades, consistentes na invasão de locais de trabalho e que, muitas vezes, resultaram em apreensões volumosas. Importa observar que nem sempre o produto dessas apreensões se limita ao objeto estipulado no mandado judicial que autoriza a intervenção em questão.

Outra medida extrema e que sempre gera grande controvérsia é o uso de interceptações telefônicas, intervenção esta bastante grave que requer parcimônia por parte da autoridade e, sobretudo, uma avaliação bastante criteriosa por parte do Juízo instado a autorizá-la no caso concreto.

Uma vez que a autoridade administrativa elege como necessária alguma das situações acima citadas, é preciso que se compreenda a extensão de cada uma delas e a natural participação do Poder Judiciário como forma de limitar e impedir que abusos aconteçam, o que só faz aumentar a chamada "judicialização" das decisões administrativas, sendo esta uma etapa na maturação da atividade de defesa da concorrência no País.

Por tal razão, o presente trabalho visa buscar respostas a questionamentos simples, mas de grande importância para o aperfeiçoamento da atividade das autoridades antitruste brasileiras, considerando-se, sobretudo, a relevância e a exposição experimentadas nos últimos anos pelas investigações que envolvem, principalmente, a formação de cartéis.

Apenas por isso, esse tipo de acordo servirá como exemplo para a análise do processo investigatório no âmbito do Sistema Brasileiro de Defesa da Concorrência – SBDC.

Contudo, os limites legais à atuação dos agentes públicos e, em contrapartida, as garantias e os direitos individuais dos investigados devem servir como norte para toda e qualquer participação do Poder Público na interação com os administrados, confirmando-se o Estado Democrático de Direito e a segurança jurídica indispensável nessas relações.

2. Conceito de cartel e a relevância adquirida pelo tema

Antes de tudo, cabe esclarecer o que é cartel e qual foi a motivação que levou as autoridades a elegerem esta como a mais nefasta conduta anticoncorrencial verificada no mercado.[1]

---

1 "At the time that the Sherman Act was enacted, cartels were a common phenomenon of American industry. Although sometimes the term 'cartel' is used to refer to any

Sempre houve uma grande dificuldade na compreensão de determinados conceitos típicos da doutrina de direito econômico, o que não se restringe apenas ao leitor comum, mas também aflige profissionais que atuam em outras áreas do direito. Uma das explicações é a linha tênue que divide essa especialidade da economia propriamente dita, já que se trata de ciências não só próximas, quando se fala em antitruste, mas também absolutamente entrelaçadas.

Soa estranho até para advogados e magistrados que uma conduta que consista na redução de preços de um produto ao consumidor possa causar prejuízos ao mercado, já que, no primeiro momento, o próprio consumidor, aparentemente, estaria lucrando.

É natural que se entenda dessa maneira, mas, por outro lado, é preciso conhecer um pouco mais sobre os efeitos nocivos da prática do preço predatório que podem levar à eliminação de concorrentes e, em um segundo momento, à elevação dos preços a patamares característicos de um monopólio artificialmente conquistado.

Daí a importância de conhecer um pouco mais e melhor acerca de quanto e como as decisões dos agentes econômicos podem influenciar nosso dia-a-dia.

No que toca aos cartéis, embora não seja custoso compreender o que um acordo entre concorrentes pode, de fato, ocasionar ao consumidor, cada vez mais é fundamental que o nosso Poder Judiciário saiba o que, de fato, é um acordo lesivo ao mercado. Na medida em que as investigações contra cartéis ganham vulto na mídia, há uma tendência ao prejulgamento dos envolvidos, o que pode colocar em risco direitos e garantias constitucionais e, portanto, demanda a intervenção cautelosa do Judiciário.[2]

---

collusive arrangement, it is more often limited to the kind of formal, aboveboard agreement among firms to limit their competition that one finds markets, here and abroad, not subject to the Sharman Act. Because of the temptation to 'cheat' (about which more shortly) that collusive agreements create, colluders who don't have to worry about legal harassment will often establish an elaborate machinery for effectuating noncompetitive pricing" (POSNER, Richard A. *Antitrust law, an economic perspective.* Chicago: University of Chicago Press, 1976, p. 39).

2 Nem toda prática de preços semelhantes é direcionada a restringir a concorrência. Ela pode ser, ao contrário, sobretudo em estruturas monopolistas, sintoma de intensa concorrência entre as partes. A lei brasileira confirma esse entendimento ao afirmar, logo em seguida, que a prática deve ser de acordo entre concorrentes. Essa afirmação não constitui uma contradição em termos, exigindo o retorno à noção de *acordo expresso* para caracterizar a ilicitude, Constitui – isto, sim – um adendo necessário para deixar claro que a mera semelhança de preços não é indício

Esse pequeno histórico sobre o que é um cartel e por que deve ser combatido se encontra bem ilustrado em uma cartilha recentemente lançada pelo Departamento de Proteção e Defesa da Econômica – DPDE, do Ministério da Justiça.[3]

3. Os agentes envolvidos no processo investigatório – quem pode o quê?

Em primeiro lugar, é preciso conhecer quem são os agentes com capacidade legal para investigar condutas que possam constituir infrações contra a

suficiente para a ilicitude. SALOMÃO FILHO, Calixto. *Direito concorrencial – as condutas*. 2. ed. São Paulo, Malheiros, 2003. p. 273.

3 Cartel é um acordo explícito ou implícito entre concorrentes para, principalmente, fixação de preços ou quotas de produção, divisão de clientes e de mercados de atuação. Cartéis são considerados a *mais grave* lesão à concorrência e prejudicam consumidores ao aumentar preços e restringir oferta, tornando os bens e serviços mais caros ou indisponíveis.

Ao artificialmente limitar a concorrência, os membros de um cartel também prejudicam a inovação, impedindo que novos produtos e processos produtivos surjam no mercado. Cartéis resultam em perda de bem-estar do consumidor e, no longo prazo, em perda de competitividade da economia como um todo.

Segundo estimativas da Organização para a Cooperação e Desenvolvimento Econômico (OCDE), os cartéis geram um sobrepreço estimado entre 10 e 20% comparado ao preço em um mercado competitivo, causando prejuízos de centenas de bilhões de reais aos consumidores anualmente.

Nos últimos anos, as autoridades de defesa da concorrência de diversos países intensificaram seus esforços para identificar e impor severas sanções administrativas e criminais pela prática de cartel. Como exemplo, menciona-se que a Comissão Européia aplicou multas por cartel que superaram € 3 bilhões somente em 2007 e que os Estados Unidos, de 1997 a 2007, aplicaram multas que superaram US$ 4 bilhões por prática de cartel.

Na mesma linha, o Brasil, desde 2003, considera o combate a cartéis uma prioridade. A partir daquele ano, a SDE começou a utilizar ferramentas sofisticadas de investigação, como a realização de operações de busca e apreensão e a celebração de acordos de leniência para investigar cartéis. Igualmente, o CADE passou a impor multas recordes a empresas e administradores considerados culpados pela prática de cartel.

Além disso, por sua gravidade, cartel também é no Brasil crime punível com até 5 anos de prisão e, desde 2003, a cooperação da SDE com os Ministérios Públicos e Polícia Federal resultou em um incremento significativo da persecução criminal, como será visto no item a seguir.

Combate a cartéis e programa de leniência. 2008. Departamento de Proteção e Defesa Econômica da Secretaria de Direito Econômico do Ministério da Justiça.

ordem econômica, o que não se restringe apenas às autoridades do SBDC, mas também a membros do Ministério Público, Polícia, entre outros.

O SBDC é composto pelo Conselho Administrativo de Defesa Econômica - CADE, uma autarquia federal ligada ao Ministério da Justiça, responsável pelo julgamento dos processos administrativos instaurados para investigar as condutas previstas na Lei n. 8.884, de 11 de junho de 1994.

Esses processos, que se dividem em procedimentos, averiguações preliminares e processos administrativos propriamente ditos, são instruídos pela Secretaria de Direito Econômico - SDE, do Ministério da Justiça, com o apoio da Secretaria de Acompanhamento Econômico - SEAE, do Ministério da Fazenda, a quem compete elaborar as análises econômicas necessárias à formação do juízo técnico das questões.

Há muito, esses órgãos atribuem à falta de pessoal certo grau de comprometimento dos resultados alcançados, tendo em vista que, embora o próprio CADE, nos últimos anos, tenha conseguido aumentar o número de servidores em diversas funções, ainda assim seriam necessários outros tantos postos à disposição do Conselho para que fosse possível aumentar-lhe a eficiência.

Certamente, esse seria o cenário desejável, mas o fato é que tanto o CADE quanto a SDE reduziram o tempo necessário para as investigações de condutas contrárias à concorrência, fruto de um intenso trabalho realizado nos últimos anos.

Parte do que foi feito resulta do envolvimento direto de outras autoridades que, até então, pouco participavam das ações de combate às infrações contra a ordem econômica.

Principalmente a SDE foi buscar junto ao Ministério Público e à Polícia Civil importantes reforços para ampliar a gama de instrumentos capazes de desvendar complicados estratagemas criados por empresas dispostas a conduzir os próprios negócios a partir de acordos com concorrentes.

Os cartéis, por sua vez, podem ser considerados a mola propulsora das grandes mudanças na postura do SBDC que conduziram o País a um conceito bem mais elevado diante das demais nações que elegeram essa figura delituosa como a mais indesejável distorção verificada nas economias de mercado.

Assim com em outras partes do planeta, o nosso Sistema também passou a tratar com intolerância acordos dessa natureza, reconhecendo, principalmente, a grande dificuldade de produzir provas concretas que levassem à condenação dos agentes envolvidos.

As autoridades antitruste de todo mundo concordam que, dificilmente, um cartel bem estruturado deixa rastros evidentes. No passado recente, o SBDC buscava comprovar a existência dos cartéis por meio de estudos econômicos, mas eram absolutamente raras as condenações pelo CADE com base, unicamente, nos resultados desses estudos.

Era preciso mais do que aquilo que existia até então à disposição das autoridades para que os esforços do Poder Público não fossem em vão.

Uma das primeiras mudanças adotadas trouxe a abolição do critério da inexistência da infração *per se* nos casos de cartéis, ou seja, nenhuma conduta poderia ser considerada contrária à norma concorrencial, a menos que caracterizasse quaisquer das infrações previstas no art. 20 da citada Lei n. 8.884/94.[4]

Essa foi, sem dúvida, uma importante alteração em nosso ordenamento jurídico, mas não se mostrou suficientemente eficaz para impedir a continuidade dessas condutas.

Houve uma nova tentativa de incrementar as investigações, tornando possível aos membros do SBDC realizarem inspeções em empresas, desde que fossem seguidas as formalidades estabelecidas no art. 35 da Lei n. 8.884/94. Desde logo houve incerteza sobre essa inclusão na norma, já que uma das condições para a realização da intervenção é a notificação prévia do investigado em até 24 horas, o que poderia comprometer o sucesso da operação (alteração introduzida por força da Lei n. 10.149, de 21 de dezembro de 2000).[5]

Mais uma vez, as mudanças, a despeito de bem intencionadas, pareceram tímidas às autoridades.

---

[4] "Art. 20. Constituem infração da ordem econômica, independentemente de culpa, os atos sob qualquer forma manifestados, que tenham por objeto ou possam produzir os seguintes efeitos, ainda que não sejam alcançados: I – limitar, falsear ou de qualquer forma prejudicar a livre concorrência ou a livre iniciativa; II – dominar mercado relevante de bens ou serviços; III – aumentar arbitrariamente os lucros; IV – exercer de forma abusiva posição dominante. § 1.º A conquista de mercado resultante de processo natural fundado na maior eficiência de agente econômico em relação a seus competidores não caracteriza o ilícito previsto no inc. II. § 2.º Ocorre posição dominante quando uma empresa ou grupo de empresas controla parcela substancial de mercado relevante, como fornecedor, intermediário, adquirente ou financiador de um produto, serviço ou tecnologia a ele relativa. § 3.º A posição dominante a que se refere o parágrafo anterior é presumida quando a empresa ou grupo de empresas controla 20% (vinte por cento) de mercado relevante, podendo este percentual ser alterado pelo Cade para setores específicos da economia."

[5] "§ 2.º Respeitado o objeto de averiguação preliminar, de procedimento ou de processo administrativo, compete ao Secretário da SDE autorizar, mediante despacho fundamentado, a realização de inspeção na sede social, estabelecimento, escritório, filial ou sucursal de empresa investigada, notificando-se a inspecionada com pelo menos vinte e quatro horas de antecedência, não podendo a diligência ter início antes das seis ou após às dezoito horas."

Buscas e apreensões são medidas extremas e, muitas vezes, bastante truculentas, o que exige a participação de agentes treinados e com equilíbrio suficiente para evitar excessos.

Impedidos de agir de outra forma, sem contrariar o Princípio da Legalidade, e diante da necessidade de potencializar as investigações do SBDC, a Secretaria de Direito Econômico (SDE), órgão encarregado de instruir os processos administrativos, procurou o apoio do Ministério Público e, conseqüentemente, da Polícia.

Desde então, novos agentes passaram a figurar com freqüência em investigações que, antes, eram conduzidas e realizadas por servidores da própria SDE, no limite exato de suas atribuições.

Muitas questões emergiram desse novo modelo de atuação da Secretaria.

Cabe ao Ministério Público dos Estados ou ao Ministério Público Federal atuar em investigações de cartéis? Qual promotor deverá ser encarregado da matéria? Essa é uma atribuição da Polícia Civil, da Polícia Federal ou de ambas? As provas obtidas poderão ser utilizadas no processo criminal e no processo administrativo, simultaneamente?

Essas indagações são apenas algumas das que foram levadas ao conhecimento do Judiciário e que aguardam respostas definitivas, capazes de traçar as fronteiras da legalidade para atuação do SBDC em investigações das condutas previstas na Lei Antitruste.

Em um Estado de Direito não é admissível regime de exceção que permita a qualquer autoridade, e sob qualquer argumento, violar a lei para garantir a eficácia de uma medida adotada. A segurança jurídica é um pilar fundamental para a manutenção da ordem. A crença na afirmação de que "os fins justificam os meios" pode provocar celeumas tão ou mais profundas do que as causadas pelos cartéis.

Muito mais do que apresentar respostas às perguntas surgidas com o advento dessa nova linha de atuação do SBDC, o que se propõe é uma reflexão sobre o momento do direito da concorrência no Brasil, especificamente no que se refere às investigações sobre condutas.

É certo, por exemplo, que as autoridades do Sistema têm campo de ação bastante limitado por suas próprias atribuições, como determina o Decreto n. 6.061, de 15 de março de 2007, que aprova a estrutura do Ministério da Justiça:[6]

---

[6] "Art. 17. À Secretaria de Direito Econômico cabe exercer as competências estabelecidas nas Leis n· 8.078, de 11 de setembro de 1990, 8.884, de 11 de junho de 1994, 9.008, de 21 de março de 1995, e 9.021, de 30 de março de 1995, e, especificamen-

Dessa forma, à SDE cabe instruir os processos administrativos instaurados para investigar condutas anticompetitivas (notadamente no caso de infrações contra a ordem econômica), elaborando e enviando parecer ao CADE, cujo teor não vincula a decisão do Conselho.

O ordenamento jurídico não faculta à Secretaria a realização dos atos cuja competência seja própria do Ministério Público e da autoridade policial na busca da verdade real, ou seja, aplica-se a máxima oriunda do Direito Administrativo pela qual aos agentes públicos é vedada a prática de qualquer ato não autorizado de forma expressa em lei.

Por outro lado, bastaria à SDE solicitar a participação do Ministério Público para que este, requisitando a devida autorização ao Poder Judiciário, pudesse tornar legítima a obtenção de provas por meio, a título de exemplo, de busca e apreensão, valendo-se dos instrumentos disponibilizados pela lei ao *Parquet* e ignorando o que o lhe fora reservado pelo legislador?

Parte da resposta a essa pergunta está na norma que regula o processo administrativo no âmbito da Administração Pública federal, a Lei n. 9.784, de 29 de janeiro de 1999, pois não pode o administrador renunciar total ou parcialmente aos poderes ou competências que lhe foram atribuídos, salvo autorização legal para tanto.

---

te: I – formular, promover, supervisionar e coordenar a política de proteção da ordem econômica, nas áreas de concorrência e defesa do consumidor; II – adotar as medidas de sua competência necessárias a assegurar a livre concorrência, a livre iniciativa e a livre distribuição de bens e serviços; III – orientar e coordenar ações com vistas à adoção de medidas de proteção e defesa da livre concorrência e dos consumidores; IV – prevenir, apurar e reprimir as infrações contra a ordem econômica; V – examinar os atos, sob qualquer forma manifestados, que possam limitar ou prejudicar a livre concorrência ou resultar na dominação de mercados relevantes de bens ou serviços; VI – acompanhar, permanentemente, as atividades e práticas comerciais de pessoas físicas ou jurídicas que detiverem posição dominante no mercado relevante de bens e serviços, para prevenir infrações da ordem econômica; VII – orientar as atividades de planejamento, elaboração e execução da Política Nacional de Defesa do Consumidor; VIII – promover, desenvolver, coordenar e supervisionar atividades de divulgação e de formação de consciência dos direitos do consumidor; IX – promover as medidas necessárias para assegurar os direitos e interesses dos consumidores; e X – firmar convênios com órgãos e entidades públicas e com instituições privadas para assegurar a execução de planos, programas e fiscalização do cumprimento das normas e medidas federais.

Art. 18. Ao Departamento de Proteção e Defesa Econômica cabe apoiar a Secretaria de Direito Econômico no cumprimento das competências estabelecidas nas Leis n· 8.884/94, e 9.021/95."

Trata-se de texto legal obrigatoriamente aplicável aos processos administrativos em curso perante o SBDC, por sua própria natureza. Outros comandos contidos na Lei n. 9.784/99 também são importantes balizadores para a atuação da SDE, pois importam em deveres e garantias aos administradores e administrados.[7]

Poderia caracterizar renúncia parcial a um poder legalmente constituído, como prevê a Lei n. 9.784/99, o fato de o Ministério Público de um Estado, exemplificativamente, participar de uma ação em conjunto com a SDE, em investigação de conduta anticoncorrencial, emprestando ao Sistema mecanismos próprios de uma investigação criminal aos quais a Secretaria, por si só, não teria acesso por absoluta inexistência de previsão legal?

E mais, o resultado dessas operações poderia ser plenamente aproveitado pela SDE em seus próprios processos administrativos, sem que se aguardasse o curso normal e a conclusão do processo criminal?

Além disso, o Ministério Público Estadual concorre em competência com o Ministério Público Federal na promoção de ações penais que envolvam casos de cartéis?

---

7 "Art. 2.º A Administração Pública obedecerá, dentre outros, aos princípios da legalidade, finalidade, motivação, razoabilidade, proporcionalidade, moralidade, ampla defesa, contraditório, segurança jurídica, interesse público e eficiência. Parágrafo único. Nos processos administrativos serão observados, entre outros, os critérios de: I – atuação conforme a lei e o Direito; II – atendimento a fins de interesse geral, vedada a renúncia total ou parcial de poderes ou competências, salvo autorização em lei; III – objetividade no atendimento do interesse público, vedada a promoção pessoal de agentes ou autoridades; IV – atuação segundo padrões éticos de probidade, decoro e boa-fé; V – divulgação oficial dos atos administrativos, ressalvadas as hipóteses de sigilo previstas na Constituição; VI – adequação entre meios e fins, vedada a imposição de obrigações, restrições e sanções em medida superior àquelas estritamente necessárias ao atendimento do interesse público; VII – indicação dos pressupostos de fato e de direito que determinarem a decisão; VIII – observância das formalidades essenciais à garantia dos direitos dos administrados; IX – adoção de formas simples, suficientes para propiciar adequado grau de certeza, segurança e respeito aos direitos dos administrados; X – garantia dos direitos à comunicação, à apresentação de alegações finais, à produção de provas e à interposição de recursos, nos processos de que possam resultar sanções e nas situações de litígio; XI – proibição de cobrança de despesas processuais, ressalvadas as previstas em lei; XII – impulsão, de ofício, do processo administrativo, sem prejuízo da atuação dos interessados; XIII – interpretação da norma administrativa da forma que melhor garanta o atendimento do fim público a que se dirige, vedada aplicação retroativa de nova interpretação."

Sabe-se que a competência do Ministério Público Federal está vinculada à atuação da Justiça Federal, e esta, por sua vez, deve julgar os casos de formação de cartel, por força da Constituição da República (art. 109, VI).[8]

Os cartéis, por sua vez, podem se dar em âmbito interestadual, mas também podem restringir seus efeitos a uma região específica do País e, dessa forma, determinar a competência da Polícia Civil ou da Polícia Federal para atuar no caso.

Também há que se destacar a participação do Poder Judiciário, pois, como dito, as ações dos agentes públicos muitas vezes exigem a autorização de um magistrado, cuja iniciativa se dá pela motivação oferecida pelo próprio agente.

É possível notar que, mais do que um processo de cunho administrativo, limitado às atribuições dadas pela lei aos membros do SBDC, a instrução do processo aos cuidados da SDE ganhou contornos de investigação criminal conduzida por agentes públicos ligados ao Ministério Público e à Polícia, tanto estaduais quanto federais. Por outro lado, caberá ao Judiciário interpretar a lei para chancelar ou não essa nova feição do processo investigatório a cargo da Secretaria.

4. Os novos instrumentos legais para o processo investigatório

Já há alguns anos, o Sistema dispõe do acordo de leniência como alternativa para conseguir reunir provas que antes não seriam acessíveis aos agentes públicos. Trata-se de um instrumento importado de ordenamentos jurídicos estrangeiros e cuja eficácia foi bastante questionada quando surgiu no Brasil.

A idéia é bastante simples: qualquer agente privado que tenha cometido uma infração contra a ordem econômica e que esteja disposto a fornecer informações que levem à condenação de seus pares na conduta ilícita poderá se beneficiar com a extinção da ação punitiva perante a Administração Pública ou a redução de um a dois terços da sanção prevista para o caso concreto. É a chamada "delação premiada".[9]

---

[8] "Art. 109. Aos juízes federais compete processar e julgar: (...) VI – os crimes contra a organização do trabalho e, nos casos determinados por lei, contra o sistema financeiro e a ordem econômico-financeira; (...)."

[9] Lei n. 8.884/94: "Art. 35-B. A União, por intermédio da SDE, poderá celebrar acordo de leniência, com a extinção da ação punitiva da administração pública ou a redução de um a dois terços da penalidade aplicável, nos termos deste artigo, com pessoas físicas e jurídicas que forem autoras de infração à ordem econômica, desde que colaborem efetivamente com as investigações e o processo administrativo e que

Esse "novo processo investigatório" possibilitou o aumento no número de investigações em curso no Sistema e também modificou a forma de condução

---

dessa colaboração resulte: I – a identificação dos demais co-autores da infração; e II – a obtenção de informações e documentos que comprovem a infração noticiada ou sob investigação. § 1.º O disposto neste artigo não se aplica às empresas ou pessoas físicas que tenham estado à frente da conduta tida como infracionária. § 2.º O acordo de que trata o *caput* deste artigo somente poderá ser celebrado se preenchidos, cumulativamente, os seguintes requisitos: I – a empresa ou pessoa física seja a primeira a se qualificar com respeito à infração noticiada ou sob investigação; II – a empresa ou pessoa física cesse completamente seu envolvimento na infração noticiada ou sob investigação a partir da data de propositura do acordo; III – a SDE não disponha de provas suficientes para assegurar a condenação da empresa ou pessoa física quando da propositura do acordo; e IV – a empresa ou pessoa física confesse sua participação no ilícito e coopere plena e permanentemente com as investigações e o processo administrativo, comparecendo, sob suas expensas, sempre que solicitada, a todos os atos processuais, até seu encerramento. § 3.º O acordo de leniência firmado com a União, por intermédio da SDE, estipulará as condições necessárias para assegurar a efetividade da colaboração e o resultado útil do processo. § 4.º A celebração de acordo de leniência não se sujeita à aprovação do CADE, competindo-lhe, no entanto, quando do julgamento do processo administrativo, verificado o cumprimento do acordo: I – decretar a extinção da ação punitiva da administração pública em favor do infrator, nas hipóteses em que a proposta de acordo tiver sido apresentada à SDE sem que essa tivesse conhecimento prévio da infração noticiada; ou II – nas demais hipóteses, reduzir de um a dois terços as penas aplicáveis, observado o disposto no art. 27 desta Lei, devendo ainda considerar na gradação da pena a efetividade da colaboração prestada e a boa-fé do infrator no cumprimento do acordo de leniência. § 5.º Na hipótese do inciso II do parágrafo anterior, a pena sobre a qual incidirá o fator redutor não será superior à menor das penas aplicadas aos demais co-autores da infração, relativamente aos percentuais fixados para a aplicação das multas de que trata o art. 23 desta Lei. § 6.º Serão estendidos os efeitos do acordo de leniência aos dirigentes e administradores da empresa habilitada, envolvidos na infração, desde que firmem o respectivo instrumento em conjunto com a empresa, respeitadas as condições impostas nos incisos II a IV do § 2.º deste artigo. § 7.º A empresa ou pessoa física que não obtiver, no curso de investigação ou processo administrativo, habilitação para a celebração do acordo de que trata este artigo, poderá celebrar com a SDE, até a remessa do processo para julgamento, acordo de leniência relacionado a uma outra infração, da qual não tenha qualquer conhecimento prévio a Secretaria. § 8.º Na hipótese do parágrafo anterior, o infrator se beneficiará da redução de um terço da pena que lhe for aplicável naquele processo, sem prejuízo da obtenção dos benefícios de que trata o inciso I do § 4.º deste artigo em relação à nova infração denunciada.§ 9.º Considera-se sigilosa a proposta de acordo de que trata este artigo, salvo no interesse das investigações e do processo administrativo. § 10. Não importará em confissão quanto à matéria de fato, nem reconhecimento de ilicitude da conduta analisada, a proposta de acordo de leniência rejeitada pelo Secretário da SDE, da desses casos. Hoje, o CADE se depara com um volume muito maior de propostas de acordos para encerramento do processo.

Até há bem pouco tempo, o Termo de Compromisso de Cessação – TCC não podia ser utilizado em casos de formação de cartel, por absoluta vedação legal. Na concepção do legislador, cartéis deveriam ser investigados e condenados, se fosse o caso.

Partiu do próprio SBDC a proposta para mudança desse impedimento, já que o acordo poderia, no entendimento da Secretaria, ser uma saída bastante interessante para estimular o desmantelamento das estruturas concebidas pelos cartéis, o que foi feito a partir da Lei n. 11.482, de 31 de maio de 2007, que alterou o art. 53 da Lei n. 8.884/94.[10]

---

qual não se fará qualquer divulgação. § 11. A aplicação do disposto neste artigo observará a regulamentação a ser editada pelo Ministro de Estado da Justiça.

Art. 35-C. Nos crimes contra a ordem econômica, tipificados na Lei n. 8.137, de 27 de novembro de 1990, a celebração de acordo de leniência, nos termos desta Lei, determina a suspensão do curso do prazo prescricional e impede o oferecimento da denúncia. Parágrafo único. Cumprido o acordo de leniência pelo agente, extingue-se automaticamente a punibilidade dos crimes a que se refere o *caput* deste artigo."

10 "Art. 16. O art. 53 da Lei n; 8.884, de 11 de junho de 1994, passa a vigorar com a seguinte redação:

'Art. 53. Em qualquer das espécies de processo administrativo, o Cade poderá tomar do representado compromisso de cessação da prática sob investigação ou dos seus efeitos lesivos, sempre que, em juízo de conveniência e oportunidade, entender que atende aos interesses protegidos por lei. § 1.º Do termo de compromisso deverão constar os seguintes elementos: I – a especificação das obrigações do representado para fazer cessar a prática investigada ou seus efeitos lesivos, bem como obrigações que julgar cabíveis; II – a fixação do valor da multa para o caso de descumprimento, total ou parcial, das obrigações compromissadas; III – a fixação do valor da contribuição pecuniária ao Fundo de Defesa de Direitos Difusos quando cabível. § 2.º Tratando-se da investigação da prática de infração relacionada ou decorrente das condutas previstas nos incisos I, II, III ou VIII do *caput* do art. 21 desta Lei, entre as obrigações a que se refere o inciso I do § 1.º deste artigo figurará, necessariamente, a obrigação de recolher ao Fundo de Defesa de Direitos Difusos um valor pecuniário que não poderá ser inferior ao mínimo previsto no art. 23 desta Lei. § 3.º A celebração do termo de compromisso poderá ser proposta até o início da sessão de julgamento do processo administrativo relativo à prática investigada. § 4.º O termo de compromisso constitui título exclusivo extrajudicial. § 5.º O processo administrativo ficará suspenso enquanto estiver sendo cumprido o compromisso e será arquivado ao término do prazo fixado se atendidas todas as condições estabelecidas no termo. § 6.º A suspensão do processo administrativo a que se refere o § 5.º deste artigo dar-se-á somente em relação ao representado que

O TCC tem, sim, o condão de abreviar o curso do processo, mas desde que exista uma reparação do prejuízo causado à coletividade. Não há consenso acerca do valor que seria suficiente para suprir essa finalidade e que, portanto, deveria ser aceito pelo Conselho. Além disso, o mesmo não poderia ter o tratamento de multa – lembrando-se que, em casos como esse, o processo não chegaria à condenação. Certamente, não interessa ao Sistema nem à sociedade o uso indiscriminado do Termo de Compromisso, pois cada caso deverá ser avaliado individualmente, aplicando-se a regra da razão.

O novo formato para o Termo de Compromisso ainda está em discussão. As autoridades defendem que só poderia ser aceito, de forma eficaz, diante da confissão de culpa pelo investigado, o que não era exigido no passado, mas hoje é considerado essencial pelo SBDC.

Várias instituições ligadas ao estudo e desenvolvimento do direito antitruste ofereceram sugestões para o aperfeiçoamento do TCC, buscando garantir a eficácia do instrumento sem que se perca o foco dos limites da legalidade. Dentre essas contribuições, está um recente estudo feito pela Comissão de Estudos da Concorrência e da Regulação da Ordem dos Advogados do Brasil, Seção de São Paulo.

5. Conclusões

Antes que sejam apresentadas as conclusões do presente trabalho, cabe uma pequena observação: no momento em que este texto está sendo desenvolvido, o Congresso Nacional prepara a mudança de todo o Sistema de Defesa da Concorrência vigente. Há um projeto de lei a ser votado, cuja principal novidade é a fusão das atribuições dos órgãos do Sistema em uma só agência, o que poderia, em tese, tornar mais ágil o andamento dos processos e também das análises de fusões e aquisições realizadas no mercado.

A exemplo do que ocorre com toda profunda alteração, a nova agência deverá experimentar uma verdadeira fase probatória e, certamente, terá medidas

firmou o compromisso, seguindo o processo seu curso regular para os demais representados. § 7.º Declarado o descumprimento do compromisso, o Cade aplicará as sanções nele previstas e determinará o prosseguimento do processo administrativo e as demais medidas administrativas e judiciais cabíveis para sua execução. § 8.º As condições do termo de compromisso poderão ser alteradas pelo Cade se comprovar sua excessiva onerosidade para o representado, desde que a alteração não acarrete prejuízo para terceiros ou para a coletividade.§ 9.º O Cade definirá, em resolução, normas complementares sobre cabimento, tempo e modo da celebração do termo de compromisso de cessação."

e decisões questionadas, o que é salutar, pois a participação do Poder Judiciário pode corrigir rumos ou ratificar a atuação de um órgão.

No que toca aos temas ora abordados, não se pode perder de vista que a atividade das autoridades do SBDC está adstrita aos comandos da lei e qualquer desvio neste sentido compromete, sobremaneira, o resultado do processo investigatório.

Evidentemente, os agentes públicos que participam da defesa da concorrência conhecem os princípios que regem a atuação do Sistema. Há situações que não exigem maiores esforços para que se identifique o que é certo ou errado sob a ótica da atividade administrativa.

Noutras tantas situações, no entanto, por vezes os limites não são tão claros e exigem cuidado redobrado para que o resultado alcançado não seja invalidado. É exatamente sobre esse terreno incerto que muitas vezes os agentes do SBDC caminham.

Como responsável pela instrução dos processos que serão julgados pelo CADE, cabe primeiramente à SDE avaliar se determinada ação passa pelo crivo da legalidade, considerando-se o devido processo legal. O Conselho não pode, por seu turno, esquivar-se do dever de apontar eventuais falhas ou excessos cometidos durante a investigação.

E se tudo persistir uma nulidade, por qualquer razão, resta ao Poder Judiciário recompor o equilíbrio na relação entre autoridade e administrado, valendo-se da regra constitucional de que a lei não poderá excluir do Judiciário a apreciação de lesão ou ameaça de direito (Constituição da República, art. 5.º, XXXV).

Cabe aqui uma pequena ressalva às críticas muitas vezes dirigidas aos que buscam o amparo judicial, pois não se pode confundir a capacidade do Judiciário de apreciar a legalidade de um ato com uma ofensa à atribuição legal reservada ao CADE de julgar as questões relativas ao direito da concorrência.

Infelizmente, não são raras as decisões proferidas por órgãos administrativos que pecam não pela equivocada análise do mérito mas pela inobservância do *due process of law*. Não se discute a competência do SBDC, no sentido legal e textual, para melhor tratar a matéria, mas o direito da parte que se julga prejudicada em buscar a apreciação do Judiciário está consagrado na Constituição da República e deve ser respeitado.

E esse direito se dá não apenas em relação ao aspecto procedimental das questões relativas ao processo administrativo, comum a praticamente todos os países dotados de Direito com raízes romano-germânicas, mas também com relação ao mérito das decisões administrativas, cuja reapreciação é vedada em ordenamentos que privilegiam a total independência entre esfera administrativa e judicial, o que não é o caso do Brasil.

Além disso, é preciso separar o que é processo investigativo no âmbito da SDE daquilo que é destinado a formar a convicção de um Juízo Criminal. O Ministério Público Estadual ou Federal, conforme o caso concreto, deve levar ao Judiciário as provas obtidas para alimentar a ação penal, ainda que conte com o auxílio dos membros do SBDC, tendo em vista a especificidade das questões envolvidas.

Por outro lado, o processo administrativo instaurado no Sistema conta com regras próprias e, diga-se, muito bem definidas, elencando e delimitando os instrumentos que podem ser utilizados no curso de uma investigação pela SDE.

O rito processual se encontra definido na Lei n. 8.884/94, aplicando-se subsidiariamente o Código de Processo Civil. Quanto às normas de natureza penal, sejam elas processuais ou materiais, a Lei de Defesa da Concorrência silencia, o que estabelece até onde pode chegar a autoridade administrativa.

O agente administrativo deve também observar a Lei n. 9.784/99, por se tratar de processo administrativo no âmbito da Administração Pública Federal, sobretudo no que se refere aos princípios reproduzidos no texto legal.

Por fim, mas talvez mais importante, o agente público não pode se esquivar da Constituição da República, notadamente em relação aos direitos e garantias individuais do cidadão.

É certo que há mais limitadores do que instrumentos quando se fala de um processo investigatório conduzido pelo SBDC; por outro lado, o legislador conferiu a outros órgãos poderes suficientes para que as infrações contra a ordem econômica não fiquem impunes, bastando que cada autoridade exerça, no âmbito de sua própria competência, o papel que lhe é reservado em nossa sociedade.

Desse modo, garante-se a continuidade do Estado Democrático de Direito e a segurança jurídica, o que confere mais credibilidade ao próprio Sistema de Defesa da Concorrência como um todo.

Bibliografia

BRASIL. *Combate a cartéis e programa de leniência*. Brasília, DF, Ministério da Justiça, 2008. Disponível em: http://www.mj.gov.br/sde/main.asp?Team=%7BDA2BE05D%2D37BA%2D4EF3%2D8B55%2D1EBF0EB9E143%7D. Acesso em: 15 jul 2008.

BRASIL. Constituição (1988). Disponível em: http://www.planalto.gov.br/ccivil_03/Constituicao/Constitui%C3%A7ao.htm. Acesso em: 15 jul 2008.

BRASIL. Decreto n. 6.061, de 15 de março de 2007. *Diário Oficial da União*, Poder Executivo, Brasília, DF, 16 mar. 2007. p. 2.

BRASIL. Lei n. 8.884, de 11 de junho de 1994. *Diário Oficial da União*, Poder Legislativo, Brasília, DF, 16 jun. 1994. p. 8.437.

BRASIL. Lei n. 9.784, de 29 de janeiro de 1999. *Diário Oficial da União*, Poder Legislativo, Brasília, DF, 13 mar. 1999. p. 1.

BRASIL. Lei n. 10.149, de 21 de dezembro de 2000. *Diário Oficial da União*, Poder Executivo, Brasília, DF, 22 dez. 2000. p. 2.

BRASIL. Lei n. 11.482, de 31 de maio de 2007. *Diário Oficial da União*– Edição Extra, Poder Executivo, Brasília, DF, 31 maio 2007. p. 5.

POSNER, Richar A. *Antitrust law, an economic perspective.* Chicago: The University of Chicago Press, 1976.

SALOMÃO FILHO, Calixto. *Direito concorrencial – as condutas.* 2. ed. São Paulo: Malheiros, 2003.

Mercados de Inovação nas Análises Antitruste[1]

Paulo Brancher

Professor em Direito Internacional pela PUC/SP. Mestre e Doutorando em Direito das Relações Econômicas Internacionais pela PUC/SP. Advogado em São Paulo.

1. Introdução

As análises antitruste seguem rotineiramente a verificação de existência de poder de mercado por meio da delimitação do mercado relevante do produto e do mercado geográfico, aferindo assim a possibilidade de o agente ter habilidade individual de adotar medidas distintas em relação a seus concorrentes, visando aumentar lucros. No entanto, a existência de fatores ainda não existentes no mercado podem afetar a adequação dessa análise. Por conta da existência da inovação tecnológica, os mercados analisados estaticamente podem sofrer modificações radicais, a ponto de perder em pouco tempo sua estrutura. Novos concorrentes surgem em determinados segmentos econômicos em uma velocidade muito maior do que tradicionalmente se esperaria, apenas por conta dos altos investimentos que realizam em pesquisa e desenvolvimento (P&D). O resultado desses investimentos pode trazer novos produtos ou tecnologias que arrasam o poder de mercado atribuído até então a determinados agentes. A idéia de análise dos chamados mercados de inovação é exatamente a verificação de como o investimento em P&D pode impactar as análises concorrenciais.

Este artigo está estruturado da seguinte forma. Na primeira parte, apresentamos as características da corrente schumpeteriana relacionada ao processo de destruição criativa e como afetam a dinâmica da concorrência no sistema capitalista. Na terceira parte analisamos a definição de mercado relevante em relação aos produtos e tecnologias envolvendo propriedade intelectual. Na quarta parte, apresentamos o conceito dos mercados de inovação e seus prin-

---

[1] Reflexões a partir do desenvolvimento da tese de doutoramento do Autor.

cipais idealizadores. Na quinta parte descrevemos o trabalho de alguns autores sobre mecanismos de delimitação desses mercados, bem como outras opiniões críticas, demonstrando que a utilização do mecanismo de mercado de inovação está longe de ser uma unanimidade. Na sexta parte, antes da conclusão, descrevemos, de forma não exaustiva, precedentes jurisprudenciais no Brasil e nos Estados Unidos sobre a matéria.

A esse respeito, é evidente nosso recurso à doutrina americana sobre o tema, tendo em vista que o surgimento desse assunto veio a partir de necessidades em casos concretos analisados naquela jurisdição.

2. Schumpeter e o processo de destruição criativa

Joseph Alois Schumpeter (1883-1950), economista austríaco e professor da Universidade de Harvard, foi o principal formulador da Teoria da Inovação. Para ele, as longas ondas dos ciclos do desenvolvimento no decorrer da história do capitalismo resultavam, em verdade, da conjugação ou da combinação de inovações, que criavam um setor líder na economia, ou um novo paradigma, que passaria a impulsionar o crescimento rápido dessa economia. Schumpeter enumerou basicamente o que entendia por inovação: (a) lançamento de novos produtos no mercado; (b) introdução de novos métodos de produção; (c) abertura de novos mercados; (d) exploração de novas fontes de matérias primas; e (e) surgimento de novas formas de organização empresarial. Esses cinco tipos de inovações costumam resultar da ação empreendedora de uma vanguarda, difundindo-se, depois, pelo conjunto da economia num processo de "destruição criativa".[2]

Por esse processo, Schumpeter entendia a ascensão de ramos de atividades inteiramente novos que minavam a base de velhos setores e tecnologias. Numa fase inicial, as inovações rendem altos lucros, mas estes são paulatinamente

[2] KATZ, Michael; SHELANSKI, Howard A. (2008), p. 5: "Schumpeter coined the phrase 'creative destruction' to express the idea that the entrepreneurial pursuit of profits is a creative and dynamic force that 'incessantly revolutionizes the economic structure from within, incessantly destroying the old one, incessantly creating a new one.' Schumpeter saw such rivalry as 'the essential fact about capitalism.' Creative destruction means that a firm's acquisition or possession of market power may be fleeting and that firms must protect such power through ongoing innovation efforts. Under constant pressure from actual and potential innovators, the incumbent firm itself produces better products on better terms for consumers or else loses its place in the market to a rival. The process of creative destruction, Schumpeter explained, 'strikes not at the margins of the profits and the outputs of the existing firms but at their foundations and their very lives'".

dissipados à medida que aquelas vão sendo adotadas por um número cada vez maior de seguidores. Assim, num primeiro momento, os investimentos em inovações promovem uma expansão que distancia a economia de seu ponto de equilíbrio. Mais tarde, quando sua rentabilidade está sendo dissipada, a economia se contrai, tendendo a voltar a seu ponto de equilíbrio.

Segundo o próprio economista, "o impulso fundamental que inicia e mantém o movimento da máquina capitalista decorre de novos bens de consumo, dos novos métodos de produção ou transporte, dos novos mercados, das novas formas de organização industrial que a empresa capitalista cria. (...) A abertura de novos mercados – estrangeiros ou domésticos – e o desenvolvimento organizacional, da oficina artesanal aos conglomerados (...) ilustram o mesmo processo de mutação industrial (...) que incessantemente revoluciona a estrutura econômica a partir de dentro, incessantemente destruindo a velha, incessantemente criando uma nova. Esse processo de Destruição Criativa é o fato essencial do capitalismo. É nisso que consiste o capitalismo e é aí que têm de viver todas as empresas capitalistas".[3]

Cada nova tecnologia arrasa ou pelo menos diminui o valor de tecnologias anteriores. O progresso é conseqüência desse processo destruidor e criativo.[4] As inovações e sua difusão são um elemento perturbador do sistema, levando a ajustes de estruturação de diversos setores econômicos. Para o economista, o crescimento econômico e social de uma nação passa necessariamente pela capacidade de criação e absorção de novas tecnologias, que podem "revirar" a ordem vigente, gerando mais e novas oportunidades para os inovadores.

Em conseqüência dessa realidade, as empresas realizam investimentos constantes em P&D. O resultado de tais investimentos não apenas serve para melhorar a qualidade dos produtos já existentes, mas certamente serve para criar novos que, dependendo de sua natureza, irão revolucionar o mercado existente, podendo até desintegrá-lo, pois a escolha do consumidor pode migrar para algo completamente diferente do que vinha experimentando até então. E não são poucos os exemplos existentes: TV por assinatura, telefonia móvel, internet, *softwares*, medicamentos, entre inúmeros outros, carregam em si um alto teor de desenvolvimento tecnológico, fruto dos investimentos em P&D.

É evidente que essa dinâmica do sistema capitalista, cada vez mais perceptível nos dias atuais, demanda uma sensibilidade das análises antitruste, que procuram trabalhar cientificamente por meio de um corte no tempo, estabelecendo limites estáticos para aferição do grau de concorrência em determinados mercados. Mas a destruição criativa sugerida por Schumpeter nunca esteve tão

[3] SCHUMPETER, Joseph Alois (1984), p. 93.

[4] MENEZES, Robert K. (2006).

atual para acrescentar outros elementos importantes nos aspectos concorrenciais das empresas que realizam grandes investimentos em P&D.

3. Mercado relevante de produtos e de tecnologias

As análises concorrenciais procuram normalmente verificar a existência de poder de mercado, assim considerada, em linhas gerais, a possibilidade de esse agente aumentar preços ou reduzir a produção por um determinado período de tempo sem que isso resulte em diminuição de lucros.[5] Considerando-se um mercado perfeitamente competitivo, o agente não tem a possibilidade de atuar de maneira isolada, aumentando preços ou reduzindo a produção, sob pena de ser penalizado com a diminuição de vendas e perda de lucro. Por outro lado, a preocupação em verificar a existência do poder de mercado somente faz sentido em situações onde as características do produto ou a área onde esse produto se coloca ao alcance do consumidor ensejam a possibilidade de o agente criar condições unilaterais que permitam o aumento de lucros por meio dos mecanismos acima mencionados.

Nos Estados Unidos, o mecanismo desenvolvido para avaliar a existência de poder de mercado veio a partir de duas decisões da decisão da Suprema Corte norte-americana.[6] Em 1946, no caso *American Tobacco Co.* v. *United States*, o Tribunal utilizou substancialmente pela primeira vez o conceito de participação de mercado (*market share*) ao considerar que três empresas que aumentavam arbitrariamente o preço dos cigarros eram detentoras de 90% da fabricação nacional, possuindo assim total condição de alterar preços e reduzir

---

5 "O exercício do poder de mercado consiste no ato de uma empresa unilateralmente, ou de um grupo de empresas coordenadamente, aumentar os preços (ou reduzir quantidades), diminuir a qualidade ou a variedade dos produtos ou serviços, ou ainda, reduzir o ritmo de inovações com relação aos níveis que vigorariam sob condições de concorrência irrestrita, por um período razoável de tempo, com a finalidade de aumentar seus lucros". Cf. Portaria Conjunta SEAE/SDE n. 50, de 1.º de agosto de 2001, item 15.

6 Cf. WERDEN, Gregory J. (2002), p. 68. O autor ainda afirma à p. 67 que: "Antitrust law borrows the concept of 'market power' from industrial organization economics and defines the term in the same way. See *Eastman Kodak Co. v. Image Technical Servs., Inc.*, 504 U.S. 451, 464 (1992) (market power is 'the ability of a single seller to raise price and restrict output'); *NCAA v. Bd. of Regents of the Univ. of Okla.*, 468 U.S. 85, 109 n.38 (1984) ('Market power is the ability to raise prices above those that would be charged in a competitive market'); *Jefferson Parish Hosp. Dist. n. 2 v. Hyde*, 466 U.S. 2, 27 n.46 (1984) ('As an economic matter, market power exists whenever prices can be raised above levels that would be charged in a competitive market')".

a fabricação do produto.[7] Em 1948, no caso *United States* v. *Columbia Steel Co.*, o mesmo Tribunal adotou pela primeira vez o termo "mercado relevante" (*relevant market*), de forma a compreender os efeitos concretos que poderiam ser gerados pelo monopolista dentro de uma determinada realidade de mercado mais ou menos restrita.[8]

Desde então, muito já se debateu a respeito, outros casos foram tão ou mais importantes que esses para melhorar a compreensão sobre o tema,[9] mas não há dúvida de que o modo como se verifica a existência de poder de mercado por um agente é pela delimitação desse mercado quanto ao produto (mercado relevante material) e quanto à área em que é ofertado (mercado relevante geográfico).[10]

A discussão, no entanto, adota contornos diferentes quando o tema envolve a questão da inovação tecnológica. Por conta das características dos mercados que dependem da realização de P&D e se apóiam na proteção legal

---

7 328 U.S. 781, 813–14 (1946). "The following record of price changes is circumstantial evidence of the existence of a conspiracy and of a power and intent to exclude competition coming from cheaper grade cigarettes. During the two years preceding June, 1931, the petitioners produced 90% of the total cigarette production in the United States. In that month tobacco farmers were receiving the lowest prices for their crops since 1905. The costs to the petitioners for tobacco leaf, therefore, were lower than usual during the past 25 years, and their manufacturing costs had been declining. It was one of the worst years of financial and economic depression in the history of the country. On June 23, 1931, Reynolds, without previous notification or warning to the trade or public, raised the list price of Camel cigarettes, constituting its leading cigarette brand, from $6.40 to $6.85 a thousand. The same day, American increased the list price for Lucky Strike cigarettes, its leading brand, and Liggett the price for Chesterfield cigarettes, its leading brand, to the identical price of $6.85 a thousand. No economic justification for this raise was demonstrated. The president of Reynolds stated that it was 'to express our own courage for the future and our own confidence in our industry'. The president of American gave as his reason for the increase, 'the opportunity of making some money'".

8 334 U.S. 495, 508 (1948).

9 Vide, por exemplo, o caso *Brown Shoe Co. v. United States* (370 U.S. 294), 1962. Naquela oportunidade, a Suprema Corte adotou a posição de que a definição adequada do mercado relevante "is a 'necessary predicate' to an examination of the competition that may be affected by the horizontal aspects of the merger".

10 O Brasil adotou a mesma linha de verificação das questões concorrenciais por meio de seu *Guia para Análise Econômica de Atos de Concentração Horizontal*, conforme a Portaria Conjunta SEAE/SDE n. 50, de 1.º de agosto de 2001. Para uma abordagem ampla sobre o tema e sua aplicação no direito brasileiro, consultar: BRUNA, Sérgio Varella (1997); FORGIONI, Paula A. (2005).

relacionada à propriedade intelectual (sem olvidar os efeitos gerados pelas chamadas externalidades de rede, que determinam o aumento do valor de um produto, serviço ou tecnologia quanto mais usuários dela se utilizarem – como telecomunicações, internet etc.), produtos e serviços que contêm alto desenvolvimento tecnológico não se identificam pela perenidade no mercado.

Ao contrário, pelo fato de as empresas que atuam nesses mercados investirem constantemente em inovações para fins de melhoria, as características do produto ou serviço se modificam de forma muito rápida, o que acaba por trazer desafios na compreensão dos aspectos concorrenciais.[11] Um mercado que hoje existe pode não existir mais a partir da entrada de um novo produto de qualidade superior. Quem hoje detém poder de mercado em pouco tempo pode deixar de exercê-lo. Um exemplo constantemente em debate é o da convergência tecnológica, que reverte a ordem de separação das atividades econômicas e coloca telecomunicações, radiodifusão, conteúdos de qualquer natureza, aparelhos eletrônicos, entre tantos outros itens, num mesmo caldeirão, fazendo que agentes econômicos disputem um mesmo mercado, que antes jamais se pensara existir, sem falar naqueles novos que se formam a cada momento.

Mas não é somente com relação aos aspectos modernos de convergência que a dificuldade de delimitação de mercados torna mais complexo o trabalho das autoridades antitruste nas análises de mercado. Exatamente por conta das inovações ocorrerem de modo constante, é comum haver produtos e serviços que não são necessariamente relacionados ao setor de tecnologia, mas que dependem claramente de investimentos nessa área, como a indústria farmacêutica, o agronegócio e o transporte aéreo, entre tantos outros.[12]

---

[11] KATZ, Ariel (2007), p. 908: "The purpose of IP law is to 'promote the Progress of Science and useful Arts'. The results are intellectual goods: innovative products, services, and creative works. By definition, when this result is achieved and such innovative intellectual goods are created they do not have very close substitutes, and if such goods are valuable for consumers their owners can exercise market power. Both IP law and antitrust play important role in restraining this market power in an uneasy attempt to find and maintain the right balance between providing enough market power as incentive to innovate and minimizing its social cost. Much of the modern analysis of IP and antitrust is based on an 'anti-presumption' of market power; an assumption that most intellectual goods have close substitutes that prevent the exercise of market power, and on a futile attempt to distinguish between simple (and benign) market power and (malignant) market power in the antitrust sense".

[12] Cf. POSNER, Richard A. (2001), p. 926: "The traditional industries are characterized by multi-plant and multi-firm production (indicating that economies of scale are limited at both the plant level and the firm level, or in other words, that average

Nos Estados Unidos, as questões envolvendo propriedade intelectual e antitruste levaram os órgãos de defesa da concorrência a regularem o assunto desde 1970, por meio da publicação, pelo DOJ, dos chamados *Nine No-No's*.[13] Decorridos vários anos e alguns outros documentos no mesmo sentido, em 1995, o mesmo órgão, em conjunto com a Federal Trade Commission (FTC), publicou as *Antitrust Guidelines for the Licensing of Intellectual Property*,[14] documento que ainda serve de base para as análises antitruste envolvendo propriedade intelectual no âmbito daquele país.

Um dos aspectos interessantes das *Guidelines* foi adotar uma metodologia de qualificação das diversas formas de competição envolvendo a propriedade intelectual. Assim, pode ela estar relacionada a um mercado de produtos que contenham determinada tecnologia, uma vez que os efeitos concorrenciais podem estar atrelados a bens intermediários ou destinados a consumo final mediante o uso dessa propriedade intelectual. Esses efeitos podem ainda estar relacionados na cadeia vertical, em mercados de produtos com tecnologia que são utilizados como insumos na produção de outros bens.[15]

Uma segunda categoria diz respeito ao mercado de tecnologia, assim considerado aquele que envolve a disponibilização do ativo intelectual não incorporado a nenhum produto, consistindo, basicamente, no licenciamento da propriedade intelectual e de seus substitutos próximos, ou seja, eventuais outras

total costs are rising at relatively modest output levels), stable markets, heavy capital investment, modest rates of innovation, and slow and infrequent entry and exit. The new-economy industries that I'll be discussing tend to lack these features. They are characterized instead by falling average costs (on a product, not firm, basis) over a broad range of output, modest capital requirements relative to what is available for new enterprises from the modern capital market, very high rates of innovation, quick and frequent entry and exit, and economies of scale in consumption (also known as 'network externalities')."

13 Vide CHAVEZ, John Anthony (2001), p. 37. Tratava-se de documento que listava nove tipos de condutas anticoncorrenciais, assim consideradas *per se*, no âmbito do licenciamento de propriedade intelectual.

14 Disponível em: <http://www.usdoj.gov/atr/public/guidelines/0558.htm>. Acesso em: 10 jun. 2008.

15 *Guidelines*, item 3.2.1: "A number of different goods markets may be relevant to evaluating the effects of a licensing arrangement. A restraint in a licensing arrangement may have competitive effects in markets for final or intermediate goods made using the intellectual property, or it may have effects upstream, in markets for goods that are used as inputs, along with the intellectual property, to the production of other goods".

tecnologias ou mesmo produtos que possam restringir o exercício de poder de mercado do detentor daquela propriedade intelectual licenciada.[16]

Para ambas as situações – envolvendo o mercado de produtos ou de tecnologia –, a análise para efeitos concorrenciais não foge da realidade de qualquer outro mercado a ser analisado: delineia-se o mercado relevante e a respectiva participação de cada um dos agentes dentro desse mercado.[17] Em seguida, a verificação do poder de mercado pode se dar utilizando os critérios usuais das análises concorrenciais, como por exemplo o do monopolista hipotético ou, ainda, pela identificação de outras tecnologias e produtos pelos quais os compradores escolheriam substituir mediante custo comparável àquela tecnologia licenciada pelo agente.[18]

4. Mercados de inovação

Mas a terceira categoria de mercado estabelecida pelas *Guidelines* resultou em um novo paradigma: trata-se do chamado mercado de P&D, ou simplesmente mercado de inovação.[19] Em outras palavras, além dos mercados de produto e de tecnologia, há um terceiro mercado, representado pela atividade de investimento na área de P&D por parte dos agentes econômicos. Na grande maioria das vezes, não é possível identificar qual será o resultado final desse investimento, pois ele pode ser simplesmente infrutífero ou ser interrompido por conta da obtenção de patente de um concorrente, ou, ainda, pode ser superado por uma outra tecnologia. No entanto, considerando que nenhum novo produto surge sem essa atividade, ignorar seus efeitos no âmbito de uma análise antitruste pode não ser o melhor caminho para encontrar o bem-estar econômico tão caro em referidas análises.[20]

---

16 *Guidelines*, item 3.2.2: "Technology markets consist of the intellectual property that is licensed (the 'licensed technology') and its close substitutes – that is, the technologies or goods that are close enough substitutes significantly to constrain the exercise of market power with respect to the intellectual property that is licensed".

17 *Guidelines*, itens 3.2.1. e 3.2.2.

18 Os órgãos de defesa da concorrência no Brasil seguem a mesma metodologia, conforme Portaria Conjunta SEAE/SDE n. 50, de 1.º de agosto de 2001, itens 28 e ss.

19 *Guidelines*, item 3.2.3.

20 KATZ, Michael; SHELANSKI, Howard A. (2008), p. 1, "Traditionally, merger policy focused on the question of whether a proposed transaction would lead to higher or lower prices, based on a static analysis that compared market power and efficiency effects. Dynamic considerations such as research and development, while not al-

Diferente de qualquer análise concorrencial, onde os agentes são avaliados pela posição que têm ou que irão alcançar em um determinado mercado, refletindo assim uma concorrência no mercado específico, o mercado de inovação busca avaliar os efeitos futuros que decorrerão dos produtos e tecnologias resultantes da atividade de P&D. Refletem, portanto, uma concorrência pelo mercado e não em um mercado.

Os primeiros a defenderem a idéia de distinção do mercado de inovação para os demais mercados foram *Richard Gilbert* e *Steve Sunshine*, em artigo publicado no *Antitrust Law Journal*[21] em 1995. Ambos os autores eram na mesma época Procuradores do DOJ (Department of Justice dos Estados Unidos) e, certamente, tiveram relevante influência na elaboração das *Guidelines*. O artigo procurou examinar o caso *United States* v. *General Motors Corp.* em que se discutia a aquisição pela empresa *ZF Friedrichshafen*, da *Allison Transmission Division*, pertencente à General Motors.[22] O problema decorreu do fato de ambas as empresas serem, à época, as únicas no mundo a investir em tecnologia de transmissão para caminhões pesados, atividade esta que representava um altíssimo custo, explicando assim a existência de apenas duas empresas atuando no setor.

Nas palavras de *Gilbert* e *Sunshine*, "a merger that affects innovation can have consequences for consumers in markets where the merging firms do not compete prior to the merger. This can come about through cost increases from the merger, suppressed product improvements, or from reduction in future competition. These effects can be analyzed more directly by focusing on innovation markets".[23] Ou seja, o poder de mercado pode implicar não somente aumento de preço ou redução na produção, mas também diminuição nos investimentos em inovação (diminuição do investimento em P&D), sem que isso impacte nos lucros do agente.[24]

---

together absent, played relatively little role. Today, innovation is widely recognized as an important driver of national economic welfare".

21 GILBERT, Richard J.; SUNSHINE, Steven C. (1995).

22 Civ. n. 93-530 (D. Del. filed Nov. 16, 1993) *DOJ* Case 4027, 6 Trade Reg. Rep. (CCH) 45,093.

23 Op. cit., p. 587.

24 Esse efeito é reconhecido no *Guia para Análise Econômica de Atos de Concentração*, Portaria Conjunta SEAE/SDE n. 50, de 1.º de agosto de 2001, item 11: "Os atos de concentração entre empresas podem produzir efeitos positivos e negativos sobre o bem-estar econômico. As concentrações podem, ao diminuir o número de participantes no mercado, facilitar a adoção de condutas anticompetitivas (aumento de

No entanto, não é possível identificar qual é esse poder de mercado no âmbito dos investimentos em P&D utilizando os mesmos critérios tradicionais (definição de mercado quanto ao produto e quanto à área geográfica). Isso ocorre pela própria natureza da atividade de P&D, pois não é possível aferir exatamente qual produto ou melhoria resultará desse processo, tampouco se efetivamente algum resultado trará, além de ser irreal dimensionar participações de mercado nos mesmos moldes tradicionais, visto que os agentes, para essa finalidade, não competem efetivamente no mercado.[25] Assim, para efeitos do mercado de inovação, outros critérios de identificação de poder de mercado devem ser utilizados.

A proposta de *Gilbert* e *Sunshine* para identificar o mercado de inovação pode ser delineada em cinco etapas: o primeiro passo é identificar a sobreposição de atividades de P&D das empresas objeto da concentração, o que basicamente deve corresponder ao mercado relevante material (do produto) em que ambas competem na análise tradicional. O segundo passo é identificar fontes alternativas de P&D (essencialmente a verificação de substitutibilidade da demanda). O terceiro passo é a avaliação da concorrência potencial, bem como a existente, na cadeia de fornecimento dos produtos que tornaria não lucrativo para um monopolista hipotético em P&D o aumento do preço ou a redução da produção. O quarto passo é a verificação de potenciais efeitos competitivos no investimento em P&D que poderiam resultar do aumento da concentração decorrente da operação. O passo final é a verificação de eficiências que podem resultar da operação que aumentariam a produção e diminuiriam os custos de P&D no mercado de inovação analisado, de forma a determinar se tais eficiências seriam capazes de compensar qualquer provável efeito anticoncorrencial decorrente da operação.[26]

---

preços, redução da qualidade, diminuição da variedade ou *redução das inovações*)" (grifo nosso).

25 RUBINFELD, Daniel L. (1998), p. 873: "In dominant network industries the market is often a moving target, evolving as technology changes in response to innovation. It is important, therefore, to focus not only on static competition within the market as it is currently constituted, but also on dynamic competition for the market of the future, i.e., competition to control the next market standard (if there is one). For example, IBM historically dominated the mainframe operating system market; at the time of the emergence of PCS as popular products, the role of IBM as a competitor in the newly developing PC operating system market had significant implications for innovation in operating systems for this product. A more current example may be Sun's cross-platform Java initiative, which presents a potential competitive threat to the Windows platform".

26 STAREK, III, Roscoe B. (1996), p. 3: "Consistent with the innovation market analysis set out in the I.P. Guidelines, the applicability of the Gilbert and Sunshine inquiry is

No âmbito das *Guidelines*, a estrutura de análise é bem parecida com a linha adotada por esses autores e ainda considera como substitutos próximos no mercado de inovação todos os esforços em P&D, tecnologias e produtos que significativamente reduzem o exercício do poder de mercado do monopolista hipotético em retardar o ritmo das atividades de P&D. E conclui no sentido de que as autoridades antitruste deverão delimitar um mercado de inovação somente quando a possibilidade de relacionamento em determinadas atividades de P&D sejam associadas com ativos específicos ou características específicas das empresas envolvidas.[27]

O investimento em P&D, ou em inovação tecnológica, não pode ser olvidado nas análises antitruste apenas pela dificuldade de se delinear o chamado mercado de inovação, até porque não resta dúvida do quanto a inovação tecnológica é importante para a capacidade das empresas efetivamente competirem no mercado.

5. Critérios de verificação dos mercados de inovação

A dificuldade de lidar com o mercado de inovação ocorre pela ausência de uma metodologia concreta que permita uniformizar entendimentos e adotar critérios isonômicos. A preocupação na redução da atividade de P&D nos atos de concentração é legítima e deve ser seguida de perto pelas autoridades antitruste. Mas se nos mercados tradicionais a tarefa de identificar se uma operação resultará em aumento de preço ou diminuição da produção já é difícil, o que não dizer da expectativa que se coloca em relação ao mercado de inovação.

Afinal, o que faria as empresas reduzir seu ritmo de inovação, sem que haja riscos para sua competitividade no mercado? Um dos estudos mais comentados

---

theoretically limited to situations in which specialized 'innovation assets' or capabilities can be identified in the process of reviewing a proposed merger. The Gilbert and Sunshine innovation market inquiry is not to be applied unless the enforcement agencies can identify 'markets in which R&D [is] directed toward particular new products or processes [that] require specific assets that are possessed by identified firms'".

27 *Guidelines*, item 3.2.3. Para HAMILTON, Clovia (2002), p. 28: "Practitioners complain that innovation markets are mythical and difficult to define clearly, because they dilute the traditional practice of projecting a future goods market. Instead, innovation markets can easily be defined in terms of the products and services with which they are associated. This approach has been advocated for technology markets. Thus, there is no need to confuse parties by forcing them to consider the innovation market in addition to the associated traditional goods market".

foi o desenvolvido por Scherer,[28] que criou um modelo econômico indicando que o investimento em P&D estaria ligado inversamente pelas extremidades do nível de competitividade em que os agentes econômicos se encontram. Assim, o ritmo de atividade em P&D seguiria o padrão de um U invertido, ocorrendo um menor nível de investimento em situações de pouca concorrência e um maior nível de investimento quando a competitividade for acentuada.

Segundo o autor, a inovação parece ser baixa quando é baixo o nível de competitividade (mercados perfeitamente competitivos), alcançando seu ápice em nível intermediário de competição, com a existência de oligopólios, e caindo novamente quando a estrutura de mercado aproxima-se do monopólio. Estudos subseqüentes criticaram ou corroboraram essa linha conclusiva.[29] No entanto, tratar esse aspecto por meio de um modelo econômico pode colocar de lado variáveis importantes, como oportunidades tecnológicas ou de mercado que podem aparecer em quaisquer dos níveis de competitividade e levar a maiores investimentos em P&D.

Para Addanki,[30] a redução da atividade de P&D dependeria basicamente de os agentes envolvidos terem a habilidade e o incentivo para realizá-la, o que de fato não é simples, para não dizer quase impossível. Ter habilidade para reduzir a atividade de P&D sobre os ativos envolvidos nessa atividade (centro de pesquisa, equipamentos utilizados, pessoas envolvidas, produto ou tecnologia a ser alcançada, entre outros), deveria então ser medida totalmente exclusiva das empresas envolvidas, pois uma vez cessada a atividade que elas realizam em P&D, ninguém mais no mercado teria a habilidade de retomar ou continuar os investimentos.

Já o incentivo para reduzir a atividade de P&D ocorreria dentro da visão das empresas envolvidas de que não haveria a possibilidade de produtos ou

---

[28] SCHERER, F. M. (1967) *et id.*

[29] KATZ, Michael; SHELANSKI, Howard A. (2006), p. 23, citam alguns como LEVIN, Richard C.; COHEN, Wesley; MOWERY, David (1985). R&D appropriability, opportunity, and market structure: new evidence on some schumpeterian hypotheses. *American Economic Review Papers and Proceedings* 75: 20-4, e SCOTT, J. T. (1984) Firm versus industry variability in R&D intensity, In: ZVI GRILICHES (ed.), *R&D, patents and productivity.* Chicago: University of Chicago Press. Segundo os autores: "Later work, however, raised serious doubts about these findings. Indeed, in their review of the empirical literature, Cohen and Levin concluded that 'together, these results leave little support for the view that industrial concentration is an independent, significant, and important determinant of innovative behavior and performance'".

[30] ADDANKI, Sumanth (1995).

tecnologias idênticas ou substituíveis serem geradas pela concorrência, isso sem falar que a filosofia de diminuição ou de abandono das inovações seria algo muito difícil de suportar nos dias de hoje.[31] Ademais, não caberia, na visão do autor, a presunção de tais possíveis conseqüências somente pelo fato de as empresas pretenderem se unir e terem um alto grau de investimento em P&D.

A propósito, Kent Bernard, apontou seu entendimento radical sobre o tema:[32] "If there's a market for innovation (...) it's a little hard to see how you can monopolize it. I mean, with all due respect to my colleagues, unless I go out and hire all the scientists in the world, I don't know how I'm going to monopolize the market for scientific research. I can hire 50 of the best cancer specialists in the world, but there are 500 more that are going to work for somebody else".

6. Precedentes jurisprudenciais

O próprio CADE já teve a oportunidade de tratar do tema, no ato de concentração envolvendo a Monsanto do Brasil Ltda. e a Syngenta Seeds Ltda. Na oportunidade, o órgão analisou contrato de licenciamento de tecnologia celebrado entre ambas as empresas com cláusula de exclusividade dos resultados de melhoramentos ou de evoluções sobre o ativo licenciado (conhecimento tecnológico), chegando à conclusão de que a condição teria efeito anticoncorrencial não no mercado relevante dos produtos (milho e outros), mas sim sobre o mercado de inovação, pois a *Syngenta* estaria impossibilitada de aproveitar dos resultados da inovação, colocando a *Monsanto* em posição de única detentora dos melhoramentos do produto.[33]

---

[31] Op. cit, p. 4: "The question of incentives is really the more interesting one. As we have already discussed, one would not ordinarily expect the merged firm to have strong incentives to slow the pace of innovation. The uncertainty intrinsic in the very process of R&D, together with imperfect information about the efforts of other potential players, will provide an ample spur to innovation in most cases".

[32] ABA (2005), p. 8

[33] A.C. n. 08012.000311/2007-26. Conforme o voto do Conselheiro Abraham Sicsú: "As análises tradicionais de concentração focam na participação de mercado e na habilidade de uma companhia manipular preços, o que resulta em modelo estático de competição. O mercado de biotecnologia não gera produtos homogêneos, já que é indústria dinâmica caracterizada por altos investimentos em P&D na tentativa de diferenciar e melhorar os produtos. As análises antitruste devem focar-se então no conceito de mercados de inovação (*innovation markets*), o qual foi desenvolvido para lidar com questões antitruste focadas em P&D, na qual a definição de produto não era aplicável. A discussão antitruste se desloca da capacidade de as empresas manipularem preço para o incentivo do monopolista hipotético de retardar o andamento de pesquisa e desenvolvimento e assim deixar de difundir o avanço

De fato, os investimentos em P&D podem fundamentalmente alterar a natureza da análise concorrencial em relação aos produtos que competem em um determinado mercado relevante, mesmo se o aspecto mais importante for a análise, por exemplo, da eficiência alocativa (ou eficiência para fins de diminuição do preço do produto, como objetivo do bem-estar do consumidor). Como dissemos acima, a participação de mercado (*market share*) é normalmente uti-

---

tecnológico". Mais adiante no voto, o Conselheiro continua o raciocínio sobre as restrições concorrenciais do caso: "Tem havido entendimento de que operações envolvendo licenciamento de tecnologia ao desenvolvimento, produção e comercialização de sementes, em geral, não têm o condão de gerar danos à concorrência. Tais operações possibilitam a uma empresa ter acesso à tecnologia-chave para a produção de produto (no caso sementes), o que não seria possível dada a existência de monopólio dessa tecnologia por parte de outra empresa atuante no mercado. Nesse sentido já nos pronunciamos que o pleno benefício social da tecnologia se dá por sua difusão. (...) Há duas preocupações. A primeira é a possibilidade de ocorrência de fechamento progressivo do mercado de tecnologia para sementes de soja resistentes ao glifosato. Quando o contrato dispõe de cláusulas do tipo que o CADE tem analisado, em direção a uma vinculação de exclusividade no fornecimento de inovação, cria-se a dependência a apenas um produtor de tecnologia por meio de mecanismos que fecham o acesso das empresas instaladas no Brasil a outras rotas tecnológicas que, com o tempo, podem mostrar-se mais eficientes, o que é nocivo para a concorrência dentro da análise de mercados de inovação. Mesmo que outras empresas desejem fornecer o produto tecnológico e consigam passar à frente da fronteira tecnológica, a concorrência tecnológica é inibida por conta de obrigações contratuais assumidas. Os detentores brasileiros de banco de germoplasma ficariam vinculados apenas ao produto da Monsanto. Tanto empresas existentes quanto entrantes nos mercados de biotecnologia vêem seu acesso ao mercado obstaculizado. Há risco de impactos no território brasileiro que podem ser danosos à economia nacional. (...) No caso específico, como bem ressaltado pelo voto vista da Presidente e pelas observações do Conselheiro Furquim, o que está em discussão não é a exclusividade sobre o banco de germoplasma, mas sim os cuidados que devem ser tomados, por critérios técnicos, na multiplicação das sementes. (...) Por isso, é fundamental analisar os contratos e ver se estes dispõem de cláusulas de proibição de pesquisa, desenvolvimento, produção e comercialização de sementes com tecnologias outras que não a Tecnologia Monsanto, bem como da cláusula que estende aos multiplicadores a vedação de produção e comercialização de sementes com tecnologias não-Monsanto. (...) Outra preocupação é, como apontado no voto do relator, o fato de que tais 'vedações e direitos poderiam permitir à Monsanto estender o poder de mercado detido na produção de soja geneticamente modificada resistente ao glifosato (resultante do monopólio viabilizado por sua patente), ao segmento de produção de herbicidas à base de glifosato – no caso da proibição de teste com herbicidas de outras marcas'. No entanto, não há cláusulas no contrato que fundamentem tal preocupação".

lizada para mensurar o poder de mercado de determinado agente. No entanto, ao menos em teoria, inovações decorrentes da operação podem rapidamente levar a modificações nas participações de mercado de forma diferente, como se esperaria apenas analisando a operação nos moldes tradicionais.

Imaginemos o hipotético exemplo de duas empresas que comercializam um determinado medicamento para dor de cabeça e que detêm, conjuntamente, 60% desse mercado relevante. Ao mesmo tempo, são as únicas empresas que vêm há anos investindo em P&D para criar uma droga capaz de curar com 85% de sucesso a hepatite tipo C. A pergunta que se coloca é se a análise de concentração deve ser feita somente com relação ao produto ou se também o mercado de P&D, onde em tese a concentração é muito maior, deve ser considerado.

Como toda análise concorrencial merece ser vista individualmente, o caso acima não fugiria à regra, mas demonstra como a questão dos investimentos em P&D pode impactar as análises concorrenciais. Um caso interessante nos EUA foi o que envolveu duas empresas na área de medicamentos. A Genzyme Corp., uma grande empresa americana, à época com faturamento acima de USD 1 bilhão, adquiriu no ano de 2001 a Novazyme Farmaceutical, Inc., uma empresa menor voltada para pesquisas na área farmacêutica e que não ofertava produtos ao mercado, nem atuava testes clínicos na fase de fabricação para comercialização. O elo de ligação entre ambas estava em uma determinada doença, chamada Pompe. Trata-se de uma doença dolorosa, debilitante e sempre fatal. A maioria de suas vítimas são crianças que morrem antes do primeiro ano de vida, ou antes da adolescência, passando a maior parte do tempo ligadas a respiradores artificiais e cadeiras de rodas. Trata-se de doença rara, que afeta por volta de cinco a dez mil pessoas no mundo todo. Apesar de haverem passado mais de 60 anos da descoberta dessa doença, não havia ainda drogas aprovadas para combatê-la.[34]

Ademais, pelo fato de ser rara, os esforços empenhados para a descoberta de um medicamento adequado estavam cobertos pelo chamado *Orphan Drug Act*,[35] o qual traz incentivos ao mercado para desenvolver produtos nessa área, outorgando um monopólio na exploração comercial por um determinado período de tempo. Pois bem, Genzyme e Novazyme eram as únicas empresas que à época da aquisição investiam em P&D para encontrar uma forma de

---

34 WALD, Douglas L.; FEINSTEIN, Deborah L. (2004), p. 2.

35 Sob a égide dessa lei, editada em 1983, um produto farmacêutico que trate de uma doença que afete menos do que 200 mil pacientes nos Estados Unidos, tem a garantia dada pelo *Food and Drug Administration* (FDA) de exploração exclusiva no mercado americano, de modo que o órgão não aprova qualquer produto concorrente pelo período de sete anos.

tratamento da doença de Pompe. A operação claramente levaria a um monopólio absoluto da exploração comercial do medicamento para a Genzyme. No entanto, o próprio *Orphan Drug Act* acabou se tornando um fomentador dessa concentração, pois a descoberta do medicamento por uma empresa, claramente sucatearia todo o investimento feito pela outra, até pelo fato de não poder haver produtos substituíveis até que o FDA (*Food and Drug Administration*) viesse a aprovar novos medicamentos para a área. Após uma investigação detalhada, o FTC (*Federal Trade Comission*) decidiu arquivá-la em 2004.[36]

7. Conclusão

Procuramos apresentar neste breve artigo as principais características dos chamados mercados de inovação tecnológica. O estudo e as conclusões acerca do tema estão apenas no seu início, ainda que os primeiros casos que tenham utilizado essa terminologia nos EUA datem do início da década de 1990. O fato é que se as economias tendem a cada vez mais depender das inovações tecnológicas, as autoridades antitruste devem cada vez mais considerar seus aspectos nas análises concorrenciais. Ainda que a dificuldade de obtenção de dados ou de determinar critérios para verificar os impactos concorrenciais im-

---

36 FTC File n. 021-0026, Disponível em: <http://www.ftc.gov/opa/2004/01/genzyme.shtm>. Acesso em: 23 jun. 2008. BALTO, David A.; SHER, Scott A. (2004), p. 1: "In its 3-1-1 decision, the FTC held that the merger between Genzyme and Novazyme should not be challenged even though they were the only two businesses working to find a treatment for Pompe's disease. As part of the majority, Chairman Muris issued a separate statement (not signed by any other Commissioner, meaning that it is persuasive, not binding FTC policy) expressly concluding that the Merger Guidelines "rebuttable presumption" that significant market concentration is anticompetitive should not apply to innovation merger analysis. Chairman Muris expressed skepticism toward merger enforcement in innovation markets: 'There is no reason to believe, a priori, that a particular merger is more likely to harm innovation than to help it – which is, of course, simply another way of saying that there is no empirical basis for a [rebuttable] presumption'. Muris reasoned that attaching the presumption would have the effect of routinely blocking mergers likely to accelerate innovation. Instead, Muris argued that 'innovation market analysis should not even be considered unless the number of competitors is very small'. In those cases, like Genzyme, in which there are very few – or no – competitors remaining posttransaction, Muris wrote that the Commission should use a careful and intense factual investigation to determine whether the case is one in which a potential monopolist faces reduced incentives to innovate. Looking to the facts surrounding the merger, Muris concluded that the combined Genzyme/Novazyme entity continued to have strong incentives to bring Pompe therapies to market as quickly as possible".

ponham restrições no trabalho de análise de uma concentração ou de conduta anticoncorrencial, entendemos que seus possíveis efeitos, se existentes, devem ser levados em consideração conforme cada caso.

Bibliografia

ABA. The role of innovation in competitive analysis. *The Antitrust Source*, Jul. 2005.

ADDANKI, Sumanth. Should antitrust enforcers rely on potential competition analysis or the concept of innovation markets? Federal Trade commission hearings on global and innovation-based competition. October 25, 1995. Disponível em: <http://www.ftc.gov/opp/global/addanki.htm>. Acesso em: 28 fev. 2006.

BALTO, David A.; SHER, Scott A. Refining the innovation focus: the FTC's Genzyme decision. *ABA Antitrust Magazine*, Spring 2004.

BRUNA, Sérgio Varella. *O poder econômico e a conceituação do abuso em seu exercício*. São Paulo: Ed. RT, 1997.

CHAVEZ, John Anthony. Historical context of the intellectual property guidelines. *ABA Antitrust and Intellectual Property Newsletter*, v. 2, n. 1, Spring 2001.

FORGIONI, Paula A. *Os fundamentos do antitruste*. 2. ed. São Paulo: Ed. RT, 2005.

GILBERT, Richard J.; SUNSHINE, Steven C. Incorporating dynamic efficiency concerns in merger analysis: the use of innovation markets. *Antitrust Law Journal*, v. 63, n. 2, 1995.

HAMILTON, Clovia. Adequacy of the 1995 Antitrust Guidelines for the licensing of intellectual property in complex high-tech markets. *Computer Law Review and Technology Journal*, v. VII, 2002.

KATZ, Ariel. Making sense of nonsense: intellectual property, antitrust and market power. *Arizona Law Review*, v. 49, n. 4, 2007.

KATZ, Michael; SHELANSKI, Howard A. "Schumpeterian" competition and antitrust policy in high-tech markets. Disponível em: <http://ssrn.com/abstract_id=925707>. Acesso em: 11 abr. 2008.

MENEZES, Robert K. Destruição criativa - a contribuição de Schumpeter para o empreendedorismo. Centro de Defesa da Vida Herbert de Souza. Debates. Disponível em: <http://www.cdvhs.org.br/oktiva.net/1029/nota/450/>. Acesso em: 13 out. 2006.

POSNER, Richard A. Antitrust in the new economy. *Antitrust Law Journal*, v. 68, n. 3, 2001.

RUBINFELD, Daniel L. Antitrust enforcement in dynamic network industries. *The Antitrust Bulletin*, Fall-Winter 1998.

SCHERER, F. M. Market structure and the employment of scientists and engineers. *The American Economic Review*, v. 57, n. 3, jun. 1967.

______. Research and development resource allocation under rivalry. *The Quarterly Journal of Economics*, v. 81, n. 3, Aug. 1967.

SCHUMPETER, Joseph A. *Capitalismo, socialismo e democracia*. Rio de Janeiro: Zahar, 1984.

STAREK III, Roscoe B. Innovation markets in merger review analysis: the FTC perspective. Fev. 23, 1996. Disponível em: <http://www.ftc.gov/speeches/starek/orlando.shtm>. Acesso em: 20 jun. 2008.

WALD, Douglas L.; FEINSTEIN, Deborah L. Merger enforcement in innovation markets: the latest chapter – Genzyme/Novazyme. ABA. *The Antitrust Source*, mar. 2004.

WERDEN, Gregory J. Assigning market shares. *Antitrust Law Journal*, v. 70, n. 1, 2002.

Os Impactos do Caso Iguatemi nos Contratos de Franquia

Mariana Duarte Garcia de Lacerda

Mestre em Direito das Relações Sociais pela Pontifícia Universidade Católica de São Paulo – PUC/SP.

I. Introdução

Em setembro de 2007, o CADE manifestou-se a respeito da ilegalidade da imposição de cláusula de exclusividade territorial a partir de um raio determinado aos locatários de *shopping centers*, na ocasião da análise do divulgado Processo Administrativo n. 08012.006636/97-43.[1]

A referida cláusula, expressa no item 5.9 das Normas Gerais das Locações do condomínio em questão seria expressa como segue:

> 5.9 – Os locatários não poderão ter outro estabelecimento (sede ou filial) dedicado ao mesmo ramo de atividade por ele exercida nos respectivos SUC dentro de um raio de 2.500 m (dois mil e quinhentos metros), contados do centro do terreno do SHOPPING CENTER, salvo autorização expressa da administração.[2]

Resumidamente, insurgiram-se a Associação de Lojistas do Estado de São Paulo e o Shopping Eldorado, que atuaram ativamente durante o processo

---

[1] Atualmente, a questão está sendo discutida na justiça no âmbito do Processo n. 2008.34.00.010553-0, em curso perante a 15.ª Vara da Justiça Federal de Brasília, sem qualquer conclusão. Paralelamente, o CADE tem monitorado o cumprimento da sua decisão.

[2] NT SDE de 7 de abril de 2005, fls. 1023 a 1061 dos autos da SDE. Disponível em: http://www.cade.gov.br/ASPIntranet/temp/t7152008105017082.pdf. Acesso em: 15 jul. 2008.

contra a dita cláusula, com base em argumentos, já sustentados pelo SBDC,[3] de que não existem benefícios advindos da adoção da cláusula de raio, ainda mais quando atingindo 95% dos lojistas durante prazo indeterminado. Em primeiro lugar, reconhecer-se-ia o poder de mercado do Iguatemi no fato de o mesmo estar presente em outras cidades do País, implicando elevado poder de barganha do grupo quando da negociação com lojistas, traduzindo-se em sua capacidade de impor cláusulas contratuais abusivas, como as cláusulas de exclusividade e de raio.

Ademais, segundo os Representantes, tais cláusulas criam barreiras à entrada de caráter estrutural, pois que um dos seus efeitos anticompetitivos é justamente o de incrementar tais barreiras, mediante o fechamento ou elevação dos custos de rivais potenciais no que tange ao acesso às lojas nos mais diversos segmentos do mercado de varejo.

O CADE deu sua palavra final, considerando o Shopping Center Iguatemi incurso nos incs. IV e V do art. 21 combinado com o inc. I do art. 20 da Lei n. 8.884/94, ou seja, *limitar, falsear ou de qualquer forma prejudicar a livre concorrência ou a livre-iniciativa* ao *limitar ou impedir o acesso de novas empresas no mercado* e ao *criar dificuldades à constituição, ao funcionamento ou ao desenvolvimento de empresa concorrente ou de fornecedor, adquirente ou financiador de bens ou serviços*, determinando, entre outras penas, que o representado se abstivesse de incluir as cláusulas objetos da representação nos seus contratos de locação, bem como modificasse os contratos em curso para supressão da referida cláusula.

Tendo em vista a condenação da chamada cláusula de raio pelo CADE nesse processo, e a posterior abertura de processo administrativo contra nove outros *shopping centers*[4] pela SDE, a preocupação que surge é como tratar as disposições semelhantes em outros contratos nos quais são corriqueiras, como nos contratos de franquia.

A decisão do CADE transborda para contratos de outros *shoppings*? E para outros tipos de contratos, como o da franquia? Qual a racionalidade das cláusulas de raio nos contratos de locação em condomínios de vendas? E nos contratos de franquia? Essas são questões que permeiam o problema e com as quais o presente trabalho pretende lidar.

---

3 No Processo Administrativo n. 08012.002841/2001-13, cujo representado era o Shopping Center Norte, julgado em 19 de janeiro de 2005.

4 Processo Administrativo n. 08012.012081/2007-48 em desfavor dos Representados Multiplan Empreendimentos Imobiliários S.A., Saphyr Administradora de Centros Comerciais S.A., Participações Morro Vermelho S/A e Plaza Shopping Administradora Ltda.

Para tanto, analisaremos o mérito da decisão do CADE no caso Iguatemi, sua razão de decidir e os efeitos dessa decisão, se se aplica a esse *shopping*, ou a todos os outros e em que particularidades tais cláusulas carecem de racionalidade econômica.

Na parte seguinte, analisaremos os contratos de franquia e mais especificamente a cláusula de territorialidade que neles se encerra, a sua finalidade e o objeto de sua tutela.

Na última parte, tentaremos inserir os contratos de franquia na racionalidade antitruste, a fim de verificar se a cláusula de territorialidade nele incluída pode ser analisada à luz do precedente ora analisado e se a decisão do CADE efetivamente traz a essa cláusula qualquer conseqüência.

II. A decisão do CADE no Caso Iguatemi

De fato, o CADE entendeu, nas palavras do voto condutor exarado pelo Conselheiro Relator Luís Fernando Rigato Vasconcellos, que o shopping é um produto que se constitui *em um espaço de locação comercial, com agregação de valores, que oferta diversas vantagens ao lojista e consumidor, como espaços de convivência, aclimatação, segurança, decoração, mobiliário, estacionamentos, dentre outras.*[5] Dessa forma, o mercado é conhecido como mercado de dois lados em que ambos os consumidores e os lojistas são clientes.

Com relação à posição do Shopping Center Iguatemi, o Conselheiro foi enfático ao reconhecê-lo detentor de poder de mercado,[6] bem como a existência de elevadas barreiras à entrada, tais como falta de espaço locacional para *shoppings*, elevados custos de construção, cláusulas de exclusividade e de raio. Dessa forma, o conselheiro entendeu que a aplicação conjunta das cláusulas de raio e exclusividade *caracteriza o comportamento tendente a fechar o mercado relevante de* shopping centers *de alto luxo na cidade de São Paulo.*[7]

Com relação específica às cláusulas de raio, o CADE concluiu serem nefastas, na medida em que, a depender do raio adotado, todo mercado relevante geográfico pode ser afetado, além de limitar a expansão do lojista tanto para os *shoppings* como para o comércio de rua.

No mercado relevante analisado haveria diferenciação horizontal e vertical entre os *shoppings centers.* Geograficamente, os *shoppings* diferenciam-se

---

5 Voto do Conselheiro-Relator, p. 7. Disponível em: http://www.cade.gov.br/ASPIntranet/temp/t7152008110350427.pdf. Acesso em: 15 jul. 2008.

6 Voto do Conselheiro-Relator , p. 19, loc. cit.

7 Voto do Conselheiro-Relator , p. 23, loc. cit.

pela localização irreversível. Não há uma dimensão estratégica nesse ponto da diferenciação. Para isso resta apenas o perfil e composição das lojas neles instaladas (*tenant mix*) e, de outro e em menor grau, a provisão de bens coletivos, como publicidade, segurança, ar condicionado e estacionamento. Significa dizer que a concorrência entre os diversos *shoppings* trava-se fundamentalmente pela capacidade de diferenciar-se na atividade de comércio varejista. Disso exsurge que a existência de custos de deslocamento por parte dos consumidores é o principal fator a diminuir o grau de concorrência oferecido pelos demais *shoppings* de alto padrão, como o Iguatemi. Ademais, tal cláusula impede o posicionamento estratégico adequado dos potenciais competidores que desejassem entrar numa posição mais próxima daquela ocupada no espaço de diferenciação vertical pelo Iguatemi.

Dada a existência do poder de mercado do Representado e a existência de condições para o exercício desse poder, em virtude das barreiras à entrada no mercado de *shopping centers*, faz-se necessário avaliar o efeito de tais cláusulas a fim de saber se ela não diminui o bem-estar por meio da eliminação da concorrência, infringindo a ordem econômica nacional.

A justificativa para a cláusula alegada pela Representada, de que teria como fundamento evitar condutas oportunistas dos lojistas de aproveitarem-se dos investimentos do *shopping*, além de trazer a esses mesmos lojistas a proteção da manutenção da clientela, foi afastada sob o argumento de que não há evidência de que o raio adotado seja o raio estritamente necessário para conter os comportamentos oportunistas, até porque essa distância deveria ser próxima o bastante para ser percorrida a pé, para que lojistas de fora dos *shoppings* se beneficiassem de sua estrutura e investimentos.

Além disso, o principal entrave causado pela cláusula de raio é a redução da concorrência entre *shoppings*. De fato, *shoppings* concorrem entre si com os serviços que oferecem e que fazem seu negócio atrativo para lojistas e consumidores, de modo que a possibilidade de o lojista instalar-se livremente em qualquer *shopping* concorrente deve estimular a diferenciação entre os serviços, acirrando a concorrência.

Dessa forma, a cláusula de raio não seria necessária para a geração ou manutenção das externalidades positivas do Shopping Center Iguatemi ou para coibir comportamentos supostamente oportunistas dos lojistas. Isso porque os *shoppings centers* já se constituem num mecanismo eficaz de internalização das externalidades geradas pelo empreendimento. Em virtude da cobrança de aluguel fixo e um aluguel variável dos lojistas, os *shoppings centers* auferem todos os benefícios gerados pelas economias de aglomeração e de rede (pelo lado dos consumidores) geradas pelo empreendimento.

A cláusula de raio, segundo os Representantes, não reduz custos de transação, já que nenhum dos fatores que geram ativos específicos a serem protegidos de comportamentos oportunistas está presente, uma vez que a marca dos lojistas não é um ativo específico da transação entre o Iguatemi e seus lojistas e as instalações do *shopping center* utilizadas por um determinado lojista podem ser usadas por outros agentes em caso de rompimento da relação.

Dessa forma, concluiu o CADE que a cláusula de raio, *para o caso concreto, não se afigura razoável nem lícita.*[8]

III. A cláusula de territorialidade nos contratos de franquia

Diferentemente do *shopping*, a franquia não é um produto que se constitui *em um espaço de locação comercial, com agregação de valores, que oferta diversas vantagens ao lojista e consumidor.*[9]

De fato, o contrato de franquia teve sua origem nos EUA após a Segunda Guerra, como forma de as grandes corporações usarem a mão-de-obra e força empreendedora excedente de modo a difundir os seus próprios negócios.[10] Mais do que a simples distribuição do produto, o franqueador presta assistência técnica e às vezes financeira ao franqueado, mas a característica primordial do contrato é a independência do franqueado.[11]

Note-se, assim, que, enquanto o franqueador é normalmente uma empresa comercial, o franqueado pode ser tanto um empresário individual quanto uma pequena empresa, e a relação que se estabelece entre ambos não é de mera distribuição de produtos, mas sim de transferência de todo um sistema de negócio,[12] por meio de *know-how*, licenciamento de marcas, e até concessão de produtos.

O franqueador, então, não se coloca como elo entre duas pontas de um *mercado de dois lados* como o *shopping center*. Sua relação direta é apenas com

---

8 Voto do Conselheiro-Relator , p. 32, loc. cit.

9 Loc. cit.

10 MARTINS, Fran. *Contratos e obrigações comerciais.* 11. ed. Rio de Janeiro: Forense, 1990, p. 577.

11 Ibidem p. 578. No mesmo sentido: COELHO, Fábio Ulhoa. *Curso de direito comercial,*. 8. ed. São Paulo: Saraiva, 2004, v. 1, p. 125.

12 COMPARATO, Fábio Konder. Franquia e concessão de venda no Brasil: da consagração ao Repúdio. *RDM*, São Paulo, ano XIV, n. 18, p. 53; e GONÇALVES, Priscila. *Fixação e sugestão de preços de revenda em contratos de distribuição: aspectos concorrenciais.* São Paulo: Singular, 2002, p. 87.

os franqueados. Na maioria das vezes, o franqueado é quem vai empreender para divulgar e vender os serviços e produtos do franqueador.

Dentre as 30 cláusulas comuns nos contrato de franquia, é cláusula essencial a essa espécie de contrato a que se refere à delimitação do território[13] no qual o franqueado terá exclusividade sobre a atividade. E, igualmente às cláusulas adotadas pelos *shoppings*, a depender do raio adotado, todo mercado relevante geográfico pode ser afetado. No entanto, a expansão que se limita é a do próprio franqueador, e não do franqueado. Assim, inversamente da situação dos *shoppings*, a principal justificativa para a cláusula de territorialidade é a de proteger a manutenção da clientela para o franqueado, que não se verá predado pelo próprio negócio que ajuda a difundir.

Realmente, Luiz Felizardo BARROSO[14] lembra que na *relação Franqueador/Franqueado o "ponto comercial", e, mais amplamente, o fundo de comércio tem no imóvel que o abriga seu alicerce nevrálgico de sustentação.* Dessa forma, o autor conclui que o fator de multiplicação da franquia está na aquisição de imóveis próprios por parte do franqueador, para locação aos respectivos franqueados.

Ora, a conseqüência do modelo proposto e festejado pelo mencionado autor é a predação entre franqueados, enfraquecendo o próprio negócio do franqueador.[15] Tal situação gera uma concorrência dentro do próprio negócio que pode trazer efeitos negativos para o mercado, pois pode ser estratégia de eliminação da concorrência intermarcas (depois que terceiros fossem impedidos de entrar em determinado mercado, a quantidade de lanchonetes poderia até diminuir). É mais saudável para a concorrência e para os consumidores que o embate seja entre diferentes produtos e serviços, e não entre prestadores do mesmo serviço.

E embora o Conselheiro Relator do caso envolvendo o Shopping Iguatemi tenha generalizado no seu voto[16] os efeitos anticompetitivos das cláusulas de restrição territorial, a sua análise, feita sob a ótica da regra da razão, concluiu

---

13 MARTINS, Fran. Op. cit., p. 586-587.

14 O seguro e o 'franchising' a verdade sobre a relação. *RDM*, São Paulo, n. 90, abr.-jun. 1993.

15 Vide Processo Administrativo n. 08012.003005/2002-37 entre a Associação dos Franqueados Independentes do McDonald's – AFIM e a rede de lanchonetes de mesmo nome. No mencionado processo, a reclamação da AFIM dizia respeito a esse conflito entre franqueadores e franqueados pela existência de cláusula de raio. No entanto, o caso foi arquivado. A justificativa da SDE foi justamente de que não era racional ao franqueado canibalizar a própria rede e afetar a sua marca, além de não ter encontrado poder de mercado por parte do franqueador.

16 Loc cit., p. 30.

que essa cláusula pode ter sentido se alcançar uma abrangência cujo custo de deslocamento seja razoável.

Ademais, no contrato de franquia, a exclusividade territorial presta-se também a proteger o valor do negócio para o franqueado. O próprio CADE já se manifestou a respeito do valor dos negócios incluírem não só os ativos tangíveis, como o parque fabril adquirido, mas também os ativos intangíveis, como a clientela e o *market share.*[17] Tal proteção também é garantida pelo Código Civil, em seu art. 1.147.[18]

Em suma, a cláusula territorial dos contratos de franquia, como visto, tem um *rationale* diverso daquele incluído nos contratos de locação comercial dos *shoppings centers.*

IV. Conclusão: a cláusula de territorialidade dos contratos de franquia é afetada pela análise do CADE no caso Iguatemi?

A Constituição de 1988 incluiu a livre concorrência entre os princípios da ordem econômica e passou a tomar como abuso visar à dominação dos mercados nacionais e à eliminação da concorrência. O art. 170[19] da Constituição Federal justifica a intervenção estatal na atividade econômica por alçar o mercado à condição de bem público. No entanto, ainda que o Estado brasileiro

---

17 Voto do Conselheiro Renault de Freitas Castro no A.C. n. 109/96, manifestando-se a respeito dos benefícios das cláusulas de não-concorrência, entendendo-as como justificáveis; no mesmo sentido no A.C. n. 08012.002439/2001-39 entre Carrefour Comércio e Indústria Ltda e Supermercado Guri Ltda e A.C. n. 08012.002243/2005-78 entre Hexal e Novartis.

18 Ao tratar do trespasse do estabelecimento comercial, o dispositivo determina que, *não havendo autorização expressa, o alienante do estabelecimento não pode fazer concorrência ao adquirente, nos cinco anos subseqüentes à transferência*, garantindo o valor do objeto transferido. A mesma racionalidade se aplica à espécie aqui tratada, pois, ainda que a franquia não envolva todo complexo de bens organizado, para exercício da empresa, certamente envolve grande parte dele, incluída aí a clientela.

19 "Art. 170. A ordem econômica, fundada na valorização do trabalho humano e na livre iniciativa, tem por fim assegurar a todos existência digna, conforme os ditames da justiça social, observados os seguintes princípios: I – soberania nacional; II – propriedade privada; III – função social da propriedade; IV – livre concorrência; V – defesa do consumidor; VI – defesa do meio ambiente; VII – redução das desigualdades regionais e sociais; VIII – busca do pleno emprego; IX – tratamento favorecido para as empresas de pequeno porte constituídas sob as leis brasileiras e que tenham sua sede e administração no País. Parágrafo único. É assegurado a todos o livre exercício de qualquer atividade econômica, independentemente de autorização de órgãos públicos, salvo nos casos previstos em lei."

tente realizar a Justiça social por meio da concorrência,[20] a existência do poder econômico não é banida de nosso ordenamento, muito embora o seu abuso o seja, de acordo com o art. 173, § 4.º.

Assim, segundo Priscila Gonçalves,[21] afasta-se, *desde logo, a possibilidade de aplicação da regra da ilicitude* per se *no que diz respeito às infrações à ordem econômica*, uma vez que se exige para a caracterização do ilícito a existência de abuso.

Dessa forma, atos idênticos tomados por agentes distintos podem ou não ser considerados abusivos a depender da existência de poder econômico e da possibilidade de seu abuso ou, ainda que havendo poder econômico, desde que haja racionalidade econômica e aumento do bem-estar advindo do ato.[22]

Assim, fica claro que, ainda que se tenha entendido que a cláusula de raio não é o mínimo suficiente para impedir o comportamento oportunista de lojistas visando beneficiarem-se dos investimentos feitos pelo *Shopping*, é importante mencionar que o dispositivo só foi entendido ilícito em virtude da posição dominante do Representado e da capacidade de a prática causar efeitos líquidos negativos[23] ao mercado, justamente pelo agente deter tal posição.

Conseqüentemente, a decisão exarada só poderá ser transposta a outros *shoppings* que igualmente detenham uma posição dominante, com a ressalva de que situações peculiares podem ser apresentadas em um caso e que, ainda que haja a posição dominante, pode a cláusula ser excusada por particularidades de determinado mercado, muito embora uma das determinações do CADE após a estudada decisão tenha sido oficiar a SDE para que promovesse investigação sobre a prática de cláusula de raio pelos *shoppings centers* que integram o mesmo mercado relevante do Shopping Iguatemi (Eldorado, Morumbi, Jardim Sul, Villa-Lobos e Higienópolis).

Com relação às franquias, a transposição da decisão analisada é ainda mais limitada: além de ser necessário encontrar um agente detentor de poder de

---

20 Sobre isso, vide: GONÇALVES, Priscila. Op. cit., p. 112; e SCHUARTZ, Luiz Fernando. O direito da concorrência e seus fundamentos: racionalidade e legitimidade na aplicação da Lei 8884/94. *RDM*, São Paulo, ano XXXIX, n. 117, jan.-mar. 2000, p. 57-86.

21 GONÇALVES, Priscila. Op. cit., p. 115.

22 Nesse sentido, vide: SCHUARTZ, Luiz Fernando. Ilícito antitruste e acordos entre concorrentes. In: POSSAS, Mario Luiz (coord). *Ensaios sobre economia e direito da concorrência*. São Paulo: Singular, 2002, p. 98.

23 Segundo SCHUARTZ (ibidem, loc. cit), o efeito líquido no mercado é negativo quando uma determinada configuração econômica traz aos agentes beneficiados por essa configuração ganhos que não são suficientes para compensar as perdas dos agentes prejudicados pelas mesmas.

mercado, a racionalidade distinta da cláusula deve ser levada em consideração antes do entendimento definitivo de tratar-se de uma conduta ilícita.

De fato, no já mencionado Processo Administrativo n. 08012.003005/2002-37, entre a Associação dos Franqueados Independentes do McDonald's - AFIM e a rede de lanchonetes de mesmo nome, a SDE reconheceu que a divergência de interesses envolvidos entre franqueadores e franqueados resulta em *problemas de incentivo e em externalidades (horizontais e verticais) no uso desse ativo intangível.*[24]

A SDE, no parecer, mencionando a experiência européia, lembra que, naquela jurisdição, existe um regulamento acerca das isenções da análise de casos que não gerariam efeitos líquidos negativos no mercado.[25] Segundo o Regulamento n. 2.790/99, que versa genericamente a respeito dos acordos verticais, entre os quais os contratos de franquia, estão isentos de análise os casos de fornecimento e distribuição que envolvam menos de 30% de participação de mercado.

E, segundo a OCDE,[26] o contrato de franquia tem sido genericamente reconhecido como uma prática de efeitos pró-competitivos, até porque o franqueador tenderia a dar maior valor ao negócio do franqueado do que num contrato de distribuição comum.

Dessa forma, conclui-se que a cláusula territorial no contrato de franquia guarda pouca semelhança com a cláusula de raio imposta pelos *shoppings centers* aos lojistas participantes de seu empreendimento. Lembramos, evidentemente, que a análise antitruste no Brasil se impõe de acordo com a regra da razão, devendo cada conduta ser analisada individualmente, mas, sem medo de errar, afirmamos que dificilmente a cláusula territorial imposta pelo franqueador ao franqueado poderá ser analisada com base no quanto discutido no âmbito do Processo Administrativo n. 08012.006636/97-43, pois que a racionalidade econômica que se lhes informam é diversa, bem como a configuração econômica envolvida.

Bibliografia

ATO DE CONCENTRAÇÃO n. 08012.002243/2005-78 (HEXAL-Novartis).

ATO DE CONCENTRAÇÃO n. 08012.002439/2001-39 entre Carrefour Comércio e Indústria Ltda e Supermercado Guri Ltda.

24 Op. cit., p. 15.

25 Parecer SDE no caso 08012.003005/2002-37, p. 21-22. Disponível em: http://www.cade.gov.br/ASPIntranet/temp/t7152008632273375.pdf. Acesso em: 15 jul. 2008.

26 Competition policy and vertical restraints: franchising agreements (1994), in Parecer da SDE no caso 08012.003005/2002-37, p. 18, loc. cit.

BARROSO, Luiz Felizardo. O seguro e o 'franchising' a verdade sobre a relação. *RDM*, São Paulo, n. 90, abr.- jun. 1993.

BASTOS, Celso Ribeiro. *Comentários à Constituição do Brasil: promulgada em 5 de outubro de 1988.* São Paulo: Saraiva, 2001. v. 1 e 7.

BRUNA, Sérgio Varella. *O poder econômico e a conceituação do abuso em seu exercício.* São Paulo: RT, 2001.

COELHO, Fábio Ulhoa. *Curso de direito comercial.* 8. ed. São Paulo: Saraiva, 2004. v. 1.

COMPARATO, Fábio Konder. Franquia e concessão de venda no Brasil: da consagração ao Repúdio. *RDM*, São Paulo, ano XIV, n. 18.

FARIA, Werter R. *Constituição econômica. Liberdade de iniciativa e de concorrência.* Porto Alegre: Sergio Antonio Fabris Ed., 1990.

GONÇALVES, Priscila. *Fixação e sugestão de preços de revenda em contratos de distribuição: aspectos concorrenciais.* São Paulo: Singular, 2002.

NT SDE de 7 de abril de 2005, fls. 1023 a 1061 dos autos do Processo Administrativo n. 08012.006636/97-43. Disponível em: http://www.cade.gov.br/ASPIntranet/temp/t7152008105017082.pdf. Acesso em: 15 jul. 2008.

MARTINS, Fran. *Contratos e obrigações comerciais.* 11 ed. Rio de Janeiro: Forense, 1990.

PARECER SDE no caso 08012.003005/2002-37. Disponível em: http://www.cade.gov.br/ASPIntranet/temp/t7152008632273375.pdf. Acesso em: 15 jul. 2008.

PROCESSO ADMINISTRATIVO n. 08012.002841/2001-13, cujo representado era o Shopping Center Norte, j. 19.01.2005.

SCHUARTZ, Luiz Fernando. Ilícito antitruste e acordos entre concorrentes. In: POSSAS, Mario Luiz (coord.). *Ensaios sobre economia e direito da concorrência.* São Paulo: Singular, 2002.

_____. O direito da concorrência e seus fundamentos: racionalidade e legitimidade na aplicação da Lei 8884/94. *RDM*, São Paulo, ano XXXIX, n. 117, p. 57-86, jan.-mar. 2000.

VOTO DO CONSELHEIRO-RELATOR no Processo Administrativo n. 08012.006636/97-43. Disponível em: http://www.cade.gov.br/ASPIntranet/temp/t7152008110350427.pdf. Acesso em: 15 jul. 2008.

VOTO DO CONSELHEIRO-RELATOR no Processo Administrativo n. 109/96 Disponível em: http://www.cade.gov.br/ASPIntranet/temp/t7152008808429992.pdf. Acesso em: 15 jul. 2008.

Processo Antitruste Sancionador: A Aplicabilidade dos Princípios de Direito

André Marques Gilberto

Bacharel em direito pela Faculdade de Direito da USP e mestrando em Direito do Estado pela Faculdade de Direito da USP (conclusão: início de 2009).

1. Introdução

É evidente, ao longo dos últimos cinco anos, o exponencial aumento da atuação "quase judicante"[1] do Conselho Administrativo de Defesa Econômica/CADE (única autoridade de defesa da concorrência no Brasil com poder para emitir decisões de cunho condenatório em processos administrativos de natureza antitruste) e o nítido incremento das atividades investigativas da Secretaria de Direito Econômico do Ministério da Justiça/SDE (órgão que realiza a investigação de condutas contrárias à concorrência e, ao mesmo tempo, preside a instrução probatória). Nesta linha, é natural que dezenas de processos administrativos antitruste com caráter sancionador caminhem anualmente por esses órgãos.[2]

Neste artigo, pretendemos tratar da importância do respeito aos princípios gerais de direito – sejam eles de cunho constitucional ou meramente legal – por parte das autoridades antitruste brasileiras. Veremos que os princípios acabam por cumprir um papel não apenas de "escudo" de proteção das garantias do

---

[1] Evidentemente reconhece-se que ao CADE, enquanto órgão da Administração Pública, não pode ser reconhecido nenhum poder de jurisdição; entretanto, sua atuação na prática é equivalente à de um tribunal, decidindo as questões concorrenciais no Brasil em sede final no âmbito administrativo.

[2] Segundo informações oficiais do CADE, de 2000 a 2007 teriam sido julgados 290 processos administrativos relacionados à apuração de práticas lesivas à concorrência, tendo ocorrido 114 condenações. (Dados disponíveis em: http://www.cade.gov.br/apresentacao/graficos/NumerosPA.asp, acesso em: 10 jan. 2008).

administrado quando tem diante de si o SBDC, mas, especialmente, sua plena observância tem o condão de aumentar a legitimidade das decisões proferidas pelo CADE, pela SDE e pela SEAE.

Verificaremos nas páginas a seguir, inicialmente, quais os princípios essenciais, tradicionalmente associados ao direito administrativo, que devem ser observados por CADE, SDE e SEAE: notadamente, analisaremos os princípios da legalidade, publicidade, imparcialidade, proporcionalidade e moralidade. Na seqüência, o foco será nos princípios especificamente relacionados ao processo administrativo – tais como devido processo legal, contraditório, ampla defesa, motivação, oficialidade, verdade material e formalismo mitigado – que necessariamente devem ser respeitados na condução do processo antitruste sancionador. Por fim, defenderemos a aplicabilidade na matéria antitruste dos princípios normalmente associados ao processo penal.

2. O processo antitruste sancionador no Brasil

A esfera sancionadora do direito antitruste brasileiro vem atualmente prevista nos arts. 20 e 21 (que listam quais são as condutas contrárias à livre concorrência puníveis no Brasil), 23 a 27 (que apresentam as sanções a serem impostas aos agentes econômicos que tenham incorrido em violações aos arts. 20 e 21), e 30 a 53 (que estabelecem cada uma das fases do processo antitruste sancionador no Brasil) da Lei n. 8.884/94 (a "Lei de Defesa da Concorrência").

O controle de condutas contrárias à livre concorrência tem evidente natureza repressiva e sancionadora, podendo ser a sanção imposta pelo CADE considerada uma espécie de "... medida aflitiva imposta pela Administração em função da prática de um comportamento ilícito".[3] Trata-se do conjunto de regras à disposição das autoridades de defesa da concorrência brasileira para identificar, investigar e – quando necessário – punir as situações em que pessoas físicas ou jurídicas tenham cometido infrações à ordem econômica.[4]

Tratando do tema à luz da Lei n. 8.884/94, João Bosco Leopoldino da FONSECA entende que o legislador brasileiro definiu como infração à ordem

[3] Rafael Munhoz de Mello, *Princípios constitucionais de direito administrativo sancionador – as sanções administrativas à luz da Constituição Federal de 1988*, São Paulo, Malheiros, 2007, p. 62. Segundo o autor, três elementos fazem parte da sanção administrativa: (i) a medida é imposta pela Administração, (ii) a medida possui caráter negativo, e (iii) a medida deve ser entendida como resposta a um comportamento ilícito (p. 63).

[4] De fato, Fábio Ulhoa Coelho conceitua a infração contra a ordem econômica como "o ilícito caracterizado como pressuposto de sancionamento administrativo". (*Direito antitruste – comentários à Lei n. 8.884/94*, São Paulo, Saraiva, 1995, p. 23).

econômica as condutas que possam ser enquadradas nas descrições abstratas formuladas pelos arts. 20 e 21; independentemente de sua forma de concretização, bastaria, segundo o autor, que as condutas tivessem por objeto afetar negativamente a ordem do mercado e potencialmente produzir os efeitos ali descritos.[5]

Estabelecido o alcance e abrangência da esfera punitiva do direito antitruste, é natural que o próximo passo seja refletir sobre os mecanismos que levam à emissão de decisão final do CADE acerca de condutas contrárias à livre concorrência. Inicialmente, vale a referência ao comentário de Milton HANDLER (obviamente tratando do direito da concorrência norte-americano), para quem em pouquíssimos outros ramos do direito está à disposição das autoridades um arsenal tão poderoso de poderes investigativos e sanções.[6]

É inevitável que exista, assim, um processo predeterminado por meio do qual as autoridades brasileiras de defesa da concorrência possam investigar, processar e, quando necessário, punir a prática de atos potencialmente nocivos à economia; todas essas investigações devem necessariamente obedecer a um método e forma previamente estabelecidos, que conjugue não apenas a presença de sistemática apta a tornar o processo o mais previsível possível, mas também que resguarde todas as garantias essenciais ao administrado.[7]

Por mais que a noção de "processo" tenha sido ao longo de décadas tradicionalmente associada ao processo jurisdicional, trata-se hoje de conceito

---

5 *Lei de Proteção à Concorrência*, cit., p. 148. Note-se que foge aos objetivos deste artigo analisar as particularidades e características de cada uma das infrações à concorrência previstas na Lei n. 8.884/94.

6 Some unresolved problems in antitrust, *Columbia Law Review*, v. 62, n. 6, p. 930-958, jun. 1962. Também não é objetivo do presente artigo analisar em detalhes os poderes investigatórios atribuídos pelo legislador às autoridades que fazem parte do SBDC. A simples análise dos arts. 30 e ss da Lei de Defesa da Concorrência, entretanto, é suficiente para demonstrar o vasto arsenal de medidas investigatórias à disposição das autoridades, que englobam desde a requisição de informações até a realização de inspeções e (por meio da Advocacia Geral da União) também de buscas e apreensões.

7 Se não podemos dizer que a análise das questões afeitas à processualidade dos órgãos de defesa da concorrência e agências reguladoras já esteja desenvolvida no Brasil, o mesmo não ocorre em países com mais tradição com esta modalidade de atuação governamental. Para críticas severas à forma de atuação das agências administrativas norte-americanas em meados da década de 1970, à luz de uma possível crise na noção de processo administrativo, vide James O. Freedman (Crisis and legitimacy in the administrative process, *Stanford Law Review*, v. 27, n. 4, p. 1041-1076, 1975.

plenamente incorporado ao desenvolvimento das atividades da Administração Pública.[8]

Pioneira no trato do processo administrativo no Brasil, Odete MEDAUAR faz referência ao "núcleo comum" de processualidade que é inerente a todos os processos, jurisdicionais ou administrativos; esse núcleo seria composto pelos seguintes elementos: (i) o processo exprime o "vir a ser" de um determinado fenômeno; (ii) o processo é composto por uma sucessão encadeada de atos, até que se produza o resultado final; (iii) essa sucessão encadeada é juridicamente necessária e obrigatória; (iv) o processo assume noção jurídica distinta da figura do ato processual; (v) esta diferença, entretanto, não impede a intensa correlação entre processo e ato; (vi) a seqüência de atos processuais destina-se à e encerra-se com a formação do resultado final; (vii) a "pluripessoalidade" é necessária; (viii) cada um dos sujeitos que compõem o processo estão interligados; e (ix) ocorre o exercício de um poder, manifestado no predomínio de uma vontade sobre a de outros.[9]

Na esteira das considerações de MEDAUAR, para Marcelo HARGER, o processo administrativo pode ser definido como o conjunto de atos e fatos de direito, ligados por um elo seqüencial, que têm por propósito a produção de um ato administrativo "principal", que deve necessariamente "observar e ser fruto da observância do regime jurídico administrativo".[10] Adilson Abreu DALLARI e Sérgio FERRAZ, em linha parecida, verificam dois sentidos teleológicos no processo administrativo: garantir a produção e a eficiência da atuação administrativa e maximizar as garantias disponíveis ao administrado; trata-se o processo, no entender dos autores, da forma de tanto possibilitar uma atuação justa da Administração Pública como de garantir maior controle quanto aos atos por ela produzidos, por meio da co-participação dos administrados.[11]

Esta constatação, na verdade, surge do texto da própria Constituição Federal; com efeito, é possível inferir a partir de seu art. 5.º, LIV, que a atuação estatal mediante a observância de regras processuais é obrigatória em todos os casos em que a providência administrativa possa gerar efeitos imediatos em

---

8 Para considerações minuciosas sobre a importância do processo administrativo à luz dos papéis assumidos pelo Estado a partir da promulgação da Constituição Federal de 1988, vide Celso Antônio Bandeira de Mello (*Curso de direito administrativo*, São Paulo, Malheiros, 2007, p. 310-313.

9 *A processualidade no direito administrativo*, São Paulo, Ed. RT, 2008, p. 28-31.

10 *Princípios constitucionais do processo administrativo*, Rio de Janeiro, Forense, 2008, p. 57.

11 *Processo administrativo*, 1. ed., São Paulo, Malheiros, 2003, p. 25.

relação ao administrado, notadamente no que se refere à privação de liberdade ou bens.

A função garantista do processo administrativo – cuja importância é particularmente acentuada nos processos administrativos tidos como sancionadores ou punitivos[12] – é explicada por Odete MEDAUAR como o *primeiro* conjunto de garantias das posições jurídicas do administrado, uma vez que determina que a atividade da Administração Pública, para ser considerada legítima, deverá ser concretizada por parâmetros predeterminados; para MEDAUAR, a processualidade assegura que o particular encontrará diante de si uma Administração Pública disciplinada.[13]

Vemos, portanto, que o processo antitruste sancionador pode ser definido como o conjunto de procedimentos – estabelecidos pela Lei de Defesa da Concorrência, pela legislação subsidiariamente aplicável à matéria e ainda pelas disposições infralegais emitidas pelas autoridades que fazem parte do Sistema Brasileiro de Defesa da Concorrência – a serem observados pelas autoridades antitruste no desenvolvimento das atividades de repressão, investigação e punição de condutas contrárias à ordem econômica.

3. Princípios de direito como instrumento de garantia ao administrado diante da atividade antitruste sancionadora

Estabelecido o conceito de processo antitruste sancionador, é inevitável a conclusão no sentido de que a mera existência de previsão constitucional e legislativa específica quanto aos procedimentos durante a atuação repressiva e punitiva de CADE, SDE e SEAE não é suficiente para funcionar como garantia aos investigados/acusados.[14] Na verdade, a atuação das autoridades que fazem parte do SBDC deve ocorrer também com a observância das regras de caráter genérico previstas nos princípios de direito, pois os mesmos são os instrumentos

---

12 Hely Lopes Meirelles define o processo administrativo punitivo como "... todo aquele promovido pela Administração para a imposição de penalidades por infração da lei, regulamento ou contrato", acrescentando, ainda, que os mesmos, para que não resultem na nulidade da sanção imposta ao administrado, devem necessariamente transcorrer com observância do contraditório, abrindo-se ampla oportunidade de defesa e sob respeito integral do devido processo legal. (*Direito administrativo brasileiro*, 26. ed., São Paulo, Malheiros, 2001, p. 586).

13 *A processualidade no direito administrativo* cit., p. 66.

14 Para Odete Medauar, no direito processual administrativo a expressão "acusados" designa as pessoas físicas ou empresas às quais a Administração Pública atribui a prática de certos atos, dos quais podem decorrer a imposição de sanções (*A processualidade no direito administrativo* cit., p. 82).

aptos à identificação dos valores e fins que devem ser preservados em um dado ordenamento jurídico.[15]

Nesta esteira, cabe recorrer às palavras de Ada Pellegrini GRINOVER, Cândido Rangel DINAMARCO e Carlos Aráujo CINTRA, para quem "... é do exame dos princípios gerais que informam cada sistema que resultará qualificá-lo naquilo que tem de particular e de comum com os demais...".[16] Em direção semelhante segue o magistério de Maria Sylvia Zanella DI PIETRO, que pondera que os princípios gerais devem ser obrigatoriamente observados pela Administração, correspondam eles a valores consagrados na Constituição, ou decorram explícita ou implicitamente de suas normas, da legislação ordinária ou mesmo da teoria geral do direito.[17]

Ainda na esfera administrativa, Odete MEDAUAR ressalta que o processo deve ser regulado por uma série de princípios que norteiam sua compreensão como instituto jurídico, e que cumprem, ainda, a função de informar sua disciplina dentro do contexto do ordenamento legal, propulsionando, por fim, o cumprimento de suas finalidades.[18]

A perfeita integração entre as normas de direito e os princípios é, obviamente, essencial. Conforme Vicente RÁO, mencionando os estudos de Giorgio DEL VECCHIO, o legislador impôs como condição às relações travadas entre os princípios gerais de direito e as regras particulares e legais que não exista desacordo ou antinomia entre os mesmos; para RÁO, esta condição é explicada pela própria natureza do sistema jurídico, que deve necessariamente formar um conjunto único, harmônico e coerente.[19]

---

15 José Afonso da Silva, fazendo referência à obra de Gomes Canotilho e Vital Moreira, observa os princípios como "... ordenações que se irradiam e imantam os sistemas de normas... são... 'núcleos de condensações' nos quais confluem valores e bens constitucionais"." (*Curso de direito constitucional positivo*, 29. ed., São Paulo, Malheiros, 2007, p. 85).

16 *Teoria geral do processo*, São Paulo, Malheiros, 2007, p. 50.

17 *Discricionariedade administrativa na Constituição de 1988*, 2. ed., São Paulo, Atlas, 2001, p.172. Para Celso Antônio Bandeira de Mello: "... os princípios do procedimento administrativo haveriam de ser considerados como vigorantes obrigatoriamente mesmo à falta de lei que os enuncie, por serem decorrência de cânones constitucionais explícitos ou projeções naturais dos princípios informadores da Constituição brasileira" (op. cit, p. 478).

18 *A processualidade no direito administrativo* cit., p. 100.

19 "Um verdadeiro organismo lógico", segundo a expressão de Ráo, que dê ensejo a uma diretriz segura e inequívoca ao intérprete do direito, e que não gere soluções contraditórias entre as relações sociais. (*O direito e a vida dos direitos*, São Paulo, Ed. RT, 1999, p. 275-276).

São os princípios, portanto, que nos trazem as regras essenciais que suplantam o que vem previsto pela norma para aplicação no caso concreto; exatamente por esta razão, são os mecanismos adequados para garantir ao administrado segurança, previsibilidade e coerência quando tem em face de si a atuação repressiva das autoridades antitruste.[20]

4. Aplicabilidade dos princípios gerais de direito administrativo

Como mencionado anteriormente, trataremos neste artigo tanto dos chamados princípios gerais de direito administrativo quanto dos princípios especificamente vinculados aos processos administrativos – todos com evidente aplicação no processo antitruste sancionador. Entre os primeiros, merecerão cuidado maior os princípios de legalidade, publicidade, razoabilidade, boa-fé e proporcionalidade.

O princípio da legalidade vem disposto no inc. II do art. 5.º, e no *caput* do art. 37 da Constituição Federal, e é também o primeiro daqueles mencionados no *caput* do art. 2.º da Lei n. 9.784/99.[21] Em linhas gerais, pode-se afirmar que nenhum Estado Democrático é mantido sem o respeito às formas prescritas e contidas na lei, sendo que o princípio da legalidade representa exatamente o alicerce no qual as autoridades devem se basear, na medida em que se busca a proteção dos indivíduos contra a prática de eventuais condutas arbitrárias.

Conforme a lição de Celso Ribeiro BASTOS, "a administração pública é criada pela Constituição e pelas leis como mero instrumento de atuação e aplicação do ordenamento jurídico",[22] o que traz uma conseqüência básica:

---

[20] Para interessante discussão acerca das diversas modalidades de aplicação dos princípios nas situações práticas, vide Luís Roberto Barroso e Ana Paula de Barcellos, que tratam da eficácia "positiva ou simétrica" (que garante ao interessado a possibilidade de exigir diretamente os efeitos pretendidos por dado princípio constitucional, até mesmo na via judicial), "interpretativa" (em linhas gerais, significando que as normas de hierarquia inferior devem ser interpretadas de acordo com aquelas a que estão hierarquicamente vinculadas), e "negativa" (que autoriza sejam declaradas inválidas todas as normas ou atos que contraponham os efeitos pretendidos pelo princípio em questão). (O começo da história. A nova interpretação constitucional e o papel dos princípios no direito brasileiro. *Revista de Direito Administrativo*, Rio de Janeiro, Renovar, v. 232, p. 141-176, abr.-jun. 2003).

[21] A lei geral do processo administrativo federal, aplicável ao processo antitruste sancionador por força de seu art. 69.

[22] *Curso de direito administrativo*. São Paulo, Celso Bastos Ed., 2003. p. 26. De acordo com as lições de Diogo de Figueiredo Moreira Neto, a Administração Pública representa o conjunto de atividades de natureza essencialmente executória, praticadas por pessoas jurídicas de direito público ou delegatárias, visando ao entendimento

CADE, SDE e SEAE, enquanto parte da Administração Pública, obviamente não podem agir em desacordo com a legislação vigente, sob pena de nulidade do ato que restar assim caracterizado.

João Bosco Leopoldino da FONSECA acrescenta, com propriedade, que o princípio da legalidade não pode ser aplicado de forma incondicional, formal e abstrata à realidade dos mercados; analisando o tema à luz específica do direito antitruste, o ex-conselheiro do CADE lembra que na aplicação do princípio da legalidade deverão ser considerados também os interesses dos particulares das pessoas jurídicas e da coletividade.[23]

Já o princípio da publicidade vem ligado à constatação de que a democracia e o sistema acusatório do direito processual brasileiro devem observar o disposto no art. 5.º, LX, da Constituição Federal: "a lei só poderá restringir a publicidade dos atos processuais quando a defesa da intimidade ou o interesse social o exigirem". Desse modo, a publicidade dos atos processuais visa garantir transparência à atuação dos órgãos do Poder Judiciário e autoridades administrativas, bem como permitir o controle social sobre os processos.

O art. 37 da Constituição Federal traz a previsão do princípio da publicidade, aplicável a todos os poderes, em todos os níveis de governo. Assim, como regra geral, os atos praticados pelos agentes administrativos não devem ser sigilosos; salvo as ressalvas legalmente estabelecidas, o processo administrativo deve ser público, acessível ao público em geral, e não apenas às partes envolvidas. Aliás, Hely Lopes MEIRELLES ressalta que o princípio da publicidade abrange também a "conduta interna dos agentes", atingindo assim "os atos concluídos e em formação, os processos em andamento, os pareceres dos órgãos técnicos e jurídicos (...)"[24] – ou seja: não pode, por exemplo, a autoridade antitruste deixar de incluir nos autos documento que ela já possui, ocultando-o do administrado.

O princípio da razoabilidade funciona como contrapeso à margem de discricionariedade[25] que é conferida ao órgão antitruste; nas palavras de Celso

de interesses legalmente cabíveis ao Estado (*Curso de direito administrativo*, Rio de Janeiro, Forense, 1997, p. 80).

[23] O risco da aplicação incondicional do princípio da legalidade, na visão de Leopoldino da Fonseca, seria inutilizar o "risco" como característica essencial da realidade econômica. (*Lei de proteção da concorrência*, Rio de Janeiro, Forense, 2007, p. 233).

[24] Op. cit. p. 89.

[25] Marcia Fratari Majadas lembra que o conceito de discricionariedade surge no direito brasileiro por intermédio da Lei n. 221/1894, que preceituava serem ilegais "os atos ou decisões administrativa em razão da não aplicação ou indevida aplicação do direito vigente. A autoridade fundar-se-á em razões jurídicas, abstendo-se de apreciar

Antônio Bandeira de MELLO, mesmo que a lei confira à Administração Pública certa liberdade, isto não significa que esta última tem o poder de agir de acordo com seus "humores", "excentricidades" e "critérios personalíssimos".[26] Além disso, deve-se entender que, ao incluir expressamente a razoabilidade como princípio jurídico a ser respeitado pela Administração, a Lei n. 9.784/99 pretendeu invalidar, em todos os processos administrativos da esfera federal, atos praticados em processos administrativos que não possuam a necessária congruência entre motivação e objeto.[27]

Por seu turno, o princípio da boa-fé tem aplicação prevista expressamente no art. 2.º, IV, da Lei n. 9.784/99, e vem reiterado no art. 4.º, II. Isso porque, de acordo com Adilson Abreu DALLARI e Sérgio FERRAZ, "muitas vezes o cumprimento de disposição literal da lei, para a alegada satisfação do interesse público, não passa de uma simples desculpa, acobertando graves injustiças e evidentes delitos. Em tais situações é extremamente útil a observação das intenções das partes envolvidas, pois a existência ou não de boa-fé é relevante para o Direito, em todos os seus segmentos".[28]

---

o merecimento dos atos administrativos, sob o ponto de vista de sua conveniência e oportunidade". A seguir, Majadas define discricionariedade como a possibilidade de a Administração Pública adotar uma dentre mais de uma solução, segundo critérios de oportunidade-conveniência, com fundamento nos princípios do direito e da legalidade, visando ao atendimento do interesse público. (*Discricionariedade e desvio de poder em face dos princípios constitucionais da administração pública*, Porto Alegre, Sergio Antonio Fabris Ed., 2005, p. 127). Para análise do tema à luz do direito norte-americano, e, particularmente, do papel desempenhado pelos tribunais na revisão de decisões emitidas por agências administrativas no tocante ao controle do exercício da margem de discricionariedade a elas inerente, vide Tim Searchinger (The procedural due approach to administrative discretion: the courts' inverted analysis, *The Yale Law Journal*, v. 95, n. 5, p. 1017-1042, 1986).

26 Op. cit., p. 97. Sobre a importância de respeito ao princípio da lealdade processual pela Administração Pública, vide Grinover, Dinamarco e Cintra, para quem o processo deve estar limitado aos objetivos legitimados pelas partes: "o princípio que impõe esses deveres de moralidade e probidade a todos aqueles que participam do processo (partes, juízes e auxiliares da justiça; advogados e membros do Ministério Público) denomina-se princípio da lealdade processual" (op. cit., p. 71).

27 Cf. José dos Santos Carvalho Filho, que pondera, ademais, que se a Administração apresenta como motivo para adoção de determinada medida uma certa razão, esta última deve possuir relação com a providência administrativa objeto do ato; inexistindo tal relação, o princípio da razoabilidade resta violado. (*Processo administrativo federal*, Rio de Janeiro, Lumen Juris, 2007, p. 53).

28 Op. cit., p. 82. Os princípios da boa-fé e lealdade têm clara ligação com um outro – o da moralidade. Sobre esta ligação, Ego Bockmann Moreira ensina que "a boa-

O princípio da proporcionalidade, registrado no inc. VI do art. 2.º da Lei n. 9.784/88, tem ligação direta com a vedação imposta à Administração Pública de exigir providências desarrazoadas, devendo haver compatibilidade entre meios e fins da atuação administrativa. Para Sérgio FERRAZ e Adilson Abreu DALLARI, trata-se de princípio de fácil compreensão – mas de difícil conceituação – que leva à proibição de se impor medidas restritivas ou requerer exigências aos administrados além do que for estritamente necessário ao atendimento de alguma finalidade pública.[29]

5. Aplicabilidade dos princípios especificamente vinculados ao processo administrativo

Além dos princípios gerais de direito administrativo acima mencionados, cabe especial referência aos princípios que estão diretamente vinculados ao processo administrativo, em especial o devido processo legal e aos princípios do contraditório, ampla defesa, motivação, oficialidade e formalismo mitigado.[30]

---

fé impõe a supressão de surpresas, ardis ou armadilhas. Ao contrário, a conduta administrativa deve guiar-se pela estabilidade, transparência e previsibilidade. Não se permite qualquer possibilidade de engodo – seja ele direto e gratuito; seja indireto, visando à satisfação de interesse secundário da Administração" (Processo administrativo – princípios constitucionais e a Lei n. 7894/99, São Paulo, Malheiros, 2003, p. 107). Ou seja: não basta ao órgão antitruste atuar em conformidade com os vários regramentos ligados ao devido processo legal; sua atuação deve pautar-se também pela tentativa de mitigar a condição privilegiada que possui em relação ao administrado.

29 Para Dallari e Ferraz, o princípio da proporcionalidade veda não apenas exigências exageradas, mas também exigências que não tenham qualquer utilidade prática (op. cit., p. 64).

30 Não existe uniformidade na doutrina pátria acerca de quais são os princípios que podem ser considerados como "estritamente vinculados" ou "diretamente relacionados" ao processo administrativo. De qualquer forma, temos que o aprofundamento dessa discussão foge ao escopo de nosso trabalho, até mesmo porque este consenso não existe nem ao menos no direito estrangeiro. Nessa linha, e tomando-se o direito espanhol como exemplo, vemos que há autores que listam como princípios básicos do processo administrativo somente o contraditório, a publicidade e a gratuidade do procedimento (Ramon Parada, *Derecho administrativo I – parte general*, Madrid, Marcial Pons, 1997, p. 241-248) até outros que listam um rol bem mais abrangente, arrolando princípios como contraditório, economia processual *in dubio pro actione*, oficialidade, motivação, imparcialidade, transparência e gratuidade (Eduardo García de Enterría e Tomas-Ramon Fernandez, *Curso de derecho administativo II*, Madrid, Civitas, 1997, p. 452-470).

O princípio do devido processo legal foi consagrado pela Constituição Federal de 1988 no art. 5.º, LIV, ao estabelecer que ninguém será privado da liberdade ou de seus bens sem que seja observado o devido processo legal. Por mais que nossa doutrina aponte certa dificuldade na conceituação de "devido processo legal",[31] sabe-se que o termo teve origem na cláusula *due process of law* dos direitos inglês e norte-americano; no ordenamento brasileiro, a instituição de tal garantia abrangia inicialmente apenas o processo penal, tendo sido estendida ao processo civil e administrativo na Constituição de 1946 e consagrada na Constituição de 1988.[32]

Pelas razões acima expostas, não pode existir qualquer dúvida acerca da necessidade de respeito à cláusula do devido processo legal nos processos antitruste no Brasil. A Lei n. 9.784/99, como se sabe, não traz em seu rol de princípios o devido processo legal, e a doutrina nacional é basicamente uníssona ao afirmar que tal previsão expressa nem seria necessária, já que (i) o princípio consta expressamente do Texto Maior, e principalmente porque (ii) o rol de princípios elencados no art. 2.º da Lei n. 9.784/99 já conteria integralmente ao menos os principais desdobramentos da cláusula do devido processo legal.

Nesse sentido é o entendimento de Egon Bockmann MOREIRA,[33] bem como o de Adilson DALLARI e Sérgio FERRAZ, para quem "... optou-se por não incluir entre os princípios do processo administrativo algo que não pertence ao âmbito interno desse instituto, mas, sim, que o antecede, como seu principal fator determinante, qual seja o princípio do devido processo legal, previsto no art. 5167, LIV, da Constituição Federal".[34]

A verdade é que o devido processo legal representa, no Brasil, um direito fundamental, que não pode ser menosprezado ou desrespeitado, seja no processo penal, civil, seja no administrativo. Conforme Egon Bockman MOREIRA, o devido processo legal prevê como requisito a ser atendido em qualquer

---

[31] Cândido Rangel DINAMARCO chega a afirmar expressamente que a imprecisão deste conceito tem contornos benéficos, vez que "... resulta de uma absorção quase intuitiva de valores..." e assim "... não comporta definição ou delimitações muito pontuais...". Seria mais simples sentir a presença do devido processo legal nas situações em que ele é violado do que em determinações conceituais. (*Fundamento do processo civil moderno*, 2. ed., São Paulo, Ed.RT, 1987, p. 178).

[32] Celso Ribeiro Bastos ressalta que o fato deste princípio constar do texto da Carta Magna permitiu o surgimento de toda uma construção de doutrina e jurisprudência que vem procurando proteger o acusado contra qualquer medida que o coloque em posição inferior ou que o impeça de fazer valer seus direitos (op. cit., p. 209).

[33] Op. cit., p. 238.

[34] Op. cit., p. 51.

situação em que esteja em risco a liberdade ou os bens de particulares que não poderá ocorrer qualquer ataque ou supressão destes dois direitos que não por meio de um processo, desenvolvido de forma adequada, que observe forma prevista em lei.[35]

Existe certa confluência na opinião dos juristas sobre o conteúdo e abrangência da cláusula do devido processo legal. Para J. J. Calmon de PASSOS, são garantias fundamentais à configuração do devido processo legal: a) processo jurisdicional, desenvolvido perante juiz dotado de imparcialidade e independência; b) acesso ao julgador como direito público subjetivo; c) contraditório; d) ciência e participação processual dos interessados com possibilidade de produzir provas; e e) meios de controle das garantias arroladas nas letras "a" a "d".[36]

Nelson NERY JUNIOR, com fundamento no conceito norte-americano de devido processo legal *processual*, aponta que naquele país a cláusula engloba o dever de se proporcionar ao litigante a) a comunicação adequada sobre a recomendação ou ação governamental, b) um juiz imparcial, c) a oportunidade de produzir defesa oral perante o magistrado e apresentar provas ao juiz, d) a possibilidade de contraditar testemunhas e provas que sejam contra ele utilizadas, e) o direito de ser representado no tribunal ou perante o juiz por um defensor e f) uma decisão motivada com os elementos constantes nos autos.[37]

Celso Ribeiro BASTOS, tratando da importância da aplicação do devido processo legal também nos processos de natureza administrativa, lembra que mesmo a despeito da impossibilidade de decisões administrativas produzirem coisa julgada (podendo, portanto, serem revistas pelo Poder Judiciário), o fato de tais decisões estarem aptas a produzir efeitos pode resultar em graves lesões a direitos individuais, cuja reparação *a posteriori* pelos tribunais nem sempre é de simples concretização; por esta razão, entende o autor que deve existir a preocupação em "proteger" o acusado já no âmbito do processo administrativo.[38]

---

[35] Op. cit., p. 260.

[36] Notadamente a partir do artigo O devido processo legal e o duplo grau de jurisdição, *Revista da Procuradoria Geral do Estado de São Paulo*, 17, p. 123-141.

[37] O autor faz referência ainda a certas conseqüências adicionais do devido processo legal no direito processual norte-americano: a) o direito a processo onde sejam produzidas provas, b) o direito de se estabelecer conferência preliminar sobre as provas a serem produzidas, c) o direito a uma audiência pública, d) o direito à transcrição dos atos processuais, e) o julgamento pelo tribunal do júri civil, e f) o ônus da prova que deve incidir de forma mais acentuada sobre o governo do que sobre o litigante individual. (*Princípios do processo civil na Constituição Federal*, 8. ed., São Paulo, Ed. RT, 2004, p. 68-69).

[38] *Comentários à Constituição do Brasil*, São Paulo, Saraiva, 1989, v. 2, p. 268.

Em direção idêntica temos a posição de Alice Gonzalez BORGES, para quem, por mais que os tribunais façam o controle final de uma decisão administrativa, o pleno respeito ao devido processo legal já na esfera da Administração impede que, desde o início de um processo, ocorra violação a um direito.[39]

Um princípio essencial na condução das atividades do SBDC é o do contraditório; por meio dele assegura-se ao investigado tomar conhecimento do teor da acusação que lhe é imputada, para poder se pronunciar sobre a mesma e fazer a contraprova; logo, qualquer ato praticado por uma parte deverá ser submetido ao crivo da outra. Trata-se de garantia prevista expressamente no texto da Carta Magna, no inc. LV do art. 5.º, LV.

Analisando o princípio do contraditório sob o prisma do processo antitruste sancionador, vemos que ao investigado deve ficar sempre reservada a oportunidade de apresentar sua defesa e de promover os meios de prova a ela pertinentes; mais do que isso, os envolvidos no processo antitruste devem ser sempre intimados de todos os atos do processo,[40] sendo-lhes facultado pronunciarem-se sobre os documentos e provas produzidos pelos demais.

Para Vicente GRECO FILHO, o contraditório efetiva-se ao assegurar os seguintes elementos: a) o conhecimento da demanda por meio de ato formal de citação; b) a oportunidade, em prazo razoável, de contrariar o pedido inicial; c) a oportunidade de produzir prova e se manifestar sobre a prova produzida pelo adversário; d) a oportunidade de estar presente em todos os atos processuais orais, fazendo consignar as observações que desejar; e e) a oportunidade de recorrer de decisão desfavorável.[41] Odete MEDAUAR vai mais além, e observa a necessidade de observância do contraditório como fundamento indissociável à própria existência do processo administrativo; para a autora, o processo realiza-se mediante a atuação dos interessados em contraditório, sendo que este se desdobra em três requisitos: a) necessidade de informação geral, b) ouvida dos sujeitos ou audiência das partes e c) motivação.[42]

---

39 A autora acrescenta, ainda, que "seria verdadeira iniqüidade obrigar-se o cidadão a recorrer ao Judiciário toda vez que se fizesse necessário fazer valer os seus direitos, quando a Administração é dotada do poder de autotutela, que a habilita a rever os próprios atos, de maneira mais rápida e muito menos onerosa para o administrado" (Processo administrativo e controle, *Revista de Direito Administrativo*, Rio de Janeiro, Renovar, v. 226, out.-dez. 2001, p. 181).

40 Cândido Rangel Dinamarco afirma que o contraditório quer dizer "informação necessária e reação possível" (*A instrumentalidade do processo*, São Paulo, Malheiros, 2002, p. 93).

41 *Direito processual civil brasileiro*, São Paulo, Saraiva, 2007, p. 57.

42 *Direito Administrativo moderno* cit., p. 168.

Tomando como referência o direito espanhol, cabe a referência às lições de Eduardo GARCÍA DE ENTERRÍA e Tomas-Ramon FERNANDEZ, categóricos ao afirmar que o princípio do contraditório deve iluminar todas as etapas do processo administrativo, e em atenção a ele é que devem ser interpretadas todas as normas jurídicas; por esta razão, no entender dos autores, documentos administrativos em geral passam a adquirir autêntico valor probatório *somente* após terem sido submetidos ao crivo do contraditório.[43]

Por sua vez, o princípio da ampla defesa compõe-se com o do contraditório (e, assim como este, tem previsão constitucional e é reiterado na Lei n. 9.784/99); por tal princípio, impõe-se à autoridade concorrencial assegurar o acesso a todos os meios e recursos que digam respeito à defesa, sob pena de nulidade, com o livre debate e a livre produção de provas. A doutrina brasileira, evidentemente, já desenvolveu análise pormenorizada acerca deste princípio; pela lição de Egon Bockmann MOREIRA, por exemplo, vemos que a ampla defesa é instrumento de legitimidade da atuação estatal, não se exaurindo "... nos direitos subjetivos das partes envolvidas na relação jurídico-processual".[44]

José Roberto dos Santos BEDAQUE, aliás, ressalta a importância de analisar o direito à defesa sob uma perspectiva publicista, em vez de concebê-lo somente no interesse da parte; para o autor, o exercício da defesa é garantia de uma decisão justa, vez que terá sido proporcionada ao julgador a possibilidade de ter uma visão completa dos autos.[45]

Trata-se, portanto, de outro princípio extremamente importante a ser seguido pelas autoridades que fazem parte do SBDC na condução de processos administrativos; os investigados devem ter assegurados todos os instrumentos previstos em lei para que possam exercer adequadamente seu direito de defesa. Obviamente, tal preocupação é ainda mais justificada nos processos de natureza investigativa/punitiva, em que o administrado se vê diante da possibilidade de imposição de severas punições caso, ao final da tramitação processual, as autoridades constatem que incorreu em práticas contrárias à livre concorrência.

---

[43] Op. cit., p. 454.

[44] Op. cit. p. 297. Álvaro Lazzarini, por seu turno, observa a ampla defesa como o direito do acusado/investigado de ter vista da acusação e poder contestá-la adequadamente e produzir as provas necessárias para basear suas alegações; o autor fala ainda na necessidade de concessão de prazo razoável para preparação da defesa escrita. (Do procedimento administrativo, roteiro de palestra na *I Jornada de Estudos Jurídicos da Polícia Federal do Distrito Federal*, em 20.03.1997, p. 7. Disponível em: http://www.senado.gov.br/web/cegraf/ril/Pdf/pdf_135/r135-14.pdf. Acesso em: 20 dez. 2007).

[45] *Poderes instrutórios do juiz*, São Paulo, Ed. RT, 1994, p. 43.

A necessidade de a autoridade demonstrar as razões e fundamentos de seu convencimento encontra-se no art. 93, IX, da Constituição Federal. Essa norma demonstra a preocupação a respeito do exercício da atividade jurisdicional em face do interesse público na resolução dos conflitos, e encerra mecanismos para que todos possam fiscalizar a aplicação dos princípios e normas que regem a relação jurídica processual.

Não longe disso, a Lei n. 9.784/99 prevê expressamente no art. 2.º, *caput*, que a Administração deverá necessariamente motivar suas decisões; conforme determina o art. 50 do referido diploma legal, os atos administrativos deverão ser motivados, com indicação dos fatos e dos fundamentos jurídicos, quando: (i) neguem, limitem ou afetem direito ou interesses; (ii) imponham ou agravem deveres, encargos ou sanções; decidam processos administrativos de concurso ou seleção pública; (iii) dispensem ou declarem a inexigibilidade de processo licitatório; (iv) decidam recursos administrativos; (v) decorram de reexame de ofício; e (vi) deixem de aplicar jurisprudência firmada sobre a questão ou discrepem de pareceres, laudos, propostas e relatórios oficiais.[46]

Acerca do princípio da motivação, Celso Antônio Bandeira de MELLO lembra que este implica o dever de a Administração Pública justificar cada um de seus atos, indicando seus fundamentos de fato e de direito e demonstrando, assim, qual a relação lógica entre os eventos referentes a um caso concreto e a providência a ser adotada.[47]

Fato é que a motivação do ato administrativo é essencial para permitir que se avalie a razoabilidade do ato e que os administrados conheçam os motivos que levaram a Administração a adotar determinada medida. Assim, o princípio da motivação tem relação direta com a teoria dos motivos determinantes, que possui aplicação essencial no controle das atividades desenvolvidas pelas autoridades que fazem parte do SBDC. Trata-se de teoria oriunda do Conselho de Estado francês, baseada no princípio de que o motivo do ato administrativo deve sempre guardar compatibilidade com a situação de fato que gerou a manifestação de vontade; a motivação, portanto, deve apontar a causa e os elementos

---

[46] O princípio da legalidade tem ligação íntima com o da motivação. Nesse sentido, Caio Tácito registra que "... o controle de legalidade evoluiu para verificar a existência real dos motivos determinantes da decisão administrativa, a importar no acesso à motivação expressa ou implícita do ato administrativo" (Princípio da legalidade e poder de polícia, *Revista de Direito Administrativo*, Rio de Janeiro, Renovar, v. 227, jan.-mar. 2002, p. 44).

[47] Op. cit., p. 100.

determinantes da prática do ato administrativo, bem como o dispositivo legal em que encontra fundamento.[48]

Outro princípio que merece análise cuidadosa é o da proibição do uso de provas ilícitas; de forma geral, o direito pátrio tende a repelir o uso de provas cuja obtenção tenha violado garantias e liberdades individuais e que atentem contra a dignidade da pessoa humana: assim, nos termos do art. 5.º, LVI, da CF, "são inadmissíveis, no processo, as provas obtidas por meios ilícitos".[49] Esse tema adquire relevo especial no que se refere à atuação das autoridades antitruste brasileiras, pois não têm sido raros os casos em que se vem fazendo uso, para formação da convicção do CADE, de provas cuja utilização no processo antitruste sancionador é de constitucionalidade duvidosa.[50]

De qualquer forma, e por mais que não seja objetivo do presente trabalho adentrar o mérito de discussões doutrinárias acerca da possibilidade ou não de utilizar provas ilícitas em processos administrativos, fato é que até o presente momento o Poder Judiciário vem permitindo pouquíssimas restrições a tal prin-

---

48 Recorrendo aos ensinamentos da professora Maria Sylvia Zanella Di Pietro, verifica-se que a teoria dos motivos determinantes torna requisito de validade do ato administrativo que o mesmo, quando motivado, o seja com base em razões verdadeiras: "ainda relacionada com os motivos, há a teoria dos motivos determinantes, em consonância com a qual a validade do ato se vincula aos motivos indicados como seu fundamento, de tal modo que, se inexistentes ou falsos, implicam a sua nulidade. Por outras palavras, quando a Administração motiva o ato, mesmo que a lei não exija a motivação, ele só será válido se os motivos forem verdadeiros" (*Direito administrativo*, São Paulo, Atlas, 1997, p. 175).

49 Celso Ribeiro Bastos faz uma distinção entre ilicitudes intrínsecas e extrínsecas dos meios de prova, sendo que a primeira "[modalidade de ilicitude de uma prova] refere-se à forma de geração da prova, isto é, a ilicitude resultaria toda vez que não se cumprissem os dispositivos previstos para a produção de determinada prova ou então adotarem-se meios não autorizados pela lei, o que de certa forma é a mesma coisa" e, a segunda, resultaria dos vícios "que ocorrem no caminho de geração da prova" (op. cit., p. 274).

50 Por mais que fuja dos objetivos deste artigo realizar uma análise minuciosa do tema à luz das práticas concretas das autoridades que fazem parte do SBDC, está a se fazer referência aqui a decisões do CADE que admitem o uso de transcrições de conversas telefônicas e provas emprestadas em processos antitruste sancionadores. Vide, a título de exemplo, decisões proferidas nos autos dos Processos Administrativos n. 08012.001826/2003-10 (Representados: Nilton Reginaldo, Paulo Elder Bordin, Ronaldo Carvalho, Rota-Sul Empresa de Vigilância Ltda. e outros) e 08012.002299/2000-18 (Representados: Sindicato do Comércio Varejista de Combustíveis Minerais de Florianópolis e outros),

cípio constitucional.[51] E não poderia ser diferente; conforme ressalta Frederico da Costa TOURINHO FILHO, a legislação brasileira foi a única a declarar, de forma clara e absoluta, a inadmissibilidade de provas obtidas por meios ilícitos no processo; entre a opção pela repressão às infrações e o respeito às garantias estabelecidas no ordenamento jurídico, aponta TOURINHO FILHO que se escolheu a primeira.[52] Trata-se, assim, de importantíssimo princípio que demanda clara aplicação na atuação dos órgãos antitruste.

Na seqüência deste artigo, cabe menção aos princípios da eficiência e oficialidade. Com efeito, o art. 37 da Constituição Federal, por força da Emenda Constitucional n. 19/98, determina que o processo administrativo deve atingir sua finalidade; em outras palavras: é necessário que o processo produza os resultados que objetiva, de forma rápida, sem que o administrado fique injustificadamente à espera da decisão da Administração Pública quanto ao seu caso específico.

No âmbito constitucional, vale lembrar que a Emenda n. 45 assegurou a todas as partes envolvidas em processos judiciais e administrativos o direito à "razoável duração do processo". Trata-se de tema previsto expressamente no *caput* do art. 2.º da Lei n. 9.784/99, que tem aplicação mais do que evidente na matéria antitruste brasileira, considerando-se a relevância dos interesses envolvidos nos diversos processos administrativos que tramitam perante os órgãos do SBDC: em suma, não pode (nem deve) a parte (e, sob outro prisma, a própria sociedade) permanecer injustificadamente à espera de decisão acerca de uma determinada questão por parte da autoridade concorrencial.[53] Ademais,

---

51 Nessa esteira, cabe lembrar a importância de decisão do Supremo Tribunal Federal, que incorporou à cultura jurídica brasileira a doutrina norte-americana dos "frutos da árvore venenosa", ou "the fruits of the poisonous tree doctrine" (HC n. 69.912-0/RS). É importante, entretanto, ressalvar o posicionamento de José Roberto dos Santos Bedaque, para quem a repulsa à prova ilícita como regra genérica não beneficia o ordenamento jurídico, pois abre a possibilidade de o julgador ficar sem elementos suficientes para proferir uma decisão justa; para o autor, deve-se buscar uma solução conciliatória para, ao mesmo tempo, dotar o julgador de todos os elementos necessários para a descoberta da verdade e não permitir que a parte interessada na prova, e que para obtê-la comportou-se de forma ilícita, possa exigir sua apresentação (op. cit., p. 104-106).

52 *Processo penal*, São Paulo, Saraiva, 2006, v. 1, p. 59.

53 A análise da busca pela eficiência administrativa pelas agências ligadas ao governo, se é tema relativamente recente no direito brasileiro, vem sendo estudada há mais de 80 anos nos Estados Unidos; para interessante estudo realizado em 1931 contendo severas críticas à estrutura das agências naquele país à época, bem como considerações sobre a essencialidade de que as mesmas sejam dotadas de estrutura

o princípio da eficiência, no contexto da processualidade administrativa, deve ser entendido como a adoção de procedimentos mais céleres e eficientes, de forma que a Administração Pública tenha condições de alcançar efetivamente a finalidade objetivada por meio de determinado processo.[54]

Intimamente ligado ao princípio da eficiência temos o princípio da oficialidade, muitas vezes referido na doutrina por princípio do impulso oficial; no direito antitruste, o princípio da oficialidade demanda que os órgãos do SBDC atuem, índependentemente da atuação do administrado, para chegar ao fim desejável para um certo processo. De acordo com as lições de Odete MEDAUAR, esse princípio representa o ônus da Administração Pública responsabilizar-se pelo trâmite regular e contínuo do processo, a despeito da provocação das partes para a realização de atos, até mesmo no que se refere à instrução processual.[55]

João Bosco Leopoldino da FONSECA ressalta que o processo antitruste sancionador deve ser permeado pelo princípio da realidade material, uma vez que à abstração da Lei de Defesa da Concorrência deve ser somada a análise da realidade econômica, envolvendo a real verificação de um determinado mercado econômico, para que se possa dizer se se está diante de uma infração de natureza concorrencial.[56] Esse princípio, conforme a lição de Fernando da Costa TOURINHO FILHO, deriva da constatação de que a atuação punitiva do Estado, em qualquer uma de suas esferas, só pode ocorrer em relação àquele que, efetivamente, tenha cometido uma infração, cabendo a investigação, no caso concreto, acerca de como os fatos se passaram efetivamente, por quem a infração foi praticada e em que condições isso ocorreu.[57]

É digno de nota no processo antitruste sancionador, ainda, o princípio do formalismo mitigado, também mencionado pela doutrina como princípio da informalidade ou do menor rigor das formas processuais. Esse princípio vem

---

suficiente para atingir suas finalidades de forma eficiente, vide A. Martin Tollefson (Administrative finality, *Michigan Law Review*, v. 29, n. 7, p. 839-849).

54 José dos Santos Carvalho Filho. Op. cit., p. 63.

55 *Direito administrativo moderno* cit., p. 171. No direito italiano, Vincenzo Cerulli Irelli ensina que "il tempo nel quale il procedimento deve concludersi è un elemento fondamentale per valutare l'efficienza dell'azione amministrativa in concreto e la capacità della stessa di soddisfare gli interessi e i bisogni dei cittadini" (*Corso di diritto amministrativo*, Torino, Giappichelli, 1999, p. 495-496).

56 *Lei de proteção da concorrência* cit., p. 234.

57 As considerações de Tourinho Filho sobre o tema, naturalmente, são tecidas à luz da análise dos princípios tradicionalmente entendidos como regendo o processo penal (op. cit, p. 36-37). Para mais detalhes sobre este princípio sob a ótica do direito administrativo, vide Odete Medauar (*Direito administrativo moderno* cit., p. 172).

referido nos incs. VIII e IX da Lei n. 9.784/99, que estabelecem, respectivamente, que haverá a observância das formalidades essenciais à garantia dos direitos dos administrados e que haverá, no processo administrativo, a adoção de formas simples, suficientes para propiciar adequado grau de "certeza, segurança e respeito aos direitos do administrado".

Por fim, cabem algumas palavras sobre o princípio da segurança jurídica; por mais que parte da doutrina defenda que a inclusão deste princípio no texto da Lei n. 9.784/99 (arts. 2.º, XIII, e 55) fosse dispensável,[58] temos, apesar de não vir mencionado na Constituição Federal, que o princípio da segurança jurídica deflui de todo o ordenamento jurídico, pois não pode a autoridade antitruste alterar situação antes estabelecida com a sua autorização simplesmente porque mudou sua orientação.

Esse princípio assume relevância particular nos processos antitruste sancionadores, uma vez, que, não se podendo falar (obviamente) em coisa julgada administrativa, é natural que mesmo após decisão emanada pelo CADE no sentido de arquivar processo por falta de provas e indícios de condutas contrárias à livre concorrência, nada impede que a mesma investigação seja reaberta no futuro, caso tais evidências estejam disponíveis. Entretanto, embora se reconheça que o SBDC possa mudar sua orientação em relação a um caso em específico, somente após processo administrativo em que seja seguido o devido processo legal e em que sejam obedecidos os princípios do contraditório e da ampla defesa é que o CADE poderá punir o administrado.

Ainda sobre o princípio da segurança jurídica, Celso Antônio Bandeira de MELLO manifestou-se no sentido de que em razão do mesmo as orientações transmitidas pela Administração Pública em relação a determinado tema não podem, sem a existência de notícia prévia e ampla, ser modificadas com o objetivo de sancionar ou piorar a situação dos administrados em casos concretos.[59]

---

[58] Cf. José dos Santos Carvalho Filho (op. cit., p. 61).

[59] Op. cit., p. 114. Ainda sobre o tema, Maria Sylvia Zanella Di Pietro afirma que é extremamente comum a mudança de interpretação acerca de um determinado tema pela Administração Pública, o que invariavelmente afeta situações e direitos já consolidados; a autora observa que tal mudança de orientação, se por um lado é inevitável, por outro lado é evidente que gera insegurança jurídica. Di Pietro lembra, ainda, que se "a Administração adotou determinada interpretação como a correta e a aplicou em casos concretos, não pode depois vir a anular atos anteriores, sob o pretexto de que os mesmos foram praticados com base em errônea interpretação. Se o administrado teve reconhecido determinado direito com base em interpretação adotada em caráter uniforme para toda a Administração, é evidente que a sua boa-fé deve ser respeitada. Se a lei deve respeitar o direito adquirido, o ato jurídico perfeito e a coisa julgada, por respeito ao princípio da segurança jurídica, não é admissível

Enfim, de acordo com os ditames do princípio da segurança jurídica, quem age de boa-fé, munido de autorização administrativa emanada da autoridade competente, não pode ser punido por esse fato.

6. Aplicabilidade dos princípios constitucionais normalmente associados ao direito penal

Além da Lei n. 8.884/94, aplicam-se obviamente aos processos antitruste sancionadores as disposições da Lei n. 9.784/99. Assim, e na esteira do entendimento de CARVALHO FILHO, vemos que a redação do art. 69 da Lei n. 9.784/99 não encerra qualquer tipo de exclusão de incidência no que tange aos processos de rito específico, aplicando-se as normas da Lei n. 9.784/99 tanto "... nos casos omissos das leis especiais como naqueles que possam reclamar aplicação suplementar".[60]

Adicionalmente, o art. 83 da Lei de Defesa da Concorrência prevê expressamente a aplicação do Código de Processo Civil[61] e das Leis n. 7.347/85 (que disciplina a ação civil pública de responsabilidade por danos causados ao meio ambiente, ao consumidor, e a bens e direitos de valor artístico, estético, histórico, turístico e paisagístico) e 8.078/90 (popularmente denominada como Código de Defesa do Consumidor) de forma subsidiária.

Diante dessa constatação, uma dúvida é inevitável: aplicam-se nos processos antitruste sancionadores os princípios e normas de comumente associados ao processo penal?

Inicialmente, é importante mencionar a corrente de autores que defende a plena aplicação de normas específicas atinentes ao processo penal no processo antitruste sancionador. José Inácio Gonzaga FRANCESCHINI, por exemplo, chega a afirmar expressamente que o direito da concorrência deve ser definido como um dos ramos do direito penal econômico, "... que disciplina as relações de mercado entre os agentes econômicos e os consumidores, tutelando-lhes, sob

---

que o administrado tenha seus direitos flutuando ao sabor de interpretações jurídicas variáveis no tempo" (*Direito administrativo*, São Paulo, Atlas, 2001, p. 85).

60 Op. cit., p. 41.

61 Note-se que o único artigo da Lei n. 8.884/94 que trata, de forma mais específica, do emprego de regras do Código de Processo Civil durante a tramitação de processos antitruste sancionadores, é o 35-A, que prevê a aplicação dos dispositivos dos arts. 839 e ss do CPC, no que couber, aos procedimentos de busca e apreensão a serem realizados a pedido da Advocacia Geral da União a pedido da SDE.

sanção, o pleno exercício do direito à livre concorrência como instrumento da livre iniciativa, em prol da Coletividade".[62]

Isabel VAZ, mesmo sem compartilhar do entendimento de que as normas de defesa da concorrência integram o direito penal, acredita que este último possa atuar como instrumento auxiliar do direito antitruste;[63] em sentido totalmente contrário ao assumido por FRANCESCHINI e VAZ, o Conselheiro do CADE Fernando de Magalhães FURLAN observa que a Lei de Defesa da Concorrência brasileira não pode ser entendida como possuindo características de lei penal, uma vez que deve ser interpretada e aplicada pela própria Administração Pública.[64]

Por um lado, temos dificuldades em concordar com qualquer posicionamento no sentido de que o processo antitruste sancionador faria parte do direito penal, e, assim, seria regulado por disposições do Código de Processo Penal. Em primeiro lugar, não existe nenhum instrumento legal determinando a aplicação das normas processuais penais à matéria antitruste; além disso, parece-nos claro o entendimento de que o direito administrativo sancionador contempla perfeitamente os mecanismos aptos a contemplar a repressão por parte da Administração Pública às condutas que violem a livre concorrência.

Não obstante, e considerando que o ordenamento jurídico deve ser entendido como um todo, não vemos óbices à utilização dos princípios de processo penal no direito antitruste de maneira auxiliar e em defesa do investigado; em particular, princípios como o da presunção de inocência (ou o da presunção de não culpabilidade), tal como previsto no inc. LVII do art. 5.º da Constituição Federal, deve assumir especial importância na formação do convencimento dos conselheiros do CADE no momento de punir ou não determinada conduta.

Temos aqui, ademais, e conforme o entendimento de Rafael MUNHOZ DE MELLO, que mesmo que determinados princípios sejam tradicionalmente associados ao direito penal, isto não significa que as previsões neles contidas

---

62 Roteiro de processo penal-econômico na legislação de concorrência, in *Direito da concorrência: case law*, São Paulo, Singular, 2000, p. 1341.

63 Para a autora, os princípios que fornecem as diretrizes básicas da legislação penal têm natureza distinta dos que são aplicáveis à matéria concorrencial; se, por um lado, a legislação penal deve obedecer ao princípio da reserva legal, as leis de defesa da concorrência devem necessariamente ser dotadas de alguma flexibilidade, essencial para que esse ramo do direito acompanhe o dinamismo das atividades econômicas (*Direito econômico da concorrência*, Rio de Janeiro, Forense, 1993, p. 271).

64 Magalhães pondera ainda que no sistema adotado pela Lei de Defesa da Concorrência não há crime, mas tão-somente infrações à ordem econômica (*Questões polêmicas em direito antitruste*, São Paulo, Lex, 2004, p. 42-44).

não devam ser aplicadas também na esfera de atuação do direito administrativo sancionador. De fato, como aponta o autor, não é nem mesmo o caso de se falar em "princípios de direito penal", mas sim de "... princípios que regem toda a manifestação do poder punitivo estatal, seja penal ou administrativo".[65]

Por esta razão, princípios como o da culpabilidade e o do *non bis in idem* devem também ser observados na condução das atividades sancionadoras das autoridades brasileiras de defesa da concorrência. O princípio da culpabilidade, segundo o entendimento do já citado Munhoz de MELLO, faz que a sanção a ser imposta pela Administração Pública seja imposta *unicamente* a quem, devendo ter agido de outra maneira, pratique a conduta vedada pela legislação; ou seja: o indivíduo ou a empresa que agem dessa forma são culpados de prática a ser sancionada pela Administração, devendo a expressão "culpado" ser entendida como tendo efetivamente contribuído para a ocorrência da conduta ilegal nas situações em que o correto era ter tido um comportamento diverso.[66] TOURINHO FILHO, referindo-se a esse princípio como da inocência, afirma que se trata de coroamento da cláusula do devido processo legal, que consiste em um "... ato de fé no valor ético da pessoa, próprio de toda sociedade livre".[67]

Já a aplicação do princípio do *non bis in idem* à atividade administrativa sancionadora demanda que uma mesma conduta não possa ser punida mais de uma vez pela Administração Pública.[68]

Por fim, o conhecido princípio do *in dubio pro reu*[69] demanda que, nos casos em que não se possa estabelecer uma interpretação inequívoca acerca

---

65 Para Munhoz de Mello, é o mesmo Estado que aplica a sanção administrativa e a pena criminal. Se cabe ao legislador a liberdade quanto à decisão de enquadrar determinada conduta como crime ou infração administrativa, é essencial que as garantias aplicáveis a ambos os casos sejam as mesmas; não fosse assim, ficaria livre o legislador para incluir certa conduta apenas no campo dos ilícitos administrativos, de forma a "fugir" das garantias normalmente concedidas na esfera penal. (Op. cit., p. 104-107).

66 Op. cit., p. 184.

67 Op. cit., p. 61-62.

68 Para Munhoz de Mello, "a ocorrência da conduta típica autoriza a imposição da sanção prevista no ordenamento jurídico, considerada pelo legislador como a única medida sancionadora adequada e proporcional ao atendimento da finalidade preventiva (...). O princípio do *non bis in idem* impede a Administração Pública de impor uma segunda sanção administrativa a quem já sofreu, pela prática da mesma conduta, uma primeira" (op. cit., p. 210).

69 Referido como princípio do *favor rei* por Tourinho Filho (op. cit., p. 73).

dos fatos e da relação do indivíduo ou da empresa com eles, que seja adotada a interpretação mais favorável ao réu.[70]

7. Conclusões

Não restam dúvidas acerca da plena aplicabilidade dos princípios gerais de direito no processo administrativo sancionador; como se viu nas páginas anteriores, podem existir diferenças nos posicionamentos assumidos pela doutrina em relação à pertinência de um ou outro princípio específico, mas, em geral, reconhece-se a enorme importância dos mesmos como feixe de garantias a orientar o desenvolvimento da atividade processual sancionadora de CADE, SDE e SEAE.

Em sede de conclusão, portanto, parece-nos pertinente (e muito mais interessante) indagar se nosso posicionamento no sentido da plena aplicação de todos os princípios que asseguram a garantia dos direitos dos administrados diante do SBDC teria o condão de dificultar ou até mesmo atravancar o andamento dos processos antitruste sancionadores, em possível detrimento dos princípios da eficiência e do formalismo mitigado.[71]

A resposta parece-nos negativa. Nessa linha, Sérgio FERRAZ e Adilson Abreu DALLARI chegam até mesmo a se referir ao princípio do formalismo mitigado como "informalidade em favor do administrado", ponderando que isso significa que, "... dentro da lei, sem quebra de legalidade, pode haver dispensa de algum requisito formal sempre que sua ausência não prejudicar terceiros nem comprometer o interesse público".[72]

---

70 Este princípio foi expressamente invocado pelo ex-conselheiro do CADE Luís Fernando Schuartz em seu voto de relator (acolhido por maioria pelo plenário do CADE) nos autos do Processo Administrativo n. 08012.005669/2002-31 (Representadas: Associação Nacional das Empresas Transportadoras de Veículos - ANTV e outros). O princípio do *in dubio pro reu* também foi utilizado pelo ex-conselheiro do CADE Ricardo Villas Bôas Cueva em seu voto de relatoria (que restaria vencido ao final do julgamento) nos autos do Processo Administrativo n. 08012.009088/99-18 (Representadas: Janssen-Cilag Farmacêutica Ltda. e outros).

71 Já na década de 1950 estudava-se, nos Estados Unidos, o impacto que a "burocratização" (entendida como estabelecimento de métodos e rotinas predeterminadas para o funcionamento do Estado) poderia produzir um efeito deletério na busca da Administração Pública de atingir suas finalidades básicas (cf. Marshall E. Dimock, Administrative law and bureaucracy, *Annals of the American Academy of Political and Social Science*, v. 292, Bureaucracy and Democratic Government., p. 57-64).

72 Medauar acrescenta, ainda, que o princípio do formalismo moderado jamais poderá ser invocado para sanar nulidades ou justificar a falta de cumprimento da lei; o

Esta posição vem confirmada pelas lições de Odete MEDAUAR, que destaca a obviedade inerente ao fato de os desdobramentos essenciais do contraditório e da ampla defesa não poderem ser considerados meras filigranas processuais; para MEDAUAR, o princípio do formalismo mitigado tem como objetivo tão-somente evitar que particularidades não essenciais criem obstáculos à obtenção dos resultados do processo.[73] Em direção semelhante segue Davi CHICÓSKY, que não observa riscos a direitos e garantias individuais a partir da aplicação do princípio da eficiência, desde que este último seja empregado dentro de parâmetros constitucionais; o autor ressalta, ainda, que o princípio da eficiência é muito mais um mecanismo de controle da Administração Pública, que deve pautar sua conduta não apenas pelos ditames da legalidade, mas também pela busca de uma atuação eficiente.[74]

Adicionalmente, note-se que Eduardo GARCÍA DE ENTERRÍA e Tomas-Ramon FERNANDEZ tratam como "falso dilema" uma aparente tensão entre a eficiência a ser alcançada pelo processo administrativo (os autores fazem referência expressa à necessidade de atenção ao princípio da economia processual) e as garantias incluídas nos princípios de legalidade, contraditório e ampla defesa. Para os autores espanhóis, a eficiência deve ser buscada sempre com estrito respeito aos valores superiores consagrados na Constituição, aos direitos fundamentais por esta reconhecidos e às leis que concretizam a proteção a tais garantias.[75]

A esse respeito, cabe ainda a referência às lições de Alexandre Santos de ARAGÃO, que ao tratar do princípio da eficiência observa que este não pode em qualquer hipótese mitigar o princípio da legalidade, tendo por função, na verdade, agraciar a legalidade com contornos e finalidades diferentes: temos a

---

princípio visa tão-somente a que formalidades não essenciais tenham o condão de afastar a compreensão da real finalidade da atuação administrativa (*A processualidade no direito administrativo* cit., p. 133).

73 *Direito Administrativo moderno* cit., p. 172.

74 Fazendo referência às lições de Agustín Gordillo, o autor lembra que "... a eficiência não só deixa de opor-se ao princípio do devido processo legal, como passa a fazer parte dele, na medida em que proporciona um melhor conhecimento dos fatos que ensejam a decisão administrativa, tornando esta melhor e, sobretudo, mais justa" (O princípio da eficiência e o procedimento administrativo, *Revista de Direito Administrativo*, Rio de Janeiro, Renovar, v. 237, jul.-set. 2004, p. 107).

75 Tratando especificamente do princípio da economia processual, é interessante notar que os autores a incluem em um patamar inferior dentro do conjunto dos princípios aplicáveis ao processo administrativo (op. cit., p. 456).

busca por uma legalidade visando à obtenção de resultados práticos em lugar de uma legalidade unicamente formal.[76]

Em direção idêntica, cabem as considerações de Marcelo HARGER, para quem o princípio da eficiência pode ser traduzido exatamente como a busca por um ponto de equilíbrio na garantia de dois valores igualmente relevantes: o formalismo, de um lado, voltado à garantia dos interesses e direitos dos administrados, bem como da gestão ideal dos bens públicos. De outro lado, a importância de atender com rapidez as demandas próprias das responsabilidades sociais da Administração Pública. Em conclusão que sintetiza perfeitamente nosso ponto de vista sobre o tema, HARGER pondera que o fundamental nessa tarefa é que se estruture um processo administrativo célere e que, ao mesmo tempo, não seja capaz de macular as garantias dos administrados.[77]

Que fique claro: entendemos plenamente o fato de que as autoridades antitruste geralmente se vêem às voltas com conflitos, diante da existência de mais de uma opção quanto aos princípios de direito administrativo a serem atendidos (ou priorizados) em uma dada situação prática; pior: em regra, esses princípios trazem coligados a si expectativas de administrados quanto à satisfação de interesses igualmente legítimos.[78] Ainda assim, entendemos que em nenhum momento a busca pela eficiência ou o atendimento aos ditames do princípio do menor rigor das formas processuais pode deixar de lado a necessidade de irrestrito respeito aos demais princípios que funcionam como

---

[76] O autor prega também que a valorização do elemento finalístico é essencial à correta prestação da atividade administrativa: "... todo ato, normativo ou concreto, só será válido ou validade aplicado, se, *ex vi*, do Princípio da Eficiência (art. 37, *caput*, CF), for a maneira mais eficiente ou, na impossibilidade de se definir esta, se for pelo menos uma maneira razoavelmente eficiente de realização dos objetivos fixados pelo ordenamento jurídico" (O princípio da eficiência, *Revista de Direito Administrativo*, Rio de Janeiro, Renovar, v. 237, jul.-set. 2004, p. 3).

[77] Harger registra, adicionalmente, que a busca pela rapidez na condução do processo administrativo não pode ser entendida como direito absoluto (op. cit., p. 128).

[78] São extremamente ilustrativas, a esse respeito, as ponderações de Peter L. Strauss, Todd Rakoff, Roy A. Schotland e Cynthia R. Farina, para quem essas escolhas por parte da Administração Pública são não apenas "difíceis", mas essencialmente inevitáveis; para os autores, por exemplo, (i) a intenção de dotar o processo administrativo de todas as garantias necessárias para tutelar a satisfação de ideais de justiça pode ir de encontro à intenção de agilizar o processamento dos casos, (ii) a intenção de conferir ampla oportunidade a todos os envolvidos serem ouvidos nos autos pode não fazer sentido diante da perspectiva de um contraditório a perdurar indefinidamente etc. (*Gellhorn and Byses's Administrative Law – cases and comments*, Westbury, The Foundation Press, 1995, p. vi).

garantias básicas para a defesa dos direitos daquele que se vê envolvido em um processo antitruste sancionador.

Bibliografia

ARAGÃO, Alexandre Santos de. O princípio da eficiência. *Revista de Direito Administrativo*, Rio de Janeiro: Renovar, n. 237, jul.-set. 2004.

BARROSO, Luís Roberto; BARCELLOS, Ana Paula de. O começo da história. A nova interpretação constitucional e o papel dos princípios no direito brasileiro. *Revista de Direito Administrativo*, Rio de Janeiro: Renovar, n. 232, abr.-jun. 2003.

BASTOS, Celso Ribeiro. *Curso de direito administrativo*. São Paulo: Celso Bastos Ed., 2003.

BASTOS, Celso Ribeiro; MARTINS, Ives Gandra da Silva. *Comentários à Constituição do Brasil*. São Paulo: Saraiva, 1989. v. 2.

BEDAQUE, José Roberto dos Santos. *Poderes instrutórios do juiz*. São Paulo: Ed. RT, 1994.

BORGES, Alice Gonzáles. Processo administrativo e controle. *Revista de Direito Administrativo*, Rio de Janeiro: Renovar, n. 226, out.-dez. 2001.

CARVALHO FILHO, José dos Santos. *Processo administrativo federal*. Rio de Janeiro: Lumen Juris, 2007.

CHICÓSKY, Davi. O princípio da eficiência e o procedimento administrativo. *Revista de Direito Administrativo*, Rio de Janeiro: Renovar, v. 237, jul.-set. 2004.

COELHO, Fábio Ulhoa. *Direito antitruste brasileiro – comentários à Lei n. 8.884/94*. São Paulo: Saraiva, 1995.

DALLARI, Adilson Abreu; FERRAZ, Sérgio. *Processo administrativo*. 1. ed. São Paulo: Malheiros, 2003.

DI PIETRO, Maria Sylvia Zanella. *Direito administrativo*. São Paulo: Atlas, 1997.

_____. *Discricionariedade administrativa na Constituição de 1988*. 2. ed. São Paulo: Atlas, 2001.

DIMOCK, Marshall E. Administrative law and bureaucracy. *Annals of the American Academy of Political and Social Science*, v. 292, Bureaucracy and Democratic Government, p. 57-64.

DINAMARCO, Cândido Rangel. *A instrumentalidade do processo*. São Paulo: Malheiros, 2002.

_____. *Fundamento do processo civil moderno*. 2. ed. São Paulo: Ed. RT, 1987.

FONSECA, João Bosco Leopoldino da. *Lei de proteção da concorrência*. Rio de Janeiro: Forense, 2007.

FRANCESCHINI, José Inácio Gonzaga. *Direito da concorrência: case law*. São Paulo: Singular, 2000.

FREEDMAN, James O. Crisis and legitimacy in the administrative process. *Stanford Law Review*, v. 27, n. 4, 1975.

FURLAN, Fernando de Magalhães. *Questões polêmicas em direito antitruste*. São Paulo: Lex, 2004.

GARCÍA DE ENTERRÍA, Eduardo; FERNANDEZ, Tomas-Ramon. *Curso de derecho administrativo II*. Madrid: Civitas, 1997.

GRECO FILHO, Vicente. *Direito processual civil brasileiro*. São Paulo: Saraiva, 2007. v. 1.

GRINOVER, Ada Pellegrini; DINAMARCO, Cândido Rangel; CINTRA, Antonio Carlos de Araújo. *Teoria geral do processo*. São Paulo: Malheiros, 2007.

HANDLER, Milton. Some unresolved problems in antitrust. *Columbia Law Review*, v. 62, n. 6, jun. 1962.

HARGER, Marcelo. *Princípios constitucionais do processo administrativo*. Rio de Janeiro: Forense, 2001.

IRELLI, Vincenzo Cerulli. *Corso di diritto amministrativo*. Torino: Giappichelli, 1999.

LAZZARINI, Álvaro. Do procedimento administrativo, roteiro de palestra na *I Jornada de Estudos Jurídicos da Polícia Federal do Distrito Federal*, em 20.03.1997. Disponível em: http://www.senado.gov.br/web/cegraf/ril/Pdf/pdf_135/r135-14.pdf. Acesso em: 20 dez. 2007.

MAJADAS, Marcia Fratari. *Discricionariedade e desvio de poder em face dos princípios constitucionais da administração pública*. Porto Alegre: Sergio Antonio Fabris Ed., 2005.

MEDAUAR, Odete. *A processualidade no direito administrativo*. São Paulo: Ed. RT, 2008.

______. *Direito administrativo moderno*. São Paulo: Ed. RT, 2006.

MEIRELLES, Hely Lopes. *Direito administrativo brasileiro*. 26. ed. São Paulo: Malheiros, 2001.

MELLO, Celso Antônio Bandeira de. *Curso de direito administrativo*. 20. ed. São Paulo: Malheiros, 2006.

MELLO, Rafael Munhoz de. *Princípios constitucionais de direito administrativo sancionador - as sanções administrativas à luz da Constituição Federal de 1988*. São Paulo: Malheiros, 2007.

MOREIRA, Egon Bockmann. Processo administrativo – princípios constitucionais e a Lei n. 7894/99. São Paulo: Malheiros, 2003.

MOREIRA NETO, Diogo de Figueiredo. *Curso de direito administrativo*. Rio de Janeiro: Forense, 1997.

NERY JUNIOR, Nelson. *Princípios do processo civil na Constituição Federal*. 8. ed. São Paulo: Ed. RT, 2004.

PARADA, Ramon. *Derecho administrativo I - parte general*. Madrid: Marcial Pons, 1997.

PASSOS, J. J. Calmon de. O devido processo legal e o duplo grau de jurisdição. *Revista da Procuradoria Geral do Estado de São Paulo*, n. 17, p. 123-141.

RÁO, Vicente. *O direito e a vida dos direitos*. São Paulo: Ed. RT, 1999.

SEARCHINGER, Tim. The procedural due approach to administrative discretion: the Courts' inverted analysis. *The Yale Law Journal*, v. 95, n. 5, 1986.

SILVA, José Afonso da. *Curso de direito constitucional positivo*. São Paulo: Malheiros, 2007.

STRAUSS, Peter L.; RAKOFF, Todd; SCHOTLAND, Roy A.; FARINA, Cynthia R. *Gellhorn and Byses's administrative law – cases and comments*. Westbury: The Foundation Press, 1995.

TÁCITO, Caio. Princípio da legalidade e poder de polícia. *Revista de Direito Administrativo*, São Paulo: Renovar, n. 227, jan.-mar. 2002.

TOLLEFSON, A. Martin. Administrative finality. *Michigan Law Review*, v. 29, n. 7.

TOURINHO FILHO, Frederico da Costa. *Processo penal*. São Paulo: Saraiva, 2006. v. 1.

VAZ, Isabel. *Direito econômico da concorrência*. Rio de Janeiro: Forense, 1993.

Programas de *Compliance* Antitruste

Guilherme Favaro Corvo Ribas

Bacharel em Direito pela Faculdade de Direito da USP. Extensão acadêmica em Direito da Concorrência pela Fundação Getulio Vargas. Advogado em São Paulo.

1. Introdução

Um executivo de uma determinada empresa agenda uma reunião com um de seus principais concorrentes para tratar de assuntos relacionados a intercâmbio de tecnologia. Em conformidade com o programa de *compliance* da empresa, o advogado interno é notificado e decide acompanhar o encontro, receoso de que a conversa possa resvalar em temas vedados pela legislação de defesa da concorrência. Para seu alívio, os executivos trocam cartões de visita e conversam sobre temas amenos, como carreira e negócios, sem cometer qualquer tipo de ilícito antitruste.

Tempos depois, o mesmo advogado é surpreendido por uma investigação que comprova que os dois dirigentes já se conheciam há muito tempo: jantavam juntos, praticavam golfe juntos e participavam de negociações de preços juntos há anos. Dentro da empresa, outros funcionários tinham conhecimento dos entendimentos ilegais e haviam recebido expressa orientação do dirigente para que os ocultassem do departamento jurídico, que foi maliciosamente ludibriado no encontro empresarial acima mencionado, cujo verdadeiro propósito - realizar acordos ilícitos com concorrente - havia sido por ele pontualmente frustrado.

Os fatos descritos nos parágrafos anteriores não fazem parte do argumento de roteiro de um filme policial: foram descobertos no curso de uma investigação de cartel e relatados, em 2002, por William J. Kolasky, da Divisão Antitruste do Departamento de Justiça dos Estados Unidos.[1]

---

[1] A palestra "Antitrust compliance programs: the government perspective" foi proferida na "*Corporate Compliance 2002 Conference Practising Law Institute*", em San

Outros diversos exemplos de sofisticação de mecanismos de conluio podem ser verificados na vasta jurisprudência das autoridades de defesa da concorrência ao redor do mundo, inclusive do Conselho Administrativo de Defesa Econômica - CADE. Em comum, demonstram que a grande maioria dos integrantes de cartel tem consciência de que estão cometendo atos ilícitos e, mesmo diante de mecanismos internos de prevenção de infrações, podem criar alternativas para prosseguir com acordos que vão de encontro ao regular funcionamento do mercado.

Independentemente da conduta investigada e do grau de participação, conhecimento e consentimento de sócios ou dirigentes em relação ao ilícito concorrencial, a existência de programas internos de prevenção a infrações anticoncorrenciais (sobretudo cartéis), desde que desenhados e implementados de maneira eficaz, pode perfeitamente contribuir para evitar, ou ao menos mitigar, os diversos riscos associados a uma investigação dessa natureza.

O presente artigo tem como objetivo apresentar informações úteis que possam ser utilizadas por empresas, associações de classe e operadores do Direito para a criação de programas de *compliance* de natureza concorrencial. Para tanto, o trabalho será dividido em cinco partes, além desta introdução, da conclusão e da bibliografia. No item 2, abordar-se-á a crescente difusão dos programas, especialmente no Brasil. Nos itens 3 e 4, serão descritos os principais objetivos e benefícios que podem ser obtidos com sua implementação. O item 5 analisará os passos que devem ser implementados para a criação dos programas, seus principais elementos e ferramentas. Por fim, o capítulo 6 explicará o procedimento de certificação dos programas de *compliance* pela Secretaria de Direito Econômico - SDE, do Ministério da Justiça.

2. A crescente difusão

Os programas de *compliance* antitruste, também conhecidos como programas de prevenção a infrações à ordem econômica ou de conformidade à legislação de defesa da concorrência, são adaptações de programas empresariais voltados para prevenir a ocorrência de práticas ilícitas ou inapropriadas no cotidiano de uma determinada empresa ou associação de empresas.

As matérias abordadas na dinâmica desses programas variam bastante de acordo com os interesses, as atividades e as práticas das pessoas jurídicas, podendo abranger temas como tributos, meio ambiente, relações com entes

Francisco, Estados Unidos, em 12 de julho de 2002. A íntegra do texto pode ser encontrada em: http://www.usdoj.gov/atr/public/speeches/11534.htm. Acesso em: 17 jul. 2008.

públicos, relações de consumo, práticas laborais, operações contábeis e financeiras, política de meios eletrônicos, saúde, segurança, ética e demandas setoriais específicas.

Na última década, com o advento de conceitos como governança corporativa e a crescente preocupação de empresários em relação à prestação de contas de seu negócio a sócios, investidores e à sociedade como um todo, as empresas tendem a adotar cada vez mais os programas de prevenção a infrações das mais distintas naturezas.

No que se refere exclusivamente à disciplina antitruste, alguns fatores contribuem decisivamente para o aumento da demanda pela criação desses programas: o aumento do número de denúncias e investigações em todo o mundo, a modernização e a complexidade das técnicas de investigação, a celebração de acordos de leniência, a crescente severidade das sanções aplicadas em caso de condenação e a crescente conscientização da sociedade civil a respeito do que são práticas anticoncorrenciais.

Nos Estados Unidos e na União Européia, a existência desses programas é bastante comum, havendo disposições expressas na legislação do primeiro país a respeito da análise de sua efetividade para fins de redução de pena em caso de condenações por práticas anticoncorrenciais.[2]

No Brasil, esses programas já vêm sendo utilizados em diversas empresas e associações de classe, zelosas de sua imagem e conscientes dos prejuízos financeiros que podem ser causados por investigações e condenações. Conforme mencionado acima, o aumento do número de condenações e de investigações, tanto na esfera administrativa quanto na criminal, pode ser visto como um grande – e talvez o principal – incentivo à adoção de programas preventivos. De fato, as técnicas de investigação estão cada vez mais sofisticadas e, conseqüentemente, a comunidade empresarial está mais alerta para cuidados com assuntos de natureza antitruste. De 2003 a 2007, as autoridades competentes cumpriram 114 mandados de busca e apreensão para reunir material probatório da existência de cartéis. No mesmo período, aproximadamente 20 acordos de leniência foram celebrados ou estavam sendo negociados pela SDE.

Nesse cenário propício para a difusão da cultura da concorrência no Brasil, a SDE, com fulcro no art. 14, XV, da Lei n. 8.884/94,[3] editou, em 9 de março de 2004,[4] a Portaria n. 14, na qual se encontram descritas as diretrizes

[2] *Federal Sentencing Guidelines*, capítulo 8.

[3] "Art. 14. Compete à SDE: (...) XV – instruir o público sobre as diversas formas de infração da ordem econômica, e os modos de sua prevenção e repressão (...)."

[4] Publicação no *Diário Oficial da União* de 11 de março de 2004.

para a elaboração de programas de *compliance*, cujo propósito é orientar os administrados na criação de uma política *interna corporis* eficiente no combate das práticas tipificadas na legislação de defesa da concorrência.

Mais recentemente, o CADE acrescentou o art. 129-A, III, ao seu Regimento Interno, sugerindo a adoção dos programas pelas pessoas que desejam celebrar compromissos de cessação de prática, conforme autorizado pelo art. 53 da Lei n. 8.884/94.[5]

3. Objetivos

O principal objetivo de qualquer programa de conformidade à legislação é prevenir a ocorrência de infrações a disposições legais das mais variadas naturezas. Sob a perspectiva antitruste, o principal foco é incutir na mentalidade de empresários e funcionários de empresas e associações de classe a importância de respeitar fielmente os ditames constitucionais da livre concorrência e da livre-iniciativa.

Muito embora a maximização de lucros seja o principal fator que norteia a atividade empresarial, a utilização de formas ilícitas para atingir esse objetivo deve ser coibida, cabendo aos agentes econômicos demonstrar, tanto a seus integrantes quanto à sociedade, que atuam em conformidade com as normas que regulam a proteção da concorrência.

Existe um outro objetivo desse tipo de programa, de menor grandeza se comparado com o objetivo principal (a prevenção), mas que se mostra fundamental quando da ocorrência de práticas anticoncorrenciais: a identificação imediata da conduta ilícita.

Se, mesmo com todo o cuidado na adoção de medidas preventivas, mesmo com a existência de um programa eficaz, e mesmo com todo o trabalho de conscientização do quadro de funcionários e dirigentes das empresas e associações de classe ocorrer uma infração à ordem econômica, a empresa ou a associação de classe deverá esforçar-se para identificar tais práticas e punir os responsáveis, comunicando o ocorrido às autoridades competentes.

Em terceiro lugar, a redução de penas em caso de condenação por infração à ordem econômica pode ser vista como um dos objetivos de um programa de *compliance*, na medida em que empresas, associações de classe e seus dirigentes e funcionários podem, em tese, ser beneficiados em caso de condenação admi-

5 "Art. 129-A. Da proposta de compromisso de cessação de prática deverão constar, os seguintes elementos: (...) III – a possibilidade de adoção de um programa de prevenção de infrações à ordem econômica (...)."

nistrativa, desde que possam demonstrar a existência de um efetivo programa de prevenção a infrações concorrenciais.[6]

4. Benefícios

No que tange aos benefícios que podem ser gerados com a adoção de programas de conformidade à legislação antitruste, podem eles ser classificados em três grupos:

a) Benefícios para a Administração Pública

A difusão da cultura da concorrência é salutar para os órgãos de defesa da concorrência. Quanto mais empresas disponham de programas efetivos de prevenção, menor tende a ser a ocorrência de práticas anticoncorrenciais. Ao mesmo tempo, maior será a possibilidade de conhecimento e reação a essa prática, caso ela venha a ocorrer.

Além disso, quanto mais empresas forem dotadas de mecanismos eficientes de prevenção a infrações (obviamente desde que tais programas não sejam meramente decorativos e que sejam realmente eficientes), menor o número de processos envolvendo essas empresas e maior a possibilidade de a Administração Pública concentrar seus parcos recursos materiais e humanos nos setores que realmente demandam maior atenção do Poder Público.

Ao lado do controle de estruturas e da repressão a ilícitos concorrenciais, a advocacia da concorrência é um dos pilares de uma eficiente política pública antitruste.

b) Benefícios para os administrados

A adoção de programas dessa natureza pode representar um bom negócio para empresas e associações de classe. Além da diminuição dos riscos de arcar com custos de defesa em investigações e ações de indenização e, eventualmente, com severas multas e outras penalidades,[7] as pessoas jurídicas podem ser beneficiadas com eventuais reduções de multa e, sobretudo, com o

---

6 De acordo com o art. 27, II, da Lei n. 8.884/94, a boa-fé do infrator deverá ser levada em consideração quando da aplicação da multa pelo CADE.

7 Além das penas pecuniárias, que variam de um a trinta por cento do faturamento bruto da empresa (art. 23, I, da Lei n. 8.884/94), existe um rol de penas acessórias que incluem a publicação em jornal da decisão administrativa de condenação e a proibição de contratar com instituições financeiras oficiais e de participar de licitações envolvendo órgãos públicos (art. 24, I e II, da Lei n. 8.884/94).

reconhecimento dos agentes econômicos e dos consumidores acerca da lisura de suas atividades.

Os mesmos benefícios são aplicáveis às pessoas físicas (sócios, administradores e empregados) que se relacionam com as pessoas jurídicas. Além das sanções administrativas, elas igualmente podem evitar ou pleitear a redução das penas que podem ser impostas pelas autoridades criminais, já que a legislação aplicável tipifica como crime diversas condutas anticoncorrenciais.[8]

c) Benefícios para a coletividade

A coletividade é a titular dos direitos protegidos pela legislação de defesa da concorrência. Dessa forma, uma vez que se procura evitar a ocorrência de práticas anticoncorrencias com a criação de programas de prevenção, a sociedade é beneficiada e as leis de mercado podem agir livremente na economia, sem que haja qualquer influência artificial e perniciosa por parte de empresas infratoras.

5. Estruturação

5.1 Primeiros passos

Os programas de *compliance* antitruste podem ser adotados por quaisquer empresas ou associações de classe, independentemente do mercado onde atuam.

A decisão que aprove a criação desses programas deve ser bastante precisa, sendo imprescindível que os órgãos decisórios de uma pessoa jurídica compreendam que sua implementação serve para alinhar a missão e os objetivos da entidade aos princípios constitucionais que norteiam a atividade econômica no Brasil. Os dirigentes necessariamente devem tomar essa importante decisão com comprometimento e efetividade, cabendo-lhes dar o bom exemplo aos demais funcionários e às pessoas que se relacionam com a empresa ou associação de classe; caso contrário, o programa de *compliance* consistirá apenas em um amontoado de regras e material sem qualquer utilidade.

Uma vez aprovada a criação de um programa de prevenção a infrações concorrenciais, a empresa ou associação de classe deverá realizar uma ampla análise de suas atividades para identificar os principais riscos a que está submetida, a melhor forma de mitigá-los, o público interno de seu programa e as principais disposições legais e regulatórias a que está vinculada.

---

[8] Na esfera penal, a Lei n. 8.137/90 prevê multa ou reclusão de dois a cinco anos para casos de cartel, e a Lei n. 8.666/93 prevê pena de multa e detenção de dois a quatro anos para casos de conluio em licitações.

O foco do programa poderá mudar de acordo com os mercados de atuação da empresa ou associação de classe (*e.g.* regulados, pouco ou mais competitivos, eleitos como focos de investigação pelas autoridades de defesa da concorrência etc.), seu território de atuação (*e.g.* um município, um Estado, um bloco econômico ou o mercado internacional), e sua exposição (*e.g.* empresas de capital aberto, empresas que atuem com bens essenciais ou saúde, histórico de atuação e condenações de natureza concorrencial etc.).[9]

Entretanto, todos os programas devem ser desenvolvidos com base em alguns pilares essenciais e poderão contar com um conjunto de ferramentas semelhantes, conforme abordado abaixo.

5.2 Os pilares

Existem quatro elementos essenciais que devem ser observados quando da elaboração e durante a vigência dos programas de *compliance* de natureza antitruste:

a) Criação de padrões e procedimentos claros com relação à observação da legislação de defesa da concorrência pelos dirigentes e funcionários da empresa ou associação de classe

A empresa ou associação de classe deverá estruturar um programa que não deixe dúvidas de que a legislação de defesa da concorrência é uma matéria constantemente difundida entre e transmitida a seus dirigentes e funcionários de maneira precisa e direta.

Para tanto, as entidades devem especificar quais são os valores por elas defendidos em matéria de defesa da concorrência e de que forma esses valores são transmitidos a seus integrantes.

Os procedimentos devem ser regular e constantemente atualizados, sobretudo de acordo com a evolução da jurisprudência dos órgãos de defesa da concorrência, cabendo aos responsáveis repassar as atualizações do programa a todos os funcionários.

Além disso, é fundamental que o treinamento do programa seja aplicado aos novos funcionários, que deverão ser apresentados à cultura da empresa ou

[9] O programa que melhor atenderá a demanda de um monopolista com atuação no setor de saneamento básico em apenas um município brasileiro provavelmente não guardará muita semelhança com aquele elaborado por uma empresa de bens de consumo que compete com diversos *players* em âmbito mundial.

associação de classe nos primeiros dias de seu novo emprego e realizar o treinamento previsto no programa tão logo possível.

b) Coordenação e supervisão

Um dirigente da empresa ou associação de classe deverá ser o encarregado da execução e bom funcionamento do programa, cabendo aos sócios ou à administração dotar-lo de poderes para difundir o programa e investigar práticas ilícitas. Usualmente, as entidades delegam essa função a advogados internos, mas nada impede que seja criada uma gerência exclusivamente dedicada à *compliance* ou que outros departamentos (*e.g.* recursos humanos) sejam encarregados de gerenciar o programa.

Em alguns casos, poderão ser criados comitês ou departamentos responsáveis pelo acompanhamento do programa, sendo desejável que suas responsabilidades sejam previamente definidas para evitar desperdício de tempo e recursos em caso de necessidade de realização de investigações internas.

c) Delegação de poderes

Os programas devem conter informações sobre a distribuição de poderes dentro da empresa e de que forma ocorre a prestação de contas a respeito das decisões tomadas com base nesses poderes.

Empresas com alto e desorganizado grau de delegação de poderes tendem a ter mais problemas concorrenciais do que aquelas que possuem um programa mais efetivo de prestação de contas das atividades desenvolvidas diariamente por funcionários de hierarquia inferior.

Dessa maneira, é fundamental que as empresas criem regras de hierarquia que estabeleçam as responsabilidades e os deveres de informação.

d) Mecanismos de disciplina

Um dos alicerces de um programa eficaz é a existência de organismos e procedimentos internos que investiguem e, eventualmente, punam funcionários ou dirigentes que tenham praticado condutas anticoncorrenciais.

Nesse sentido, é aconselhável criar uma comissão de disciplina, que pode ser formada, entre outros, por membros dos departamentos jurídico, financeiro e de recursos humanos. Os comitês de ética já existentes em algumas entidades poderão desempenhar o papel da comissão aqui descrita.

As regras de composição, suspeições e impedimentos, atuação e procedimento da comissão de disciplina deverão ser compiladas em regimento próprio, disponível a seus integrantes sempre que necessário.

5.3 *As ferramentas*

Existem diversas ferramentas que podem ser utilizadas para materializar um programa de *compliance*, tais como:

a) Material de apoio

Para a boa execução de um programa, a empresa deve ter em mente que não basta a realização de duas ou três palestras. Seus funcionários devem constantemente receber treinamentos e informações, das mais variadas fontes, para que a disciplina antitruste seja parte de seu dia-a-dia.

Além disso, de maneira geral, é interessante segmentar os diversos setores da empresa ou associação de classe e direcionar a consecução do material de apoio de acordo com essas faixas. Por exemplo, dificilmente a orientação dada à equipe de marketing será a mesma dispensada à equipe de vendas. O responsável pela coordenação do programa e os dirigentes devem identificar os diferentes grupos e os potenciais problemas anticoncorrenciais que cada um deles pode trazer à pessoa jurídica. Com base nessas informações é que será elaborado todo o material de suporte do programa.

Exemplos de materiais que podem ser produzidos:

- Vídeos e dramatizações: produção de material audiovisual que ilustre situações perigosas, do ponto de vista antitruste, que podem ser vividas por dirigentes e funcionários no cotidiano de seu trabalho.
- Manuais e folhetos: regulamento do programa, folhetos com resumo das principais regras do programa, *reference cards*, regulamento da comissão de disciplina, manual do programa de retenção e destruição de arquivos, guia de comportamento em associações de classe e reuniões com concorrentes etc.
- Palestras: semestrais ou anuais com profissionais que atuam na área de defesa da concorrência (*e.g.* advogados, economistas e autoridades governamentais) sobre temas a respeito da prática antitruste e do programa de *compliance* propriamente dito.
- Ferramentas eletrônicas: criação de *hot line* para denúncias internas, treinamentos *on-line* que podem ser periodicamente realizados, sistemas de informática que monitorem a troca de e-mails etc.

b) Auditoria antitruste

A empresa ou associação de classe poderá contratar serviços de auditoria externa e independente, a fim de averiguar aspectos concorrenciais do cotidiano da empresa (*e.g.* revisão de atas de reunião com concorrentes, clientes ou fornecedores, análise de contratos, e revisão do material de suporte do programa de *compliance*).

Tal serviço poderá ser prestado por advogados, economistas ou quaisquer outros profissionais que tenham conhecimento da legislação antitruste, cabendo-lhes identificar eventuais riscos associados ao cotidiano das entidades e sugerir melhorias nas práticas comerciais e nos programas de *compliance*.

c) Declarações de realização de treinamentos

Sócios, ocupantes de cargo de administração, direção e gerência, chefes de equipes de vendas, participantes de reuniões de associações de classe e outros funcionários podem atestar que têm conhecimento do programa de *compliance* e que fizeram o correspondente treinamento ali previsto.

Tal medida visa a conferir maior credibilidade ao programa, bem como a incentivar os dirigentes e funcionários a conhecer melhor seus objetivos e seu conteúdo.

d) Declarações de associações de classe

Programas de *compliance* de empresas poderão igualmente exigir que as associações de classe às quais são associadas atestem que não ocorrem, sob seus auspícios, reuniões entre associados para a adoção de ações anticoncorrenciais, tais como fixação de preço e definições de política comercial comum.

Além disso, as empresas poderão vincular sua participação e contribuição (inclusive financeira) à criação de programas de *compliance* pelas próprias associações setoriais.

6. O procedimento de certificação

A Portaria SDE n. 14/2004 funciona como um verdadeiro guia para as empresas ou associações de classe que pretendam criar ou complementar programas de *compliance*. Além de indicar o conteúdo mínimo de um programa, a normativa regula a possibilidade de emissão de certificados de depósito desses programas, desde que atendidos os requisitos ali previstos.

A emissão do certificado de depósito pela SDE configura-se como um processo de jurisdição voluntária, e funciona, em última instância, como "prêmio" às empresas e demais pessoas jurídicas que decidam adotar medidas preventivas.

Aqueles que eventualmente não obtiverem o certificado não sofrerão qualquer tipo de sanção, sobretudo por três razões. Em primeiro lugar, conforme visto, porque se trata de um procedimento de natureza voluntária. Em segundo lugar, porque novos pedidos poderão ser feitos assim que as empresas ou associações de classe cumprirem os requisitos estabelecidos no regulamento da SDE. E, por fim, a implementação de programas dessa natureza poderá ser demonstrada e levada em consideração ao longo de eventuais investigações de infração à ordem econômica, mesmo que as entidades não tenham recebido o certificado de depósito pela SDE.[10]

A pessoa jurídica[11] poderá solicitar a apreciação de seu programa, que deverá ser protocolado no setor processual da SDE acompanhado dos seguintes documentos e informações: qualificação do representante legal e dos sócios, nome do grupo econômico ao qual pertence, produtos e serviços ofertados pelo grupo econômico, histórico da atuação do grupo econômico perante a SDE, o CADE e a SEAE nos últimos cinco anos, descrevendo, para cada empresa do grupo, o número de averiguações preliminares e processos administrativos julgados ou em trâmite, atos de concentração apresentados, bem como multas impostas e seus respectivos pagamentos.[12]

No prazo de 60 dias do protocolo do programa e das informações e documentos exigidos pela Portaria n. 14, o Departamento de Proteção e Defesa Econômica – DPDE, da SDE, em expediente que tramitará sob sigilo, elaborará parecer sobre a conveniência e a oportunidade de emissão do Certificado de Depósito do programa, verificando a existência dos requisitos previstos no regulamento. Além disso, poderão ser solicitadas informações adicionais para a preparação do parecer ou recomendadas alterações no programa a fim de lhe conferir maior efetividade.

O despacho do Secretário de Direito Econômico que aprovar o parecer do DPDE pela concessão do Certificado será publicado no *Diário Oficial da União*, expedindo-se o Certificado de Depósito,[13] que terá validade de dois anos.[14] Por sua vez, a pessoa jurídica que tiver sua solicitação negada será notificada

---

10 Art. 9.º, § 4.º, da Portaria SDE n. 14.

11 Não será concedido o Certificado de Depósito à empresa que tenha sido condenada pelo CADE nos dois anos anteriores ao protocolo do programa na SDE ou que esteja sendo investigada pelo CADE, pela SDE ou pela SEAE em sede de processo administrativo (art. 8.º da Portaria SDE n. 14).

12 Art. 4.º da Portaria SDE n. 14.

13 Art. 5.º, §§ 2.º e 4.º, da Portaria SDE n. 14.

14 A renovação poderá ser solicitada por períodos idênticos, desde que a empresa atualize as informações descritas no art. 4.º (art. 6.º da Portaria SDE n. 14).

da decisão via fac-símile, podendo solicitar a devolução da documentação entregue para análise.[15]

O Certificado de Depósito poderá ser revogado caso ocorram quaisquer das hipóteses previstas na portaria, quais sejam ausência dos requisitos mínimos, descumprimento de obrigações assumidas no programa, omissão ou prestação enganosa de informações ou ocorrência de condenação judicial ou administrativa por infração à legislação de defesa da concorrência.[16]

Mediante requerimento da pessoa jurídica que protocolou o programa, a SDE poderá apreciar sua efetividade para fins de recomendação de redução das penas aplicadas pelo CADE.[17] A análise da efetividade do programa levará em conta a existência e bom funcionamento dos elementos descritos na portaria, bem como será verificado se foram tomadas medidas apropriadas no momento de identificação da infração. Caberá à SDE apreciar o conjunto do programa e dar a palavra final acerca de sua real efetividade. À pessoa jurídica resta apenas auxiliar a autoridade em seus trabalhos e procurar demonstrar todos os esforços para o eficaz e efetivo cumprimento das disposições do programa de *compliance*.

7. Conclusão

A elaboração de programas empresariais que previnam a ocorrência de delitos concorrenciais é uma iniciativa que tende a beneficiar os administrados, a Administração Pública, a coletividade e o mercado como um todo.

O incremento dos métodos de investigação, a crescente interação entre autoridades criminais e administrativas e o aumento de condenações de cartéis e outras práticas anticoncorrenciais vêm contribuindo para a difusão da cultura da concorrência no Brasil, servindo de estímulo para que o empresariado invista em métodos de educação e conscientização da importância da livre concorrência para o fortalecimento dos negócios e da economia.

O presente artigo procurou apresentar algumas sugestões de como os programas de *compliance* antitruste podem ser criados e implementados, destacando-se que sua efetividade dependerá de um verdadeiro e incondicional comprometimento das políticas empresariais com os princípios constitucionais que orientam a ordem econômica no País.

---

[15] Art. 5.º, § 3.º, da Portaria SDE n. 14.

[16] Art. 7.º da Portaria SDE n. 14.

[17] Art. 9.º da Portaria SDE n. 14.

Bibliografia

ABA SECTION OF ANTITRUST LAW. *Antitrust compliance manuals: a compendium of state-of-the-art manuals for today's corporations*. Chicago: ABA Book Publishing, 1995.

_____. *Antitrust compliance: perspectives and resources for corporate counselors*. Chicago: ABA Book Publishing, 2005.

_____. *Compliance manuals for the new antitrust era*. Chicago: ABA Book Publishing, 1990.

KOLASKY, William J. *Antitrust compliance programs: the government perspective*. Disponível em: http://www.usdoj.gov/atr/public/speeches/11534.htm. Acesso em: 18 jul. 2008.

MARTINEZ, Maria Beatriz. Programas de *compliance* e a defesa da concorrência: perspectivas para o Brasil. *Revista do IBRAC*, São Paulo, IBRAC, v. 12, n. 2, 2005, p. 153-178.

Este livro foi composto na fonte Minion,
corpo 11, e impresso em OffSet 75 g.

Impressão e Acabamento
Prol
EDITORA GRÁFICA